中国的
世界非物质文化遗产

于海广　主编

张　伟　副主编

山东画报出版社

图书在版编目（CIP）数据

中国的世界非物质文化遗产 ／ 于海广主编. —济
南：山东画报出版社，2011.8
ISBN 978-7-5474-0433-1

Ⅰ.①中… Ⅱ.①于… Ⅲ.①文化遗产－介绍－中国
Ⅳ.① K 203

中国版本图书馆CIP数据核字（2011）第138918号

责任编辑 傅光中
装帧设计 李海峰
主管部门 山东出版传媒股份有限公司
出版发行 山东画报出版社
　　　　　社　　址 济南市经九路胜利大街39号　邮编 250001
　　　　　电　　话 总编室（0531）82098470
　　　　　　　　　　市场部（0531）82098479　82098476(传真)
　　　　　网　　址 http://www.hbcbs.com.cn
　　　　　电子信箱 hbcb@sdpress.com.cn
印　　刷 三河市三佳印刷装订有限公司
规　　格 160毫米×230毫米
　　　　　28印张　168幅图　334千字
版　　次 2011年8月第1版
印　　次 2014年11月第2次印刷
定　　价 35.00元

如有印装质量问题，请与出版社总编室联系调换。

自豪与压力同在，希望与危机并存

（代序言）

    自 2001 年至 2009 年间，联合国教科文组织先后通过了 29 项中国申报的非物质文化遗产，这虽然仅是中国众多的非物质文化遗产中的一小部分，但也让世人了解到在世界顶级的非物质文化遗产名录中，中国也保存着丰富多样、历史积淀厚重而又光辉灿烂的非物质文化遗产。本书将这批非物质文化遗产逐项进行剖析，以便让人们了解她们为什么是非物质文化遗产中的佼佼者，详尽了解她们的发展历程、内涵特征和价值所在。所以这是一项很有意义的工作。

    在世界文化遗产之林，不管是物质的还是非物质的，凡能列入世界文化遗产名录者，都是具有重大影响的项目，都会给所在国家（地区）、所在民族带来无比的自豪，例如中国的万里长城、中国的古琴艺术等，都会让每个炎黄子孙感到异常骄傲，同时也受到世界人民的敬重和爱戴。优秀的文化遗产，她们不仅属于一个国家、一个民族，同时也是属于全世界的，应该成为全人类所共有、共享的宝贵财富。从这个角度来说，向世人介绍和宣传本国的文化遗产，也是我们义不容辞的责任和义务。

    多年来，联合国教科文组织在引领和推动世界各国对文化遗产的认知、保护和研究方面，做了大量的有实际意义的工作，其中组织高端学者审查、批准世界文化遗产、自然遗产名录就是很重要的组成部分，这一重要举措，让世人大开了眼界，更多地知道了在全球各地存在的最杰出的遗产面貌，人们"放眼看世界"，不仅知道了今天，也了解到昨天和前天的人间精华，激励人们珍视和自觉保护这些著名遗产，共同奔向美好的明天。另外，经联合国教科文组织的协调和各国的努力，在遗产保护学界，各国学者和组织管理机关还通过各种方式和途径，相互切磋、彼此交流，推动和深化对文化遗产的保护研究。特别是近些年来，面对现代社会对传统文化冲击的现实，尤其是让非物质文化遗产如何从生存危机中再度辉煌，并让更多的人们认识到保护这类文化遗产的重要性，不仅是重要的，而且是迫切的。

中国的历史悠久而且绵延不断，中国的民族众多并在相互影响中共同发展，中国的地域辽阔自然环境复杂，这与世界其他各国和地区相比较有着非常显著的特点。在这样的人文和自然背景下生成的文化遗产必然会有突出的特色。事实上，在中华大地上的物质文化遗产和非物质文化遗产，都表现出这种背景下的强烈印记。因为历史久远而持续不断，由此而创造出的文化遗产历史积淀深厚，蕴藏着许多优秀的历史信息；中国有56个民族，在长期的发展中各民族都有独特的信仰和习俗，都有适合本民族的生活、生产方式，由此创造出各种富有民族风格的绚丽多彩的文化遗产；中国不仅地域辽阔、临海面积大、海岸线长，而且在内陆地区有高山、平原、盆地和丘陵，其间纵横交错着许多江、河、湖、川，从而形成了多个地理单元和特殊的生态环境区块。在这里生存繁衍的炎黄子孙，在适应和改造自然的过程中所孕育的传统文化，不管是物质的还是精神的，也不管是有形的还是无形的，都带有浓厚的地域特色。随着历史车轮的滚滚向前，各族人民不断交往，相互传递信息，自觉不自觉地"取长补短"，从而形成的文化遗产，既有时间（年代）的早晚，也有因民族习俗不同的差异，还有因不同地域形成的各自风格，同时也理所当然地存在着一些共性。如何理解和阐释这些文化遗产的价值，正确解说她们的过去和今天，丰富当今社会人们的精神生活、陶冶情操，正确总结历史的经验和教训，传承和保存各种非物质文化遗产，也都需要文化遗产保护领域的同仁们携手进行更深入的探索和研究。

各类文化遗产、每个遗产项目，都是在一定的历史条件下产生的，又都在历史进程中不断发展变化，她们分别以不同的方式流传至今。例如属于物质文化遗产的文物古迹，在实现了各自的当代价值后，大多数被埋藏于地下，有的原本就是要埋入地下的，如古代墓葬，有的废弃后遗存于今天的原野，或被后代所沿用，如寺庙、宫殿建筑群，这些历史的遗留，虽然会受到自然或人力的破坏，但毕竟有许多仍能保留至今，经过考古学家的发现，以静态的方式又重见于世，我们用这些实物资料作为揭示历史本来面貌的依据。另外，人们创造的各种非物质文化遗产，在长期的发展中，有些过时的、不适应新时代需要的，可能陆续被淘汰，退出了历史舞台；也有的经过改造又注入了新的活力仍在世代相传，在社会进程中还不断生成新的"遗产"项目。这些非物质文化遗产则是以动态的方式流传于世，被人们称为"活化石"。我们今天发现的物质文化遗产和非物质文化遗产，都是历史的见证，是民族血脉的延续，是文化多样性的真实反映和表现，所以是宝贵的财富，我们理应重视、研究和保护。多年来，国际社会和遗产所在国，都不同程度地采取了各种措施，在保护和研究文化遗产方面做了大量的工作，在文化遗产保护方面也取得了很多成效。

当然我们也应该看到，对待文化遗产在以保护为主流趋势的同时，也还存在着这样或那样的问题，不时会有不和谐的音符进行干扰和破坏，特别是影响遗产安全的现象更令人担忧。例如在物质文化遗产方面，由于人们的理解、认识和素质的不同，所持的态度也大相径庭。虽然绝大多数民众对物质文化遗产持重视、保护的态度，严肃对待保护工作，但也有少数好利之徒，以此为生财之道，甚至不惜以身试法，做出违犯法律、破坏文物之举；另外，现代化建设给文物保护带来巨大压力，不可抗拒的自然灾害带来的破坏，以及目前在保护措施、技术手段方面，也都需要进一步的完善和提高，以适应保护的需求。在非物质文化遗产保护方面，也同样存在着诸多隐患。例如，现代化建设进程给社会环境和人们的追求理念带来一系列的变化，使非物质文化遗产的生存环境发生了巨大的改变，许多非物质文化遗产面临着生存危机，在近期的调查、确认、立档和申报工作中，不时会有"后继乏人"、"面临濒危"甚至"已经失传"的信息。非物质文化遗产是靠世代传承的，"人在艺在，艺随人走"，必须要杜绝"人死艺亡"的可悲局面。

非物质文化遗产是具有历史、文学、艺术、科学价值的财富，对过去、今天和将来都有重要的意义。我们在对此引以为豪的同时，更要以责任感、使命感为己任，上对得起古人，下对得起后代，既要继承过来，又能保护下去，要认识到自豪与压力同在。今天我们虽然不断加大保护力度，不断探索有效的保护方法，固然已取得了不少的成绩，但危机并未消失，希望与危机依然并存。进一步激发我们的热情，去创造和迎接文化遗产保护事业的新局面，是我们不懈的追求。

中国的世界非物质文化遗产

2011 年 2 月 25 日，在第十一届全国人大常委会第十九次会议上，通过了《中华人民共和国非物质文化遗产法》，这是继《中华人民共和国文物保护法》之后，在文化遗产保护领域的又一部国家级法律，对推动我国的非物质文化遗产保护有重大意义。自此，对非物质文化遗产的调查、确认、立档、定级等保护工作将有法所依，并受到法律保护。

对于非物质文化遗产的保护，《中华人民共和国非物质文化遗产法》在第一章第三条中指出："国家对非物质文化遗产采取认定、记录、建档等措施予以保存，对体现中华民族优秀传统文化，具有历史、文学、艺术、科学价值的非物质文化遗产采取传承、传播等措施予以保护。"在这里提出了"保存"和"保护"含义近似而又不完全相同的两个概念，这对非物质文化遗产保护领域的工作实践是非常重要的。经过调查和认定的非遗项目都要记录和建档，我们可以叫做"记忆保护"或"记忆保存"；而其中那些"体现中华民族优秀传统文化"的，则要"采取传承、传播"的措施，我们可以叫做"活态保护"，对此应如何理解和把握，我们将另文具体分析，但列入世界非物质文化遗产名录的 29 项，都是体现中华民族最优秀的传统文化，都具有典型的历史、文学、艺术、科学价值，都要采取"传承"、"传播"的措施保护则是毫无疑问的。我们认为，在需要用传承、传播的方式进行活态保护中，国内外已经有了许多成熟和可行的经验，在此基础上，结合中国的保护实践，再强调两点。第一是充分发挥宣传媒体的作用，它可以用最快的速度、最大的宣传覆盖面来进行传播，特别是电视传播，更生动和直观，可以取得最佳效果，目前有关报刊和电视台在这方面已经有了成功的尝试。第二是对非遗项目制定的保护规划，目前在定级申报资料中，都有保护规划的要求，也有许多是可行的，但也存在着想当然的倾向，我们认为，制定非物质文化遗产保护规划，要在国家规范要求的基础上，还要考虑个性化，针对不同遗产项目的具体内涵、当前的存在状况，制定有针对性的保护措施，避免千人一面的不客观、不现实的做法。

从本书介绍的 29 个非物质文化遗产中，我们可以清楚地看到，它们的一个共同特点，那就是分别含有很高的"技术"、"技能"和"艺术"的成分。例如古琴艺术，表现为既有精湛的制作古琴的技能，又有所创作的优美琴曲，虽然外在表现为高雅的弹拨表演，但三者是缺一不可的。又如朝鲜族农乐舞，是朝鲜族人民生产、生活的艺术再现，从优美古朴的舞姿到悠扬的音乐，从总体的舞蹈组合到细微的舞蹈动作，都表现出对生活的深刻理解，对美好未来的想往和追求，给人以极大的艺术享受。再如传统的龙泉青瓷制作工艺，从原料的选择加工，经过器型拉胚修整、釉色配置、器表装饰，最后入窑烧制，不管是大的工艺流程，还是具体的操作环节，都要以丰富的经验、高超的技术为基础。可以说，每项非物质文化遗产，都是经过几百年甚至几千年的千锤百炼，是精益求精的典范。在同类遗产中，它们最具典型性和代表性，所以是最优秀的文化遗产。我们在了解和欣赏它们时，能从这些方面去观察、去理解，就会油然而生敬意，倍感它们的可贵、可爱和可亲。

　　非物质文化遗产的另一个重要特征是被认知，被一个民族、一个群体或个人认为是自己的文化遗产，这是非物质文化遗产存在的基础；认知地区是该项遗产的生存环境；认知人群是推动该遗产发展的动力。本书所介绍的每项遗产，都是在中国的某个地区、某个民族的人群所认知为自己的遗产，甚至有的超出国界，有广泛的认知范围。例如端午节是中国乃至世界各地的华人认知的传统节日；羌年是羌族民众认知的传统节日；妈祖信仰不仅在福建，而且在中国沿海地区、甚至东南亚沿海地区都有这种信仰；长调民歌在内蒙古、玛纳斯在新疆、热贡艺术在青海、藏戏在西藏，都有广泛的认知基础。这些遗产项目，被认知地区和人群视为自己的宝贵财富，感到无比的荣耀。我们认为，这对保护非物质文化遗产非常重要，特别是被列入世界非物质文化遗产名录的项目，这种由认知到自豪并焕发出的动力是一种强大的力量，由此而产生的自觉的能量是不可估量的，为所存续的遗产保护也提供了很好的机遇，这是我们应该高度重视和利用的。

　　对本书的写作，我们要特别说明的是，对这29项中国顶级的非物质文化遗产名录的解读，如前所述，固然是一项很有意义的工作，但也是一项非常困难的任务。我们在逐项的论述中，每篇都分为三个主要部分，第一部分是各自的发展历程，有的有几百年的历史，有的有几千年的漫长历程，要对此进行系统的梳理，就要查阅和核对大量的文献，包括历代的历史、地方志和其他文献记载，这是需要非常慎重又费时费力的事情，必须要求良好的古文献阅读能力。第二部分是对各项非物质文化遗产项目的内涵分析，每个篇目都应该有专门的知识，严格来说几乎每个项目，我们都是门外汉，即使进行实地调查、参阅近人研究成果，开始时也往往感到茫然，需要认真地品味和揣摩，进行梳理和分析，探寻该项遗产的精华所在，所以每个项目的写作都首先是个学习过程。例如传统雕版印刷工艺，其工艺流程涉及到原料的选择、加工，写样的要求，雕刻技法的表现，独到的制墨工艺，印刷的方法和技巧，以及装帧成册等环节，还要参考木板年画工艺、书法艺术的知识，在此基础上，才能把它所以称为杰出的非物质文化遗产的内涵特征抽象出来。第三部分是对诸项非物质文化遗产保护措施的论述，各地存在的非遗项目，她们的生存环境各不相同，存在状况也互有差异，如何加强保护都需要认真分析。在这方面我们一方面参考有关专家的研究成果，另一方面又要进行具体深入的个案分析，力求在概括、总结的同时，能够提出新的保护设想，争取能有助于传承和传播的实践，希望对遗产保护提出有实用价值的建议，这也是我们努力的一个方向。

最后需要说明的是，在按原计划对这29项遗产的写作即将完成之际，于2010年末，在联合国教科文组织新一轮的评审中，中国又有5个项目被列入非物质文化遗产名录，同时我们深信，随着非物质遗产保护工作的深入开展，在未来，中国还将有更多的项目能够跻身这一世界级名录，成为全人类共同的财富。基于时间的关系，本书对最近新通过的和今后陆续通过的新名录，这次没有吸纳，固然是一种遗憾，但更多的也是一种期冀，我们期待着将来能够有机会为更多的中国非物质文化遗产著书立传，也期待着能够在未来以更加专业的笔触，更加深入、全面地为您继续呈现中国的世界级非物质文化遗产。

于海广

2011年3月

目 录

昆曲艺术

2001 年 5 月 18 日，联合国教科文组织在巴黎宣布第一批"人类口头和非物质遗产代表作"名单，共有 19 个申报项目入选，其中包括中国的昆曲艺术，属曲艺类别，中国成为首次获此殊荣的 19 个国家之一。

一个伟大的民族往往都有高雅精致的表演艺术，如希腊的悲剧，意大利的歌剧，俄国的芭蕾，英国的莎士比亚戏剧，这些无不深刻地表现出这些民族的精神与心声，从而成为其骄傲与自信的源泉。中国古典表演艺术的代表，则是以诞生于六百多年前的昆曲最为典型。昆曲是我国传统戏曲中最古老的剧种之一，是我国戏曲艺术中的珍品，被誉为"中华文化之瑰宝"。

昆曲六百年

昆曲，因其发源于江苏昆山而得名，又名"昆山腔"（简称昆腔），清代以来被称为"昆曲"，现又被称为"昆剧"，是我国传统戏曲中最古老的剧种之一，被称为百花园中的一朵"兰花"。

中国戏曲经历了漫长的孕育、衍化、形成、发展的历史，先后出现古倡优、汉角抵、唐参军等先民乐舞艺术，直到宋代才出现完整的戏曲艺术。"至宋金二代，而始有纯粹演故事之剧；故虽谓真正之戏剧，起于宋代，无不可也。"（王国维《宋元戏曲考》）。此后，宋杂剧、金院本、元杂剧及南戏、传奇等戏曲艺术先后出现，并在民族大融合的进程中演绎着南北不同戏曲艺术融合、创新的新篇章。

宋、元以来，中国戏曲开始出现南、北之分，即通常所说的"南戏"与"北

1

杂剧"。北杂剧的前身出现于金，产生于中原地区，在元代得到了充分的发展，诞生了关汉卿、马致远、白朴等著名的杂剧家，成为流行全国的舞台艺术。南戏则是在北宋末期起源于浙江温州地区的一种具有浓厚乡土气息的古老戏曲艺术。元朝统一全国后，北杂剧向南方推进，与南戏形成互动交融的局面。南戏吸纳了北杂剧的音乐套数、表演体制和剧本题材等艺术成就，极大丰富了自身的艺术内涵。元末明初，顾坚、顾阿瑛、杨维桢等人在昆山千墩积极从事曲学活动，对南曲进行雅化革新，直接推动了昆曲最早的雏形——"昆山腔"的诞生。顾坚作为核心人物，与当时昆山地区的名流雅士发起了"善发南曲之奥"的活动，将当时流行的南曲与昆山的地方音乐结合，创立了一种独具特色的新腔，即与海盐腔、余姚腔和戈阳腔并称明代四大声腔的"昆山腔"。《南词引证》记载："元朝有顾坚者，虽离昆山三十里，居千墩。精于南辞，善作古赋。扩廓铁木儿闻其善歌，屡招不屈。与杨铁笛、顾阿瑛、倪元镇为友。自号风月散人。其著有《陶真野集》十卷，《风月散人乐府》八卷行于世。善发南曲之奥，故国初有昆山腔之称。"顾坚因此被誉为昆曲的创始人，从此昆山腔开始引起世人的注意，并逐步进入上层士大夫的视野。明人周玄暐《泾林续记》记载：明太祖朱元璋召见昆山长寿老人周寿谊时，曾特意询问："闻昆山腔甚佳，尔亦能讴否？"可见，明初之际，昆山腔已颇具名声。值得一提的是，明代四大声腔的命运不一，海盐腔、余姚腔历经兴衰沉浮，如今已成隔世绝唱；戈阳腔以其巨大的适应力和生命力，在民间一直生生不息，流传至今；昆山腔"流丽悠远，出乎三腔之上，听之最足荡人"（明·徐渭《南词叙录》），从而开创了昆曲发展史上的全新局面。

然而，昆山腔只是昆曲的雏形，还不具备在全国范围内流行、传播的条件。因此，明初很长一段时期，昆山腔虽已为世人所知，然其流行范围只局限于吴中（苏州）一带。直到嘉靖年间，随着北杂剧、南戏及南北声腔日趋成熟，苏州城市经济繁荣，再加上苏州地区深厚的历史文化底蕴，

昆曲鼻祖魏良辅

昆山腔向昆曲嬗变的历史机遇已经成熟了。完成这一任务的即是后人称之为"曲圣"的魏良辅。根据相关文献和史料记载，魏良辅大约生活在明代嘉靖、隆庆年间，长期寄居太仓，本是北曲家，后改习南曲，经过长期的实践和研习，在河北人张野塘等人的大力协助下，从声律和唱法两方面对昆山腔进行了全面改革，他大胆放弃了仅仅依赖吴语演唱昆山腔的传统，而是采纳应用更为广泛的中州韵来演唱，同时采取"兼收并蓄"的方式，一方面吸取海盐腔、弋阳腔等南曲的长处，发挥昆山腔自身流丽悠远的特色；另一方面采纳北曲结构严谨的特点，运用北曲的演唱方法，以笛、箫、笙、琵琶的伴奏乐器，从而造就了一种细腻优雅，集南北曲优点于一体的"水磨调"，即现在我们所指的昆曲。昆曲改革的成功给魏良辅带来了巨大的声誉，"吴中曲调其魏氏良辅，隆、万间精妙益出，四方歌曲必宗吴门，不惜千里重赀致之，以教其伶伎"（徐树丕《识小录》）。这种新式的曲调一经问世，使新昆山腔以流丽悠远、典雅脱俗的艺术风貌，在南方诸腔并起的激烈竞争中脱颖而出，立即以不可抗拒的艺术魅力征服了当时的广大听众。然而这并没有立刻改变昆山腔"止行于吴中"的局面，因为魏良辅只擅长清唱，对于戏场、编剧所知有限。到了隆庆末年，昆山人梁辰鱼，继承魏良辅的成就，对昆腔作进一步的研究和改革，并以春秋吴越兴衰的故事为题材编写了第一部昆腔传奇——《浣纱记》，将典雅的文字配合优美的昆曲形式演出，使昆曲从清唱形式走上了更为广阔的戏剧舞台，这在昆曲发展史上具有里程碑式的意义。明末清初名士吴伟业诗云，"里人度曲魏良辅，高士填词梁伯龙"，形象地描绘了魏良辅和梁辰鱼对昆曲改革的卓越贡献。

与明初崇尚俭朴的社会风气相比，明中叶随着城市经济的恢复和发展，世风渐开，人们开始耽于享乐，以恣情纵欲为尚。在这种整体的社会氛围影响下，经过魏良辅的改革和梁辰鱼的艺术实践，昆曲的影响也越来越

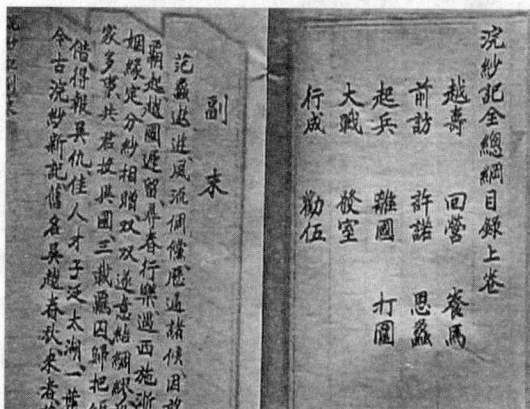

昆曲《浣纱记》剧本

3

明代《南中繁会图》中的昆曲演出场景

大，很快便传播到江苏、浙江的广大地区，成为这些地域主要的戏剧形式。昆曲获得较为完整的戏剧形态后，开始向更高的层次发展，尤其是《浣纱记》的出现，带动了明代文人们采用昆曲新腔创作剧本的热情，与《浣纱记》并称明代中叶三大传奇的《宝剑记》、《鸣凤记》也在这一时期先后问世。万历年间，昆曲创作进入高潮。与明代前期昆曲教化主题甚嚣尘上的"道学气"不同，明代中叶以后的昆曲剧本题材多样，针砭时弊的现实主义剧本日益增多，给明代昆曲创作注入了新的气息。汤显祖、沈璟、徐渭、孟称舜、冯梦龙、阮大铖等著名文人雅士投身昆曲创作，他们或自娱自乐、或助酒侑觞，或装点风雅，"临川四梦"（《牡丹亭》、《南柯记》、《邯郸记》、《紫钗记》）以及《义侠记》等名篇佳作层出不穷，精彩纷呈，演绎了中国古典戏曲史上的一次辉煌。

伴随着晚明昆曲剧作的繁荣，使昆曲演出也异常兴盛。苏州、上海、南京等地民间职业昆班纷纷涌现，苏州的瑞霞班、吴徽州班，南京的郝可成班、陈养行班，常熟的虞山班，上海的曹成班等最为有名。这些民间职业昆班沿着水、陆两路，深入村陌，走进城市，使昆曲以苏州为中心扩展到长江以南和钱塘江以北各地，并逐渐流布到福建、江西、广东、湖北、湖南、四川、河南、河北各地，万历末年还流入北京，迅速扩大了昆曲艺术在全国范围的影响力，形成了举国上下痴迷昆曲的狂潮。人们开始不满足于仅仅延请职业昆班进行表演，一些有经济实力的文人士大夫们转而蓄养演出昆曲的私人家班，以供自娱或对外应酬。这些由私人家庭组建的昆曲戏班数量庞大，演出频繁，总体水平也超过民间的职业昆曲，著名的有申时行家班、钱岱家班等。听昆曲、唱昆曲是当时中国人最时尚、最风靡的生活方式，昆曲就这样完全融入了明代文人们的家庭生活，融入了他们的精神世界。在明朝万历年间到达中国的欧洲传教士利玛窦，正好赶上昆曲发展史上的辉煌时期，并且 1592年他在广东肇庆还与当时著名戏曲家汤显祖有过一面之缘（徐朔方《汤显祖年谱》），目睹当时在城乡盛行的昆曲表演，他不由得感叹道："我相信这个民族是太爱好戏曲表演了。至少他们在这方面肯定超过我们。这个国家有极大数目的年轻人从事这种活动。有些人组成旅行戏班，他们的旅程遍及全国各地，另有一些戏班则经常住在大城市，忙于公众或私家的演出。"（《利玛窦中国札记》）由此可见当时昆曲流行的盛况。

和明代昆曲创作与表演的繁荣兴旺相对应，明代戏曲理论研究也相当活跃。明代的戏曲理论家也都是剧作家，从嘉靖起，明代戏曲家们对戏曲创作的评论著作日渐增多，从形式上看，既有专题文章，也有长篇巨著，更多的则散落于文人笔记、杂说、序文题跋等；从内容上看，研究的内容包括作家曲目的整理、剧本的点评、曲论的建立、创作的探讨等，从各方面构建和充实了戏曲理论体系。徐渭的《南词叙录》是明人研究南戏的最早论著，也是宋元明清四代专论南戏的唯一专著。魏良辅的《南词引证》是对嘉靖、隆庆间昆山腔改革的经验总结，也是研究昆山腔唱曲的论著。在曲谱研究方面，昆曲吴江派代表人物沈璟的《南九宫十三调曲谱》影响深远。吕天成的《曲品》、祁彪佳的《远山堂曲品剧品》都是研究戏曲作家与作品的专著。王骥德的《曲律》从源流、声律、演唱、结构、文词、脚色、场景等多方面系统、全面地构建了戏曲理论体系，是中国戏曲史划时代的理论专著。

明末清初，社会局势动荡，然而经过百余年发展的昆曲，并没有因为战争与朝代更迭而停止发展的步伐。"国家不幸诗家幸，赋到沧桑句便工"（赵翼《题遗山诗》），经历了血雨腥风的江南地区文人们，很快又投入到昆曲剧本的创作当中，大量寄托亡国哀痛和民族感情的作品纷纷问世，其中以李玉为代表的苏州派作家创作了大量具有强烈现实性和时代气息的作品。昆曲开始突破士大夫圈子，逐步与普通大众接近。因此，明末清初的昆曲不仅未受到明清易代的影响，反而又有很大的发展，苏州、扬州等江南地区的职业戏班大为增多。经过元、明、清三朝经营，北京城逐步跻身世界大都市行列，并成为当时新的演剧中心，顺、康两朝，聚和班、三也班等众多职业昆班汇聚北京，昆剧演出活动非常频繁。被誉为"南洪北孔"的洪昇和孔尚任，是清代康熙剧坛的一对"双子星座"，他们分别创作的传奇戏剧《长生殿》和《桃花扇》一经问世，就轰动全国，出现了"两家乐府盛康熙，勾栏争唱孔洪词"（金植《题阙里孔稼部尚任东塘＜桃花扇＞传奇·卷后》）的盛况。昆曲开始受到清代皇室的特别青睐。康熙皇帝为了方便观看昆曲演出，特设了南府，负责从苏州等地选拔昆腔名伶演出。除了昆曲创作、表演的兴盛，这一时期昆曲理论研究也有重要成果问世。浙江兰溪文人李渔在创作实践中，从昆曲的剧本创作、表演、导演等多方面深刻地阐述了戏剧作为舞台综合艺术的本质特征，建立了中国古典戏剧理论的完整体系。表演艺术也日趋成熟，身段表情、说白唱念、服装道具等洗练讲究，角色行当更是分工细致，并拥有了一大批技艺高超的演员，出现了家班和职业戏班等形式的演出团体，它标志着中国戏曲演出体制构建的完成。

清初昆曲的音律、文辞、表演等形式因素更趋严密与完备，这一方面将昆曲推上了中国戏曲形式美的高峰，一方面也将昆曲束缚于形式的小圈子，使其脱离了富有生机的生活世界。昆剧的兴盛和它称霸剧坛的时间约长达二百三十年久，即从明代隆庆、万历之交开始，到清代嘉庆初年（1570-1800），这是昆剧艺术最有光辉和成就最为显著的阶段，剧作家的新作品不断出现，表演艺术日趋成熟，行当分工越来越细致。然而，从清代中叶尤其到了清朝末年，昆曲曲词变得晦涩难懂，无论从音乐还是从内容上来看，都日益脱离人民，逐步走向消衰。

发源于江苏昆山至今已有六百多年历史的昆曲被称

"百戏之祖"

为"百戏之祖",中国许多地方剧种,如晋剧、蒲剧、上党戏、湘剧、川剧、赣剧、桂剧、邕剧、越剧和广东粤剧、闽剧、婺剧、滇剧等等,都受到过昆剧艺术多方面的哺育和滋养。它是我国现存最古老的也是影响最大的戏曲形式,是世界古老的三大戏剧源头之一。昆曲是一种格律严谨、形式完备、声腔音乐婉转悦耳柔媚悠长的演唱艺术,又经历代著名文学艺术家奉献智慧,从而使其成为融汇文学、戏剧、表演、音乐、舞蹈、美术于一体,富有诗情画意的舞台综合艺术。它集中国古典艺术与美学之大成,是东方艺术的杰出代表。它的丰富、严谨、完整、精深的戏剧艺术体系,成为中国各种戏曲发展的资源,被誉为"百戏之祖";它独特渊厚的美学传统与独具神韵的东方风格,使其数百年来历经沧桑而始终对于人们具有永恒的魅力。

技艺特点

昆剧作为一个曾经在全国范围内有着巨大影响的剧种,在历尽了艰辛困苦之后,能奇迹般地再次复活,这和它本身超绝的艺术魅力有着紧密的关系。

戏曲的表现手段为唱、念、做、打(舞)之综合。这四个方面及其综合在昆曲中要求最高。昆曲演员必须在这几个方面兼备,舞台呈现亦最为完美与出色。其他剧种演员为提高技艺都要学昆曲,如京剧演员梅兰芳即有深厚的昆曲功底并能演唱昆曲。河北梆子演员裴艳玲之代表作《林冲夜奔》即以昆曲形式。

昆曲唱腔委婉华丽、念白生动儒雅、演技细腻高超、舞蹈飘逸精湛,加上完美的舞台置景,可以说在戏曲表演的各个方面都达到了最高境界。正因如此,许多地方剧种都受到过昆剧艺术多方面的哺育和滋养。昆曲中的许多剧本,如《牡丹亭》、《长生殿》、《桃花扇》等,都是古代戏曲文学中的不朽之作。昆曲曲文秉承了唐诗、宋词、元曲的文学传统,曲牌则有许多与宋词元曲相同,这为昆曲的发展打下了良好的文化基础,同时也造就了一大批昆曲作家和音乐家,这其中梁辰鱼、汤显祖、孔尚任、李煜、李渔、叶崖等都是中国戏曲和文学史上的杰出代表。

昆曲剧本中兼有散文、方言和诗歌,散文及方言主要用于人物对话或独白,诗歌主要用于歌唱。可以说,诗歌和音乐是构成昆曲的灵魂。昆曲音乐的旋律美妙婉转,以优雅的风格受到文人和绅士阶层的欢迎。与这种音乐相适应，昆曲的唱词也充满了动人的诗意。昆曲唱段的内容与形式是高度和谐的，演员成功的演唱可以将唱词中的诗意完美地表达出来。与传统的中国诗歌一样，昆曲的唱词多带有浓厚的主观色彩，所以昆曲演唱以抒情为主，从功能和特点上来说更接近西洋歌剧中的咏叹调。

"水磨腔"这种新腔奠定了昆剧演唱的特色，充分体现在南曲的慢曲子（即"细曲"）中，具体表现为放慢拍子，延缓节奏，以便在旋律进行中运用较多的装饰性花腔，除了通常的一板三眼（戏曲中的节拍，每小节中最强的拍子叫"板"，其余的拍子叫"眼"）、一板一眼外，又出现了"赠板曲"，即将4/4拍的曲调放慢成8/4，声调清柔委婉，并对字音严格要求，平、上、去、入逐一考究，每唱一个字，注意咬字的头、腹、尾，即吐字、过腔和收音，使音乐布局的空间增大，变化增多，其缠绵婉转、柔曼悠远的特点也愈加突出。

相对而言，北曲的声情偏于跌宕豪爽，跳跃性强。它使用七声音阶，和南曲用五声音阶（基本上不用半音）不同，但在昆山腔的长期吸收北曲演唱过程中，原来北曲的特性也渐渐被溶化成为"南曲化"的演唱风格，因此在昆剧演出剧目中，北曲既有成套的使用，也有单支曲牌的摘用，还有"南北合套"。

"南北合套"的使用很有特色：一般情况是北曲由一个角色应唱，南曲则由几个不同的角色分唱。这几种南北曲的配合使用办法，完全从剧情出发，使音乐尽可能完美地服从戏剧内容的需要。

从南北曲本身的变化说，尚有"借宫"、"犯调"、"集曲"等多种手法。原来联成一套的曲子，无论南北曲，都有属于那一宫调的曲子问题，当唱曲要求情绪显著变化时，同一宫调内的曲子不能胜任，就可借用其它宫调的合适曲子。如《牡丹亭·惊梦》，先后所用的曲牌是"山坡羊"（商调）、"山桃红"（越调）、"鲍老催"（黄钟宫）、"绵搭絮"（越调）。

在演唱技巧上，昆剧注重声音的控制，节奏速度的快慢以及咬字发音，并有"豁"、"叠"、"擞"、"嚯"等腔法的区分以及各类角色的性格唱法。音乐的板式节拍，除了南曲"赠板"将四拍子的慢曲放慢一倍外，无论南北曲，都包括通常使用的三眼板、一眼板、流水板和散板。它们在实际演唱时自有许多变化，一切服从于戏情和角色应有的情绪。

昆剧的念白也很有特点，由于昆剧是从吴中发展起来的，所以它的语音带有吴侬软语的特点。其中，丑角还有一种基于吴方言的地方白，如苏白、扬州白等，这种吴中一带的市井语言，生活气息浓厚，而且往往用的是快板式的韵白，极有特色。另外，昆剧的演唱对于字声、行腔、节奏等有极其严格的规范，形成了完整的演唱理论。

昆曲表演

昆剧的表演拥有一整套"载歌载舞"的严谨表演形式。昆剧表演的最大特点是抒情性强、动作细腻，歌唱与舞蹈的身段结合得巧妙而谐和。昆剧是一种歌、舞、介、白各种表演手段相互配合的综合艺术，长期的演剧历史中形成了载歌载舞的表演特色，尤其体现在各门角色的表演身段上，其舞蹈身段大体可以分成两种：一种是说话时的辅助姿态和由手势发展起来的着重写意的舞蹈；一种是配合唱词的抒情舞蹈，既是精湛的舞蹈动作，又是表达人物性格心灵和曲辞意义的有效手段。

生、旦、净、末、丑脸谱

昆剧的戏曲舞蹈多方吸收和继承了古代民间舞蹈、宫廷舞蹈的传统，通过长期舞台演出实践，积累了丰富的说唱与舞蹈紧密结合的经验，适应叙事写景的演出场子的需要，创造出许多偏重于描写的

舞台装置

9

舞蹈表演，与"戏"配合，成为故事性较强的折子戏。适应了抒情性和动作性都很强的演出场子的需要，创造出许多抒情舞蹈表演，成为许多单折抒情歌舞剧的主要表演手段。代表性剧目如《西川图·芦花荡》、《精忠记·扫秦》、《拜月亭·踏伞》、《宝剑记·夜奔》、《连环记·问探》、《虎囊弹·山亭》等。

昆剧的乐器配置较为齐全，大体由管乐器、弦乐器、打击乐器三部分组成，主乐器是笛，还有笙、箫、三弦、琵琶等。由于以声若游丝的笛为主要伴奏乐器，加上赠板的广泛使用，字分头、腹、尾的吐字方式，以及它本身受吴中民歌的影响而具有的"流丽悠远"的特色，使昆剧音乐以"婉丽妩媚、一唱三叹"几百年冠绝梨园。伴奏有很多吹奏曲牌，适应不同场合，后来也被许多剧种所搬用。

昆剧的音乐属于联曲体结构，简称"曲牌体"。它所使用的曲牌大约有一千种以上，南北曲牌的来源，其中不仅有古代的歌舞音乐，唐宋时代的大曲、词调、宋代的唱赚、诸宫调，还有民歌和少数民族歌曲等。它以南曲为基础，兼用北曲套数，并以"犯调"、"借宫"、"集曲"等手法进行创作。此外，还有不少宗教歌曲。

昆剧的舞台美术包括丰富的服装式样，讲究的色彩和装饰以及脸谱使用三个方面。除了继承元明以来戏曲角色服装样式外，昆剧的有些服装和当时社会上流行的穿着很为相似。反映在戏上，武将自有各式戎装，文官亦有各样依照封建社会不同等级的穿戴。脸谱用于净、丑两行。属于生、旦的极个别人物也偶然采用，如孙悟空（生）、钟无盐（旦），颜色基本用红、白、黑三色。

昆剧艺术经过多年的磨合加工，已经形成相当完善的体系，而这一体系又长期在中国戏曲中占据独尊地位，所以昆剧艺术被尊为"百戏之祖"，对整个戏曲的发展都有着深远的影响，许多地方戏都在不同程度上吸收了它的艺术养分，其中还留有部分的昆腔戏。

传承和发展

昆曲具有极高的历史、文学、艺术等价值，凝聚着丰富的美学内涵和深厚的文化意蕴。在昆曲漫长、曲折的生命历程中，文人、艺人将昆曲精雕细琢，使它在器乐、唱腔、表演、舞美等方面博采众长，一度风靡社会。无论在发展的高峰期还是低潮期，昆曲都生动记录了中国古代各阶层的社会生活，相当牢固地保存着自身的美学特点，深刻影响了其他剧种的形成与发展。由于将戏曲之美展现到极致，并为其它诸多文艺形式提供了滋养，因而昆曲一直被尊奉为戏曲艺术的典范。昆曲既是中华民族文化的精华，又是全人类宝贵的精神财富。

然而，昆曲的命运充满波折。明代中叶以后的约两百年里，昆曲成为中国上层社会的重要审美对象。清代乾隆、嘉庆以后，昆曲逐渐走向衰落。到清代末年，昆曲全面衰败，从此直到新中国成立后的 50 年代，昆曲始终在困境中挣扎。从 1956 年开始，昆曲的当代生命出现过几次短暂的复兴。但是，昆曲的生存环境一直不容乐观。国家政策的导向、社会环境的变迁、流行文化的冲击、商业利益的诱导等等外部因素的强大影响，以及昆曲作为一种古老艺术和传统文化而与现代社会产生的深刻隔阂，种种原因都使昆曲的当代生存和发展面临许多挑战。

2001 年 5 月 18 日，昆曲被联合国科教文组织列为"人类口头和非物质遗产代表作"，一方面，人们对昆曲的艺术、文化价值有了更新、更深的认识，昆曲获得世界范围的认同，成为中华民族文化的代表。出于对中华传统文化的尊重，社会各界对昆曲给予热切关注和多方位的支持，缓解了昆曲的生存压力；另一方面，昆曲与现实生活的矛盾由来已久，新的时代和古老的昆曲对于彼此又都提出了新的要求。具体说来，随着人们生活节奏的加快，昆曲这种做工细致、节奏缓慢的表演很难吸引大批观众。在多元文化的冲击下，各种时尚、刺激的娱乐休闲方式令人应接不暇。尤其

昆曲《牡丹亭》

是年轻人，他们青睐影视、网络等可供他们疏泄情感的娱乐方式，而对以陶冶性情为主要功能的昆曲，则容易缺乏审美的情怀和欣赏的耐心。与此同时，昆曲的人才培养、演出实践等方面既需要投入不低的成本，又需要长期的时间磨练。时代之"新"，与传统之"旧"；社会节奏之"快"，与昆曲发展之"慢"，都形成尖锐的矛盾。因此，昆曲目前的生存处境虽有所缓和，但它面临的种种危机依然存在。

作为人类的珍贵遗产，昆曲亟需扶持和保护。有人主张，昆曲应作为博物馆艺术，只求保存，不用发展，此说遭到昆曲工作者和有识之士的反对，也有悖于联合国教科文组织评选人类口头与非物质文化遗产的初衷——保证这些杰出文化的生存，而不是遏制它们未来的发展。但是，昆曲确实面临着困境：人才的流失，使得胜任昆曲创作的人员寥寥无几；而要革新昆曲，又面临两难的境地，不对昆曲作较大的改变，就无法缩小昆曲与时代的距离，倘若做大的改变，昆曲就失去特性而不成其为昆曲了。

昆曲被列为全球文化遗产名单，令人喜忧参半，喜的是昆曲被世界瞩目；忧的却是，凡被列入名单的艺术，大都处境艰难，濒临灭绝。从这点上说，昆曲的命运，更应引起我们对保护传统文化的冷静思索。对昆曲而言，要走出困境，绝非一蹴而就，除了靠昆曲自身的艺术力量及昆曲作者的敬业精神和积极性外，还必须有相应的政策保证和切实可行的得力措施。为此，文化部召集了全国昆剧院团长及剧团所在地的领导会议，商讨发展昆曲大计，并于2003年5月起草了《抢救保护和扶持昆曲艺术实施方案》，提出设立保护振兴中国昆曲艺术专项资金，使昆曲目前的困境有明显改善。该方案的基本目标是：调动一切积极因素，在今后五年建立三四个昆曲艺术生态保护

昆曲《十五贯》

区，5 年内争取新创 10 台思想精深、艺术精湛的剧目。5 年内抢救 15 台濒危的传统剧目，200 出优秀传统折子戏，挖掘整理昆曲资料，培养一批昆曲人才，培养一批热爱昆曲艺术的观众，使昆曲艺术的生存状态与其在世界文化中的地位相匹配，扭转昆曲艺术的困境。从 2005 年至 2009 年，昆曲抢救保护和扶持工程启动，中央财政每年投入 1000 万元作为抢救、保护和扶持昆曲艺术的专项资金。

昆曲目前当务之急是抢救现有剧目和文献资料，首先要对全国中老年艺术家的拿手剧目进行录音录像，对珍贵的昆曲文献、演出脚本、曲谱和图片进行搜集整理。为了保存和复兴昆曲，要把昆曲的传统艺术特色完整地保存下来，要形成一支能充分保持和弘扬昆曲优秀传统的优秀队伍，至少要有一两个水平很高的昆剧团，主要演员应有很高的待遇。此外，还必须在全社会形成一种理解昆曲价值和尊重昆曲的风气，而要做到这一点，就必须出版一系列的阐述昆曲的书、举办一系列讲座，在大学里开设相应的课程，还应组织专家对此进行指导，以免粗制滥造或错误百出的东西贻误读者。为了抢救剧目和文献资料，应建立"中国昆曲艺术影像资料库"，对六十岁以上昆曲老演员的代表作进行录音录像，对珍贵的昆曲文献、演出脚本、曲谱和图片进行搜集和整理，建立"中国昆曲艺术博物馆"，另外，对全国昆曲演出遗址要实施有计划的保护。在北京和上海建立两个演员培训中心，为各院团输送两批表演人才；集中全国优秀师资，在中国戏曲学院等地举办昆曲演员、编剧、导演、作曲和管理人员研究班等。

有 600 年历史的昆曲命运多舛，曾几度濒临绝境，大规模的保护和抢救，在 20 世纪就有过 2 次。90 年前，前辈艺人发起昆曲传习所，55 年前，排《十五贯》，一出戏救活一个剧团。本世纪初文化部制定的《保护和抢救昆曲十年规划》的出台，意味着昆曲将被确定为国家重点保护艺术，受到长期稳定的政策扶持，再加上国家和地方政府设立的保护基金，相信可以从根本上改变昆曲的困境，使这朵古老而美丽的艺术之花永葆青春。

（编撰：谭必勇）

参考文献

[1] 周育德著：《昆曲与明清社会》，春风文艺出版社，2005 年版

[2] 穆凡中著：《昆曲旧事》，河南人民出版社，2006 年版

[3] 方家骥著：《曲海寻珠：趣说昆曲》，百家出版社，2001 年版

[4] 《中国的昆曲艺术》编写组编：《中国的昆曲艺术》，春风文艺出版社，2005 年版

[5] 郑雷著：《昆曲》，浙江人民出版社，2005 年版

[6] 杨守松著：《昆曲之路》，人民文学出版社，2009 年版

[7] 陆萼庭著：《昆剧演出史稿》，上海文艺出版社，1980 年版

[8] 柯凡：《昆曲在当代的传承和发展》，中国经济研究院博士论文，2008 年

[9] 《昆曲特色及其欣赏》，见《音响技术》，2008 年第 9 期

[10] 遗产选粹昆曲艺术：http://www.ihchina.cn/inc/yichanjingcui/kunqu/inc/kunqunr01.html

[11] 中国昆曲：http://huodong.ndcnc.gov.cn/huodong/kunqu/index.html

[12] 江燕：《试论昆曲的继承与发展》，见《苏南科技开发》，2005 年第 12 期

[13] 昆曲：http://baike.baidu.com/view/7915.htm

[14] 人类口头遗产和非物质遗产，昆曲：http://www.people.com.cn/GB/wenhua/1087/2530355.html

[15] 昆曲艺术：http://www.ihchina.cn/inc/yichanjingcui/kunqu/kunqumain.html

古琴艺术

2003 年 11 月 7 日，联合国教科文组织在其巴黎总部正式宣布，中国古琴艺术与世界其他 27 个文化艺术表现形式入选"人类口述和非物质遗产代表作"（第二批），属传统音乐类别。

作为世界上最为古老的弹拨乐器之一，优雅的中国古琴艺术由多方面的要素构成。考究的制琴工艺，高雅深邃的琴曲，娴熟的弹拨表演技巧，只有当这一切都达到完美的和谐，才能演绎出令人如痴如醉的天籁之音。此外，古琴在三千多年的历史发展中，早已超越单纯音乐艺术的层面，成为集音乐、美学、思想等为一体的独特

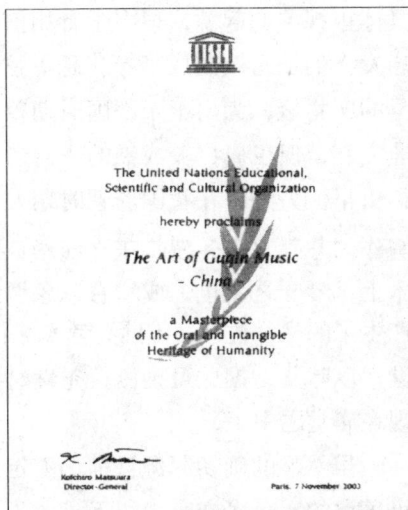

古琴文化遗产证书 引自《人类非物质文化遗产代表作》

人文艺术形式。融制琴、弹奏、记谱为一体，兼琴史、琴律、美学于一身，自成体系的"琴学"，以其博大精深的内涵，不仅成为中国传统音乐的典型代表，更是反映中国历史、文学、艺术及哲学精神一面熠熠生辉的镜子。

琴史千年

琴是历史久远的一种乐器，其具体创制者为谁历来众说纷纭，大致有神

农、伏羲、尧、舜等几种说法，皆为古史传说中的人物。过去多认为这类传说殊不可信，但根据上世纪后半叶以来众多考古发现，同时结合器物形态学和传世文献仔细分析推测，琴、筝类乐器早于商周时期即已出现。

根据器物学原理，任何一种器物产生都不是偶然的，其存在发展都有一定的历史背景。中国古代的乐器大都是在长期生产生活实践中产生的，考古研究证实，早在新石器时代，原始先民们就在狩猎的过程中发明了骨笛、骨哨等乐器，其中河南舞阳贾湖出土的骨笛（距今七千年左右），大多开有七个音孔，至少能吹出八个音，包括了六声音阶或七声音阶，足以吹奏出较为复杂的音调。睿智而富有浪漫气息的中国古代先民，以其精湛的工艺和对音乐的追求使我们有理由相信琴产生于早期人类社会是可能的。以发生学原理具体审视琴的起源，很多学者相信，可能由于弓箭的弹射发出悦耳的音响，启发人们把它改制成了琴、瑟等弦乐器（许健编著《琴史初编》）。现存最早的实物琴，为出土于战国时期曾侯乙墓中的十弦琴，虽较后代古琴相比远非完善，但也属比较成熟的乐器形式了，据此推断，琴的原始形态应该出现得更早。另外，在我国商朝时期大量使用的甲骨文中，音乐的"乐"字大都写作"🎵"之形，罗振玉在《增订殷墟书契考释》中认为"乐"字"从丝附木上，琴瑟之象也，或增〇以象调弦之器"，这大概可作为琴在很早以前就产生了的又一佐证。传世文献《尚书·益稷》篇中亦载"戛击鸣球，搏拊、琴、瑟，以咏"，据此可推测，尧舜时期似乎琴已经作为一种较为成熟的乐器出现在庙堂之中了。

虽然琴的确切起源目前仍无定论，但在两周时期，琴已经十分流行是无可争议的，众多文献中留下了关于琴的大量记载，《诗经》中就多次出现关于琴的记载，如"窈窕淑女，琴瑟友之"（《诗经·周南·关雎》）、"我有嘉宾，鼓瑟鼓琴"（《诗经·小雅·鹿鸣》）等。从这些诗句中可以看出，琴已经出现在多种场合，并从庙堂之乐逐渐走向民间，成为一种深受大众喜爱的艺术形式。这时候的琴，其形制和后世所见之琴，还是有较大差别的。目前考古出土所见最早两琴，就是这一时期的，分别为曾侯乙墓出土的十弦琴和荆门郭家店出土的七弦琴。其中后者是中国考古发现最早的七弦琴实物标本，形制与曾侯乙墓的十弦琴相近，年代（战国中期）略晚之，具有明显的同源关系。郭家店琴所确立的"七弦"规范，为后世所沿用，至今未改。这一时期出现了很多卓越的宫廷琴师，如钟仪、师曹、师旷、师襄等人，此外随着春秋战国时期奴隶制度的瓦解和封建制度的兴起，政治经济的变革影响到文化领域，礼崩乐坏的现实促进了民间音乐的发展，出现了伯牙和雍门周这样的民间琴家，而古琴演奏也从君主贵族"独听之"的贵族之乐发展成为"临淄之民无不吹竽、鼓瑟、击筑、弹琴"的大众之乐。古琴在这一时期还经历了从伴奏歌唱到独立表现的发展历程。早期文献记载显示琴最初是和歌咏配合在一起来唱、奏的，这种表现形式称为"弦歌"，上文提到的《尚书·益稷》篇中"戛击鸣球，搏拊、琴、瑟，以咏"描绘的就是这种场景。随着古琴艺术的发展，琴歌逐渐发展为琴曲，涌现出了如《高山》、《流水》、《阳春》、《白雪》等一批优秀作品，这一转变进一步发挥了古琴乐器的表现性能，提高了古琴艺术的魅力。

两汉时期，古琴的形制逐渐定型，琴弦的数量基本稳定在七根，共鸣箱也渐趋完善。这一时期琴曲作品数量比前代有明显的增加，内容也更加丰富，题材更为广泛，各有特点：有以古代人物为描写对象，起到借古喻今的作用；有以景物为描写对象，含蓄抒发感情的；此外还有源自民间传说富于浪漫主义色彩的曲目。两汉时期琴曲创作艺术的繁荣主要得益于文人的大量参与，以司马相如、蔡邕等为代表的知识分子，不仅弹得一手好琴，还创作了大量的琴曲作品，如蔡邕创作的《蔡氏五弄》，不仅当时就受到人们的喜爱，历经数代，直到唐朝仍享有盛名。这些文人弹琴谱曲之余，还写下了大量的琴

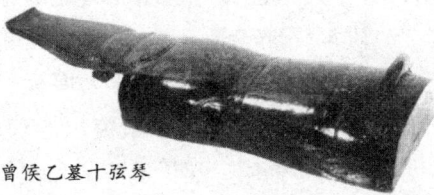

曾侯乙墓十弦琴

荆门郭家店楚墓七弦琴

长沙马王堆汉墓七弦琴

先秦古琴 引自《中国音乐史参考图片－古琴专辑》

赋、琴赞和琴论，如杨雄的《琴清英》、桓谭的《琴道》、蔡邕的《琴操》等，对后世产生了较大的影响。

魏晋南北朝时期，是中国琴学发展历史上的兴盛时期。这一时期的古琴更加完备，其基本形制和今日古琴相差无几。1960年5月，在南京西善桥一座六朝古墓里，出土了一幅竹林七贤画像砖，其中左壁之首描绘的是嵇康于树下怡然自得弹琴的场景，其所弹古琴上，已可以清楚地看到琴徽，这是目前古琴上出现徽位的最早形象资料。此前出土于长沙马王堆汉墓的汉代琴，虽然在琴面相当于八九徽的地方有左手擦弦留下的明显痕迹，但其琴面上仍无明显的琴徽。综合此墓结构、遗物形制等因素，可证明其年代应在南朝初期，据此可知，至迟在南朝，琴徽已经出现。琴徽作为古琴演奏时标示音位的重要工具，它的出现及完善是古琴发展历史上的一大重要进步。此外，现藏故宫博物院的《斫琴图》虽为宋人摹本，但其原图为东晋顾恺之所绘，且所绘人物与器物均具明显东晋风格，较能反映当时实际。在这幅描绘古琴制作过程的图中，可见琴面与琴底两板长短相同，清楚分明，琴底板上，清楚的开有龙池、凤沼。这说明当时古琴的构造形制已是由挖薄中空的两块木板上下拼合而成，结构与今日古琴完全一样。古琴徽位的出现和琴体构造的固定，标志着这一时期古琴形制完全稳定下来，并沿用至今。除了古琴本身的完备之外，这一时期所涌现出来的一批琴家也是才华横溢，独具风骚。魏晋南北朝时期，玄学兴盛，古琴追求弦外之音的特质深深契合玄学独特的人文精神内涵，因此为当时士人厚爱。阮籍和嵇康就是其中最突出的代表，特别是嵇康，既长于演奏和创作，又善于评论，对琴界影响极大。其临刑前一曲《广陵散》和一句"广陵散从此绝矣"，更是广为传诵，琴人之桀骜不驯与名士风流尽显无遗。这一时期的琴曲作品，进一步向器乐化发展，有不少作品

嵇康

嵇康抚琴 引自《中国音乐史参考图片－古琴专辑》

流传于后世，现在存留下来的《广陵散》、《酒狂》、《梅花三弄》等名曲，皆源于此时。这一时期还出现了迄今世界上留存最早的记录古琴曲的文字谱《碣石调·幽兰》（唐人抄本），这是琴学发展史上标志性的事件，琴乐文字谱的产生，摆脱了过去代际口述的局面，对琴艺传承、琴曲创作有着重要作用，也为以后古琴减字谱的诞生奠定了基础。

　　隋唐时期是古琴艺术发展的一个高峰，强大统一的中央集权制国家，从容自信、大度开放的盛世风气，为古琴的繁荣发展提供了良好的环境。虽然古琴的整体形制已经固定，但这一时期制作工艺仍有了进一步的发展，达到了我国古琴制作工艺的顶峰。制琴名家辈出，出现了诸如西蜀雷氏这样的制琴世家，其制作的古琴备受珍视，世代相传，今故宫博物院所藏"九霄环佩"琴即为雷氏佳作。隋唐时期涌现出了大批的专业琴师，如李疑、贺若弼、赵耶利、董庭兰等，这些人技艺出众，并在社会上享有较高的声望，如前述董庭兰，高适在《别董大》诗中为其写道"莫愁前路无知己，天下谁人不识君"，生动反映了一代琴家名满天下的空前盛况。此外，这一时期，文人与琴的关系更加密切，他们或自弹，或以琴入诗，创作了大量优秀的文学作品，丰富了琴学内容。隋唐时期还完成了从文字谱到减字谱的划时代变革，曹柔发明的减字谱极大地简化了记谱工作，促成了琴谱的汇集和流传。琴人的努力和减字谱的应用，促进了琴曲创作和整理的繁荣，数以百计的琴曲广为流传，曲目空前丰富，题材内容范围扩大，小调、操弄、杂曲、琴歌等多种体裁形式并举，突破了传统的固有格局。唐朝还形成了明确的琴派，如董庭兰兼学当时两大琴派"沈家声"和"祝家声"，最终自成一派，享誉天下。此外，从赵耶利的描述中，我们也可看到吴声和蜀声之泾渭分明。

　　宋元时期，城市商品经济有了较大的发展，古琴艺术受此利好又有了进一步的发展。宋元时期的琴人数量众多，特色鲜明，既有技术卓群的专业琴师，也有风流倜傥的文人，既有遁入空门的僧侣，也有权倾天下的贵胄，甚至有的皇帝都嗜好此道。在这些琴人的带动支持下，宋元琴曲数量大增，质量也有了显著的提高。得益于宋词的繁荣，琴歌中的"调子"进入全盛时期，和"操弄"一起成为当时的主流体裁。这一时期琴曲创作和演奏积累了丰富的实践经验，在此基础上，宋元两代琴学理论也有了突出的进展，在琴史研究、美学研究、演奏理论和造琴经验等方面取得了较为显著的成就。特别是朱长文的《琴史》一书，是我国第一部琴史专著，书中以史书列传的写法，按人综述，以有关琴的叙述为主，并加有自己的议论，此书还从多方面对琴学进行了系统的理论总结，至今仍有较大的借鉴价值。这一时期还有一个特点就是上至皇帝、下至官员等众多贵胄对琴学热衷，这一方面促进了古琴艺术的发展，另一方面也产生了与琴之宗旨相背离的消极影响。

明清时期，古琴艺术继续深入发展，大约在 17 世纪，"琴学"这一名称得以确立。由于出版印刷事业的进步，琴谱、琴论著述如雨后春笋般相继付印刊行，这些谱集为后世了解研究古代琴曲的具体情况和演变关系，提供了宝贵的原始资料。这一时期还出现了历史上第一部古琴曲专集《神奇秘谱》，整理保存了大量宋代以前的传谱。明清时期，琴坛活跃，琴派林立，明初琴界主要分为江、浙两派，后来逐渐演变为虞山派、绍兴派、江派等，及至乾嘉时期，更是出现了金陵、中浙、常熟、三吴、西蜀、八闽等各派汇集，繁盛一时的景象。

进入近代之后，山河破碎，社会动荡，琴人流离失所，古琴艺术在发展历程中受到了较大的影响。但即使在这种情况下，琴学理论发展仍有一些亮点，如杨宗稷编《琴学丛书》，周庆云刊编《琴史补》、《琴史续》等，此外，查阜西等今虞琴社琴家编印的《今虞琴刊》影响亦较大。现代以来，琴学经历短暂复兴之后又遭文革重挫，直至改革开放之后，特别是入选世界"人类口头与非物质遗产"，才日益引起社会重视，又再度焕发出勃勃生机。

器以载道

古琴艺术作为我国古代杰出的音乐文化遗产，内涵丰富，既有美妙无比的乐曲，又有博大精深的理论，更融入了美学思想、社会文化等独特的人文理念。但不论其内容如何丰富，古琴艺术始终是作为一种器乐艺术形式存在的，如果没有作为乐器的琴的独特之处，其它的一切都无从谈起。古琴艺术其魅力都渊源于作为乐器的古琴，尤其是它独特的造型、材料、制作以及由此而来的音响和演奏效果。

古琴经历了漫长的发展演进过程，大约在魏晋之际基本定型，我们现在常见的古琴式样，大多是此时之后的式样。古琴的式样很多，也很复杂，《五知斋琴谱·历代琴式》计收各种琴式图 51 种，常见的也就伏羲、神农、仲尼、连珠、落霞、蕉叶等数种，区别主要在首部、颈部、腰部与尾部的造型不同。

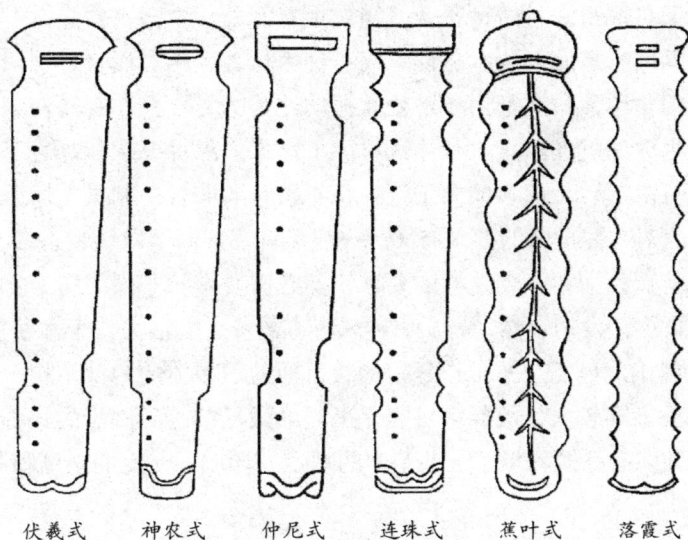

伏羲式　神农式　仲尼式　连珠式　蕉叶式　落霞式

古琴常见样式　引自《古琴丛谈》

古琴全身为中空长条形，上为面板呈弧形，下为底板呈水平面。一般全长约120厘米，肩宽20厘米，尾宽14厘米，厚5厘米。古琴全身可分三大部分：琴首、琴身、琴尾。各部分又可细分为许多小部位，多以身体命名，如琴额、琴颈、琴肩、琴腰、琴尾、舌穴、弦眼等。此外，构成古琴的还有各个不同的部件，其名称则多以自然表示：岳山、龙池、凤沼、雁足、天柱、地柱等。古琴作为一种文化内涵丰富的乐器，其形制尺寸和部件名称均非率意而为，而是颇有讲究的，即古语所云琴"其状不一，而制度尚象则有定式"。如其"三尺六寸又六分，象期之数；厚寸有八，象三六数；广六分，象六律；上圆而敛，法天；下方而平，法地；上广下狭，法尊卑之体"（桓谭《新论》）。这些对琴的阐释，虽有不少神秘的成分和牵强附会之处，但却是代表了古人对琴的理解，其中的文化意蕴是一目了然的。

古琴除了形制方面有着严格的要求之外，其材质选择也是颇为讲究的。材料的优劣对琴的声音最为关键，故历代斫琴家们都十分重视选材。琴体是由琴面和琴底两块木材拼合而成。一般来讲，琴面多用桐木或杉木，这两种材料质地比较松，干透后材料比较稳定，不易变形，更重要的是，它们的振动性能特别好，有助于取音；琴底多用楸梓木、楠木，取其坚实，以与振动

21

性强的琴面材取得一种辨证平衡。当然也有例外，中国古代还有一种"纯阳琴"，其琴面、琴底两块木材都用同一种木材，但相对而言，纯阳琴数量较少，这是因为琴面琴底都用质地松软振动性强的杉、桐，容易使声音散漫不实，缺少内敛深沉的蕴意。琴体选材除了对木料品种要求较高之外，对木材的年限也有限制，一般多倾向于选择积年累月的旧材。制琴之所以选择旧材主要与琴家对琴的韵味的要求有关。一般而言，好的琴应该具备古、透、松、润等发音特点，而要达到这样的要求，务必需要琴材干燥。历尽岁月流逝洗尽铅华的古材，发声自然，音质有神采，有韵味，有活力，个性斐然。

琴的制作，最复杂的工作是挖槽腹，即处理琴体的内部结构。这一工作对琴的音质影响较大，故颇多讲究，工艺细微复杂，是制琴的核心技术。历代琴书对此多有论及，做了一些基本的规定，形成了一定的则例和制度。

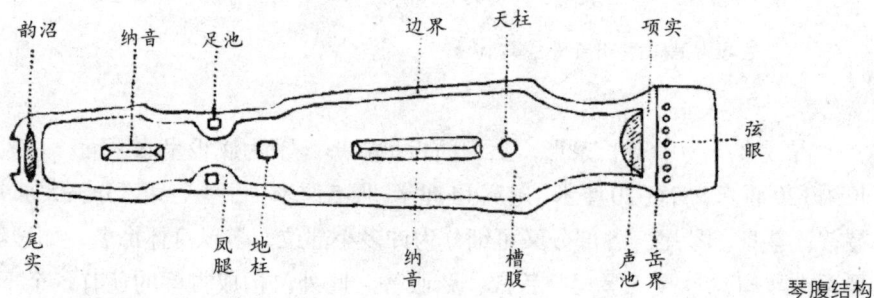

琴腹结构

除琴体之外，还有一些部件对琴声影响较大，如岳山、琴弦、琴轸等。岳山镶于琴额下端，多以紫檀木、老红木、乌木等硬木制成，用以架弦，是琴的最高部分。琴与琴间岳山的高低、厚薄、长短各有差别，一般说来，岳山高，左手按弦易抗指，按弹吃力；岳山低，按音轻松，却容易使弦拍面。与岳山相关的是龙龈，弹散音的话，弦的振动在岳山与龙龈之间，因此龙龈的材质对于琴的发音也起着重要作用，通常，龙龈也须紫檀这类硬木制成。古琴另一重要部件为琴弦，琴面张有七根弦，从外到里依次由粗到细，古代分别称为文、武、宫、商、角、徵、羽弦。琴弦多用以蚕丝制成，其制作工艺相当复杂，需把极细的蚕丝五根一组并成一综，再以一定数量的综制成粗细不一的弦，历代造弦法略有不同，但从第一弦到第七弦的丝数递减却是一致的，而且，丝弦外还须以丝加缠，这样制成的弦才能坚韧、弹性良好、乐音美妙。琴轸是用来调节弦的张度、音的高低的，通常用紫檀、红木、花梨木等硬木或玉石、象牙制作。此外，琴面外侧还有13个徽，通常是用蚌壳、金、玉等材料制作。琴徽本身虽不直接参与古琴发声，但其是用来确定泛音音位的，同时也是按音音位的参照标志，因此，其位置之确定亦十分讲究。

古人视琴为圣物，往往将其当作陶冶自身、与天地万物和融之媒介，因此在制琴时，往往有异常复杂的考虑，在器物的功用之外附加了许多额外的意思，上述琴身结构、琴材选择有如此复杂的考究，本身就是一种对艺术、心灵的敬重，它们或深或浅会影响弹琴者的心态以及琴声的最终效果。

音为心声

古琴音色纯净、幽雅，具有一种其他乐器所不具有的独特魅力。古人对琴音特色早已进行了深入的探讨，其中影响较大的是明朝冷谦在《琴书大全》中提到的"九德之说"，即"奇、古、透、静、润、圆、清、匀、芳"。"九德之说"影响深远，但细究起来，似乎失之过苛，能同时具备九德中的几个应该就不失为一把好琴了。

在古琴上用不同的弹奏方法，可以发出三种不同的音色：散音、泛音和按音。散音是空弦音，即弹空弦时所发出的音，演奏时仅用右手拨弦，弦的振动幅度大，因而无所拘碍，发音松阔宕荡，虚明嘹亮，如"天地之宽广，风水之澹荡"。泛音是半振动音，是左手指对准徽位，趁右手弹的时候轻轻碰弦所得到的清澈声音，音比较高，振动少，因而清澈脆亮，晶莹剔透，如"蝴蝶之采花，蜻蜓之点水"。按音是弹奏时左手指按弦，同时右手指弹出的声音，是通过改变有效弦长而得到的声音，其出音与面板、槽腹乃至底板的关系密切，所以沉厚饱满，最有力度和深度，如"钟鼓之巍巍，山崖之磊磊"。三种音色，既有浑厚刚劲，又有清越飘逸，兼有细腻圆润，形成完美丰富的构成。古琴七条弦上，共有散音7个，泛音音位91个，按音音位147个，总共有245个音位，其音域之宽广，不仅较其他民族乐器远为出色，即使是世界范围内也无出其右者。古琴的按音，更是一绝，如人在低声细语，音韵悠长深厚，感人肺腑。

古琴的音色出众与其弹奏指法的多种多样是分不开的，古琴左右手指法合在一起，约有88种之多，较一般弹拨乐器更为丰富多样，因此也就具有更强的表现力。演奏古琴时，左右手分工配合，右手用来弹拨琴弦，左手用来按弦，方能发出各种音色和高、低不同的音来。左手指法，在长达三尺有效弦长上，用上、下、进、退、吟、猱、绰、注来修饰余音，一方面使腔韵婉转柔和优美动听，另一方面臂指动作飘逸畅达，引人入胜。相对而言，右手运动幅度要小得多，基本上是在靠近岳山的地方弹弦，但弹奏起来也不轻松，古人常说"弹欲断弦"，就是要求右手弹弦要刚劲有力。右手手指弹弦都是双向的，击弦的轻重变化和组合方式也很多，同一个音，用向内的抹、勾、打、擘或用向外的挑、剔、摘、托，其心情和韵意也有差别。

古人弹琴除了对琴本身和弹琴指法较为讲究之外，对弹琴的环境和听众也所求甚苛。在琴人看来，弹琴是修身养性的妙法，琴是将渺小的本我与广袤的自然融为一体的媒介，"月下抚琴，临流动操，在漫长的岁月中，中国古代的文人士大夫便是以这样的方式吸纳着山水品格入琴，并藉琴将他们的精神挥入丘壑林泽"（郭平《古琴丛谈》）。因此，琴人对弹琴的环境有严苛的讲究，大都选择在山清水秀、景色优美的地方。空谷幽泉之侧，茂林修竹之间，"地清境绝"，乃是不二之选。及至后来，琴从辽远无限的大自然中迁入雅室，也依然追求窗明几净，兰竹映窗，古画陈墙，烟气袅袅之氛围。古人弹琴时良辰美景氛围虽颇为重要，但选择听众则更是讲究，古代琴人多桀骜不驯，若无知音，宁可弹与自己听，弹与自然听，若要他们屈膝权贵，媚俗而弹，那是断然不肯的，中国古代琴人是把人品琴格看得比性命还要重要的。

古琴的演奏，还离不开琴谱，古琴记谱之法以其完整的体系，丰富的内涵，成为"琴学"不可或缺的组成部分，还衍生出古琴特有的"打谱"行为。我们现在能看到的最早的琴谱是载于唐人卷子中的《碣石调·幽兰》，是南朝梁末丘明所记。因为它是用语言描述弹琴的手法、音位，所以后世称之为"文字谱"，这是一种描述性的记谱方法，它的符号系统还没有建立，直观性差，取音效率差，到后来被简化、改革是必然的。被人们普遍接受的琴谱是唐代曹柔制作的"减字谱"。唐代以后，这种富有特征的乐谱尽管多少发生着变化，但基本情况未变，它被历代的琴人使用到了今天，至今已有一千多年。减字谱极大地简化了原来的文字谱，它不但告诉琴人音位何在，而且连左右手指的奏法、表情都标明，较为方便琴人弹奏。但是它有一个问题在于没有时值标记，这就无法决定每个音的长度，也就无法据谱直接演奏。因此，琴人必须在琴谱的基础上，揣摩、探索琴曲的原貌，并加入自己的感悟，确定腔韵、句段结构，最后定拍并记谱，这就是打谱的内涵所在。打谱是琴乐传承中极具创造性的活动，其中融合了琴家对琴曲的理解和个人风格，同一琴曲往往能衍生出数个不同的打谱版本，从而使古老的琴乐成为一种不断前进的开放系统。

人竞风流

在古琴几千年的发展历史中，诞生了无数的琴艺高人，留下了数不清的琴曲佳作，也演绎了道不尽的风流轶事。总体来讲，我国古代的琴人大致可分为两类，一类是专业琴师，另一类则是以弹琴为乐的"票友"。前者多是以弹奏、斫制古琴为生的艺人，古琴是他们谋生的手段；后者则上至天子、下至黎民三教九流各色人等皆有，古琴于他们而言则或是附庸风雅的工具，或是陶冶身心的手段。围绕这两类人，普普通通的一把琴，在为我们演奏出一段段天籁之音的同时，也为我们演绎出一桩桩风流佳话。

中国古琴史上影响最大的莫过伯牙与钟子期相遇相知而成知音的故事。伯牙，相传为战国时的琴师，《荀子·劝学篇》有"伯牙鼓琴，而六马仰秣"之说，夸张的笔法，把伯牙精湛的琴艺和琴声的感染力描述到一定境界。《列子·汤问》则记载了伯牙与钟子期的故事：伯牙鼓琴，志在高山，钟子期曰"善哉，峨峨兮若泰山"，志在流水，钟子期则曰"善哉，洋洋若江河"。钟子期死后，伯牙以为世无知音，乃破琴绝弦，终身不复弹琴，他们的友谊作为"知

孔子学琴图

音"的典范,被世人广为传颂。伯牙的毁琴不是孤例,与之相似的是东晋时期的戴逵,也做过毁琴抒志的事情,不同的是,伯牙是为了悼念逝去的知音,而戴逵则是为了彰显清高自重,宁死不为权贵折腰。戴逵,字安道,学问好,才艺高,博综众艺,性情高迈,不同俗流。武陵王司马晞身居要津,权倾一方,久闻戴逵的琴名,屡次欲招戴逵王府献艺,戴逵见司马晞纠缠不休,便取出琴来,当着来人的面,将琴摔得粉碎,凛然正告:"戴安道不做王府下的伶人!"戴逵碎琴不为王门伶人之举,成了以后孤清自重的琴人楷模。

中国古琴史上专业琴人中名气最大的恐怕应该是董庭兰了。有高适《别董大》一诗为证,"莫愁前路无知己,天下谁人不识君",此诗虽有夸张与慰勉之意,但仍颇能反映出一代名手誉满天下的盛况。董庭兰,这位盛唐年间的著名琴师,师取沈、祝两家之长,青出于蓝而胜于蓝,有着出神入化的演奏技艺,弹奏起来得心应手,旋律往复中富于表情,一时为琴界翘楚,天下文士雅人争与之交,名满天下。而若论"票友"中琴艺绰绝、名气较大者,则非孔子、司马相如、嵇康莫属了。孔子是中国古代著名的思想家、教育家,儒家学派的创始人,同时也是一位杰出的琴家,其一生与音乐、尤其是琴乐有着不解之缘。他曾学琴于师襄,一生酷爱弹琴唱歌,周游列国时在陈、蔡间断粮受困,仍"弦歌鼓舞,未尝绝音"。他以音乐作为教育课程"六艺"之一,将弹琴列为学生的必修科目。相传琴曲《龟山操》、《将归操》、《获麟操》、《猗兰操》等为其所作。司马相如与琴的故事较孔子相比则少了几分严谨，多了几分浪漫。据说一次他在富豪卓王孙家做客，即席弹奏琴曲，引起卓王孙之女文君的爱慕，使其不顾父亲反对，毅然与司马相如私奔。琴弹到能把别人的女儿"拐"跑，可见功力之深厚。他所用之琴"绿绮"则与齐桓公的"号钟"、楚庄王的"绕梁"和蔡邕的"焦尾"号为古代"四大名琴"，现在已然成为古琴的代名词。至于嵇康的故事则更多的是一种悲壮之美，临刑前的从容弹奏与弹完后的"广陵散从此绝矣"一语，于孤傲中更显魏晋风骨，颇得文人琴之真谛。

宋徽宗听琴图

古代琴史中，地位最高的琴者应该属那些封建帝王了。宋元皇帝中多有好琴者，宋太宗赵匡义、宋徽宗赵佶等，对琴有着特殊的爱好。宋初立国，倡导文治，皇帝多寄情于弹琴作乐、吟诗绘画。宋徽宗赵佶(1082-1135)，不仅是北宋颇有名望的书画家，也十分爱琴。曾搜罗南北名琴绝品，以满足自己的癖好，专设了"万琴堂"来珍藏这些名琴。传世名画《听琴图》生动反映了皇帝的这一爱好，画中描绘了徽宗身穿常服，端坐于树下信手弹琴的场景，画面空旷幽古，古树高耸入云，其旁怪石嶙峋，石上坐有两人，似正陶醉于悠扬的琴声之中。皇帝、贵族对琴的喜爱，对古琴艺术的发展自然会起到提倡和鼓励的作用，他们以国家的力量，收集散见于各地的名谱整理保存，对琴曲的流传亦有一定的积极作用，但这种附庸风雅的个人爱好给琴学也不可避免地带来一些消极影响。与帝王贵胄相对的是一些贫寒琴人，他们虽地位卑微，生活贫困，却与琴相伴，孤芳自赏，不失体面，这类人自古不乏其人，他们才更能代表琴学之内涵。

继往开来

任何一种艺术形式都有其生存发展的土壤，只有在一定的社会环境下才能取得较好的发展。古琴是中国古代最为经典的艺术形式之一，作为"琴棋书画"四艺之首的古琴艺术，在漫长的古代社会一直备受尊崇，是文人墨客修身养性、怡情自娱的重要手段。近现代社会的剧烈变革尤其是政治和经济的巨大变化，给中国传统文人修身养性的理想带来了巨大冲击，依附于这一理想体系的古琴艺术也由此受到冲击，西学东渐迅速涤荡着传统文化，作为"旧文化"代表的古琴备受冷落，发展步履维艰，这一传统艺术形式日渐萎缩，老一辈琴家大都驾鹤西去而后继无人，大量受众的流失，也使古琴日益失去发展的沃土，知音少弦断无人听的境况日益凸显。

另外，西方专业音乐教育制度的移入，"改变了古琴自古以来依琴人口传心授方式在读谱与打谱间代代相袭的传统，及由琴社、流派等所形成的古琴自然生态空间"，"改变了古琴提高人的文化素养及自娱自悟的功能"，"促使它朝专业化、职业化的方向迅速转变，从而形成了艺术化和表演化的发展新趋向，由此古琴原有的集诗书礼乐为一体、琴道即人道的境界被狭窄化了，它只能局限在舞台技艺的范畴之中"。古琴作为人文修养的一种重要方式，本来是一种知识分子生活的艺术，而职业化、专业化的结果却使古琴原来的自然生态受到威胁，更重要的是，由此在一定程度上导致中国人文精神中某些深厚内涵的缺失，古琴艺术逐渐背离了原有的独特人文内涵，而越来越演化为一种单纯的音乐表现形式了。

近些年来，随着中国综合国力的上升和人民整体生活水平的提高，传统国学开始复兴，世界范围内的中国文化热也日益升温，在这种情况下，古琴艺术也逐渐迎来了新的春天。特别是古琴艺术被列为"人类口述和非物质遗产代表作"之后，社会各界对古琴的重视达到了前所未有的高度，学习弹琴、研究琴学等活动日见增多，各类古琴研讨会甚至是古琴文化艺术节等也接踵而至，这些都在一定程度上促进了古琴艺术的复兴。但是目前看来，要实现古琴艺术的完全复兴，真正把这一艺术遗产传承发扬下去，还有很多工作要做。

首先要做好观念的转变。一是要有系统的观念，强调系统，是因为现在很多人，甚至是很多专业人士都将古琴当做一种单纯的表演技艺，忽视了"琴学"作为一个整体所具有的系统内涵，琴学是包含弹奏、记谱、琴史、琴律、美学等众多方面的独立完整体系，其内容博大精深，传承古琴艺术不仅要将古琴的演奏传承下去，更要将整个琴学体系传承下去。二是要有创新的观念，任何事物都不是僵化一成不变的，古琴在几千年的发展中也经历了很多创新和变迁，今天我们复兴古琴艺术，不仅要恢复古代的优良传统，更要使古琴与时代一起进步，要在扬弃的过程中适应新的社会环境，以古老的艺术形式表现新的时代精神、表现当代人的精神风貌。三是要有合作的观念，这里的合作不仅是各琴派间的相互学习，相互研究，更重要的是与其他艺术门类、其他表演形式的合作。

观念的转变仅仅是明确了方向，除此之外还得踏踏实实的做好一些基础工作。一方面要做好资料的整理工作，这里所说资料既包括古代流传下来的曲谱、琴论、琴史、琴诗等相关文字资料，也包括利用多媒体技术留存的老一辈琴家表演的音像资料，特别是后者，对于古琴艺术来说，是活生生的资料，具有不可替代的价值。20世纪50年代查阜西、王迪、许健先生走访全国各地琴家，录制了大量琴曲，其中一部分，前几年已由中国唱片公司制成《中国音乐大全·古琴卷》出版发行。这些珍贵的录音，对于保存传统古琴艺术风貌，具有重要的意义。另一方面还要加强古琴人才的培养力度，要注重专业和业余两种不同学习体系的建立，既要培养可以传承古琴艺术的专业琴手，又要面向社会需要，提供一般培训。对专业琴手的教育要注意多层面知识的传输，使其既会弹琴，又懂古琴的内涵，提高其综合素养。第三方面是要注意加大受众层面的培育，要为古琴培养听众，培养知音。在这方面，中国艺术研究院下属的中国非物质文化遗产中心进行了大量的工作，效果显著，如通过每年的"和鸣—古琴艺术进大

"和鸣—古琴艺术进大学"活动

学"活动以传统的雅集形式把古琴艺术引进高校，让代表时代未来的年轻人，通过古琴艺术与中华民族的优秀传统文化产生"和鸣"，成为传承中国人文精神和保护非物质文化遗产的"知音"，营造了全民参与非物质文化遗产保护的良好氛围。该活动已开展了四年，听众上万人，取得了极佳的效果。

（编撰：张伟）

参考文献

[1] 许健编著：《琴史初编》，人民音乐出版社，1982 年版

[2] 郭平：《古琴丛谈》，山东画报出版社，2006 年版

[3] 王子初：《中国音乐考古学》，福建教育出版社，2003 年版

[4] 易存国：《大音希声——中华古琴文化》，浙江大学出版社，2005 年版

[5] 中国艺术研究院音乐研究所编：《中国音乐史参考图片—古琴专辑》，人民音乐出版社，1987 年版

[6] 中国艺术研究院音乐研究所、北京古琴研究会编：《中国古琴珍萃》，紫禁城出版社，1998 年版

[7] 沈草农、查阜西、张子谦编著：《古琴初阶》，音乐出版社，1961 年版

[8] 文化部全国文化信息资源建设管理中心：古琴专题库，http://huodong.ndcnc.gov.cn/huodong/guqin/

新疆木卡姆艺术

　　2005年11月25日，中国新疆维吾尔木卡姆艺术被联合国教科文组织列入第三批"人类口头和非物质遗产代表作"名录。木卡姆艺术肇始于民间文化，发展于各绿洲城邦国宫廷及都府官邸，经过整合发展，形成了多样性、综合性、完整性、即兴性、大众性的艺术风格，并成为维吾尔族的杰出表现形式。木卡姆是维吾尔族优秀的古典音乐，即大型音乐套曲的称谓。它是维吾尔人民创作出来的一部巨大的音乐财富，素有"东方音乐明珠"之誉称。

　　"木卡姆"这一术语在词源上是古回鹘龟兹—吐火罗语"曼坎吾满"一词的变音，含有大曲之意，它与表示"居住的地方"的阿拉伯语"玛卡姆"（Makam）一词是同音词。在现代维吾尔语中，木卡姆除大型套曲意思外，还具有法则、规范、曲调等多种含义，它由12部木卡姆组成，每一部又由大乃格曼（大曲naqma）、达斯坦（叙事诗dastan）和麦西热甫（民间歌舞maxrap）三大部分组成，含歌、乐曲20

木卡姆艺术表演

至 30 首，长度 2 小时左右。全部演唱完十二部木卡姆需 20 多个小时。木卡姆体裁多样，节奏错综复杂，曲调极为丰富。生动的音乐形象和音乐语言，深沉缓慢的古典叙诵歌曲，热烈欢快的民间舞蹈音乐，流畅优美的叙事组歌，在艺术成就上是无与伦比的。《十二木卡姆》，是维吾尔音乐的脊梁，是打开维吾尔族文化的金钥匙，是中国、印度、希腊和伊斯兰古典音乐精华的融合体。

新疆维吾尔木卡姆艺术的历史非常悠久，它继承和发扬了古代西域音乐中的《龟兹乐》、《疏勒乐》、《高昌乐》、《伊州乐》、《于田乐》等音乐传统，在汉唐时期已形成了完备的艺术形式，对中国音乐的发展产生过积极的影响。公元 16 世纪，由叶尔羌汗国的阿曼尼萨汗王后组织音乐家们，将民间流传的十二木卡姆音乐进行了系统的规范，使木卡姆音乐更加完整地保留下来。

现存木卡姆音乐有多种不同风格的类型，其中有喀什木卡姆、多郎木卡姆、哈密木卡姆、吐鲁番木卡姆、伊犁木卡姆等。其中的喀什木卡姆形式最完备，更具代表，而且在天山南北广为流传。喀什木卡姆共有 12 套，因此人们习惯称之为十二木卡姆。

历史溯源

十二木卡姆的源流，从时代和地域因素上讲主要有两点，一是由古代流传下来的传统音乐的基础上发展成的套曲和歌曲；二是地方音乐，即库车、喀什、吐鲁番、哈密和和田音乐以及刀郎音乐。这种时代和地域因素相互交织渗透，浑然一体，形成产生于维吾尔族人民的生活方式、民族特征、道德观念及其心理素质的民族调式特点。这种特点则是通过独特的音乐形式、演奏方法以及独特的演奏乐器加以体现的。十二木卡姆早在维吾尔族祖先从事渔猎、畜牧生活时期就产生了在旷野、山间、草地即兴抒发感情的歌曲，后来经不断融和、衍变，到公元 12 世纪，发展形成了博雅婉组曲，这就是木卡姆的雏形。

木卡姆所以能纳入中华民族文化宝库，其中有三个人的作用是非常关键的。一位是伟大的维吾尔族女性阿曼尼萨，另一位是阿曼尼萨的得力助手，著名宫廷乐师尤素甫·喀迪尔汗，再一位是国王阿不都·热西提汗。"木卡姆"正式纳入中华民族的文化宝库是与一位伟大的维吾尔族女性——阿曼尼萨（1533－1567）密不可分的。阿曼尼萨出生于歌舞之乡刀郎河畔的一个贫苦之家。自幼的耳濡目染，培养了她对音乐与诗歌文学的兴趣与超人才能，以后又成长为著名的维吾尔书法家。演奏弹拨尔是她的拿手戏，她用自己创作的歌词演唱的《潘吉尕（gǎ）木卡姆》，曾使打猎路过这里的阿不都·热西提汗一听而动心。1547年，酷爱音乐和诗歌的阿曼尼萨，成为以新疆莎车为国都的叶尔羌汗国的王后。国王正是阿不都·热西提汗，他是诗人，也是乐师；他熟识波斯文、突厥文诗歌，懂得希腊音乐（毛拉·穆萨《安宁史》）。他在位的年代（1533—1570），由他主持重新扩建了喀什噶尔皇家伊斯兰经文学院（即汗勒克买德力斯）。

在王后阿曼尼萨的影响和提倡下，原来就醉心于文化艺术的阿不都·热西提汗，发令召集起散布在喀什噶尔与叶尔羌一带有名的维吾尔乐师、歌手和诗人，在宫内全面搜集整理流传在民间的木卡姆乐章。阿曼尼萨亲自创作了其中的《依西来提·安格孜木卡姆》，成为流传后世的《十二木卡姆》中的重要组成部分。在这一时期，形成了第一次规范化的木卡姆套曲，最初分为16部；总其大成者是阿曼尼萨，而她最得力的助手、著名的宫廷乐师尤素甫·喀迪尔汗在这项大型工程中的作用，也是功不可没。

尤素甫·喀迪尔汗是叶尔羌人。据史料披露，维吾尔族的著名乐器热瓦甫就出自他的手；而改弦乐上的肠衣弦为丝弦的，也是这位杰出的音乐大师；维吾尔乐器那优美的音色与丰富的表现力，与他的功绩分不开。他在音乐与文学方面高深的造诣，使他在叶尔羌汗国乃至中、西亚地区有着惊人的威望：有许多人不远万里，穿越城镇戈壁，从伊拉克、伊朗、提比里孜、呼罗珊、花剌子模、撒马尔罕、安集延、伊斯坦堡、克什米尔、班里赫、设拉子等地，前来向他学习音乐。在他实际组编木卡姆乐曲之前，他的诗集已在中亚各地广泛流传。流传至今的木卡姆乐章中的绝大部分乐曲和歌调，都是经他整理加工后而定的。这就无怪乎他在叶尔羌汗国宫廷有着显赫的地位。当时的阿不都·热西提汗一有闲暇，就喜欢召来各界名人雅士，津津有味地听他们进行关于诗歌、音乐、宗教学术方面的研讨辩论；而尤素甫·喀迪尔汗就成了这位大汗形影不离的顾问和知心朋友。

时代造就了这样一批无与伦比的人才，而集中在一起的这些人才又共同为维吾尔文化艺术的长足进展做出了卓越贡献。由于他们的共同努力，叶尔羌汗国成为当时木卡姆艺术的一个最理想的中心。以喀什噶尔—叶尔羌为重要发源地的木卡姆乐舞，在以后不长的岁月里，就广泛流传到天山南北各地，又形成了融合当地特色并冠以各地名称的木卡姆，如刀郎木卡姆、哈密木卡姆、伊犁木卡姆等等，在维吾尔音乐舞蹈史上发挥了不可估量的巨大作用。

流派及艺术特色

新疆维吾尔木卡姆艺术唱词包括哲人箴言、先知告诫、乡村俚语、民间故事等，其中既有民间歌谣，又有文人诗作，是维吾尔族人民心智的生动表现。维吾尔木卡姆艺术的音乐形态丰富多样，有多种音律，繁复的调式，节拍、节奏和组合形式多样的伴奏乐器，显示出鲜明的民族特色和强烈的感染力。木卡姆分布地区很广，种类繁多。阿拉伯、波斯、土尔其、印度以及中亚等地均有木卡姆，但就其种类来说，目前在世界上，新疆的木卡姆种类最多，有一系列带有地域性特色的套曲，如《哈密木卡姆》、《和田木卡姆》、《刀郎木卡姆》、《伊犁木卡姆》等。新疆维吾尔木卡姆艺术在其文化空间的发展历程中形成了最具代表性的十二木卡姆、吐鲁番木卡姆、哈密木卡姆、刀郎木卡姆诸流派。

1. 十二木卡姆

十二木卡姆主要流传在南部新疆塔里木盆地南缘的喀什、莎车、和田及塔里木盆地北缘的阿克苏、库车诸绿洲和北部新疆的伊犁谷地。由拉克木卡姆、且比巴亚特木卡姆、斯尕木卡姆、恰哈尔尕木卡姆、潘吉尕木卡姆、乌孜哈勒木卡姆、艾介姆木卡姆、乌夏克木卡姆、巴雅特木卡姆、纳瓦木卡姆、木夏吾莱克木卡姆、依拉克木卡姆共 12 套大

新疆维吾尔木卡姆艺术

型套曲组成。其中的每一部又包含"琼乃额曼"、"达斯坦"、"热西热甫"三大部分。琼乃额曼意为大曲，由若干首叙诵歌曲、器乐曲和歌舞曲组成；达斯坦原意为"叙事长诗"，在维吾尔族民间，因这种叙事长诗主要由达斯坦连说带唱地进行表演而成为一种说唱艺术形式。十二木卡姆中每部的达斯坦部分以民间流传的达斯坦为基础归整、演化而来，由一组叙事歌曲和器乐曲共同组成；麦西热甫原意为"聚会"，在全疆各维吾尔族聚居区的城镇，经常举行各种以自娱性歌舞为主的群众性聚会，其中规模较大的就叫做麦西热甫。

十二木卡姆中每一部木卡姆的麦西热甫，既与南部新疆各维吾尔聚居区所举行的麦西热甫聚会有联系，也可经常看到苏菲派伊斯兰教徒，特别是其中被称为阿希克即痴迷于安拉的最为虔诚的教徒，吟诵泰尔肯（意为乞求）调的踪影。十二木卡姆中每一部木卡姆的名称大都源自波斯、阿拉伯。对于它们的含义，除斯尕、恰哈尔尕、潘吉尕被明确是波斯语，分别意为第三（部）、第四（部）、第五（部）之外，学术界尚未形成统一的看法。有学者认为，拉克意为纯、专有，在波斯语中表示脉搏、动脉；也有学者认为，拉克由然哥一词演绎而来，含有纯洁、自然之意。乌孜哈勒意为（自己的）境况、处境、悲哀、痛楚、悲怆；可也有学者认为这个名词含有高昂状态之意。艾介姆原泛指非阿拉伯国家和非阿拉伯人，可指的是波斯人还是突厥人，学者们都又各言其是。乌夏克意为情人们、恋人们，也有学者说这个名词可以引申为恋曲。巴雅特为古突厥人部落之一，也有学者认为这一词汇还含有上苍的意思。纳瓦意为声响、声音、（鸟的）鸣叫、鸣啼。木夏乌热克意为十分刺激。且比巴亚特、依拉克可能是部落的名称。各地流传的十二木卡姆版本并不相同，在伊犁地区流传的十二木卡姆的每一部只包括木卡姆散序和达斯坦、麦西热甫。除散序之外的琼乃额曼部分散佚的原因待考。20世纪30年代，当地的音乐家们对比进行了补充和加工，逐渐形成了伊犁流派曲调华丽、委婉，演唱明快、激昂的特色。喀什、阿克苏地区演唱十二木卡姆时，主要以拉弦乐器萨它尔跟腔伴奏，以乃格曼其（形制较少的手鼓）达普击节相伴，亦可加用拨弦乐器卡龙，热瓦甫、弹布尔、都它尔；和田地区演唱十二木卡姆时，主要以吹管乐器巴拉满跟腔伴奏，以达普击节相伴，也可加用萨它尔、卡龙、弹布尔、都它尔、热瓦甫等其它乐器；伊犁地区演唱十二木卡姆时，主要以弹奏乐器弹布尔、都它尔、拉弦乐器斯克里泼卡（小提琴）跟腔伴奏，以达普击节相伴。

2．吐鲁番木卡姆

吐鲁番木卡姆是新疆维吾尔木卡姆艺术的重要组成部分，主要流传于吐鲁番地区鄯善县鲁克沁镇及周边吐鲁番市和托克逊县。吐鲁番木卡姆共有11部，它们是：拉克木卡姆、且比亚特木卡姆、木夏吾莱克木卡姆、恰尔尕木卡姆、潘吉尕木卡姆、乌夏克木卡姆、纳瓦木卡姆、萨巴木卡姆、依拉克木卡姆、巴雅特木卡姆和多郎木卡姆。其中的每一套都由木凯迪满、且克特、巴西且克特、亚郎且克特、朱拉、赛乃姆、赛勒克、尾声等段落组成，11套总计包括66首乐曲，全部演唱大约需要10个小时。

吐鲁番木卡姆中的木凯迪满部分亦称艾再勒（意为两行诗）。其中的赛乃姆部分又称麦西热甫，是多首歌舞曲组成的一个大口袋，演奏（唱）者可根据自身和舞蹈群众的情绪需要任意增添节奏相同的曲目。在潘吉尕木卡姆的赛乃姆部分，最后出现了吐鲁番地区著名的、以诙谐幽默著称的那孜尔孔乐曲。除了在乐器的伴奏下歌唱之外，吐鲁番木卡姆还有一种鼓吹乐的表演形式。所以，吐鲁番地区的著名木卡姆艺人既要能操起萨它尔琴自弹自唱，还要能吹得一手好苏乃依。技艺高超的舞蹈者遂在乐曲伴奏中进行模拟舞和竞技舞的表演，将气氛推向高潮。"赛勒克"部分又称苟希冬，乐曲速度突然放慢，节奏变宽，这种散、慢、中、快、慢的结构为吐鲁番木卡姆所特有。尾声的篇幅极为短小，仅由一二句乐句构成。除有伴奏以外，还有用鼓吹乐表演的形式。吐鲁番木卡姆，无鼓不歌、无舞不乐的艺术特色是古代高昌及高昌回鹘汗国的音乐遗风。作为东西方乐舞文化交流的结晶，吐鲁番木卡姆记录和印证了不同乐舞文化之间相互传播、撞击、交融的历史。在吐鲁番木卡姆中既能见到我国中原音乐和漠北草原音乐的因素，也能见到中亚、南亚、西亚、北非等国家、地区音乐的影响。它的特殊音乐节奏、节拍及律制是维吾尔音乐理论体系形成的重要基础。

吐鲁番木卡姆的唱词多为民间歌谣，也有中世纪文人墨客的诗作，它汇集了吐鲁番维吾尔民间口头文学和察合台历史时期古典诗歌的精华，成为研究古代高昌人和周边族群及现代维吾尔民族的生活哲学、伦理道德、民俗民风、文学艺术等诸种文化表现不可多得的活态资料。

3．哈密木卡姆

哈密木卡姆是流传在新疆东部哈密地区的一种历史悠久、篇幅宏大、结

哈密木卡姆

构完整的大型维吾尔音乐套曲，共有琼都尔木卡姆、乌鲁克都尔木卡姆等12套，其中7套包括两个乐章（即两套曲目），共有258首曲目、数千行歌词。哈密木卡姆在其形成和发展过程中，在西域伊州乐的基础上，不同程度地吸收了来自中原、中亚及西亚的音乐艺术营养，在歌词、风格、结构等方面体现了文化多元性的特点。

　　哈密木卡姆共有12套19个分章。它们是：琼都尔木卡姆（又名我走遍天下，含两个分章）、乌鲁克都尔木卡姆（又名哈伊哈伊约兰）、穆斯台赫扎特木卡姆（又名亚勒吾孜托云，含两个分章）、恰尔尕木卡姆（含两个分章）、胡甫提木卡姆（含两个分章）、且比亚特木卡姆（又名加尼赞姆，含两个分章）、穆夏威莱克木卡姆（又名医治你心病的良药，含两个分章）、乌孜哈勒木卡姆（又名代尔迪里瓦，含两个分章）、都尕木卡姆（又名〔小〕你让我好苦）、多浪穆夏威莱克木卡姆、伊拉克木卡姆（又名〔大〕你让我好苦）和"拉克木卡姆"（又名"唱吧！我的夜莺"），12套《哈密木卡姆》共含258首乐曲，全部演唱需要将近10小时。哈密木卡姆的命名方式保持了维吾尔族的传统，每套木卡姆的名称一直到现在都保留着维吾尔族的名称，在新疆各地木卡姆中显得十分独特。和同属板式变化体套曲（在每套套曲中可以见到主要乐调和主题旋律的贯穿，而以节拍、节奏的变化为最主要的变奏手段，并从而构成套曲）的十二木卡姆、刀郎木卡姆、吐鲁番木卡姆不同，每套哈密木卡姆之中基本见不到主要乐调和主题旋律的贯穿，属于篇幅不长的木卡姆（散板序唱）开始，后面连缀10至21首当地民间流传的歌舞曲或歌曲的只曲连缀体套曲。哈密木卡姆主要以拉弦乐器哈密艾捷克（又称哈密胡琴）和拨弦乐器哈密热瓦甫伴奏多面形制较大的达普击节相伴。哈密木卡姆在历史上经过了从民间到王宫、最后又回到民间的流传整合过程，经由民间艺人的不断演唱和整理规范，形成了结构完整的套曲形态。每套木卡姆均由散板的序唱和4/4、7/8、5/8节奏的多首歌曲及2/4节奏的多首歌舞曲的结构序列组成，体现了典型的完整性特征。

4．刀郎木卡姆

刀郎木卡姆是维吾尔木卡姆的一个重要组成部分，它与十二木卡姆有着千丝万缕的联系。刀郎木卡姆根植于塔里木盆地西北缘叶尔羌河两岸的绿洲文化，含有漠北牧猎文化的因素，具有典型的多元一体的特点。麦盖提县维吾尔族祖先在从事渔猎、畜牧生活时期就产生了在旷野、山间、草地即兴抒

刀郎木卡姆

发感情的歌曲，这种歌曲叫作巴雅宛（旷野之意），后来经不断融和、衍变，到公元 12 世纪，发展形成了巴雅宛组曲，这就是刀郎木卡姆的雏形。后经著名维吾尔木卡姆大师阿曼尼萨汗（1534 年生于新疆麦盖提县尕孜库勒乡，卒于 1567 年）的不断整理、规范、推广，形成了今天的刀郎木卡姆。

刀郎，亦被音译为"刀朗"、"多郎"、"多朗"、"多浪"、"多兰"、"多伦"、"朵兰"、"都兰"、"隋兰"或"道南"等。大多数学者认为这个词汇是生活在从叶尔羌河和塔里木河两岸直到罗布泊地区的一部分维吾尔人的自称。刀郎人有史以来一直居住在这片肥沃、富饶、美丽的土地上，从事狩猎、牧业和后来的农业生产，用自己辛勤的劳动，创造了无数的财富，使塔里木盆地日益繁荣富强起来；同时，他们也创造了表达自己美好心愿和内心情感的精神文明。那就是集演唱、弹奏于一体的，内容情感丰富、刚烈遒进，最富群众性、艺术性的艺术表现形式——刀郎木卡姆。她是充分表达哀与乐、爱与恨和美好理想的精美旋律，她曲调古朴，原始乡村生活气息浓烈，唱词优美、豪放、端庄大方。刀郎木卡姆的唱词主要由维吾尔民谣组成，每一个木卡姆都没有固定和规范的唱词，主要根据表演、演唱家的情绪和技巧而随之变化，从而为刀郎木卡姆唱词的丰富多彩创造了广阔的天地。

"刀郎木卡姆"原为 12 套，这 12 套大曲分别是：拉克、且比亚特、木夏吾莱克、恰尔尕、潘吉尕、乌孜哈勒、艾且、乌夏克、巴雅提、纳瓦、斯尕、依拉克等木卡姆。维吾尔十二木卡姆的每一个木卡姆均分为大乃额曼、达斯坦和麦西热甫三大部分；每一个部分又有四个主旋律和若干变奏曲组成。其中每一首乐曲既是木卡姆主旋律的有机组成部分，同时，又是具有和声特色的独立乐曲。为木卡姆伴奏的乐器有沙塔尔、弹拨尔、热瓦甫、手鼓、独他尔等。 但后来由于各种历史原因和刀郎木卡姆艺术大师、艺人的相继去世，其中三个木卡姆已经失传。现在的刀郎木卡姆演唱中仅有九个木卡姆。每部刀郎木卡姆的长度约为 6 到 9 分钟，9 套总长度约一个半小时。刀朗木卡姆的唱词全都是在刀郎地区广为流传的维吾尔民谣，充分表达了刀郎维吾尔人的喜、怒、哀、乐，同时反映出维吾尔族社会生活的各个方面，内容丰富多彩，曲调高亢粗犷，感情纯朴真挚。与"十二木卡姆"不同的是，"刀郎木卡姆"中大多数木卡姆的名称都是维吾尔语，也有几部"刀郎木卡姆"既有外来语名称，又有本民族语名称，说明维吾尔木卡姆可能经历过由本民族语名称向外来语名称转变的过程。

每一部完整的"刀郎木卡姆"都由简短的"木凯迪满"、"且克脱曼"、"赛乃姆"、"赛勒凯"及"色利尔玛"五部分组成，9部《刀郎木卡姆》共包括45段乐曲。"木凯迪满"意为"序言"、"引子"。"且克脱曼"意为"点"、"节拍"，由"且克脱"一词演化而来。"赛乃姆"原意为"偶像、神像、美人、美女"，又是在维吾尔民间广泛流传的一种歌舞套曲的名称。"赛勒凯"又称作"赛纳凯斯"，由"赛勒克"（有学者认为意为"兴趣"、"意愿"）一词演化而来。"色利尔玛"被一些学者解释为"柔软"、"润滑"。每部"刀郎木卡姆"的后4部分都可作为群众性自娱舞蹈的伴奏，人们在不同节拍、节奏的歌舞曲中翩翩起舞，赶走了心中的愁云，驱散了身体的疲惫。比起"十二木卡姆"，"刀郎木卡姆"的篇幅要短小得多，其每一部的演唱时间在79分钟左右，演唱9部大约需要一个半小时。"刀郎木卡姆"的主要伴奏乐器为：拉弦乐器刀郎艾捷克、拨弦乐器卡龙、刀郎热瓦甫，以多面达普击节相伴，上述拉弦、拨弦乐器在伴奏中，经常不作跟腔，而奏出各种各样的枝生复调或节奏型，从而与声乐形成复杂的多声部效果。

木卡姆艺术传承与发展

《十二木卡姆》、《吐鲁番木卡姆》、《哈密木卡姆》、《刀郎木卡姆》等各属不同地域。当地的自然环境、社会环境、人文背景、经济发展状况不同，木卡姆的传承、传播也有所差异，但总体趋势却是渐趋衰落、处于濒临失传的边缘。随着社会的进步和时代的发展，维吾尔族相对独立的绿洲生活环境逐渐改变，外来的资讯引导着人们逐渐脱离了原有的生活轨迹，本土的社会环境、文化土壤不断变化，人们生产方式和生活习俗也随之变化。在当今民族传统乐舞赖以生存的社会物质文化背景发生巨变的情况下，尽管社会对木卡姆艺术保护的意识在不断深化，但木卡姆艺术传承的土壤却在不断被蚕食。众所周知，民族民间文化主要是以口头和非物质文化形态存在的，"口传心授"在人类乐舞艺术发展的早期阶段普遍存在于各民族的传承活动中，因此，传承人的多寡往往能够决定某一艺术门类的存活程度。据统计，20世纪90年代以来，能够准确完整地演唱《十二木卡姆》的知名艺人已经不复存在，能够演唱其他木卡姆的艺人也是寥寥无几且年事以高，被称为"木卡姆其"的民间艺人相继谢世，直接危及木卡姆传承的延续性。

新中国建立以来，对于木卡姆艺术的保护始终不遗余力，政府进行了大量抢救、挖掘和整理工作。1951年著名木卡姆传人吐尔地阿訇等人用钢丝录音机录下了全套《十二木卡姆》的南北疆不同流传版本，为后来的学唱、整理、研究留下了唯一的珍贵文本；1960年万桐书、连筱梅等人克服重重困难记录下来的《十二木卡姆》曲谱由音乐出版社和民族出版社联合出版，这是第一个问世的维吾尔木卡姆文本。20世纪80年代，改革开放的春风为维吾尔木卡姆带来了无限生机，"新疆歌剧团木卡姆研究小组"、"新疆艺术研究所木卡姆研究室"、"新疆木卡姆艺术团"等相继成立，新疆艺术学院开办了"维吾尔木卡姆传习班"，新疆师范大学音乐学院更是创建了以培养木卡姆研究人才为主要目标的音乐学硕士点。

建国几十年来，木卡姆的保护与传承取得了不少成就，但也存在着突出的问题：保存多于保护，文本多于传承者。失去了传承者的木卡姆再也不复原汁原味，文本中的乐谱也承载不了维吾尔木卡姆的灵魂。因此并没有真正做到"来源于人民、回归于人民"。对于木卡姆艺术的保护与传承应通过各种手段培养继承人，让木卡姆艺术能够鲜活地存于人民群众中。

维吾尔木卡姆是维吾尔人民自古以来所进行的各种社会斗争和实践活动的精神产物，是维吾尔民间乐曲艺术的精华，是维吾尔精神文明的灵魂。拥有着绚丽的民族特色、鲜明的音乐特点、系统的音乐结构、丰富的曲调和复杂的节拍的木卡姆艺术，是中华民族文化宝库中的珍品。

（编撰：余振 王巨山）

参考文献

[1] 阎建国主编：《中华瑰宝：维吾尔木卡姆》，黑龙江人民出版社，2006年版

[2] 王文章主编，周吉著：《木卡姆》，浙江人民出版社出版，2005年版

[3] 刘魁立、郎樱：《维吾尔木卡姆研究》，中央民大出版社，1997年版

蒙古族长调民歌

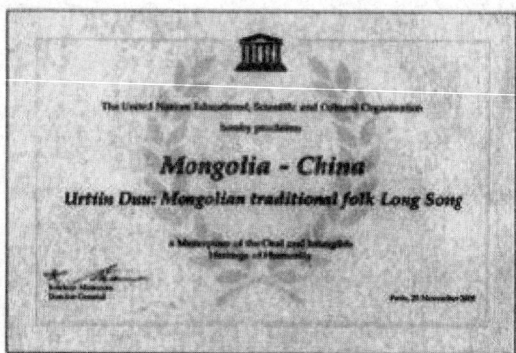

蒙古族长调民歌入选〝人类口头和非物质遗产代表作〞

2005 年 11 月 25 日联合国教科文组织在巴黎公布了第三批"人类口头和非物质遗产代表作"，中国、蒙古国联合申报的"蒙古族长调民歌"榜上有名。"蒙古族长调民歌"是我国首次与外国就同一项非物质遗产联合申报并得到通过的项目。

蒙古族长调民歌与草原、与蒙古民族游牧生活方式息息相关，承载着蒙古民族的历史，是蒙古民族生产生活和精神性格的集中体现。中国的内蒙古自治区和蒙古国是蒙古族长调民歌最主要的文化分布区。蒙古族长调民歌以草原人特有的语言诉说着蒙古民族对历史文化、人文习俗、道德、哲学和美学的感悟，以及对美好未来的追求和向往，长调是具有成熟表现手法的艺术形式，它拥有着和世界上任何民族歌唱艺术不同的结构和要素。

源远流长

"敕勒川、阴山下、天似穹庐、笼盖四野。天苍苍、野茫茫，风吹草低见牛羊。"这首产生于我国南北朝时期脍炙人口的敕勒歌，高度形象地勾勒出北方草原的壮丽图画，在被这首诗中描绘的美景陶醉之时，我们自然会联想起这"穹庐"之中与诗相伴的"歌"来。

蒙古歌曲分为两个主要类别，其一是乌日汀哆或称"长调"，其二是"短调"。长调是蒙语"乌日汀哆"的意译。"乌日汀"为"长久"、"永恒"之意，"哆"为"歌"之意。长调是蒙古牧民在长期游牧劳动中创造的一种具有鲜明地域文化特征的独特演唱形式。作为与盛大庆典、节日仪式有关的表达方式，长调在蒙古社会享有独特和受人推崇的地位。婚礼、乔迁新居、婴儿降生、马驹标记以及其他蒙古游牧民族的社交活动和宗教节庆仪式上，都能听到长调的演唱。包含摔跤、射箭和马术比赛的狂欢运动会"那达慕"大会上，更能听到长调。

长调的历史可以追溯到两千年前，13世纪以来的文学作品中已有记载。从目前掌握的史料及蒙古学研究成果来看，蒙古族长调民歌的形成和发展经过了三个历史时期。即：山林狩猎音乐文化时期、草原游牧音乐文化时期、亦农亦牧音乐文化时期。

山林狩猎音乐文化时期。公元7世纪前，蒙古人祖先一直在大兴安岭山脉与额尔古纳河流域生息，生产方式以狩猎为主。在漫长的生活岁月里，蒙古人创造了自己富有狩猎特色的音乐文化，如狩猎歌舞、萨满教歌舞等。在狩猎音乐文化时期，其音乐风格以短调为代表，民歌具有结构短小、音调简洁、节奏明了、词多腔少等特点。整体音乐风格具有叙述性与歌舞性，抒情性较弱，这也是原始时期人类音乐艺术的共同特征，例如科尔沁民歌《四季》。

草原游牧音乐文化时期。自公元7世纪起，生活在我国东北部额尔古纳河沿岸以狩猎为生的蒙古族，开始走出山林逐渐西迁踏上了蒙古高原，在形成游牧生产方式的同时逐步强盛起来。公元1206年，蒙古族伟大的历史人物成吉思汗统一北方草原蒙古各部之时，宣告了蒙古民族正式登上北方草原的政治舞台，顺历史潮流自然成为北方草原文化的集大成者。蒙古族也使北方草原音乐文化得以迅猛发展，伴随着狩猎生产方式向游牧生产方式的转变，音乐风格也发生了从短调民歌向长调民歌风格上的演变，形成了蒙古族音乐史上的草原游牧音乐文化时期。

这一时期既保留发展了狩猎时期的短调音乐特点，又逐步创新形成了长调音乐风格。就长调民歌本身而言，这一时期也经历了一个漫长的由简至繁、由低至高的继承发展过程。蒙古社会进入游牧封建制以后，长调达到了高峰。

成吉思汗之歌

演唱者：扎 卓纳
记 词：斯钦孟克
记 谱：阿 巴雅尔

长调是游牧封建社会发展到一定程度的产物。牲畜数量少，生产力极不发达，所以需要集体游牧，集体歌舞，如踏歌。后来生产力发达了，国家统一，社会稳定，于是就形成了古列沿的方式，即以一家一户的生产方式为主，开始突出个体，不像以前那样要依靠集体共同创造了，社会由此进入草原游牧文化时期。游牧封建社会的蒙古族牧民，不同于奴隶制社会"会说话的工具"奴隶，也不同于中原王朝的汉族农民，他们无须固定在狭小的土地上，从事面朝黄土背朝天的耕作。相反，蒙古牧民必须在广阔的生存空间内，每日每时面对草原大自然，骑上骏马流动放牧。心灵的自由，行为的自主，形成了从事畜牧业劳动的一大特点。音乐是声音的艺术，对于长调民歌而言，心灵的自由，行为的自主，哪怕只是相对的有条件的，对民歌创作是非常的重要。由此可知，长调民歌的高度抒情化，其实是为游牧生产劳动本身所决定的。从公元7世纪至公元17世纪的千年历史中，蒙古族民歌发展的总趋势可概括为：以短调民歌为基础，以长调民歌为创新，长调民歌逐渐占主导地位的时期，也是蒙古族整体音乐文化风格形成的重要历史阶段。

亦农亦牧音乐文化时期。大约自公元18世纪（清朝中后期）起，随着历史变革及发展，北方草原与中原内地的联系进一步增强，各民族间的融合交流步伐加快。中原地区以农业为主的生产方式也渗透到部分北方草原，文化交流更为频繁。在这样的历史背景下，短调叙事歌、长篇说唱歌曲等又得到了新的发展，形成了蒙古族亦农亦牧音乐文化时期。这一时期的音乐风格特征可概括为：短调民歌重获新生快速发展，长调民歌保持了原有特色并更加成熟。

长调民歌承载着蒙古民族的历史和蒙古民族文化的根源。无论过去、现在还是将来，长调民歌不仅是蒙古民族最典型的歌唱艺术形式，也是蒙古民族生活和精神性格最具代表性的文化表达。有蒙古族的地方就有长调，它是蒙古族全民族所喜爱的，融入到了蒙古民族血液里的民歌音乐。它们都从远古走来，承载着历史，承载着自己民族的喜怒哀乐，它们与蒙古族相生相随，其价值和意义深远幽深。

艺术特色

蒙古民族在悠久的历史长河中创造了自己辉煌的文明，尤以游牧民族文化最为灿烂，而蒙古族长调民歌作为游牧民族文化中一朵永不凋零的花，具有以下艺术特色：

（1）情景交融

所谓"情景交融"就是将内在的抒情性和描绘景物的华彩性有机结合起来。在音乐美学领域里，可以称其为音乐艺术的表情性和描绘性的完美解决。譬如，在蒙古长调中最具有代表性的草原牧歌，就是蒙古人主要用来反映自己的游牧生活的。

情景交融是中国最重要的艺术传统之一。通过客观具体的可感人物、景物来寄托和蕴涵感情，这样使欣赏者通过对人物和景物的理解，就能够感受歌者所传达出来的感情，从而引起共鸣。蒙古长调民歌音乐作品中情景交融的意象是超越语意性和造型的，是个性化的，是主体审美经验的生成物。唱歌人的不尽之意，经常在有限之景表现出来，意深藏在境中，使人们品味之后才能体会。长调牧歌典范之作《走势强劲的马》，其旋律和歌词的意境创造中，讲究歌者的情思与眼前景色的融合，从而形成情景交融、互相辉映的特性。这便是思与境、心与物的结合。歌词写道："银鬃马犹如流水快如追风，迎着朝霞奔向那夜牧的马群，美丽的好必图滩还遥远，牧人的心扉向着那爱恋的情人。"自由舒缓的节奏与曲折婉转的曲调相应，表达了对爱情的美好向往。第一乐句表现飞奔的马儿，第二乐句表达牧人对心上人的思念。在写景的同时抒发了自己的情怀。"快如追风"、"奔向"、使"牧人的心扉"更加充满动感，也表达了积极乐观的向往情绪。又如经典长调《辽阔的草原》这首呼伦贝尔长调民歌，歌词大意：虽有辽阔的草原，不知何处有泥潭，虽有美丽的姑娘，却不知她的心愿。全曲音乐语言、曲式结构都是简洁精练的，只上下两个对偶乐句旋律，但却热情奔放，这也是一首典型的情景交融的美丽长调，通过对草原的描写，表达自己忧伤的感情。

很多长调民歌的音乐语言、曲式结构都是简练的，表面看只是描绘草原的游牧生活以及和生活有关的点点滴滴，但它却蕴涵和体现了作品的各种情绪和意向，这种情景相融的手法塑造的意境，激发听者无尽的遐想。

（2）天人合一

音乐是一种善于表现感情的艺术形式，人们常常通过对声音的感悟用心灵去描绘一幅幅美丽的画卷。了解中国民族音乐的人都能感觉到，我国的音乐有着明显的地域特征。这种特征与地域的文化、气候、生产生活方式等是分不开的。陕北的"信天游"、青海的"花儿"、蒙古的"长调"都具有其明显的旋律特征，能让人们"闻歌识乡"。

长调是人与自然和谐共处的产物，游牧民族的产物，马背上的产物。辽阔的草原是蒙古族长调的摇篮，她发祥于广袤无垠的草原，起源于奔腾驰骋的马背，是伴随草原游牧文明的诞生而传承至今的民族文化遗产，是蒙古族民族音乐的原生态艺术形式，其旋律和演唱技巧有着独特的民族特征和浓郁的地域特点。长调民歌音域宽广，曲调优美流畅，旋律线多作波浪式进行，起伏跌宕，表现出天高地阔的草原自然环境。陈述性的语言节奏、抒情性的悠长节奏、装饰性的"诺古拉"的发音技巧形成的巧妙组合，构成长调民歌的节奏律动。长调歌词绝大多数内容描写的是草原、骏马、骆驼、牛羊、蓝天、白云、江河和湖泊。长调民歌是绿色生态的艺术，顺乎自然法则，追求人和自然的和谐统一。心灵的自由，抒情的极致，具有强烈的浪漫主义色彩。歌唱草原，赞美骏马，感怀父母，仰慕英雄，讴歌爱情，是长调民歌的常见题材。

在长调中使用诺古拉的装饰性节奏，有自然原因也有美学原因。自然原因，在马背上歌唱，长音自然会形成颤音，马背上的颠簸势必影响到气息，蒙古人久而久之，将此进行美化，就形成了诺古拉节奏，这是它的基本条件。美学原因，草原本身就是这样，每只羊，每枝花，每一种草，都在运动，都在摆动。只要微风吹来，都会波动起来，只要你在草原上生活就会感受到。当人们走入草原的一刹那，伴随马头琴的声音而来的便是蒙古民歌，感觉就像是回到了自然的怀抱。也许上溯到几百几千年前，广袤的土地上，人烟稀少，游牧的人们各自居住在自己的牧场，最近的邻居也可能在几十里之外，许久不见陌生人也不稀奇，终于寂寞的内心与积极乐观的生活态度结合在了一起，在苍茫无际险些失去真实空间的草原上，他们与苍穹、草地、河流、羊群、骏马为伴，用宽阔的歌喉传达出对自然的回应，并追寻生命真正的乐趣。因此，从这个意义上说，蒙古民歌中的长调不仅是一种演唱方法，它更是一种生活态度。

长调是抒情歌曲，由32种采用大量装饰音的旋律构成，它赞美美丽的草原、山川、河流，歌颂父辈的爱情、亲密的友谊，表达人们对命运的思索。它的特点是：大量使用装饰音和假声，悠长持续的流动性旋律包含着丰富的节奏变化，极为宽广的音域和即兴创作形式。上行旋律节奏缓慢稳定，下行旋律常常插入活泼的三音重复句式，这来自对草原生活步调的模仿。长调的演唱和创作与牧民的田园式生活方式紧密相连，这是蒙古族至今仍然广泛延续的生活方式。例如，古老的宴歌《六十个美》，仅在一首单乐段淳朴的歌曲中就唱出60个美的事物。歌中列举了：草原土地、生命青春、牛羊骏马、候鸟鸿雁、阳光云霭、明月繁星、山的景色、海的风光、怒放的鲜花、清澈的流水、弹拨的琴弦、嘹亮的歌声、父母的恩情、兄弟的情义、长者的训导、天下的太平……这首歌简直是一本绝妙的思想品德和美育的教科书，美学价值和教育意义是不言而喻的。

我国著名音乐理论家赵宋光认为，蒙古族长调最大的魅力在于，他是离自然最近的一种音乐，或者说他本身就是一幅美丽的自然画卷。长调

长调组合演唱

47

产生于蒙古民族由以猎为主到以牧为主的生产方式转化过程中，人对待自然的态度由以夺为主转到以养为主，是人与自然和谐共存的产物，是对人们保护自然意识的一种唤醒。

（3）韵味无穷

蒙古族长调民歌以声传情，唤起天地万物的耳朵，使我们产生联想，达到一种韵味无穷的艺术境界。这些歌曲以其绵绵的情感和潺潺的旋律，深深地打动着人们的心灵。如长调民歌《孤独的白驼羔》："孤独的白驼羔，饥饿的时候悲嚎了，想念红褐色的母驼，禁不住地嚎叫了，有母亲的白驼羔跟着妈妈欢跑哩，失去母亲的白驼羔围着桩子哀嚎。"以拖腔体的旋律和拟人化的歌词表现手法，通过羔羊的哭嚎，表达了远离家乡的孩子对母亲深切的思念和眷恋。演唱的声音与天地合一，仿佛贯彻于整个草原上空。又如《劝奶歌》，既可以对母羊也可以对母骆驼唱，他们称这种《劝奶歌》为"呔咕"，是一种无词旋律，以虚词"呔咕"贯穿始终，专门唱给与人共生息的生灵听的，母骆驼失去的母性需要人们用音乐的力量来召唤。这时，古老的信仰和仪式就具有这种感召的力量。牧人伴随着马头琴的声音，缓缓述说着旋律，母羊母驼被感动，草原被感动，又有谁能说动物听不懂音乐？唯有蒙古长调能使草原的生灵彻悟。蒙古民歌曲调丰富，节奏自由，让我们忘记了时间，满心想的就是那"天马行空"的生活和感觉。

"父亲曾经形容草原的清香，让他在天涯海角也不能相忘，母亲总爱描摹那大河浩荡，奔流在蒙古高原我遥远的家乡，啊，父亲的草原母亲的河。"席慕容的词让人们久久不能忘记，不能忘记在我们生活的土地上，有一种民歌是离自然最近的一种音乐，旋律的运动逐渐展开激情，在草原、牧场和琴声的结合中，悠扬的旋律与简洁精练的歌词完美统一，表达了最丰富的精神内涵，营造着深邃悠远的意境。古老的蒙古草原游牧民族天人合一的信仰，一个如歌的民族，在歌声的感召下与自然、生灵融为一体，这种力量其实并不神秘，千百年来的共生共息，造就了人和自然、生灵的感情关系。我们随着歌声的召唤，一步一步走进蒙古长调民歌。

（4）质朴抒情

对北方草原游牧民族不太熟悉的人，往往认为蒙古族音乐（民歌）也应像其外在性格那样，总是铿锵有力充满着彪悍气息。对此，内蒙古大学艺术学院音乐系主任李世相认为，这实在是一种误解。李世相说，蒙古族民间有许多这样的谚语："牙齿掉了咽到肚里，胳膊断了藏在袖里。"这种内倾性格体现在蒙古族民歌乃至整个艺术审美观念上。

人们对北方草原游牧民族的性格，一般都有"骁勇善战，粗犷豪放"的认识，却很少了解其"情感细腻，善良多忧"的另一面。如果将粗犷豪放视为外在性格，那善良多忧则是内在性格，这一阴一阳恰好形成互补。这种内在性格更多的是表现在蒙古民族的音乐艺术中，因此，就不难理解蒙古族民歌的"慢多快少、忧多乐少"的表象，而长调歌中的内在抒情性表达方式的形成也就有了必然性。音乐的婉转、内敛结合质朴、直白的歌词以及嘹亮的演唱方法等形成了蒙古长调外在形式简单、直接，内在表达深沉、含蓄的独特的音乐性格特征。这种"外刚内柔"、"外简内繁"的特性不仅使蒙古长调易于传唱，而且也容易表达丰富、深刻的内心情感。

蒙古长调的音乐性格是蒙古民族音乐的性格，它主要突出了蒙古族音乐刚健、深沉、含蓄而有张力的特点，同时也有朴素、直接、粗犷的音乐性格。蒙古长调的音乐骨架明晰、棱角鲜明、雄劲挺拔，旋律中直上直下的进行很多，但每首歌曲主题思想的表达并不直白，而是在跳动的旋律中层层推进，利用婉转的表达方式逐渐体现出来。旋律中六度以上大幅度跳进音程使用频繁，这些跳进音程的前后往往以级进进行为主，使含蓄、婉转的音乐风格中具有了张力美。蒙古人民淳朴、豪放的性格使蒙古长调的歌词表达具有直白、朴素、粗犷的特点。蒙古长调的歌词大多是坦率与正面的叙述，歌词中的比喻也是以明喻为主，很少使用隐喻或影射。不同的歌手在表演过程中对润腔处理以及演唱风格都有所不同。

同时，蒙古族长调民歌中也是人们对爱的表达。蒙古族的生存环境历来是地广人稀，加之游牧的独特生活方式，使他们对爱有着自己的思考，对爱的表达也有着独特的方式，长调民歌即是在这种爱的原动力作用之下产生与发展的。因此，长调民歌中无时无刻不体现着这种爱的本质与内涵。

（5）口口相传

蒙古族长调民歌作为历史遗存的民间口头传承文化，堪称蒙古族音乐的"活化石"。长调的传承方式主要有三种：一是家族亲缘式传承，这是传统传承方式的基础，居于核心地位；二是师徒授受传承；三是社会民俗传承，诸如那达慕、盟旗公共集会、群众性宗教活动、上层人物婚礼仪式等。在这样的传承方式中，几代著名歌唱家和民间歌手形成了蒙古族长调民歌不同音色的演唱流派。

谈长调，不能不谈一代歌王哈扎布，这在业界已成不争的事实。哈扎布是唯一掌握所有长调技术的歌手，是草原传统声乐流派的杰出代表。他创造性地继承和发扬了蒙古族长调歌曲的演唱方法，创立了独具特色的蒙古族草原声乐学派，被乌兰夫称赞为"人民的歌唱家"。1922年，哈扎布出生在内蒙古锡林郭勒盟阿巴嘎旗，自幼就显露出过人的音乐天赋，12岁时，在旗里祭敖包之后的那达慕上，同时得了赛马第一和歌唱第一，19岁时成了蒙古王爷的王府歌手。内蒙古自治区成立后，在乌兰夫同志的亲自主持下，哈扎布参加了锡林郭勒盟文工团，在莫尔吉胡老师的帮助下，调入内蒙古歌舞团，成为国家一级演员。1996年，我国著名诗人席慕蓉在拜访哈扎布后，为其演唱的蒙古族长调而深深倾倒，曾写文赞美：他的歌声横过草原，天上的云忘了移动，地上的风忘了呼吸；毡房里火炉旁的老人忽然间想起过去的时光，草地上挤牛奶的少女忽然间忘记置身何处；所有的心，所有灵魂都随着他的歌声在旷野里上下回旋飞翔，久久不肯回来……

哈扎布是锡林郭勒长调演唱流派的杰出代表，其演唱优美婉转，深沉内在。他的代表曲目有《走马》、《小黄马》、《四季》、《苍老的大雁》及潮尔《圣主成吉思汗》等。经过几十年的艺术实践，哈扎布创造性地发展了长调的演唱方法，将其提高到一个崭新阶段。哈扎布曾培养了拉苏荣、胡松华、德德玛等著名歌唱家。在哈扎布的影响下，这一流派成就显著，影响巨大，始终居于蒙古族长调演唱流派的中心地位。生长在锡林郭勒盟的芒莱也是哈扎布的弟子，为了将长调传承下去，在锡林郭勒草原号召牧民们组建了阿巴嘎纳尔长调协会。组建协会的目的就是想搜集、整理哈扎布生前演唱作品、声像制品，整理出版阿巴嘎纳尔长调歌曲的书籍资料，更想通过每年定期为长调爱好者举办培训班等形式，来培养一批新一代长调歌手，使蒙古族长调这一传统民间瑰宝后继有人。

对于长调，除了一代歌王哈扎布之外，在国际国内颇具影响力的还有很多。1955年，"长调歌王"宝音德力格尔以一曲《辽阔的草原》在世界青年联欢节上夺得金牌，倾倒了世界级音乐大师与各国青年，成为呼伦贝尔长调演唱流派的重要代表人物。评委之一的著名前苏联作曲家肖斯塔科维奇，称其是"罕见稀有的民音女高音"。她的音色明亮、格调清新，热情奔放，对女声长调的演唱和教学有很大影响。此外巴达玛、塔布海等人，也是呼伦贝尔长调演唱流派的重要传人。继之，蒙古国女高音长调歌唱家诺日布班孜德连续两次在亚洲和世界比赛中夺得桂冠，获得"亚洲歌王"称号。这表明，蒙古族长调牧歌已经达到了很高的层次，是可以同意大利美声唱法争芳斗艳的一种声乐艺术。

锡林郭勒盟西乌珠穆沁旗享有盛名的女歌唱家莫德格自幼学唱长调，声音醇厚甜美，行腔婉转自然。她录制了大量的长调，为弘扬这一歌种做出了杰出贡献。其代表歌曲有《孤独的驼羔》、《凉爽宜人的杭盖》、《绿袖子》等。

活跃在舞台上的新一代长调歌唱家阿拉坦其其格深受听众喜爱，多次在国际比赛上获奖，成为阿拉善长调的突出代表。其音色浑厚，音域宽广，热情豪放，行腔自如，典雅华丽，具有鲜明的地域特色。代表曲目有《金色圣山》、《辽阔富饶的阿拉善》、《孤独的白驼羔》等。

著名音乐人柯沁夫认为，草原长调民歌，作为一种歌唱艺术早在 18 至 20 世纪初就开始呈现出高度发展的繁荣。草原上的蒙古族牧民，几乎没有不唱或不会唱长调的。他说，好的优秀歌手会受到尊重和礼遇，著名歌手会受到特别的尊重和礼遇。依拉塔是乌珠穆沁草原上一个普通的牧民，几十年来，他和妻子一直生活在这片美丽的大草原上。和很多牧民一样，每天清晨，依拉塔都会骑着心爱的马儿，哼着长调，开始一天的放牧生活。歌声早已成为生活不可或缺的一个部分。依拉塔说："我父母就会唱长调而且唱得很好，我是从父母那学的，13 至 14 岁的时候我就已经唱得很好了。重大节日或庆祝活动的时候我们会唱长调，我放羊的时候也经常唱我们家乡的长调。"

长调是一种靠口头传承的民间艺术，因地域的不同和演唱者的差异，形成了众多的风格。所以，长调常"附着"在传承人的身上。现在的长调传承人可以分三类：第一类是以哈扎布为代表的老一代长调艺人，他们大部分年事已高，有的已经去世。第二类是现在 50 岁左右，仍生活在牧区的民间艺人，这部分人是传承人的主体，是原生文化的主导力量。他们在草原出生成长，接触原生态文化形态。第三类包括现在艺术类高校、艺术研究所等院校培育的新一代具有现代保护观念与意识的长调人才。例如，内蒙古大学艺术学院和内蒙古师范大学音乐学院都开设了长调演唱专业课程，编著了相关教材；呼伦贝尔学院艺术系还专门到长调流行牧区招收蒙古族少年，集中编班培养。此外，内蒙古师范大学音乐学院于 2006 年开始招收长调专业的硕士研究生，由阿拉坦其其格执教。

同物质文化遗产相比较，非物质文化遗产属于活态传承，特别是以口头传承的长调，只能通过人来完成，中间一旦因为传承人去世，而又没有传承下来，造成的损失是无法弥补的。或许某种长调唱法千年的链条就此断裂。近十几年来，随着一些著名长调演唱艺人相继离世和"马背民族"走下马背，长调诞生的原生自然环境发生了改变，马背上的千年绝唱及一些独特的演唱方式和方法濒临失传。据了解，目前内蒙古民间演唱长调的人越来越少了，一度繁荣的东土默特部、科尔沁部、蒙郭勒斤部长调已基本消失，只有极少数老人、专门研究人员略知一二。而能够唱阿拉善长调民歌的艺人不足百人，而且都上了年纪。

迫在眉睫

中蒙长调民歌联合保护协调指导委员会委员刘新和说，目前长调传承环境不断恶化，比如，由于内蒙古生态环境的不断恶化，草场退化、沙化严重等不利因素，致使传承人生活条件发生变化，特别是牧民移民搬迁，使长调的民间传承失去了艺术土壤。

在谈论长调民歌的时候，不能不涉及到骏马。每一个在草原上生活的蒙古人，生来就与骏马结下了不解之缘。牧民、骏马、草原，从来就不能分割，三者构成了游牧社会生产力的基本要素，也是蒙古族创造长调民歌的主要依据。毫不夸张地说，一部灿烂的草原文化史，包括长调民歌在内，其实是蒙古族和骏马共同创造的。随着蒙古族牧民生产生活方式的改变，昔日的草原正在变成农区、城市，长调逐渐失去了其赖以存在的自然环境。另外，由于现代交通、通讯业的发展，各种文化以前所未有的速度和规模向草原深处渗透，哺育了无数代长调歌手的草原"文化环境"正在发生变化。目前，曾经繁荣的科尔沁长调已基本消失，长调是草原上的歌、是马背上的歌，蒙古族正在走下马背，当草原文明正在向更高的农耕文明和工业文明迈进时，我们当然无法为保护遗产而要求阻断文明进程。而且，过去很多长调是宴歌，在一些仪式性活动中演出，而现在蒙古人离开了蒙古包，许多歌手到宾馆、饭店演唱，歌曲的内容也发生改变，成为流行歌曲。一些长调艺人反映，由于生活条件不好，收入较低，政府也没有给他们补贴，有时候不得不做另谋出路的打算。更令人惋惜的是，哈扎布老人生前精心编写的上百首长调曲谱早已被毁掉了，在歌王退休后多年来极少有人请他出来办班，或者从他身上做一些资料整理、录制等工作，对长调进行抢救性的保护，哈扎布也没有出一张专辑。

蒙族长调民歌是极其宝贵而不可再生的一种资源，因此，抢救与保护永远是第一位的。面对当今长调民歌整体衰微的趋势，当前的主要任务是对其挖掘、保护与传承。这一观点已得到了各方的认同。目前，国家已把蒙古族长调民歌作为艺术科研重点项目，举办了两届全国范围的长调民歌专题研讨会，并组织专家对分布在内蒙古境内的长调民歌进行了普查、搜集、整理、录音、记谱和翻译工作，出版了《中国民间歌曲集成·内蒙古卷》。内蒙古自治区的文化部门也多次组织和举办了不同范围的专业和业余长调民歌演唱比赛，同时出版发行了《内蒙古长调民歌与马头琴》CD 盘，收录了 21 首蒙古族长调民歌和 18 首马头琴音乐。此外还准备建立一个长调民歌信息库。内蒙古的一些艺术院校亦相继开展了教学实践，有的还专门设立了长调演唱班。

但蒙古族长调的重振之路依旧步履维艰。他们至今还没有建立相对稳定的长调保护工作机构，也没有系统地盘点过长调流派的"底数"。此外，缺乏全面深入的长调民歌理论、演唱技巧和课堂教学方面的理论探讨，从事长调艺术研究的理论人才凤毛麟角，研究的领域及水平与国外同行的研究成果相比差距极大。对此，有关专家建议，应尽快建立蒙古族长调保护工作机构，并设立专门的长调院校，加紧培养理论研究人才，利用现代化手段进行研究和保护，改变长调口头传承的历史。

内蒙古一些政协委员建议，内蒙古应该加大对长调传承与保护的投入。对于传承人的保护不是一句空话，应当帮助他们解决起码的生活环境、生活条件，至少要予以部分资助，但现在这方面在内蒙古几乎还是空白。此外，对传承人的认定、保护、继承，系统认定和规则的制定，也不是一个简单的事情。长调作为非物质文化遗产是和蒙古国合作申报的，目前两国还需要进行更为密切的合作与交流，逐步上升到理论层面进行系统研究。2005 年 12 月 5 日，中国、蒙古国政府官员和专家在内蒙古呼和浩特市召开蒙古族长调民歌联合保护协调指导委员会会议，宣布为期 10 年的中国和蒙古国蒙古族长调民歌联合保护行动启动。据了解，蒙古族长调民歌联合保护行动开展期间，中蒙两国计划每 3 年召开一次联席会议，由协调指导委员会对保护工作进行全面协调和指导，会商和确定保护行动的基本原则、保护政策、实施方案以及经费政策，同时负责实施监督，对出现的问题通过会商确定解决方案。

（编撰：谭必勇）

参考文献

[1] 古宗智、杨方刚主编：《中国民族音乐研究》，贵州民族出版社，1999 年版

[2] 乔吉、马永真主编：《蒙古族民俗风情》，内蒙古人民出版社，2003 年版

[3] 呼格吉勒图著，龙梅、乌云巴图译：《蒙古族音乐史》，2006 年版

[4] 张宣等著：《岁月留声——名家名曲颂中华》，中共党史出版社，2009 年版

[5] 中国非物质文化遗产网：草原民风集缀 http://www.ihchina.cn/inc/detail.jsp?info_id=196

[6] 王兴斌：《科尔沁地区蒙古族长调民歌保护与传承研究》，中央民族大学，2009 年

[7] 郝娃：歌声的感召　蒙古长调解读，齐齐哈尔师范高等专科学校学报，2007 年第 11 期

中国传统桑蚕丝织技艺

  "中国传统蚕桑丝织技艺"的世界非物质文化遗产申报工作由中国丝绸博物馆牵头并具体负责，申报范围涵盖了浙江的杭州、嘉兴、湖州、江苏苏州和四川成都等3省5市的蚕桑生产的主产区和蚕桑丝织文化保护地。2009年9月，在联合国教科文组织保护非物质文化遗产政府间委员会第四次会议上，审议并批准了列入《人类非物质文化遗产代表作名录》的76个项目，其中包括"中国传统蚕桑丝织技艺"。

  蚕桑丝织是中国的伟大发明，是中华民族认同的文化标识。这一遗产包括栽桑、养蚕、缫丝、染色和丝织等整个过程的生产技艺，其间所用到的各种巧妙精到的工具和织机，以及由此生产出来的绚丽多彩的绫绢、纱罗、织锦和缂丝等丝绸产品，同时也包括这一过程中衍生出来的相关民俗活动。五千多年来，它对中国历史做出了重大贡献，并通过丝绸之路对人类文明产生了深远影响。这一传统生产手工技艺和民俗活动至今仍流传于浙江北部和江苏南部的太湖流域（包括杭州、嘉兴、湖州和苏州等市）以及四川成都等地，是中国文化遗产大家族中有代表性的杰出成员。

发展历史

  桑蚕丝织是中国最伟大的发明之一，早在六千多年以前我们的祖先就开始利用野蚕进行丝织，后来将野蚕驯化成家蚕。桑蚕丝织的历史可以追溯到五千年以前的新石器时代，与"上下五千年"的中华文明几乎相伴而生，并传承至今。在这五千多年里，丝绸成为中华民族的象征，丝织融入了人们的生活，辉煌的丝绸之路成为文化与贸易交流的通道，而以丝绸为中心的桑蚕丝织技艺与文化使中华文明更加的绚丽多彩。

关于桑蚕丝织起源的神话故事中，能够吐丝结茧的蚕这种昆虫被神化，比如"蚕神献丝"、"天神化蚕"、"公主结茧"的故事；而关于桑蚕丝织的传说更多，有的还见于史籍当中，司马迁的《史记》中就把桑蚕丝织的"发明专利"授予了黄帝。由于自古以来桑蚕丝织与女性有着密切的联系，后来黄帝的元妃嫘祖成为了历代官方崇拜的蚕神，相传她是最早"教民育蚕"的人。"嫘祖始蚕"得到官方的广泛认可，在民间广为流传的则是"马头娘"的故事，"马头娘"即蚕农崇拜的"蚕花娘娘"。

神话传说从一个角度向我们说明了桑蚕丝织起源的久远和它与中华文明的联系，但是考古发现带给我们的是更加科学和确切的信息。1926年，考古学者在陕西省夏县西阴村发掘仰韶文化遗址时，出土了半个蚕茧，蚕茧的一端被锋利的锐器割破，这是首次见到桑蚕丝织起源的最早证物。有人认为这是一枚家蚕茧，有人认为这是野蚕茧，还有一种观点认为它是后来混入地层中的。而且由于蚕茧遭到切割，已经不能用来缫丝，也有学者推测是为了吃蛹或用来占卜。总之，从这枚切开的蚕茧发现之初，关于它的争论就没有停止。但在后来的考古发掘中，出土了史前时期大量的丝线、丝带、绢片、纺织工具和蚕与蛹的饰物，让桑蚕丝绸五千年的历史有了充分的证据。1958年，在浙江省钱山漾一个距今四千七百年左右新石器时代遗址中，出土了一些丝绸片、丝线和丝带，这是长江流域迄今发现最早、最完整的丝织品；1984年，在河南省荥阳县青台村一处仰韶文化遗址中，考古发掘出一些距今五千五百余年的丝织物和红陶纺轮，这些丝织物是黄河流域迄今发现最早、最确切的丝织实物；1977年，距今约七千年的浙江省余姚河姆渡遗址中，考古

西夏村仰韶文化遗址出土的半个蚕茧

人员发现了刻有蚕纹的
骨器……

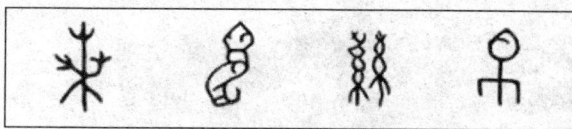

甲骨文中的"桑、蚕、丝、帛"

这些考古发现进一
步印证了中国五千多年
的桑蚕丝织历史，而且
其起源可能更早。黄河流域和长江流域都出现了桑蚕丝织，它们之间并无明
显的传承关系，说明了我国桑蚕丝织独立起源于不同的区域。桑蚕丝织伴随
着中华文明走过了五千多年的风雨岁月，从远古到今日，一片薄薄的丝绸承
载了多少的历史和文化。

夏商周时期，桑蚕丝织已经普遍兴起，养蚕、缫丝、织染的技术都有了
长足的进步。商代甲骨文卜辞中有不少是关于桑蚕的记载和占卜，"桑"、
"蚕"、"丝"等字出现的频率很高。"在发现的甲骨文中，从'丝'和'系'
的字有一百多个"。而且，商代的墓葬中陪葬玉器和青铜礼器的表面往往能
够发现用丝织物包裹的痕迹。比如，殷墟妇好的墓葬中就出土了粘附有丝织
物的青铜礼器四十多件。两周时期的桑蚕丝织业的发展状况可以从历史典籍
中进行了解。《诗经》中有不少的诗篇以桑蚕丝织为题材，反映了西周春秋
时期的蚕桑情况。比如，《豳风·七月》就是一首采桑曲："七月流火，八
月萑苇。蚕月条桑，取彼斧斨，以伐远扬，猗彼女桑。"西周春秋时期，丝
绸的花色品种逐渐丰富，有锦、纱、绢、绮等，有的丝绸上还用刺绣进行装饰。
而锦的出现，是这一时期桑蚕丝织发展最大的成就。"锦，金也"，其价如金，
织采为文，华贵而绚丽，锦需要极高的丝织水平和技术才能完成。战国时期，
各地的丝绸业都得到了长足的发展，最发达的当属三晋之地和齐鲁地区。比
如齐鲁以"鲁缟"闻名天下，"强弩之末不能穿鲁缟"就是突出了鲁缟薄如
蝉翼的特点。现代考古发掘在南方的楚国境内发现了大量的丝绸实物，使我
们于几千年之后还能够一睹战国丝绸的华彩。

"一夫不耕或受之饥，一女不织或受之寒。"秦汉封建王朝的建立和巩
固措施使自给自足、男耕女织的小农经济进一步确立，桑蚕丝织的发展出现
了新的社会条件，植桑、养蚕、缫丝、织染技艺都获得了大的发展。桑蚕丝
织受到统治阶级的高度重视，国家以农桑为本，并设立专门管理桑蚕的官职。
这一时期，"桑树栽培逐渐集约化，桑树的剪定形式发生了重大变化；对蚕
的生理、生态状况有了初步了解，养蚕方面积累了丰富经验"。在缫丝工艺

长沙马王堆出土的素纱蝉衣

上也有所创新，并且开始使用络丝车。学者们根据相关材料复原了这一时期所用的织机，是一种中轴式双蹑斜织机。并且汉代已经出现了复杂的提花机，以多综多蹑式的织机最为常见。关于这一时期的丝绸考古发现非常多，以长沙马王堆西汉墓葬出土的丝织实物为代表，其品种多样，纹样华美，技术高超且保存完好。

马王堆一号汉墓中出土过一件用绉纱做成的单衣，仅重49克，真正是"薄如蝉翼"，是西汉时期丝织技术水平之高超的完美体现。"从考古发现的丰富多彩的丝绸实物看，西汉时期的丝绸生产已经达到了极高的工艺水平，从华贵厚实的织锦，到薄如烟雾的绉纱，从线条流畅的刺绣，到型板加手绘的敷彩印花，甚至贴金、贴羽、起绒圈等，各种工艺都已做了尝试。"汉代时期对外交流和贸易规模逐渐扩大，丝绸是经济文化交流的重要角色，在贸易的过程中，桑蚕丝织技术也传播到周边国家。西汉王朝强大的实力，加上丝绸贸易规模和地区的扩大，推动了经济文化交流通道的开辟，即中外古今文明的"丝绸之路"。

魏晋南北朝时期的养蚕技术已经发展到很高的水平，据史籍记载，东晋南朝时期豫章等地的蚕一年四五熟，而永嘉地区甚至能达到一年八熟。北魏贾思勰在《齐民要术》中依据不同的标准和特点对蚕进行了详细的分类，他还总结出了蚕生存的合适环境。曹魏地区的马钧是一位著名的机械改革家，他对提花绫机进行了大胆的改革，简化了织机的结构从而提高了工作效率。四川地区也是这一时期的桑蚕重地，

云气狮纹纱纹样（北朝）

其生产的丝绸全国有名，尤以蜀锦闻名天下。相对北方而言，江南地区战乱较少，加上北方人民大量迁入，带来了先进的桑蚕丝织技术，丝织业有显著发展，特别是浙江和闽南一带，自然条件得天独厚，迅速成为全国重要的桑蚕丝织中心。这一时期佛教在整个社会的影响开始扩大，佛教之风也吹到了丝织业中，丝绸上的纹样体现了浓厚的佛教意蕴，比如彩绘与刺绣的佛像，织锦中的狮子、白象与孔雀，印染花纹有莲花与忍冬等。这一时期桑蚕丝织技术通过丝绸之路传到了西方国家，拜占庭、波斯等地丝织品甚至还返销回作为丝绸故乡的中国。

隋唐时期全国重新恢复统一，为桑蚕丝织的大发展创造了条件。唐朝是我国丝织业的鼎盛时期，杜甫在他的名诗《忆昔》中说："齐纨鲁缟车班班，男耕女桑不相失。"桑蚕丝织在技术和工艺方面都达到前所未有的水平，丝绸种类空前繁盛，丝织工具得到改进，防染印花已有绞缬、夹缬、蜡缬、灰缬等多种工艺，还出现了扎经织物。南北朝时期兴起的织成与缂丝在隋唐进一步发展，刚刚兴起的纬锦和由纬锦发展而来的晕裥锦名噪一时，襄邑的锦绣、亳州的轻纱、荆州的贡绫、宣州的红线毯，都是全国闻名的精品之作。隋唐时期丝绸之路重新恢复畅通，而且海上丝绸之路也兴起，中国的丝织品源源不断地输送到国外。"唐代的丝绸花色精美，质地精良，其纹样图案在包容开放的盛唐气氛的浸润下，一方面继承了传统的风格，另一方面又从中亚、西亚的装饰艺术中吸收了大量的营养，从某种意义上说，唐代的丝绸艺术是中国丝绸史上最热烈、最富丽、最饱满、最具生命力的盛开的大唐之花。"唐朝安史之乱和其后的藩镇割据和五代更迭，使中原地区的桑蚕丝织受到重创，南方丝织业最终超过北方，吴越地区成为全国的桑蚕丝织中心。

在宋元明清这段八百多年的历史中，战乱和少数民族入主中原之初会使丝织业受到一定影响，但是从整体而言，历代统治者都在不同程度上重视和鼓励蚕桑，所以在曲折中不断发展的桑蚕丝织还是取得了重要的成就。

唐代宝相花琵琶锦袋（局部）

59

　　这一时期植桑育蚕的技术不断提高。桑树的种类有所增加，人们从中培育出了适合不同环境的优良品种。嫁接技术在植桑中的应用是一项重大成就，宋代的陈旉（fū）在《农书》中详细记载了桑树的嫁接技术，至元代桑树嫁接技术更趋成熟并广泛推广。养蚕技术更加科学和成熟，出现了总结推广育蚕技术的书刊，比如北宋秦观的《蚕书》、元代的《农桑辑要》、明代宋应星《天工开物》等。南宋画家楼俦作《耕织图》，用24幅图画详细讲解了桑蚕丝织的流程。宋应星在《天工开物》中还记载了明代发明的蚕杂交方法：使一化性雄蚕（只在一年内发生一代就产下滞育卵的蚕）和二化性雌蚕（第一代产非滞育卵，第二代产滞育卵的蚕）杂交，便能得到优良蚕种。此外，桑蚕的饲养技术和防病技术都有了新的提高。

　　同时，缂丝和织染工具与技术的进步使桑蚕丝织技艺最终达到炉火纯青的境界。北宋时已经发明脚踏缂丝车，大大提高了缂丝的效率。织机的种类日趋丰富，发展出制造各种不同品种丝绸的专用织机，比如宋代专用的绫机和花罗机，元代专门织小提花的熟机和妆花专用的云肩栏袖机，明清两代织机的种类更加繁多。一些古籍中详细绘制和说明了一些织机的形制和构造，使我们能够了解并复原当时那些构造精巧的织机。同时染色和印花工艺也在创新中发展，媒染剂广泛应用，染料种类增加，从而使丝绸的色彩更加绚丽。根据元代的史料进行统计，丝绸色彩已将近70种。

　　织染工艺的进步推动了这一时期丝绸种类的增加和质量的提高。宋代最为重要的丝绸是织锦，比如八答晕锦、天下乐锦、翠毛狮子锦等都是名贵品种，是当时丝织品的代表作，缂丝也是当时十分流行的丝织品。宋人还将丝织品用于室内装饰，比如将织锦用于屏风和条幅的制作、将缂丝同名人字画相结合。元代丝织品以金碧

南宋　沈子蕃缂丝《花鸟轴》（右图为局部放大）

辉煌的织金锦最具代表性，游牧民族对黄金制品的特殊爱好使产生于宋代的织金锦大放异彩，织金缎、织金罗也很流行，元代的织金技术得到很大的提高。明清时期丝绸种类更加繁多，其中又以云锦和丝绒为代表。丝绒的表面有柔软的绒毛，尽显温柔与华贵，南京、苏州、漳州等地都是著名的丝绒产区，仍以南京丝绒名声最响。

进入近代，中国逐渐成为半殖民地半封建社会，沦为资本主义国家的原料供应地和产品倾销市场。桑蚕丝织一方面受到战乱破坏，另一方面在生丝出口量剧增的刺激之下继续向前发展，而且随着近代化的开始，机器缫丝开始兴起。后来日本的缫丝业崛起，挤压了中国传统技艺缫丝的国际市场，加上日本侵华战争期间对中国桑蚕肆意破坏，丝织业极大萎缩。西方列强不断向中国倾销洋绸，破坏了中国自给自足的丝绸国内市场，还抑制中国丝绸的出口贸易，致使中国丝绸生产受到严重影响。

工艺流程

传统的桑蚕丝织技艺包括栽桑、养蚕、缫丝、染色和丝织等整个过程的生产技艺，具体说来要经过植桑、采桑、养蚕、杀蛹、缫丝、经纬准备、织造、染色、印花、整理等多道工序，最终绚丽多彩的丝绸才能呈现在我们面前。这是一个漫长的生产链，凝结了无数的采桑女、织女、绣女的汗水、心血与智慧。

中国是世界上最早种植桑树的国家，远古时期的先民将野桑驯化成家桑，经过几千年的植栽实践，总结了丰富的植桑技术知识，并培养出多种优秀桑树品种。从树桑到地桑，从播种到压条繁殖、桑树嫁接、桑豆套种、

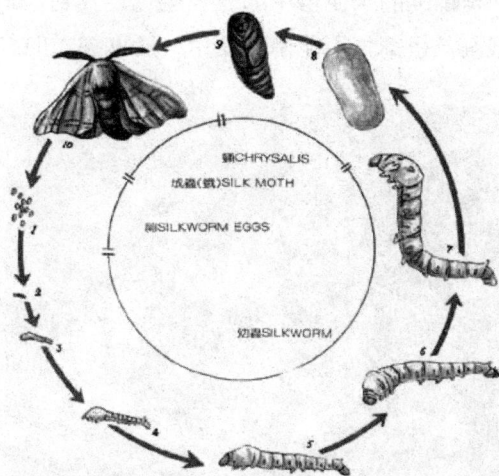

蚕的一生

《天工开物》中的缫丝图

桑基鱼塘等，古人探索出一整套植桑知识。现在，我国是世界上桑种最多的国家。

在古人的眼中，蚕是一种奇特的昆虫，其一生要经过完全不同的四个阶段，从卵到如黑蚁一般的幼虫，经过四眠四起长成白白胖胖的成虫，然后吐丝结茧，破茧成蛾，蚕蛾再次产下蚕卵。在古人看来这是一种生命的循环，民俗学家认为这正是古人对蚕崇拜的原因之一。李商隐在诗中感慨"春蚕到死丝方尽"，家蚕吐丝结茧，需要编织出几万个8字形丝圈，总长度可达千米以上。用这种奇特昆虫吐的丝织成丝绸是中华民族的伟大发明，当罗马人第一次触摸中国丝绸的时候，难以想象它的原料是小小蚕儿的吐丝，他们猜测在神秘的东方有一种能长出树丝的神奇树木。

蚕丝由丝胶和丝素两部分组成，丝胶包裹在丝素的外面，是一种融于水的胶状物，丝素是一种半透明纤维，即我们所说的蚕丝。缫丝就是使丝胶与丝素分离，将蚕丝抽出。缫丝前先将蚕茧外面的乱丝剥去，称为"剥茧"。传统缫丝技术一般采用煮茧法，早在西周时期就有煮茧缫丝的记载，通过用一定温度的水使茧中的丝胶融化，找到丝素的头绪，就可以进行缫丝了。一根蚕丝极细，不能单独使用，所以缫丝时往往将数根蚕丝集绕在一起，形成一根生丝。缫丝的过程包括索绪、理绪和接绪。丝织物由经线和纬线按一定的组织规律相互交织而成，经线与纬线是由生丝进一步加工而成的。"经纬线的形成，又必须根据织物的要求，分别将缫制的丝

织造蜀锦的多综织机

通过翻丝、并丝、捻丝、浆丝、牵经、摇纤等工序予以完成"。经线与纬线的准备工序称为经纬准备。

有了经纬丝，在织造前还要做一些准备工作。织机是一种用竹、木等材质组成的精密机械装置，保存维护时要预防虫蛀和受潮变形，织造前首先要检查调试织机。还要按照织物要求和所选择的织机准备好相应的工具，主要包括梭子、纤管、牛角丝管、竹筘、捞筘刀、掌扇、牵经架、通经架、通经绞棒和剪子等。不同的丝织品的织造过程不尽相同，但大体分为生织和熟织两大类。生织，就是先织后染，即所用的经纬线没有经过炼染，这样织成的丝织品称为坯绸。然后再将坯绸进行炼染后完成制作，一般来说素织物和暗花织物都采用生织工艺。由于生织工艺成本低、过程短，所以现代丝织生产主要运用这种织造方式。熟织是指经纬丝线在织造前就已经染色，织成后不需再进行炼染。这种方式用不同颜色的丝线织成不同的图案，织造的丝织品色彩丰富、图案生动、富丽堂皇，所以往往用于高档丝织物的生产制作，比如织锦、缂丝、织金、塔夫绸等。所谓"万千华章，自机中出"，经纬丝线以不同的方式和规律排列交织，在平纹、斜纹、缎纹这三种基本组织的基础上变化万千，从而形成丰富多样的丝绸品种，薄如蝉翼的纱，匹值万钱的绫，织采为文的锦，取样于天的云锦，秀色千华的缎，巧夺天工的缂丝……

印染工序是使丝绸呈现出美丽颜色和花纹的重要工序，正是这道工序使各种丝绸具有了意蕴和灵性的气息。在印染之前先要将生丝或坯绸进行精炼。缂丝的过程并没有完全去除丝胶，生丝手感粗糙，带有一定的色泽。精炼时，将生丝或坯绸放入灰汁内进行加热，丝胶加热后发生水解，脱胶的程度还要根据不同的生产要求而定。精炼后的蚕丝为熟丝，色泽洁白，柔软光滑，坯绸经过精炼柔滑洁白，能够顺利着色。丝绸的染色工艺在新石器时代就已出现，在漫长的发展历史中，工艺水平不断提高，染料品种日趋丰富，染色色谱也逐渐扩大，据统计至清代时已有700多种颜色。用于丝绸印染的染料主要是天然染料，包括矿物质染料（如赭石、朱砂等）、植物染料（如靛蓝、红花等）和动植物分泌物染料（紫铆、血褐等），也有一部分是人工合成的染料（如合成朱砂等）。用矿物染料给丝或坯绸上色称石染，用植物染料着色为草染，传统染色全程为手工操作，以"一缸二棒"为主。石染的基本工艺流程为：

$$丝线（织物）\xrightarrow[涂刮或浸泡]{颜料浆液}涂覆\longrightarrow 晾干\longrightarrow 色丝（织物）$$

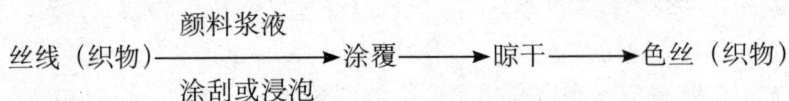

　　草染是将丝线或坯绸放入植物染料染液中浸染，使蚕丝纤维上色，由于植物染料只能少量附着在纤维上，所以一般要经过多次浸染才能完成。此外还广泛采取了一些辅助材料来增强炼染效果，比如媒染剂、防染剂、增稠剂、防水剂、助白剂等。各种染料和辅助材料在适当的环境中与丝或坯绸发生化学反应，使丝和绸呈现出各种颜色。

　　印花是对丝绸进行装饰的重要手段和步骤。印花时需要的工具有型版（如凸版、镂空版和凹形夹版等）和一些小工具（如各种刷子、毛笔、蜡刀等）。印花又分为直接印花和防染印花。直接印花就是根据设计好的图案和纹样，将染浆用手绘或型版直接印制到织物上的方法，多采用矿物颜料，主要有印金（银）、印彩、拓印、刷印等。比如印金（银）就是将金（银）粉末用粘合剂粘在织物上，从而形成富丽堂皇的花纹，印彩就是直接在织物上印出多种色彩的花纹。防染印花中最为常用的方法有绞缬、夹缬和蜡缬。绞缬印花在殷商时代即已兴起，操作时按图案与纹样设计，用扎、捆、缝等方式将织物的局部扎结，然后浸入染缸，由于织物扎结部分不能上色，使织物整体形成较为自然的花纹。夹缬是用两块雕刻有花纹的对称型版紧紧夹住织物，然后进行着色，由于被夹紧的部位无法上色，形成防染印花，染色完成后去除夹板，即得到印有花纹的丝绸。蜡缬又称为蜡染，用蜡做防染剂，用蜡刀蘸取融化的蜡在丝绸上画出花纹和图案或用描、刷、印等方式进行局部加工，然后将织物放入染缸中，待干后将蜡去掉即可。由于织物上的蜡往往产生裂缝，因而会形成细小裂纹的天然图案，别有一番情趣。除去染色和印花，刺绣是非常重要的一种丝绸装饰工艺，刺绣种类繁多、技法十分丰富，绣女们用灵巧的双手展示给我们各种刺绣极品，苏绣、湘绣、粤绣、京绣等都是刺绣中的著名绣种。

　　最后一道工序为丝绸的整理，为了使经过精炼、染色和印花等工艺处理过的丝织品手感更好、外观更佳，需要处理丝绸的潮湿、褶皱等问题，主要有熨烫整理、轴床整理、刮绸整理等，具有特殊用途的丝绸还要经过特别工序的加工。

文化底蕴

自远古时期就产生的桑蚕丝织几乎是全程伴随着中华文明，它在国家经济领域的地位、在人们生产生活中的作用，使它渗入到社会的方方面面，融入到整个中华文明中。桑蚕丝织与中国的文学、艺术、科学、制度、风俗、外交、审美以及经贸等都有着千丝万缕的联系。若将五千年的中华文明比喻成一块绚丽的丝绸，那么桑蚕丝织就是织成这块丝绸的众多组经纬线之一，并在这块丝绸上形成了众多的美丽图案和缤纷色彩。

在中国浩如烟海的文学、民歌、诗歌等典籍中，有着大量的作品以桑蚕丝织为题材或涉及到蚕桑。我国的第一部诗歌总集《诗经》中就有很多篇章是关于桑蚕丝织的，比如《魏风·十亩之间》篇有"十亩之间兮，桑者闲闲兮，行与子还兮！十亩之外兮，桑者泄泄兮，行与子逝兮"的句子，《郑风·将仲子》篇写道，"将仲子兮，无逾我墙，无折我树桑"，还有《秦风·车邻》、《鄘风·桑中》、《豳风·七月》等都有涉及。汉乐府的《陌上桑》就描写了一位美丽贞洁的采桑女子罗敷——"罗敷善蚕桑，采桑城南隅。"南朝民歌《木兰辞》中有"唧唧复唧唧，木兰当户织"的句子，巾帼英雄木兰在代父从军以前也是一位"织女"。唐诗宋词中也有不少歌咏蚕桑与丝织的篇章，杜甫的《白丝行》，白居易的《缭绫》、《红毯赋》，王建的《簇蚕词》、《织锦曲》等都是唐诗中以蚕桑为主题的诗，宋词《九张机》中生动地描写了一位织锦女子的故事。

桑蚕丝织还与中国的书法和绘画艺术有着密切的联系。我们都知道在纸产生和普及之前，古人曾用帛作为书写绘画的载体，即帛书和帛画，在纸推广之后，文人画家仍旧有时采用丝绸书画。"唐宋之前，绢是文人绘画的主要材料，传世唐宋绘画中大多数

马王堆汉墓帛书（局部）

是绢本，到明清之际，绢本逐渐减少，纸本增加，但仍有不少书画以丝绸做底，亦称'绫本'。"缂丝的制作十分精细，这种特点得到了文人学士的喜爱，他们用缂丝装裱书画，形成了一类丝绸欣赏品。更令我们感慨的是，还有一批缂丝高手以字画为蓝本，用他们高超的缂丝技艺将字画模仿得惟妙惟肖，其上乘之作与书画真迹极为神似，不得不让人敬佩他们巧夺天工的手艺。除了缂丝，织锦和绫这两种名贵丝绸也被用来装裱字画。自古以来就有不少以蚕桑丝织为主题的图画，战国时期青铜器上的采桑图、汉魏隋唐时期的丝织画像石与壁画等都是典型代表。唐朝张萱有以丝绸精炼、刺绣为题材的《捣炼图》、《倦绣图》。南宋画家楼俦的《耕织图》最为著名，他用 24 幅画详细地绘制和记录了桑蚕丝织的全过程，十分生动，受到后世历代皇帝和官员的重视，曾摹刻成风。《耕织图》在民间也广为传播。

织机是一种十分精密复杂的机械装置。"从踏板通过连杆传递到综片开口的机械结构，是中国人在机械领域的重大发明，而丝绸提花的原理，也就是将花纹图案通过综片与踏杆的配合，或通过编制花本的方式储存信息并将其转化为提花程序的过程，包含着深刻的数学思想。"造纸术的灵感来源于制造丝绵的过程，细小的绒毛沉淀后在箔上形成一层薄膜，正是这薄薄的绒膜启发人们发明了造纸术。同为四大发明的印刷术也与丝绸的印染有关。有一种丝绸印花技艺采用凸纹型版，用这样的型版将花纹盖印到丝绸上。马王堆一号汉墓中就出土了用这种印花工艺制成的丝绸，南越王墓中曾出土过青铜制凸纹型版。这种凸纹型版印花的原理与后来的印刷术的原理相同，它对印刷术的发明有直接的影响。海上丝绸之路的开辟仰仗于航海技术的改进，航海技术离不开的工具是指南针，所以丝绸之路的发展对指南针的改进有一定的促进作用。如此说来，桑蚕丝织与中国四大发明之三都有着千丝万缕的联系，桑蚕丝织中渗透着中国古代科技的思想与实践。

在长期的桑蚕丝织发展过程中，也出现了一系列的禁忌和祭祀等民俗活动，这也是桑蚕文化

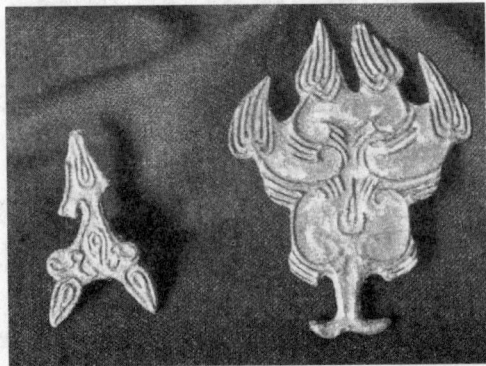

南越王墓出土的青铜制凸纹型版

中不可或缺的重要组成部分，体现着蚕农们的观念与情感。对于蚕神的祭祀是古代最为重要的祭祀仪式之一，历朝历代的统治者都十分重视祭蚕神，每年春天皇后娘娘都要亲自主持祭祀大典，桑蚕地区的祭蚕神仪式也十分隆重。桑蚕禁忌十分有趣，同时也具有一定的科学道理。养蚕之前要"祛蚕祟"，通过法术仪式驱赶妨害蚕健康成长的祟物，并伴随着给蚕室打扫和消毒的行为；江浙一带将农历三四月份成为"蚕月"，这一期新蚕刚出生禁忌颇多，比如要在蚕室门口写"育月知礼"等字，亲朋好友相互不走动，称为"关蚕门"，否则会冲蚕花，目的是保持蚕室的安静与卫生。当蚕开始吐丝结茧时要搭山棚，搭山棚的人手一定要干净，而且要一气呵成不得休息，否则都会影响蚕茧的收成。当蚕茧收完之后，人们打开蚕门开始相互走动，称"蚕开门"，亲朋好友往往会带上鲜花、点心等礼品相互问候并打探蚕茧收成状况，叫"问蚕讯"。当然，收完蚕茧之后必须感谢保佑养蚕顺利的蚕花娘娘，称"谢蚕花"，其间会举行一些庆祝活动。

丝绸上那绚丽多彩的大量图案和纹样体现着古人对美的追求与创造、对美好生活的憧憬与向往，反映一个时代的人们的理性与浪漫。或富丽或秀美的植物花纹，或活泼或严肃的动物纹样，或繁复或简洁的几何图案，或庄严或祥和的宗教图像，还有文字纹、异域纹样等，将时代的气息、人们的情感都展示给千年之后的我们。"中国自周代以来，强调以礼治国，礼的本质是'别'，别君臣父子，别亲疏贵贱，服饰是人们日常交往中最直观的表征，因而它成为区别性别、年龄、身份、等级、职业的重要标志。"而在古代服饰中扮演着不可替代角色的丝绸与服饰制度关系密切，丝绸色彩、图案、质地、品种都纳入等级体系中。比如各种名贵丝织品都穿在皇室贵族、高官重臣们的身上，辛苦织造它们的农民身上却无半点丝纱，因而"绫罗绸缎"成为荣华富贵的代名词；黄色几乎是皇家的专用颜色，紫色则是达官贵人的标志，贫农百姓只能用灰色或蓝色。丝织品在国家礼仪制度中所扮演的角色使它超越了普通的服饰材料，而成为一种身份和地位的象征，在这样的背景下，统治者对丝织品的追求精益求精，极尽奢华。他们设立各级专用的制造机构和管理部门，笼络全国的能工巧匠，为他们织造精致绚丽的丝织品，这在很大程度上促进了丝织技艺的进步和丝织业的发展。

丝绸一直是国家外交、对外贸易、友好交流的上品。丝绸与瓷器是中国在世界上的重要符号，现在西方仍旧用瓷国（china）来称呼中国，而在古代，中国也被称为"塞里斯（seres）"——丝国，这是感慨于中国丝绸的神奇的西方人赋予中国的美丽名字。19世纪末期，德国地理学家希霍芬第一次提出了"丝绸之路"的名称，现在"丝绸之路"已经成为一个约定俗成的概念，成为古代中国、亚洲各地之间，以及通过地中海（包括沿岸陆路）连接欧洲和北非的交通线的总称。它包括陆上和海上的"丝绸之路"数条。"丝绸之路"对世界历史的影响已经远远超出了交通线的范畴，它对世界文明的发展做出了重要贡献，而丝绸也不是一般的贸易对象，它成为东西方文化交流的载体，桑蚕丝织技术也正是在交流的过程中传播到世界广大地方。

传承保护

桑蚕丝织在中国古代社会占有不可代替的地位，它与国家的经济政治密切相关，与人们的生活丝丝相连，融入了社会的每一个角落。所以中国的桑蚕丝织在五千年的风雨岁月中传承发展至今，留给我们无限灿烂的蚕桑丝绸文化，留给了我们一部织入了丝绸中的文明史。

然而，随着中国社会现代化、城市化的进程，曾几何时，原来的桑"海"变成了钢筋混凝土的"森林"，原来的蚕农进城打工，原来的织女绣娘们的手工绝活则被轰隆作响的机械所代替，而且我们周围已经罕有身着丝绸的人，各种纯棉、化纤材料是新潮时尚的人们的新宠。在这样的背景下，传统的桑蚕丝织技艺失去了往日的风采，渐渐被现代社会的尘嚣掩埋在历史的记忆里。

现代中国的蚕桑区主要集中在江浙和四川一带，然而就是在这些地区，蚕桑业也出现萎缩的趋势。一百年前，浙江杭嘉湖地区的农民几乎家家养蚕，还有的家庭经营缫丝和织造，那时的杭州是著名的"丝绸之府"，湖州

现代丝绸生产

生产的"湖丝遍天下"。然而，在高速城市化的进程中，蚕桑区的经济格局发生了巨大的变化。由于植桑养蚕的经济收益不高，加上工业化导致的严重污染影响了桑树和蚕的生长，大部分人都另谋生路。"这里50岁以下的人几乎不养蚕，也不会养蚕，坚持养蚕的人群在迅速老化和缩小。"

现代社会各种化纤织物的涌现更是完全改变了人们在服饰方面的习惯，各种丝绸成为供人们选择的无数种材质之一。市场减小，销路受阻，使得一些丝绸生产企业生存艰难，有些不得不破产倒闭。比如，上世纪50年代创建的杭州"杭丝联"曾经是全国丝绸行业的龙头老大，直至90年代它还维持着很大的生产规模，然而在市场大潮的冲击下"杭丝联"最终宣布破产。而且，在历史上曾大放异彩的一些丝绸品种也由于鲜有问津，织造技艺只有很少人掌握甚至渐渐失传。

随着桑蚕丝织风光的消退，在桑蚕丝织发展过程中形成的一些民俗活动、民俗文化也因为载体的削弱而日渐式微。有些仪式消失了，有些习俗淡化了，还有一些则掺入了浓浓的商业气息，很难再寻到那种质朴的、虔诚的桑蚕习俗。

这就是传统的桑蚕丝织所面临的景况，可以说，作为一种传承了五千年的传统技艺，现在已经走到了一个新时代的十字路口。当然我们绝不是主张用传统手工操作来代替现代化生产，但是桑蚕丝织传统技艺的消失是我们无法接受的损失，那将是一种民族记忆的缺失、一种中华文明的断裂。值得让人欣慰的是，针对桑蚕丝织技艺的一些保护和传承工作已经展开。蚕丝织造技艺在2008年被列入了国家级的非物质文化遗产名录，中国丝绸博物馆设立了桑蚕丝织技艺的综合保护和传承中心，海宁、德清、南浔、桐乡、余杭被设为桑蚕生产技艺和民俗保护社区。此外还对桑蚕丝织技艺及民俗进行了

中国丝绸博物馆

全面的普查，用多种媒体对其进行了记录，建立了桑蚕丝织技艺的数据库和网站。技艺的培训、传承人的培养工作都已经展开，并积极推动桑蚕丝织技艺的乡土基础教育工作。2009年，传统桑蚕丝织技艺被列入世界非物质文化遗产名录，为我们的保护和传承工作注入了新的生机，同时也对我们提出了更高的要求。

我们认为，给传统桑蚕丝织技艺在现代的传承带来最大威胁的是丝织的机械化、自动化和现代对丝绸需求的减少。缫丝、织造和印染的自动化是技术进步的结果，是社会发展的必然趋势，我们提出传统桑蚕丝织技艺的传承与机械化、自动化的生产并不矛盾，手工技艺可以与机械织造平行共存。与现代技术设备采用机械化批量生产的产品争夺市场是不可能的，这就需要我们为传统桑蚕丝织技艺生产的产品寻找市场，只要有市场有需求，那么桑蚕丝织技艺的所有环节就找到了运作的动力。

派克笔是全球闻名的钢笔，它已经有一百多年的发展历程。原来的派克笔以质优价廉为最大的竞争力，然而圆珠笔发明并普及之后，派克笔遭到了前所未有的威胁。但是派克笔的制造公司转变了思路，开辟了自己的新市场，从而使派克笔超越了一种书写工具，而成为一种身份的象征，一种收藏品。传统技艺织造的丝绸也要转变思路，寻找自己独特的市场。比如缂丝在宋代就已经与文人书画相结合，发展出一种欣赏类丝绸，现代的缂丝延续了传统之外，还开发出手提包、皮夹、书籍封面、眼镜袋、台毯、靠垫和和服腰带、屏风等产品，大大扩展了缂丝产品的范围。其他的手工丝绸产品也可以突破传统衣饰的范围，向日用品、纪念品、收藏品等领域发展，并开发制作多种档次、多种形式的产品，以满足不同的需求。

"上有天堂，下有苏杭。"江浙地区是中外闻名的旅游胜地，作为自古以来的丝织中心，丝绸产品自然而然成为苏杭地区的特色旅游产品，各种丝巾、刺绣、饰物等既漂亮又轻便，成为许多旅游者的选择。但是，在丝绸用机械批量化生产的背景下，各地的丝绸千篇一律，同质化严重，在苏杭购买的丝绸纪念品与在别处购买的并没有多少不同。用传统的丝织工艺织造的丝绸则不是这样，"手工"就是它的一大特点，这样的丝织品具有独特的韵味和灵性，能够体现浓厚的地方特色。所以，将传统工艺制作的丝绸进行一定的包装和宣传，使它作为一种特产和纪念品同旅游产业相结合，从而进行合理的开发和利用，能够有利于改善传统桑蚕丝织技艺的现状。

传统桑蚕丝织技艺展示

波斯地毯是一种在国际上享有很高声誉的手工艺品，已经有 2500 年的历史，纯正的波斯地毯是由纯手工编织而成，其质地优良、图案雅致、巧夺天工，所以在大量的机械化批量生产的地毯面前，波斯地毯以独特的气质拥有不可替代的地位，受到人们的钟爱。传统桑蚕丝织技艺制作的丝织物，其中不乏精品，比如云锦、缂丝、刺绣中的很多品种就是需要大量专业人工的极为精致的织物，手工制作的产品具有特殊的气质和韵味，为机械化所不能代替，它们在古代是"其价如金"，在现代也属于高档的丝绸产品。为这些丝绸精品打开市场，创造品牌，增加多元价值，能够为传统的桑蚕丝织技艺在现代开辟出一片新的天地。

近年来，历代流传下来的古代丝绸成为拍卖会的热点和亮点，比如一些古代缂丝作品就受到收藏家们的广泛关注和追捧，这是人们对古代丝绸文化价值和丝绸织造技艺的再认识。在这样的背景下，用传统丝织技艺制作的现代精品或古代丝绸的仿品，都能引起人们的收藏兴趣，这对于传统桑蚕技艺的传承保护而言是良好的机遇，既能够激励手艺人继续从事传统丝绸的制作，也能够为技艺的传承塑造良好的社会环境。

　　机械化批量生产的丝绸图案、纹样、质地都是千篇一律的，而传统的丝织技艺却可以一次制造少量或独一无二的丝绸，根据这个特点，传统的桑蚕丝织工艺可以迎合现代人崇尚个性的心理，开展个性定制。企业或手艺人可以根据买者的要求和设计，用传统工艺进行特别丝绸的织造和印染。

　　作为衣物材料的丝绸虽然有了众多的替代品，但它仍旧具有自身不可代替的特点，时装设计师们认为"丝绸对身体犹如钻石对手指那样使之生辉"，所以丝绸面料的衣物加上现代时尚的时装设计，仍旧可以以独特的气质吸引人们的目光。比如丝绸的彩绘工艺就被广泛应用于服装设计，彩绘是桑蚕丝织技艺中一种很重要的装饰方法。配合着丝绸光滑轻柔的特点，赋予它们具有现代韵味的个性图案，通过合适的剪裁，一件传统中透着时尚气息的衣物呈现在人们的面前。彩绘丝绸还可以扩展到领带、丝巾、腰带等衣物配件，窗帘、屏风等室内用品和挂屏、壁画等欣赏品。

　　不同的时代具有不同的审美需求，唐代的丝织品繁华大气，宋代的丝绸显得清新秀雅，元代的丝绸则富丽堂皇，现代的丝织品就要符合现代人的审美需求，这就需要对丝绸的图案、纹样和设计进行创新。一方面，那些寄存了古人情感和忧思的精致、复杂、华贵、多彩的传统纹样图案需要我们继承，那是我们永久的财富；另一方面，我们不能仅仅局限于传统图案，应该通过观察和探索现代人的审美需求进行大胆创新，比如增添一些清新、淡雅、柔和的颜色，时尚、个性、简约的图案等，同时要吸收新的设计元素和设计手法，结合传统丝绸的天然、健康和环保的特点，使传统的织染技艺在现代绽放魅力。

　　我们知道，传统技艺制作的瓷器经常作为国宴的专用瓷或作为外赠的国礼，这是一种十分有效的宣传方式。而丝绸与瓷器一样，是中国在世界上最典型的符号，在政府间或民间的中外友好交流中，将传统丝绸包装成各种形式的礼品，既能够体现中国特色，又向世界宣传了我们的传统丝织技艺。中国的丝绸从古至今一直在世界范围内享有声誉，世界上很多国家的人对中国丝绸情有独钟，但是随着全世界丝绸生产的机械化，中国丝绸的个性被淹没了。我们应该开发传统丝绸的国外市场，打造传统技艺织造丝绸的口碑与品牌，让散发着中华文化独特魅力的传统丝绸重现昨日风采。

　　当代对手工丝织物的需求是影响整个桑蚕丝织生产链十分关键的一环，如果能够顺利激发人们对手工丝织物的需求，对于传统桑蚕丝织技艺的很多环节的传承与保护意义重大。此外，我们的保护传承工作中要注意将整个蚕桑技艺看做一个有机的整体而不是断裂的不同部分，要探索将同为非物质文化遗产的云锦、蜀锦、各种刺绣等传统工艺的保护结合起来，抓住契机，建立一个完整、系统的大桑蚕丝织技艺保护传承系统。

（编撰：陈少峰）

参考文献

[1] 刘克祥：《蚕桑丝绸史话》，中国大百科全书出版社，2000 年版

[2] 袁宣萍、赵丰：《中国丝绸文化史》，山东美术出版社，2009 年版

[3] 钱小萍主编：《中国传统工艺全集·丝绸织染》，大象出版社，2005 年版

[4] 黄能馥、陈娟娟：《中国丝绸科技艺术七千年：历代织绣珍品研究》，中国纺织出版社，2002 年版

[5] 钟敬文主编：《民俗学概论》，上海文艺出版社，1998 年版（2009 年 6 月第 17 次印刷）

[6] 顾希佳：《传统蚕桑丝织行业风光不再》，《中国文化报》2009 年 11 月 22 日

[7] 中国丝绸博物馆：http://www.chinasilkmuseum.com/

南 音

早在 2002 年 5 月，泉州市政府就启动了南音的世界非物质文化遗产的申报工程，踏上了申遗的旅途，历经七年多的时间，我们终于在 2009 年 9 月 30 日接到了阿联酋首都阿布扎比传来的喜讯——南音（泉州弦管）成功入选《人类非物质文化遗产代表作名录》。

南音又称为"南曲"、"南管"、"南乐"、"弦管"，是集唱、奏于一体的表演艺术，是中国现存最古老的乐种之一。南音用泉州方言演唱，主要以琵琶、洞箫、二弦、三弦、拍板等乐器演奏，以"乂工六思一"五个汉字符号记写乐曲。现存的三千余首古曲谱，保留了自晋（265-420）起至清（1644-1911）历代不同类别的曲目。音乐风格典雅细腻。其演唱形式、乐器形制、宫调旋律、曲目曲谱及记谱方式独特，为研究中国古代音乐提供了

南音演出

丰富的历史信息。南音是相关社区广大民众珍爱的文化遗产。

南音千年

南音被称为"晋唐遗音",有中国音乐史上的"活化石"、"活的音乐史"、"中国音乐之根"等美誉,南音由不同历史时期的中国音乐文化积淀而成,它将古代的音乐文化遗产保存和传承至今。虽然南音号称"弦歌八百曲,朱玉五千篇",但是我们却难以在历史典籍中寻得它最原始的身影,所以南音始于何时,至今尚无定论。学者们只能根据南音在历史上留下的蛛丝马迹对其源流进行推论,一般有这么几种观点:1.南音大约形成于宋,发展于明清;2.南音肇基五代,形成于宋;3.南音发展分为前、中、后三个时期,中期南音形成于元明之际,后期南音由前期南音自然发展而来,继承了前期南音的许多要素;4.南音孕育于唐宋,形成于元明,发展于清及以后;5.五代为南音的奠基期,宋元为形成期,明清至今为成熟期。这些观点都各有所据,但是由于文献资料的匮乏,哪一种说法都无法成为定论。综合多学科的研究成果,基本可以认为:南音是汉唐、两宋以来历代中原移民南迁,把中原音乐带入泉州晋江流域,然后与当地的音乐、文化融合之后孕育产生的一种音乐艺术。现今,我们也只能通过南音的演奏形式、音乐名称、乐器型制、曲目内涵和记谱方法等方面去考察其发展的历史踪迹。

泉州是中国的历史文化名城之一,"四季有花常见雨,一冬无雪却闻雷",气候宜人,偏安一隅。北方人民为避战乱南迁,很多人都来到了泉州——历史上三次大规模的人口南迁,都涉及到泉州一带。西晋灭亡后中原人迁徙至泉州,沿江而居,这条江因此得名,就是现在的"晋江"。专家学者由此推论,南音可能是"晋唐遗音"——晋、唐时期南音由北方传入泉州。

魏晋时期,丝竹音乐通称为"弦管",而南音也叫"弦管"。根据史料,用"弦管"来指称音乐的记载不少,比如晚唐泉州、五代后蜀都以"弦管"指称乐事,在明代南音也叫做"弦管"。但是,这一专称在中国其他地方早已消失,唯独泉州南音世代保存"弦管"这个名称。所以南音"弦管"之名很可能是延续魏晋而来。

唐朝时,泉州成为一个中外文化交流融合的开放城市,这为南音的诞生创造了条件。"语言是文化产生和发展的关键,闽南方言的形成推动了闽南区域文化的形成与发展，更为语言相关的文化样式奠定了发展的基础。"据考证，闽南方言大约形成于唐初，作为南音演唱语言的泉州方言的定型，无疑为南音的形成做好了铺垫。唐景福年间，王潮、王审知兄弟率军入闽，建立闽国（五代十国之一）进行统治，他们为泉州带去了中原地区的文化，促进了当地文化和中原文化的交流融合。音乐也是文化中的重要组成部分，我们推断，唐朝中原的音乐也在这股潮流中进入了美丽的泉州。虽然文献并没有留下详细的文字记载，但是从南音的乐器上我们依然可以体味它的古老与悠远。"南音乐器中，曲项、横抱的琵琶及其在乐队中的主导作用，洞箫的一尺八寸规制，二弦的形制与奚琴形制的相类似，由五块板组成的拍板，都成为南音与唐代音乐关系的研究课题。"

　　泉州的开元寺建于唐代，其大雄宝殿重修于明代，甘露戒坛建于北宋天禧年间，这两座建筑的斗拱上都有飞天乐妓，其中大雄宝殿有 12 尊手持弦管乐器，与盛唐和中唐时期敦煌壁画上的飞天造型十分相似。戒坛上乐妓造型为唐朝风格，全都手持琵琶、尺八、二弦、三弦、拍板等弦管乐器，与南音所用乐器有诸多共同之处。我们先看南音琵琶，它又称"南琶"，与"北琶"不同，为曲项琵琶，弹奏时横抱。南音所用曲项琵琶是在隋统一全国后才传入南方的，其形制和横抱的演奏姿势，与五代前蜀建立者王建墓中的浮雕乐妓所弹琵琶的形制和演奏姿势是一样的，与南唐画家顾宏的《韩熙载夜图》中琵琶的形制和姿势也很相似。这些都说明南音琵琶直接继承了唐和五代的传统。再看拍板，南音所用拍板为五块，这种五块拍板的形制，除南音之外，我们很少能在其他音乐中看到它的身影了。前面所提的王建墓、《韩熙载夜图》中乐妓所用拍板的形制与南音拍板也是相同的。而且开元寺飞天乐妓所用拍板也为五块，加上 2003 年在开元寺东塔须弥座浮雕《天人赞鹤》图中发现的古制六板南音拍板，

飞天乐妓

更让我们看清了南音拍板展示给我们的承唐而下的历史轨迹。南音研究者郑国权先生认为："泉州南音现在拍板普遍为五块，与大雄宝殿和甘露寺戒坛木雕的五板拍板一样，而东塔德石雕拍板直承唐制为六板，开元寺拥有六板与五板的拍板，正符合拍板历史的发展轨迹。"南音所用尺八又称洞箫，也承唐制，名称就是由唐时管长一尺八而来。尺八自宋代以后在其他乐种中已不见踪影，唯南音继承保存至今。唐朝奚琴曾流行于我国北方，它是现在二胡、京胡等乐器的前身，而南音中的二弦也与奚琴颇有渊源，并且现在仅仅南音还保有这件乐器。另外，南音所用的其他乐器比如三弦、品管等都有着悠远的历史。

南音拍板

南音的曲牌名中有些与唐代以前的乐曲同名，比如《摩珂兜勒》、《子夜歌》、《清平乐》、《折柳吟》、《阳关曲》、《汉宫秋》、《后庭花》等，有一些与唐大曲名字相同，比如《三台令》、《凉州曲》、《甘州曲》等，这也为我们考察南音的源流提供了一些线索。

泉州南音行业的保护神"郎君先师"为五代后蜀的国君孟昶，其夫人就是鼎鼎大名的花蕊夫人，但孟昶与南音有何关系，因何缘由、从何时起成为了南音先师，至今尚无确切资料可考。

南宋时皇室迁至杭州，泉州成为陪都。当时泉州设有专门管理皇家事物的宗正司，而宫廷乐舞就是他们的事务之一。宋室的南迁，将传承自盛唐的宫廷音乐也带到了泉州。当时泉州简直成了"音乐之都"，据记载泉州乐户仅入册者就有千余家，每家三五人不等，呈现出"千家罗绮管弦鸣"的繁荣景象。南宋时期，南戏（宋元以来南方戏曲的总称）已经在江浙和福建一带兴起，它对南音的发展有重要影响。南音吸取了南戏中的诸多因素，比如南音至今保留有南戏名剧《荆钗记》、《白兔记》、《拜月记》、《杀狗记》、《琵琶记》等，南音的指套和散曲的曲词也有很大一部分来自南戏。此外，南音还从宋词中吸收艺术营养，包括唱词、常见词汇、曲牌名等，比如，宋词曲牌名《长相思》、《鹧鸪天》、《醉蓬莱》等与南音的曲牌名是完全一样的。

至明代，南音已经在泉州一带广为流行。20世纪五六十年代，国际著名汉学家、英国牛津大学荣誉中文讲座教授彼得先生在英国和德国发现了三种明代进入欧洲的梨园戏和南音古籍（《新刻增补戏队锦曲大全满天春》、《精选时尚锦曲摘对》、《新刊弦管时尚摘要集》），经过整理，彼得先生将三种古籍的影印本在台湾出版，称《明刊闽南戏曲弦管选本三种》（简称《明刊三种》）。《明刊三种》保存了明及明以前在闽南地区流传的宋元剧本，对南音研究具有重大价值。其中有一幅插图，是三位分别吹箫、斜抱曲项琵琶和拉二弦的仕女，说明南音在明代的主要乐器有箫、琵琶、二弦，这继承了"相合，汉旧歌也，丝竹更相和，执节者歌"的汉时旧制。明朝中叶，传入闽南的昆腔和戈阳腔给南音带来了清新的空气，南音开始吸收它们的腔调和唱词。还有明代的不少文人学者出于对南曲的喜爱，也参与了南音的创作，相传《困守寒窗》就是明代万历年间的朝阁大臣李久我所做。

南音在清代普遍地流行于闽南人中，获得了更大的发展。这一时期南音的创作数量倍增，各种南音曲谱的手抄本在民间大量流行。现今仍存有在道光、同治年间刊行的手抄本——《文焕堂指谱》。而且，清代的南音创作题材扩大了很多，"突破了过去只局限于描写男女爱情和历史故事的范围，出现了讽刺、鞭挞现实社会落后现象的《一司公》、《赌博歌》，控诉封建剥削制度的《家悍恶》和颂扬妇女辛勤劳动、善理家务、团结和睦的《伶俐姿娘》等作品，大大丰富了南音的创作内容"。清代涌现出许多优秀的南音艺人，还出现了专门教授南音的教师，南音的组织和团体也如雨后春笋般在各地成立。南音组织和艺人们还对南音进行了一定的整理和创作，将"指套"、"谱"整理成集，并刊行于世。而清代，南音最具传奇意义的是"御前清客，五少芳贤"的故事。《泉南指谱重编》是这样记载的："清康熙五十二年，癸巳六旬万寿祝典，普天同庆，四方赓歌华集。昔大学士李贞公以南乐沉静优雅，驰书征求故里知音妙手，得晋江吴志、陈宁，南安傅廷，惠安洪松，安溪李仪五人进京，乃赐以纶音曰御前清客，五少芳贤，并赐彩伞宫灯纸属归焉。"后来人们便称南音为"御前清曲"，进宫演奏的艺人为"五少先生"。但是非常遗憾，我们没有在古籍中觅得这个生动故事的踪影，它只能成为民间的美好传说，但是仍旧折射出当时南音逐渐受到统治者和文人的喜爱与推崇。

进入近代，铁蹄和炮火的声音盖过了优美动听的南音，时局和生活的艰

南音大会唱

难使人们不得不忍痛割爱。新中国成立之后，沉默的南音再次绽放光彩，尤其是改革开放给南音带来了新的生机和活力，南音艺人们重新抱起琵琶、拉起二弦、唱起清曲。各种南音的研究会、研究社，各种南音乐团在各地纷纷成立，南音还作为优秀的乐种参加全国性和地方性的舞蹈音乐汇演。泉州从1981年开始举办了多届泉州南音大会唱，"共一轮明月，唱百代乡音"，海内外弦友们共奏古乐，空中又重新散播起了南音艺人的琴声、歌声……

人间雅乐

泉州南音由"指套"、"大谱"和"散曲"三大部分组成，俗称"指"、"谱"、"曲"，既有用于歌唱的声乐曲又有用于演奏的器乐曲，是内容丰富完整的音乐体系。据调查统计，泉州南音现存的曲目有2000多首。

首先我们来看泉州南音的"指套"，又叫"套曲"，民间俗称"指"。它是一种有词、有谱、有琵琶弹奏的比较完整的套曲。"指套"由若干宫调的曲子连缀而成，一般包括二至六节，每节都有一定的独立性。"指套"虽然都配有唱词，但是通常只作为器乐进行演奏，很少演唱。其中有些曲子简短活泼、优美动听，受到人们的广泛喜爱，比如第43套《弟子坛前》中的第4阕《直入花园》、第28套《花园外》中的第3阕《亏伊人》。"指套"包括南音中最优秀的曲词、曲调和"滚门"，常将优秀的散曲与一定的故事选编成套。"滚门"指曲子系统包涵的特性相近音乐材料。学南音乐器之人关键就在于掌握"滚门"，之后即可伴奏散曲了。"指套"除演奏之外，还是南音学生的必修教材，所以也有人称"指套"为"琵琶指南"。凡习南音者，必先由教师口传心授，并指导学生熟读默背四至五套"指谱"，然后练习琵琶指法。"指"原有36套，后又增加了12套，每套都有一到两个故事。其中最主要的五套为《自来生长》、《一纸相思》、《趁赏花灯》、《心肝拨碎》和《为君去时》，即俗称的"五枝头"或"五大套"。

"大谱"是一种纯器乐曲，有标题、曲谱和琵琶弹奏法，没配曲词，以琵琶、洞箫及二弦、三弦为主奏乐器。"大谱"原有12套，后来发展至16套，其中的大部分用来描述四季景色、花鸟虫鱼或骏马奔腾等情景。其中以"四梅走归"最为著名，即《四时景》、《梅花操》、《走马》、《百鸟归巢》。"大谱"中还有三套佛教音乐《金钱经》，极具研究价值。每套"大谱"分为四到八个乐章不等，一般可演奏10至20分钟。南音采用"乂工六思一"五个汉字记谱，对应"宫商角徵羽"，旁边附上琵琶指法和撩拍符号，自成体系。这种曲谱非常古老，完全不同于一般的工尺谱，甚至比"敦煌古谱"更严密，现在为南音所独有，专家认为这种曲谱是隋唐以前的历史遗存。

"散曲"是南音歌唱类音乐的专有名词，它有谱也有词，一般由琵琶、洞箫、二弦、三弦等四件主要乐器伴奏，由歌唱者执拍板坐唱，也可以手抱琵琶自弹自唱。其中有相当部分是一唱三叹的"大撩曲"，如《月照芙蓉》唱18分钟，也有人称之为长抒情曲或"咏叹调"。有小部分属于"顺口而歌"，俗称"草曲"，是一种类似民间小调的

南音乐器

短小曲目。散曲的数量最多，据不完全统计有 2000 首左右。曲词的内容绝大部分是以第一人称抒发内心情感，也有一部分描写春夏秋冬、风花雪月等自然景观。"散曲"主要取材于唐代传奇、话本和宋元明的戏剧故事，表现出一种强烈的人文精神，反映了人类向往"真、善、美"的共同理想和基本愿望。

南音琶琵

南音有由乐器伴奏的演唱形式，也有器乐合奏的形式，其主要的乐器有琵琶、洞箫、二弦、三弦、南嗳、拍板、品箫、响盏、木鱼小叫、扁鼓、四宝等。常见的南音乐器组合是由琵琶、三弦、洞箫和二弦组成的"四管"，演唱演奏形式又分为"上四管"和"下四管"。

"上四管"指的是南音的"四大件"，即南音的四种主要乐器：琵琶、三弦、洞箫和二弦。"四大件"中，琵琶和三弦负责演奏骨干音，洞箫和二弦演奏装饰性的歌唱性旋律。琵琶是中国民族音乐的主要乐器，全国现在使用的基本上是竖抱直项琵琶，称为"北琶"，唯独南音使用的是横抱曲项琵琶，又称"南琶"。南音琵琶在合奏或伴奏中都起着指挥的作用。三弦与琵琶同为弹拨乐器，在演奏中它紧跟琵琶，同起同落，丝丝入扣，节奏分明，与琵琶共同完成骨干音的演奏。洞箫的主要功能是润色，进一步加强音乐的旋律，使曲调更流畅动听。在南音的演奏过程中，"二弦总是以一种含蓄幽雅、平静柔和的形象来烘托潇洒动听的洞箫"，就是所谓的"二弦入箫"，二者相辅相成，不可分离。"上四管"的合奏以"和"为贵，将琵琶、三弦的"大珠小珠落玉盘"、洞箫的圆润柔和、二弦的柔美娴静调配出婉转起伏的乐声，绕梁三日，让人回味无穷。

"下四管"指的是南音中的打击乐器，包括响盏、木鱼小叫、四宝、声声（铜铃）、扁鼓，在惠安一带还包括云锣、铜钟、小钹。因为"下四管"一般与中音唢呐"南嗳"同时出现，共同演奏"指套"，所以又称"嗳仔指"。"下四管"的演奏分工明确，密切配合，活泼热闹，色彩丰富，所以常作为开场节目，用以渲染热烈的气氛。

"丝竹更相和，执拍者歌"是南音的主要演唱形式，即歌者自击节奏鼓点与伴奏的管弦乐器相应和，这与古老的汉代乐府演唱形式是一致的。在室内表演时，琵琶、三弦居右，洞箫、二弦居左，唱者执拍板居中。在室外，同样是唱者执拍板居中，而琵琶、三弦在左，洞箫、二弦居右。这与敦煌壁画展示给我们的唐代乐舞和乐队的排场基本相同，也是我们推断南音源流的一个重要依据。

南音作为宫廷古乐，演唱表演时的礼仪和规矩是严谨的。正规的演唱，依照古例必先吹奏"指套"，然后唱散曲。唱曲是南音的主要内容，一人唱完把拍板恭敬地递给第二人，逐首地唱下去，最后奏大谱结束，这也遵循了唐大曲的规制。传统南音演唱时，还需要搭"彩棚"，悬挂写有"御前清客"（后演变为"御前清曲"）的横幅，在舞台上放置宫灯、黄凉伞，放置五把太师椅，一对木雕的小狮子。这些都源自"五少芳贤、"御前清客"的动人传说，南音人都以此为荣耀。　泉州南音唱曲时一律以泉腔闽南方言演唱，咬字吐音必须以泉州市区的方言语音为标准音。要学习演唱南音，都必须先学好泉州腔，经过"正音"之后才能唱准其音韵。许多的曲词必须按照古音叫字吐音，所以南音演唱保留了大量的古汉语读音，成为研究古代汉语的重要材料，已经引起了语言学家的兴趣。

南音融入于闽南人的一生之中，岁时节日、生老病死、婚丧喜庆、祭祀宗教都有南音的声响。最为隆重的是传统郎君祭仪式，郎君祭在每年春秋之间举行，祭前先用"上四管"奏《梅花操》的首节《酿雪争春》，次节《临风妍笑》，续唱《金炉宝篆》，再奏《四时景》的第五节《暮蝉轻噪》及六、七、

八等节。正祭时由馆阁中的长者，摆设香案、神器，悬挂五少芳贤及历代先贤的名录，按一定规则摆设祭品，按照严格的祭祀程序祭拜郎君乐神。祭拜之后要先奏谱《五湖游》的首节

郎君祭仪式

《金钱经》，然后唱曲《画堂彩结》，再奏《五湖游》的第二节《呵达句》等。郎君祭是闽南人民俗文化的重要组成部分，也是人们欣赏南音"晋唐遗音"、"宫廷雅乐"的魅力和排场的机会，是进行南音交流、增强南音乐社的凝聚力、联络海内外弦友感情的重要仪式。

四海相传

　　泉州南音千百年来受到人们的喜爱，渐渐渗透到闽南人的生命中。南音以社团为载体和纽带广为流传播布，跟随着闽南人的脚步，走出美丽的泉州城，走向闽南各地，跨越海洋走遍闽南人在世界上聚居的角落，香港、澳门、台湾和南洋各国都有乡音传唱，南音渐渐地在他乡异国的土地上生根开花。据统计，在世界各地围绕南音已经形成了一个约 5000 万人口的文化圈。泉州南音已经成为一种民族与文化的认同，是海外侨胞、港澳台同胞维系乡情的精神纽带，也是所有闽南人共同的音乐语言。

　　泉州南音在明朝末年由晋江地区传入厦门，到清代厦门南音发展到一个高峰，当时可谓"曲管林立，高手云集"，繁盛一时。传入厦门后，南音逐渐融合吸收了当地音乐的特色，形成了厦门风格。厦门南音名师辈出，人才济济，其中首推林祥玉先生和林霁秋先生。林祥玉先生所著《南乐指谱》四本，对古本讹传翻新和校正，一直为后人所延用。林霁秋先生的《泉南指谱重编》和《南曲精选》两部巨作填补了中国南乐史上重要的一页。两位先生之后的许启章、黄韵山、纪经亩、吴深根、吴萍水、洪金水、薛金枝、万舍等都是名噪一时的乐坛高手，他们于 20 世纪 30 年代为英国"兴登堡"等公司所灌录的三十多片唱片，是我国南音最早的唱片资料，并行销欧亚各国，在国际乐坛引起

南音乐舞《长恨歌》

很大反响。现代厦门南乐在继承先辈艺术成果的基础上，又有了新的发展，创作了一大批新曲目，其中大型南音乐舞《长恨歌》荣获国家文化部第十届文化新剧目奖及表演奖。而且，在我国大陆只有两个专业的南音乐团，厦门南乐团就是其中之一。南音在传入厦门的大约同一时间也传入漳州，清代时漳州诸县的南乐也颇为繁盛，人们每逢"神之寿诞"或婚丧喜庆，便"做白字，唱泉腔"。

泉州南音在台湾被称为南管、五音、郎君唱或郎君乐。郑成功收复台湾后，部分闽南居民迁移台湾，南音便跟随着闽南人的脚步走进了宝岛，并在此生根发芽，成为台湾深受喜爱的民间音乐，成为中华文明的一个象征，也成为联系两岸同胞的感情纽带。台湾鹿港是"古台湾文化城"，南音最繁盛的时候这里"五馆鼎立，争唱竞音"，至今尚存具有一百多年历史的一些南音社团，比如"聚英社"已有160多年历史。台南市的"南声社"也历经九十多年的风雨，曾赴南亚和欧洲的一些国家进行演出，还参加了第三届东南亚南乐大会奏。从1970年代末以来，台湾南音加强了与外界的交流与联系，曾多次派乐团外出交流演出，南音也成为两岸友好交往、增进感情的重要方式。由南音名家陈美娥创立的"汉唐乐府"成立于1983年，他们的南音表演横跨欧美亚澳四个大洲，屡获大奖，蛮声国际，"汉唐乐府"与大陆南音交流也十分频繁，多次来大陆进行演出。"闽南第一乐团"、"闽南乐府"、"中华南管古乐研究社"、"中华弦管研究团"等都是比较出名的南音社团。"近年台湾的南音社团还有所发展，已多达70多个，拥有成员千余人，多数祖籍泉州，其演唱、演奏风格仍保留着故乡泉州的传统特色"。

香港的"福建体育会"是南音的主力军，该社团曾聘请众多弦管名家教授技艺，并积极参加了第二、三届东南亚南乐大会唱，出席了历届泉州、厦门的元宵南音大会唱。香港南音与外界交流密切，"福

汉唐乐府《韩熙载夜宴图》演出

建体育会"与台湾省和菲律宾、新加坡、印尼、马来西亚等国的南音界都有广泛的交流和学习。澳门的晋江同乡会南音曲艺社成立于 1987 年，次年便参加了泉州元宵南音大会唱。澳门的弦友们每逢佳节便进行南音演出，也多次参加泉州、厦门的南音会唱和各种比赛，并数度赴菲律宾参加庆典活动。澳门回归祖国后，南音社团更进一步发展起来，南音得到了社会各界人士的喜爱和支持。

早在宋代就有中国人移居到国外的记述，至元、明两代华人出洋的记载更多，泉州人纷纷移居南洋。清代尤其是清末是出洋的高峰期，很多泉州人为生活所迫，背井离乡，去南洋谋生。出洋者中的南音艺人将这如怨如慕、如泣如诉的缕缕乡音带到了南洋国家。他们将南音世代相传，共诉思乡之苦、以慰思乡之情。南音在异国的土地上蓬勃发展，在民国时期曾一度繁盛，"街头巷尾处处可闻"，直到现在东南亚的一些国家在节日庆典和外交活动上还会奏起南音。

菲律宾是泉州南音在海外最流行的国家，共有二三十个南音社团活跃在菲律宾各地，其中马尼拉长和郎君社成立于 1820 年（清嘉庆二十五年），是海外历史最悠久的南音团体。菲律宾的金兰郎君社几乎与长和郎君社的历史一样悠久，经常为马尼拉市的庆典活动进行演奏，非常著名。以上两个社团，再加上南乐研究社和国风郎君社，是菲律宾的四大南音社团。菲律宾的弦友非常重视与中国南音的交流，为了能将南音艺术更好地传承下去，一些南音社团纷纷礼聘家乡泉州的著名南音艺师到侨居地设馆授徒、传授技艺。菲律宾的南音社团多次参加泉州的国际南音大会唱，也多次邀请中国的南音艺人和社团赴菲律宾演出和交流。他们还十分注重南音曲簿的收集、整理和出版，注重对南音艺术的历史考证，对南音的曲韵、旋律、唱词、发音、咬字、乐器等方面进行深入理论研究，为传承、发展、完善南音作出重要的贡献。菲律宾大学的东方古典音乐还开设了南音课程，在南音的传承和人才的培养方面发挥重要作用。

南音在新加坡、马来西亚和印度尼西亚等国家广为传唱。"横云阁"是新加坡最早的南音社团，创立于 19 世纪后期，曾盛极一时。现在新加坡最主要的南音社团叫"湘灵音乐社"，于 1940 年成立，这个社团人才济济，技艺精湛，经常以电台为平台传播南音。"湘灵音乐社"积极参加了泉州、厦门举办的南音大会唱，并且还致力于泉州南音在国际上的传播。马来西亚最早的南音社团是 1887 年成立的"仁和公所"，其他的社团大多成立于 20 世纪 30 年代左右。1981 年马来西亚成功主办了第三届东南亚南乐大会奏。此外，在印尼、缅甸、泰国等地也有南音的爱好者，众位南音弦友弹起琵琶，吹起洞箫，执节而歌，用古老的泉州方言奏唱着"汉唐遗音"，这是无国界的交流，南音是世界各地的闽南人共同抒发情感的"国际语言"。

古乐逢春

作为中国音乐"活化石"的南音，千余年来传唱不绝，带着历朝历代的时代信息和基因为我们展示中国传统古典音乐的大气和曼妙，也给我们聆听古乐、接近古人的机会。南音走进了闽南人的生活，在他们的呼吸和命运中都融入了如泣如诉的婉转乡音。然而这传唱千年的古乐南音却在现代遭遇了传承危机和发展瓶颈。现代社会科学技术发达，传媒手段空前丰富，流行文化多种多样，新的娱乐方式充斥视听，在电影、电视、流行歌曲的包围下，悠远的南音难以传入现代人的耳朵。弦停拍止，人去歌失，南音渐渐从人们的生活中边缘化，南音的氛围渐渐地淡了下去。喜欢听南音、听得懂南音的现代人尤其是年轻人越来越少，在充斥着流行乐的大街小巷里偶然传来宛转悠扬的弦管雅乐，寻音而至，映入眼帘的大抵是一位垂暮老者——听众的日趋老龄化是南音传承面临的重要问题。能够表演南音的艺人和乐团也日渐稀少。一方面，老的艺人掌握着丰富的曲谱资源，却无法做到薪火相传，老艺人百年之后，人去歌亡，年轻人又因为经济、社会、文化等多方面的原因不愿顾及南音的传唱；另一方面，随着社会文化的变迁，人们的生活习惯、欣赏风格、民风民俗都随之改变，南音曾是岁时节日必不可少的一道佳肴，现在却逐渐淡出人们的生活，这造成原本红红火火的南音乐社、乐团日渐冷清，它们有的改行表演其他节目，有的在南音中加入其他表演元素而导致南音的异化，有的经济上不能支撑只好解散。这些都引发了南音的生存和传承危机，中国音乐的"活化石"面临着变成"化石"的危险。

为了让千年古乐能继续传唱，让南音重新回到人们的生活，南音的家乡泉州市作出了种种努力。为了让年轻人接触南音、喜欢南音，他们让南音走进校园，将南音纳入了中小学音乐教育范畴，编写南音乡土教材，培养南音教育人才，并组织各种形式的南音比赛，增加了中小学生对家乡传统文化的了解和喜爱。还在大学设立南音专业，为南音培养高层次的科研和教育精英；泉州市组织了"泉州南音乐团"，使南音有了现代化、专业化的传播和演出团体，还多次举办国际性的南音大会唱，吸引了海内外的大量南音社团和弦友参加，这对于南音的传播、交流和创新十分有益；泉州市还召开南音学术研讨会、积极扶持地方南音民间乐团，重建南音的传承氛围，使南音又重新回荡在人们的生活中；更为重要的是他们对南音的价值有着客观全面的认识，积极为南音申报非物质文化遗产名录——2006 年，南音被列为国家非物质文化遗产代表作名录，2009 年 9 月 30 日，南音成功入选《人类非物质文化遗产代表作名录》，这使南音得到了更多人的关注。

尽管人们作出了种种努力，在大众文化、流行文化氛围包围之下南音的生存空间仍旧狭小，传承前景不容乐观，我们应该理智地审视南音保护中存在的问题，更加细致地做好南音的传承工作，使这传唱了千年的古乐在新的世纪再次迎来一个美好的春天。

首先，保护是传承的基础，对南音的全面保存是创新的保障，这就要求我们要积极的进行南音的"静态保存"工作。但是，南音老一代艺人留下的音响资料非常少甚至是空白，这是我们这个时代巨大的损失。当务之急就是要尽快采取有效措施，将现存老艺人身上宝贵南音资源用各种声光电手段记录下来，建立相关的档案和数据库。也要尽快征集和编校南音的"指、谱、曲"资料，防止这些优秀的资源在现代社会中的继续流失；南音的传承人是薪火相传的重中之重，他们掌握着南音演唱和表演的知识和技艺，是南音艺术活的载体。所以"活态保护"即建立和完善传承人制度就显得尤其重要，我们需要采取各种措施改善南音传承人的生活，提高他们的社会地位，增强他们的艺术自豪感。另一方面，传承人老龄化的现象十分明显，比如泉州南音的传承人年龄在 63 岁到 83 岁之间，厦门的南音传承人年龄最大的 70 多岁，年龄最小的也 40 多岁了，青黄不接现象十分严重。如何寻找、吸引和培养年轻的南音"生力军"是亟待解决的问题。

其次，遗产保有地的专业教育是南音保护和传承的极其重要的方式。在南音教育过程中，要将南音传统音乐的特点与现代音乐教育的专业特色相结合，避免教学中生搬硬套音乐理论，充分考虑南音的乐器、唱腔、传统和文化等方面的特点，使传统南音能够通过现代教育的渠道传承和创新；南音教育不仅仅是一种技艺的培养，不单是传授一首歌、一支曲，而是通

青少年唱南音

过传统音乐的教育培养民族艺术的审美观、民族文化的自豪感和爱国爱乡之情，所以南音教育要根植于南音的历史、文化、传统、审美、价值和地方特色；南音教育要培养南音爱好者，众多的爱好者是南音的社会基础。仅仅依靠相关部门一时的措施也只能维持南音一时的繁荣，南音的学校教育过程中应因材施教、有的放矢，培养出南音的爱好者、欣赏者、从业者才是长远之计；南音的大学教育要提高教育层次，重点培养南音表演和教育方面的精英人才、塑造未来的名师巨匠，探索传统民族音乐与高校课程设置有效融合，调整民间音乐文化与精英教育之间的差距，为南音的传承与研究注入鲜活之力。

再次，南音只有不断创新才能生存和发展。南音能够历经千年依旧传唱不息，就在于它是一个开放包容的系统。正如音乐史学家黄翔鹏先生所说："中国传统音乐不是一个狭隘的、全封闭的文化系统。它是在不断流动、吸收、融合和变异中延续着艺术生命的；同时，它又穿过无数岩石与坚冰的封锁，经历过种种失传威胁，才得以流传至今。"已故的新加坡湘灵音乐社创办人丁马成先生认为随着时代的进步，南音应在内容与形式上都有所改革与创新。南音的创新是必然的，也是必需的，是时代留给现代南音人的一个重大课题。南音的创新首先是在保留南音本质和特色基础上的创新，是不能割断与传统南音联系的创新。如果创新脱离了南音古典优雅的风格和"古、多、广、慢、美"

的特色，那就不是南音了。成功的创新是保留南音韵味并将其风格发扬光大的创新，是赋予它时代特色和时代内容、反映当代人思想感情的创新。比如《江姐》、《桐江魂》、《感谢公主》、《沁园春·雪》、《闽海渔歌》、《百花齐放》都是成功的创新之作，

泉州乐团赴法国演出

这些曲目遵循传统南音的作曲方法，在节奏、结构、形式、审美等方面都与传统南音保持紧密的联系，同时又具有贴合时代的内容和气息。驻足不前和片面激进都是不合时宜的，对南音的保护传承都是有害而无利的。交流能够碰撞出灵感的火花，南音的创新还需要海内外南音乐社和弦友的交流切磋，在同一轮明月之下，用同一种乡音，共唱千古奇乐，既是感情的交流，也有利于南音的传播、继承与创新。

此外，南音社团和乐团在传承和表演中担任着举足轻重的角色。一方面需要政府和相关部门对南音乐社多方面的帮扶，另一方面要让乐团形成自身的造血功能，使它们能够在市场经济中找到自身的生存方式。这是现代社会传承南音的需要，也是对南音多元功能的开发。台湾的"汉唐乐府"由南音名家陈美娥创立，他们在南音的表演、创新和运作方面都值得我们借鉴学习。1995 年，陈美娥将传统南音乐曲与梨园科步相融合，创造出的经典剧目《艳歌行·梨园乐舞》，并启用影视设计名家叶锦添为之设计了传统又新颖的服饰造型，重现了汉唐古乐沉蕴优雅的风范，艳惊四座。"汉唐乐府"成立二十余年来，陆续创作了《艳歌行》、《梨园幽梦》、《荔镜奇缘》、《韩熙载夜宴图》、《洛神赋》等作品，蜚声国际，屡获欧、美、亚地区国际性重要艺术节、大剧院的邀演，也曾多次赴中国大陆演出。并且"汉唐乐府"通过适当的包装和运作，以中国传统艺术形态打入了欧美主流表演市场，成为南音乐团的创新和发展的典范。我们在坚持南音本质特点、保持南音优秀传统的基础上，适当采用商业化运营，借助现代传媒的力量扩大影响力和感

染力，打造古典音乐的艺术品牌，创造南音艺术精品，让这棵传统音乐的千年古树在现代、在世界的土壤中重新迎来新的春天。

（编撰：陈少峰）

参考文献

[1] 郑长铃、王珊：《南音》，浙江人民出版社，2005 年版

[2] 王耀华主编，孙丽伟、黄忠钊、池英旭、林俊卿、陈新凤、刘富琳编著：《福建南音》，人民音乐出版社，2002 年版

[3] 王珊：《泉州南音》，福建人民出版社，2009 年版

[4] 中国民族民间器乐曲集成全国编辑委员会：《中国民族民间器乐曲集成·福建卷》，中国 ISBN 中心，2001 年版

[5] 泉州对外文化交流协会、泉州市文化局编：《泉州南音艺术》，海峡文艺出版社，1998 年版

[6] 泉州市文化局、泉州市新海路闽南文化保护中心编：《泉州非物质文化遗产图典》，海峡文艺出版社，2007 年版

[7] 南音网，http://www.nanyin.cn/

[8] 福建南音网，http://www.fjnanyin.com/

南京云锦织造技艺

2009 年 9 月 30 日，在阿联酋首都阿布扎比召开的联合国教科文组织保护非物质文化遗产政府间委员会会议决定：中国南京云锦织造技艺入选《人类非物质文化遗产代表作名录》。从 2002 年 6 月南京市正式成立"南京云锦申报人类非物质文化遗产工作领导小组"算起，8 年中南京云锦曾先后 3 次向申遗冲刺，此番终于修成正果。

清雍正大红缎织彩云金龙皮朝服

云锦是一种先练丝、染色，而后加用金银线织造的丝织提花织锦，因其图案优美、色彩绚丽，如同天上彩云而得名，素有"中华一绝"和"世界瑰宝"之美誉。据专家考证，南京云锦已经有近一千六百年的历史，作为古代皇家御用产品，它卓越而独特的工艺浓缩了中国传统丝织技艺的精华，是中华七千年蚕桑文明最璀璨的明珠。位居古代三大名锦（云锦、宋锦和蜀锦）之首的云锦，除了作为中国传统织锦技艺最高水平的代表之外，还包含了十分丰富的文化和科技内涵，在中国工艺史、科技史、文化史中，亦具有举足轻重的地位。亮丽多姿、灿若云霞的南京云锦，历尽沧桑，阅尽繁华，已成为古老历史文化名城南京最荣耀的城市名片，并将与这个日新月异的城市一起演绎出更加华彩的篇章。

千年华彩

中国是桑蚕丝帛的发源地，早在七千多年以前的新石器时代，已经出现了纺轮、纬管等纺织工具。此后，在以男耕女织为显著特征的古代社会经济中，丝帛的兴盛不仅承载了古人对美好生活的追求，而且还成为维系古代社会稳定不可或缺的因素。锦是以彩丝的平纹或斜纹织成的重经或重纬组织，织成的色彩绚丽、花纹繁盛的丝织品，代表古代丝织织造技术的最高技术水平。此外，因其绚丽的形象，还被古人用作"美丽"和"美好"的象征，"花团锦簇"、"繁花似锦"等词语形象表明了锦对中国文化的深远影响。南京云锦是中国古代织锦中艺术成就最高、织造技术最为复杂的产品，其独特的织造技艺、奢华精美的外表、丰富的文化内涵以及独一无二的皇家专属地位，使其当之无愧地成为中国古代丝织品中最耀眼的明星。

南京云锦的源头可以追溯至东晋晚期，其标志性事件是东晋大将刘裕迁中原百工前来建康，并于义熙十三年（417）设置锦署于秦淮河南岸的斗场市。"斗场锦署"的设置对于南京丝织业的发展具有决定性的影响，一般将其视为南京云锦的诞生阶段。当然，由于实物资料的匮乏，学界对这一结论仍有争议，譬如当时锦署所织织锦是否即今日之云锦仍无实物资料可证，因此有部分谨慎的学者主张将云锦的起步时期定在元朝。但考虑到为刘裕所迁的织锦工匠既承袭了两汉魏晋的传统，又融合了少数民族统治者喜爱的加金织锦的技艺，这与日后南京云锦的主要特征基本符合，据此推断，南京云锦业萌芽起步于东晋晚期是可以成立的。

南朝时期，南京织锦业持续发展，宋、齐、梁、陈各朝均由中央设立专门管理锦署的机构，皇室还另设专门的织室绣房。这一时期，南京织锦业迎来自己的第一个高峰，其产品产量巨大，质量优异，织造技艺更是闻名天下，北方的柔然国就曾专

南朝宋武帝刘裕

门向南齐政府请求派遣织工。此时，还首次出现了"云锦"这一专名，南朝文献《殷芸小说》中记有"年年机杼劳役，织成云锦天衣"，《齐书·舆服志》亦记有"加饰金银薄，世亦谓之天衣"，两者相互印证，可证"云锦"专名始于南朝，而且特指加饰金银薄的织金锦。

隋唐时期，出于抑制南京的政治原因考虑，大量的织工被迁往扬州，南京织锦业随着南朝的灭亡而颓萎，昔日的繁华荣光伴随着六朝朦胧烟雨的消逝而渐渐远去。南唐时期是南京织锦业的复苏时期，定都金陵的南唐统治者大力奖励农桑，使金陵再度成为江南织锦业中心。两宋时期，南京丝织业更是获得了前所未有的恢复与发展：倾城上下，街头巷尾，"百室机房，机杼相和"，以鸡鸣为号，昼夜繁忙，出现了仁和里锦绣坊、乌衣巷染坊、靛蓝所、彩帛行、销金铺、吴绣庄等，水陆埠际，万商云集，呈现一派盛况空前的繁荣景象。

如果说由于缺少直接的文献和实物资料而导致云锦此前的这一大段历史还存有争议的话，那么大量的文献和实物资料则无可置疑的证明，自元代开始历经元、明、清三朝，南京云锦进入了兴盛发展的成熟期。

元代是南京云锦发展历史上一个显著的界标，此时锦缎生产由过去讲究配色为主，转为崇尚用金，这是我国锦缎生产的一个重大转变，它对后来明清两代高级锦缎的设计、生产，产生了重大影响，南京云锦就是在承继元代著名的织金锦的基础上逐步发展起来的。元代云锦的生产主要是在官办织造机构的主持管理下进行的。当时在南京设立的官办织造机构叫东、西织染局，管人匠数千户，约数万人，为南京丝织工艺的发展奠定了良好的基础。元代统治者喜爱使用金锦，有爱用金装饰丝、毛织物的习尚，云锦中的"库金"、"织金锦、缎"等，就是从元代金锦延续发展下来的品种。用金装饰丝织物纹样，成为南京云锦的一个重要装饰特征。此外元代还创造了很多优美的串枝花图案和各种云纹图案、吉祥图案，给明清两代云锦图案的设计提供了丰富的借鉴。直到现在，串枝花图案和云纹图案，仍是云锦图案中常用的纹样。除了官营织造外，元代民间云锦织造也达到了较高的水平。丝织提花机改进和完善，给民间机户营造这类高级锦缎织物提供了可能的物质技术条件，从而打破了官方垄断的局面。

明朝是南京云锦发展的成熟时期，政府在南京设有"内织染局"、"神帛堂"、"供应机房"，专门管理云锦生产。明代官营织造完全使用徭役工匠的劳动，主要建立在利用各地从事染织手工业者无偿劳动和廉价劳动的基础上。明朝南京的云锦织造工艺日趋成熟和完善，大提花楼机完善，织金技艺与织彩技艺交融，唐宋缂丝通经断纬织彩的方法被移植过来，创造出小管梭挖花与短跑梭及长跑梭织通纬相结合的新工艺——"妆花"工艺。妆花织物是明代南京丝织最具代表水平的产品，是南京丝织艺人的重大创造，其特色是"挖花妆彩"，色彩变化丰富，逐花异色，取到多样而统一的效果。妆花织物最初是在缎地提花织物上挖花妆彩，以后把这种配色织造技法运用到纱、罗、绸、绢、绒等不同质地、不同组织的织物上去，大大丰富了妆花织物的品种内容，把我国彩织锦缎的配色技巧和织造技术发展到一个新的水平。明代官办织造难以胜任和满足宫廷的奢靡和赏赐的无度，民间的锦缎织造业适应这种需要，日渐发展繁荣起来。宫廷和官府除索取于官办织造外，往往采用"领织"、"收购"、"采办"等等方式，向民间搜罗缎匹，以弥补官办织造供应的不足。这在一定程度上刺激了民间锦缎织造业的繁荣和发展。

清代南京云锦进入了最辉煌的鼎盛时期。清朝在江南地区设有江宁、苏州、杭州三织造，掌理织锦业的生产，但三者生产的锦缎用途不同，只有江宁织造署督造的云锦是皇室专用的。自清朝顺治二年（1645）江宁织造署设立，南京云锦迎来了新一轮的发展机遇，呈现出前所未有的繁荣景象。乾隆、嘉庆年间（1736–1820），南京丝织业的发展臻于鼎盛，仅城内就有织机3万余台，男女织工20余万人，约占全城人口的三分之一。以云锦为龙头的南京丝织业成为南京经济的支柱产业。清朝著名书画家郑板桥《长干里》诗中"缫丝织绣家家事，金凤银龙贡天子"之语，就是清朝南京织锦业发展的真实写照。

康熙御制耕织图

清朝南京生产的织锦产品，除供应宫廷、官府服用和赏赐之需外，还远销海外及蒙古、新疆、青海、甘肃、西藏等地，并在对外贸易中享有很高的声誉。今天，从保存下来的当年云锦匹料的头部经常可以看到"江南织造臣忠诚"、"江南织造臣庆林"、"江南织造臣七十四"、"金陵涂东元玉记库金"、"金陵张象发本机库金"等字样，既有官府督造的贡品，也有民间机坊生产的产品。清代的南京云锦，在继承明代成就的基础上更加发展成熟，特别是金线制作技术的进步和金线质量的提高，用金装饰织物的技法也日益丰富多样，锦缎的质量，也比明代更为细致，更为精美。康熙时期多仿宋代的规矩锦，金线细如发丝。雍正时期重配色，构图秀丽，配色温雅，在我国传统锦缎中自成一格。乾隆时期喜仿汉、唐锦式，并开始吸收西洋的花式和织法，促进了锦缎花式的新变化。

清末，社会的变迁导致云锦生产逐步衰落。光绪三十年（1904）江宁织局奉旨裁撤，从此历经三朝延续六百二十多年时间的江宁官办织务正式宣告结束。元明清三代南京云锦的历史，就是以官营织造为主线的历史。江宁织造局的裁撤，标志着南京云锦的衰落。辛亥革命以后，南京云锦生产进一步衰落，主要为西藏、蒙古少数民族生产。抗战胜利后，部分机户恢复生产，复业的中兴源缎号只开4台织机，生产少量库缎和妆金库缎，销给一些来华观光的外国人，年产量只有2300米。连年的战争，再加上政府的苛捐杂税、通货膨胀和实行限价政策，使云锦生产濒于奄奄待毙的境地。到1949年4月南京解放前夕，南京云锦织机仅存150台，勉强维持生产的只有中兴源丝织厂的4台织机。

解放以后，在人民政府的大力扶助下，古老的云锦生产重新焕发了生机。1953年华东军政委员会文化部根据国家文化部的指示，专门颁布了挖掘、整理、研究南京云锦等民间工艺美术遗产的指示。南京市人民政府文化处根据指示的精神，于1954年组建了云锦研究工作组，对南京云锦进行有计划的整理和研究工作。1957年12月，经过筹备，江苏省政府正式批准成立了南京云锦研究所，这是新中国建立后国家批准的第一家工艺美术专业研究机构。从此，南京云锦研究所作为全国唯一的云锦专业研究机构，承担起云锦继承和保护的历史重任。几十年来南京云锦研究所坚持对云锦艺术的研究，使几个具有代表性的品种保存了下来，技艺上也得到完整的继承；在继承传统的同时，不断地融入新观念，使云锦的艺术品格日益向现代方向转变，适应和满足现代受众的审美需求，逐步完成了从传统走向现代的转型。现今南京云锦研究所已全面承担起云锦的挖掘、整理、保护和开发的工作，云锦产业也日渐繁荣，并在国内外广受赞誉。

花团锦簇

南京云锦在悠久的历史发展过程中，形成了许多品种。根据现在已掌握的资料来看，主要分为"库缎"、"织金"、"织锦"、"妆花"四个大类：

1. 库缎

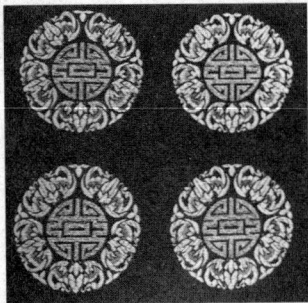

库缎

"库缎"又名"花缎"，或者"摹本缎"。它原是清代御用"贡品"，以织成后输入内务府的"缎匹库"而得名，包括：起本色花库缎、地花两色库缎、妆金库缎、金银点库缎和妆彩库缎几种。库缎的花纹设计，用"团花"居多。生产时，根据成件衣料所需的长度，把它织成段料。还有一种是按衣服固定的样式，把花纹设计安排在衣服穿着时显眼的几个主要部位（如前胸、后背、肩部、袖面、下摆），织成款式完整的成件衣料，这种工艺称为"织成"，制作时，只要按式剪裁，即可缝制成衣，花纹的布列，非常妥适而恰当。库缎多做衣料，民间作坊通常叫它为"袍料"。

2. 织金

织金

"织金"，即织料上的花纹全部用金线织出。织金的纹样设计，要求花满地少，充分利用金线材料，充分发挥显金效果。传统的织金图案，多采用花纹单位较小的小花纹样。在满金地上，利用地部组织勾画出花纹的轮廓线条来。这种阴纹的轮廓线条，既是图案花纹的具体形象，又是满地金花外的织物地纹，设计构思非常巧妙。这种巧妙的设计手法，使价值贵重的真金线在织物的正面得到了充分利用，达到了最大限度的显金效果。织金的用途，主要是用于镶滚衣边、帽边、裙边和垫边等。

3．织锦

云锦中的"织锦"，和"妆花"类织物，有相似的地方：原料都是用精炼过的熟丝，染色后织造；两者都是多彩纬提花织物。但织锦也有自己明显区别于妆花的地方：织锦中彩花部分用通梭织彩，分段换色，全件织料上的各段彩花只用几种不同的颜色循环，或全部花纹

织锦

用一金、一彩两色长跑梭织造；整个织料厚薄均匀，背面光平伏贴，这些都是"织锦"的主要特征。织锦用色虽不多，但织品效果甚为精丽悦目。织锦的品种有："二色金库锦"、"彩花库锦"、"抹梭妆花"、"抹梭金宝地"、"芙蓉妆"等。

4．妆花

"妆花"是云锦中织造工艺最复杂的品种，也是最有南京地方特色的提花丝织品种。"妆花"织物的特点是用色多、色彩变化丰富。在织造方法上，是用绕有各种不同颜色的彩绒纬管，对织料上的花纹做局部的盘织，配色非常自由，没有任何限制。图案的主体花纹，通常是用两个层次或三个层次的色彩表现，部分花纹则用单色表现（如花梗和叶、芽）。一件妆花织物，花纹配色可多达十几色乃至二三十种

妆花

颜色。妆花的用色虽然多，但均能处理得繁而不乱、统一和谐，使织物上的纹饰获得生动而优美的艺术效果。这种复杂地挖花妆彩的工艺技法，作为整件织物的织造方法，在其他地区生产的提花丝织物中是不见应用的。

历史上妆花织物种类很多，但绝大多数已经失传，建国后被继承下来的只有妆花缎一种。妆花缎的用途，过去多用做冬季的服装、帐子、帷幔和佛经经面的装潢等，一般是织成匹料剪裁使用。但明清两代的妆花织品，很多是以"织成"形式设计和织造的，如龙袍、蟒袍、桌围、椅披、伞盖，乃至巨幅的彩织佛像等等。到目前为止，这种妆彩技法变化自由的特点，电力织

机还不能代替。

"天上取样人间织"

手工织造的南京云锦是最为珍贵的织锦品种，其生产工艺，一方面继承了我国古代丝织工艺的优秀传统，是中国古代织造工艺的典型代表；另一方面在设计意匠和织造技艺上有新的创造，具有鲜明、强烈的地方工艺特色，其特有的挑花结本、通经断纬、挖花盘织、逐花异色等织造工艺和艺术风格，不仅在中国独树一帜，在世界上也是罕见的。

云锦生产耗时费力，熟练的工人两人合作使用大花楼木质提花织机，一天仅能织出几公分长的云锦，古人有"寸锦寸金"的说法，实不为过。现在经过努力部分工艺已经实现机械化生产，但较为复杂的工艺如"妆花"等仍无法用现代机器替代。云锦的生产工艺极为复杂，概括起来主要有纹样设计、挑花结本、装造、原料准备、织造等五道程序。

1．纹样设计

云锦的纹样设计，要根据实用要求、物质材料、制作条件和织成效果，进行意匠安排。（1）图案花纹设计，即根据需求用途，设计出经济、实用、美观的图案花纹，其设计特色要遵循"美、广、大"的原则，即形式美，取材广，花形大；（2）配色，云锦用色自由，一件妆花织物，花纹配色可多达十几色乃至二三十种颜色，锦面色彩效果繁而不乱、统一和谐，获得生动而优美的艺术效果；（3）组织设计，即设计织物组织结构的编结程序，一般织物有平纹、斜纹、缎纹等；（4）绘制意匠图，将纹样、组织、规格等设计好之后，根据小样填绘意匠图。这是一项细致复杂的工艺。

2．挑花结本

挑花结本是云锦生产的关键环节，是纹样由图纸过渡到织物上的桥梁，它用古老的结绳记事的方法，把花纹图案色彩转变为织造程序，再上机进行织造，实际上是一种以线为材料，进行储存纹样程序的创作设计过程。不仅要把纹样按织物具体规格要求，计算"分寸秒忽"，将纹样在每一根丝上的细腻变化表现出来，还要按纹样图案的规律，把繁杂的色彩进行最大限度的同类合并，编结成一本能上机织造，让织手读懂的织造程序花本。其原理就是用丝线作经线，用棉线作纬线，对照绘制好的意匠图，经线对应意匠图上的纵格，纬线对应意匠图上的横格，挑制成花纹样板"花本"。然后运用"花本"上机，与机上牵线、经丝的作用关系，提经织纬来完成织造任务。明代科学家宋应星在《天工开物》中赞曰："凡工匠结花本者，心计最精巧。"

挑花结本有三道工艺，称为挑花、倒花、拼花。其中挑花是基本工艺，倒花和拼花是辅助工艺，视情况需要加以运用。传统的挑花方法，是在图案纸样上画若干方格，分成若干区，计算好每一区的经纬线数，全凭挑花艺人的丰富经验随画量度，算计分寸，用一竹片钩子挑起脚子线引入耳子线，编结而成。照设计稿挑制出来的第一本花本，叫做"祖本"。根据已有的花本复制出另一本花，这种工艺，行业中叫做"倒花"。拼花就是把挑花或倒花制成的不完整的花本合并成一个完整花本，使之具备上机织造的要求。

3. 造机

造机即根据所织云锦的品种、规格，把织造云锦所需的经丝，按照地部组织、纹部组织的不同要求分别安放到位，使其符合织造的需要。

云锦织物是在传世的斜身式大花楼提花木织机上手工织出，其特点为木制材料组成，采用榫卯、木楔连接，作用分工明确，结构受力合理，结实耐用。整个机身长达五六米，从织口到机后经轴间参与织造工作的经丝长度为5.2米，经平线与水平线夹角10度，堪称世界手工纺织业中，机型最庞大、结构最巧妙的机器。特别是精巧的环形花本装置，起到了现代机械、电子提花龙头的纹针升降机构以及和纹版程控系统相结合的作用，满足了整幅妆花织料的织造要求。大花楼木机机型结构早在南朝梁代已基本定型，大类可分为机身、花楼、开口机构、打纬机构、送经卷取机构五大部分。各部机件名目繁多，云锦艺人世代相传，多为口头俗名，不能尽征于古籍文献。每台织机须由提花工和织造工两人配合，前者在上，后者在下，上下协同生产，高达4米的花楼上坐着拽花工，按事先编好的分色图案程序进行提花操作，坐在机前的织工操作综框开口，配色挖花、引纬打纬等工序。

云锦的妆花属于大花纹织物，其织物的开口运动分为地部和纹部两部分。根据云锦织造要求，造机时除地部组织按素机装造外，还需使经丝与花本联接作提花装造。整个装造工艺包括打范子、捞范子、范子吊装、柱脚制备、数丝、引纤、拾绞、捞箱等工序。不同的品种和机型，装造的规格和要求也不一样。

4．原料准备

织造云锦所用的材料有桑蚕丝、金银线、孔雀羽、真丝绒等这几种材料。金银线是生产云锦不可缺少的主要原料，可以说金银线的历史也是云锦生产的历史，特别是云锦妆花中使用的纸扁金，就是云锦的专用材料，这种材料迄今都是专为云锦而生产的。此外，云锦艺人们还尝试使用某种特殊的材

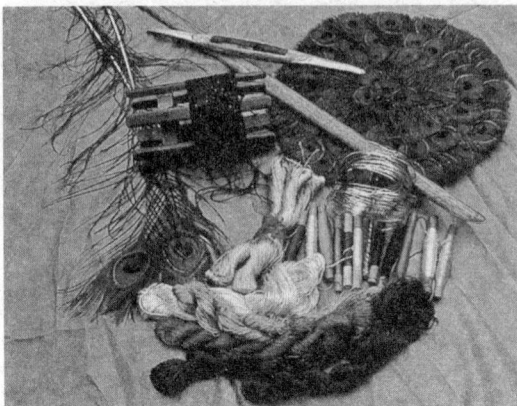

云锦彩色纬绒

料如孔雀羽绒。孔雀羽绒是用孔雀尾羽上的翠绒精心加工而成的。

云锦属于熟织提花丝织物，即织成后不需染色、印花。生产所用的主要原料——蚕丝，织前均需经过练制染色，按照不同品种的要求加工成一定规格、颜色的经、纬原料，供上机织造。原料准备工艺流程，随织物品种及选用原料的不同略有差异，但基本工艺主要涵盖以下范围：

经向原料的准备过程，相对于纬向原料而言比较简单，基本由以下工序组成：绞丝→筒子络丝→单丝打捻→并丝→复捻→扬返→精练→染色→络丝→整经。

纬向原料的准备工艺则比较复杂。云锦属于纬向起花，夹金织银，因此，纬向工艺就显得多而繁杂。它主要由以下三个流程来完成：（1）妆绒：妆绒是妆花织物的彩色纬绒。用14—16根30／35D的厂丝并合精练后染色。精练工序除按一般精练工序操作外，尚需进行锤炼，使丝身松散成绒。（2）底纬：绞丝→精练→染色→络丝→并丝→摇纬。（3）装片金：传统片金、银箔粘贴在衬纸上，熏色后切成一定规模的长条，织用时要装在纹刀肚内，由纹刀带入经丝开口。

5．织造

大花楼木机织造云锦时，经丝与纬丝交织，必须有五个方面的运动。第一，经丝上下分开形成梭口，分别为地部开口和纹部开口；第二，将纬丝引入梭口；第三，将引入梭口的纬丝推向织口；第四，把已经织成的织物引离织口；第五，

把经轴上的经丝送出。这五个方面的运动，分别由拽花工和织手用手工操作。前三个运动是连续型的运动形式。经丝的开口运动，地部开口，由织工用脚踏杆控制范子来实现；纹部开口，由拽花工用手工拽花与织工用脚踏杆控制障子协同操作来实现。其他各项运动均由织工手工操作。

（1）拽花。拽花的操作是在与花楼纤线相兜连的花本上进行。操作时，按花本耳子线编排的次序，提起一根耳子线使该场应起的脚子线分离出来，与之相兜连的相应经丝提升，形成梭口。织工踩障引纬和打纬后，拽花工撒手，闭合开口。

（2）盘织。云锦木机手工织造，织工手足并用，与拽花工相配合协同操作。足踏脚竹进行开口作业，手主要做投梭、铲纹刀、过管、打纬等作业。引纬作业有三种方式，在织妆花品种时，这三种引纬方式都要用到。一是手织梭引纬，这与一般织物引纬相同；二是纹刀引纬，用于引入片金；三是过管挖花，这是用于"通经断纬"织法的引纬。

（3）打纬。在云锦行业中俗称"碰框"。打纬机构由筘框、踏马竹、高压板、撞杆、立人等组成。在投梭、铲纹刀、过管等作业时，筘框停在后位，并用左脚踩踏马竹，使高压板降落将撞杆刹住。引纬完成后打纬时，左脚脱离踏马竹，高压板回升脱刹，然后用双手扶住框盖，将箱框拉向织口。

（4）送经与卷取。云锦大花楼织机的送经与卷取，均采用间歇运动方式，根据需要用手工操作。

以上所述，为云锦生产时的基本方法。在具体操作时，还要根据不同品种的织造工艺要求合理选择和安排基本操作，制定织造操作程序加以实施。云锦艺人在生产实践中不断总结操作经验，用简练概括的语言编出许多操纵口诀，这些口诀既是操作要领，也是操作技术规范。如织一些复杂的妆花织物时，织手往往要默记几十种口诀：足踏开口，手甩梭管，嘴念口诀，脑中配色，眼观六路，真是全身在动，每天也只能织造五六厘米。古人谓云锦"寸锦寸金"，一点不是虚饰。

"远看颜色近看花"

"远看颜色近看花"，是我国民间染织设计上常用的一句俗语。它是说，一件好的染织设计，既要有优美的图案花纹，还须有动人的色彩装饰，二者相辅相成，相得益彰。

云锦配色是一种艺术创作的过程，织工要运用对比调和的配色法则，"荤素搭配"、"冷暖相间"，从而达到"逐花异色"的效果。经过历代南京云锦艺人不断的探索和创新，南京云锦配色已达到了无巧不使、炉火纯青的地步，达到了锦缎配色艺术的顶峰。

云锦图案的配色首要特点是用色大胆华丽，主调鲜明强烈，在强烈对比中求协调，在绚丽中蕴藉沉静，对比既大胆又谨慎，具有一种庄重、典丽、明快、轩昂的气势。云锦一般多是用大红、深蓝、宝蓝、墨绿等深色作地色，同时主体花纹的配色，也多用红、蓝、绿、紫等深色装饰。由于运用了"色晕"和色彩调和的处理手法，使得深色地上的重彩花，获得了良好的艺术效果，形成了整体配色的庄重、典丽的主调，非常协调于宫廷里辉煌豪华和庄严肃穆的气氛，并对封建帝王的黄色御服起着对比衬托的效果，较好地满足了使用者的喜爱心理和特定环境的实用要求。

云锦图案配色的第二个特点是大量地使用金、银这两种光泽色。金、银两种色，可以与任何色彩相调和。"妆花"织物中的全部花纹是用片金绞边，部分花纹还用金线、银线装饰。金银在设色对比强烈的云锦图案中，不仅起着调和及统一全局色彩的作用，同时还使整个织物增添了辉煌的富丽感，使之更加绚丽悦目。这种金彩交辉、富丽辉煌的色彩装饰效果，是云锦特有的艺术特色。

云锦图案配色的第三个特点是采用"色晕"、"片金绞边"和"大白相间"等色彩装饰方法和处理技巧。"色晕"就是色彩的浓淡，层次和节奏的表现，主要运用在图案主体花纹的装饰上，既减弱了色彩对比产生的刺激，又突出了主题花纹的生动性，增加了色彩的韵律感。"片金绞边"，指花纹的轮廓用扁金线织出，这样做亦是为了突出花形。"大白相间"，"大白"是指白色的运用，如主体花纹的"外晕"多用白色的块面表现。上述三种方法经常综合应用于一块锦缎的设计中。

用色大胆华丽云锦配色

南京云锦珍贵的重要原因，除了瑰丽华美的色彩装饰外，图案纹样亦即所谓的"花"也是内涵丰富、美轮美奂。这些图案庄重而严谨，设计上非常注重花纹的造型和章法的处理。一幅纹样，不管采用的素材有多少，经过精心的意匠处理之后，均能达到繁而不乱，疏而不凋，层次分明，主题突出的艺术效果。

云锦图案题材选用广泛，纹样内容甚为丰富。常用的素材有花卉、果实、走兽、游鳞、昆虫，以及仙道宝物、吉祥纹样等。其中绝大部分是取自现实生活中人们所熟悉的自然素材，也有部分为富于浪漫主义色彩的想象纹样，如龙、凤、夔龙、麒麟、天鹿、鸾鸟等。这些云锦纹样，作为一种象征或理想的艺术形象应用在工艺装饰上，大都具有特定的寓意来表达社会意识和人们的思想感情。如"龙"纹图案的具体设计，多是以云纹、海水相陪衬，龙翱翔于云海之间，象征着封建帝王的"溥天之下，莫非王土；四海之内，唯我独尊"高倨于众人之上的威严气势。而"凤"作为各种禽鸟美的集中化身，象征着光明、幸福、智慧和爱情的美好，也是云锦图案广为使用的题材。此外其他云锦图案在花纹组合上也多寓有吉祥含义的内容，设计上通过借物象征或取物谐音的手法，把一些音意相关的花纹素材组合在一起，采用灵禽瑞兽、仙道宝物、花卉果实、吉祥文字等，以组成祥瑞主题的图案，寓以一定的含义，以表达吉祥、喜庆、吉利、顺遂的思想愿望。

云锦图案的布局十分严谨庄重，设计上非常注重章法，多结合不同品种的实用要求、物质材料、制作条件和织成效果等因素，进行意匠安排。根据织物的使用情况，产品设计基本上分为"织成料"与"匹料"两大类。织成料基本上都是采取适合纹样的图案结构与格局，把织好的"织成"料，按式剪裁缝缀，再作某些装潢加工，即可成为一件纹饰妥适、形式完美的实用品或装饰品。"织成"料的纹饰设计，是颇费匠心的。"匹料"，是用云锦制作实用品和装饰的加工用料，匹料的图案纹饰，是应用"四方连续"图案构

题材广泛的云锦图案

成的。只要设计出一个基本花纹单位，即可通过织造的工艺手段，使其反复循环、上下左右四方相续，按织料需要的长度，织成成件的匹料。云锦图案，常用的图案格式有："团花"、"散花"、"满花"、"缠枝"、"串枝"、"折枝"、"锦群"等几种。

"继承下来，发扬光大"

在古代，云锦是专门为皇室人员及贵族官吏使用的，随着封建王朝的没落和最终瓦解，南京云锦失去了以原有意义和方式继续存在的社会基础，云锦生产也受到了极大的影响，往日大规模生产的景象不复存在，只残留下一些零星的小作坊和纺织工人在延续它的生命。

建国后，南京云锦受到了政府的重视和扶持，它的创作者和受众群体、技艺、工艺、功能和传播都发生了深刻的变化。1956年10月，周恩来总理指示："一定要南京的同志把云锦工艺继承下来，发扬光大。"1957年，江苏省人民政府批准建立了"南京云锦研究所"，从此，云锦的继承与保护便有专人承担，可以毫不夸张地说，南京云锦研究所五十多年的历史，就是南京云锦在筚路蓝缕中艰难求索的历史缩影。虽有1970年代文革动乱的人为干扰和1990年代市场经济大潮下的艰难转型，但南京云锦研究所的科研人员和职工经过努力，较好地保护和留存了云锦的绝大部分工艺，将其悉数传承下来，并仍然在不间断的文物复制实践中学习和积累着相关的知识和技法，继

南京云锦研究所

续着对失传工艺的找寻和研究。此外，近些年来一些民营云锦企业，如南京神帛堂云锦织造有限公司、南京宝融云锦织造有限公司、南京天宫云锦织造厂、金文云锦名人工作室等也通过自己的努力，不断继承和发扬着云锦织造的技艺。

历史赋予了南京云锦新的身份和内涵之后，艺人们在继承传统的同时，不断地融入新观念，对其加工改造，使它的艺术品格日益向现代方向转变，适应和满足现代受众的审美需求，在工艺改进、品种创新、业务范围拓展、市场化探索等方面都取得了较大的突破，从而初步完成了从传统走向现代的转型。现在除云锦妆花品种还保持传统手工织造，普通产品基本已实现现代化生产，计算机辅助系统（CAD）的引入也大大提高了云锦纹样设计创作的能力。产品种类、题材内容的扩充丰富和艺术表现形式的多样化，适应了社会发展对云锦提出的新要求，满足了民众多层次的现代审美需求。

在看到成绩和进步的同时，南京云锦在工艺技术的完善保护、科学利用和进一步发展方面，存在的许多问题也不容忽视：首先是市场不规范的问题，随着云锦知名度和影响力的扩大，特别是成功申遗之后，一些投机行为直接损害正规云锦企业的利益并使云锦行业的整体形象受到损害，因此，保护云锦知识产权，保护云锦开发生产企业的利益，刻不容缓；其次对云锦宣传广度和力度也还不够，特别是针对特定消费者的渠道营销还未建立，一般的普及性宣传也有待加强；此外，云锦生产企业的开发生产规模、资金、人才等方面，都需要进一步的强化。

云锦的传承发展依旧任重道远，借助云锦申遗成功所带来的知名度方面的提升和世界范围内中国文化热潮兴起的东风，在已有的成绩上有所创新突破，南京云锦才能织就属于自己的华彩文章。为此我们认为可从以下方面多下功夫：

1. 以生产性方式保护，在创新中动态传承

"云锦在1500余年的发展过程中，本身就是在不断发展和创新，云锦要在传统设计和时尚需要中协调发展"，现今人们在衣饰穿着和居室装饰上更喜欢简洁雅致、朴素自然、不喜浓艳和铺张，这样的审美时尚就与传统云锦美艳华贵的风格不相协调，只有在传统的基础上融入时代的审美趣味，紧扣时代脉搏，才能具有更大的市场价值。因此，未来云锦设计生产时就要较多使用淡雅色，力求服饰款式新潮，给人以清新时尚感。

2．注重产权保护，实现核心织造技艺的传承

从 2008 年 10 月 1 日起，由江苏省南京云锦研究所有限公司等单位共同起草的国家标准《地理标志产品云锦》正式实施。国家标准的实施标志着南京云锦这一中国传统文化瑰宝拥有了衡量其质量的统一技术要求，不仅有助于规范云锦市场，提高云锦产品质量，同时还有助于云锦开拓国际市场，提高国际认可度和美誉度，从而让南京云锦织造工艺这一非物质文化遗产能够得到更好的保护、传承和发展。下一步要深入落实该标准，为云锦生产提供良好的环境，使之成为云锦行业的"基本法规"。

3．要通过政府引导实现集聚发展

云锦织造是一个产业链很长的行业，上游的原料生产企业、内容设计企业及下游的销售、维护（修复保养）等和织造企业是一个不可分割的产业整体。清代乾嘉时期云锦处于鼎盛时期南京有织机数万台，织工二十余万人，连同行业上游和下游的企业一起，构成了南京的支柱产业。今天，文化产业正在兴起，南京云锦自身的特点非常适合以文化产业集聚的方式运作，借助申遗成功的利好和南京城市改造的契机，以政府层面的力量推动云锦行业的集聚发展，可以较好解决云锦传承和发展过程中的困难。

4．文化背景层面的保护

南京云锦不仅是一种单纯的工艺产品，在千年的发展中，围绕它还形成了许多内涵丰富的故事和习俗，留下了许多遗迹，所有这一切一起构成了作为非物质文化遗产的南京云锦。因此还要尽力恢复传统的云锦背景文化，要给云锦文化以实在的载体。如有必要恢复云锦传统的拜师授徒仪式，织锦前的沐浴、烧香等习俗，以及传统的云锦艺人边织制云锦边演唱南京白局的场景等。通过这些文化产业运作，可以让人们更多地了解云锦文化的全貌，同时还可以提高云锦产品的文化内涵，进一步拉伸云锦产业链的长度。

5．强化营销宣传

"酒香不怕巷子深"的时代已经一去不复返了，南京云锦要想获得更大的发展，就必须进一步加大宣传力度。南京云锦研究所所长王宝林曾经说过，"'申遗'不是目的，而是手段，我们想通过'申遗'让社会各界更好地认识云锦这个非物质文化遗产，以便更好地传承和发展"。"如果没有云锦申遗以及相应的宣传活动，恐怕云锦早就坚持不下去了。"事实确实如此，最近几年，南京云锦通过申遗，开发奥运、世博特许商品，为

2003 年春晚主持人制作云锦礼服，为少林方丈释永信制作云锦袈裟，为台湾首富郭台铭之女郭晓玲制作云锦婚服等事件营销，同时积极参加文化产业博览会、世博会、非遗展示会、织锦博览会等，积攒了足够的人气，达到较好的宣传推广效果。

6．加大人才培养力度

云锦保护中最棘手的问题当属继承人培训。东南大学教授张道一曾说过：织锦木机可以放到博物馆，口诀可以有文字记载，可是那些艺人呢？……一个熟练艺人的专门知识和专门技艺，体现着一个民族在这方面的文化积淀。南京云锦的传承，还要以一代代能工巧匠为活载体。为了确保南京云锦手工织造工艺技术后继有人，需要加大对云锦技术人才的培养力度。此前，南京云锦研究所联合教育部门，将云锦工艺纳入职业教育体系，专门开设云锦培训班，每年培养三四十名毕业生。"可这些学生毕业后从事云锦织造的并不多……真正坐上织机当织手的非常少。"目前虽然已经对云锦传承人进行了强制性保护，评选出 24 位南京云锦传人，全部配备了徒弟，但力量还显得比较单薄。此外，懂外语、美工功底、理论研究等多方面的云锦科研人才，也是云锦从长远发展考虑必须重点培养的。

（编撰：张伟）

参考文献

[1] 徐仲杰：《南京云锦史》，江苏科学技术出版社，1985 年版

[2] 王宝林：《云锦》，浙江人民出版社，2008 年版

[3] 金文：《南京云锦》，江苏人民出版社，2009 年版

[4] 戴健：《南京云锦》，苏州大学出版社，2009 年版

宣纸传统制作技艺

2009 年 9 月 28 日至 10 月 2 日，在阿拉伯联合酋长国首都阿布扎比召开的联合国教科文组织保护非物质文化遗产政府间委员会第四次会议上，我国申报的宣纸传统制作技艺等 22 个项目入选"人类非物质文化遗产代表作名录"。

宣纸是中国手工纸中最为著名的一种，它和湖笔、徽墨、端砚一起被誉为"纸墨笔砚文房四宝"。宣纸以质地柔韧洁白平滑、细腻匀整和色泽耐久而享有盛名，宣纸的优异性能中尤其是润墨性和耐久性最为突出。纸面一旦接触墨滴，即可表现出浓、淡、枯、焦之妙味，达到写字时骨神兼备，作画时神采飞扬，因而被誉为千年寿纸、国之瑰宝。

千年古宣

"宣纸"一词最早见于唐代学者张彦远的《历代名画记》："好事者宜置宣纸百幅，用法蜡之，以备摹写……"据《旧唐书》记载，唐天宝二年，各郡贡品中有"宣城郡船载……纸、笔、黄连等物"（唐时泾县隶属宣城郡），说明宣纸的历史可以追溯到唐代。因为在唐朝时宣纸产于宣州，即今天的安徽泾县地区，进贡时都要打上"宣州贡纸"的字样，久而久之，便以"宣"字的地域命名，故称"宣纸"。安徽学者胡朴安（1878—1947）在自撰的《宣纸说》一文中指出："泾县古属宣州，产纸甲于全国，世谓之宣纸。"

宣纸是我国独特的传统手工纸，也是中国历史上的一种书画艺术用纸。它"源于唐代、兴于明代、鼎于清代"，历史悠久。宋末元初，曹姓人迁至泾县西乡小岭一带，以制造宣纸为生。有关这一史实记载见于清乾隆年间重修的《小岭曹氏宗谱》："宋末争攘之际，烽遂四起，避乱忙忙，曹氏钟公八世孙曹大三，由虬川迁泾，来到小岭，分徙十三宅，见此系山陬，田地稀少，无可耕种，因赌蔡伦术为业，以维生计。"此后七百余年间，制造宣纸的核心技艺一直在小岭曹氏一族世代传承，一枝独秀，直到清代后期宣纸生产向小岭以外扩展，并有外姓人介入，但小岭曹氏仍是宣纸制作技艺的主要传承者。

在此过程中，宣纸的发展经过几个重要的历史时期。其中元代以倪云林、王蒙、吴镇、黄子文等为代表的山水画派冲破传统宫廷画法的桎梏，提倡山水写意和泼墨豪放的技法，对宣纸业的发展起到显著的推动作用。

到了明代，宣纸制造技术的提高以及宣纸的加工工艺日趋精湛。文震亨在其所著《长物志》中云，"吴中洒金纸，松江谭笺，俱不耐久，泾县连四最佳"；明代吴景旭在《历代诗话》中指出："宣纸至薄能坚，至厚能腻，笺色古光、文藻精细……"道出了宣纸的质地优良、美观和实用。

宣纸生产在清代得到长足发展。县东有漕溪汪六吉等大户，生产颇具规模；县西小岭曹氏宣纸世家日见繁荣。当时小岭十三坑处处设棚造纸，棚户日益增多，许多新老棚户开始向周边城乡发展。

随着宣纸生产规模的日益扩大，宣纸对外影响也日益彰显。一些厂生产的宣纸在各种展赛中获奖。如1911年，泾县小岭曹义发生产的"鸿记"牌宣纸在南洋国际劝业会上获"超等文凭奖"；1915年，泾县小岭"桃记"牌宣纸在巴拿马万国博览会获"金奖"；1935年，泾县"汪六吉"牌宣纸在英国伦敦国际博览会上获奖等。至此，宣纸生产进入鼎盛阶段。

物竞天择

宣纸集中到安徽泾县，这是历史"大浪淘沙"、自然选拔的结果。根据中国宣纸协会2005年的统计资料：泾县共有宣纸、书画纸加工企业200多户，其中宣纸生产企业12家，从业人员15000多人，年产宣纸、书画纸6000多吨，年创销售收入2亿元，占全国书画用纸的60%以上，是全国最大的宣纸和手工纸的生产基地。

泾县属皖南山区，隶属今安徽省宣城市。地处中纬度南部，属北亚热带、副热带季风湿润气候，常年气候温和，雨量充沛，江河面积广阔，为宣纸生产提供了丰富的水源。不仅如此，此地的水质优良，适宜生产高档宣纸。尤其是乌溪上游的两股水源，水质清澈，水温偏低，一股呈淡碱性，适合原料加工；另一股呈淡酸性，适合成纸用水。这是形成宣纸独特品质的一个重要因素。

泾县四季分明，有春来迟、秋来早、冬夏两季长的特点；年无霜期有250天左右，光照资源丰富，保证了宣纸原料不会在暴晒、暴雨和暴冻中风化和腐烂变质。同时，泾县气温有较明显的垂直变化和区域差异，也为宣纸生产提供了优越的气候条件。此外，泾县中部是一片冲积平原，土质含沙量高，适宜种植长杆水稻。此种水稻草杆柔韧、纤维均匀，易提炼，成浆率高。

千余年来，宣纸产地主要分布在泾县西南方的小岭一带。小岭素有"九岭十三坑，坑坑造宣纸"之称。清末以后，宣纸产地开始由小岭向外扩展，遍布乌溪、南容、苏红、古坝、晏公等地，作坊总数一度达到四五十户。

抗日战争期间，由于战乱和政局不稳，宣纸生产逐渐萎缩，至1949年几乎全面停产。建国不久的1951年，泾县人民政府组织当地宣纸艺人恢复宣纸生产，宣纸生产又焕发了新生，成立了"泾县宣纸联营处"，1954年联营处更名为公私合营"泾县宣纸厂"。该厂于1966年转为地方国营，更名为"安徽省泾县宣纸厂"，1992年又更名为"中国宣纸集团公司"。该厂生产的"红星"牌宣纸于1979年、1984年、1989年三次蝉联国家质量审定委员会金质奖章，1981年获国家出口免检权。1999年，"红星"牌宣纸商标被国家工商局商标局认定为"中国驰名商标"。

20世纪60年代以后，泾县宣纸生产发展很快，到80年代宣纸厂家已发展到40余家。1995年，泾县被中国农学会授予"中国宣纸之乡"称号。2002年，泾县又被国家批准为"宣纸原产地域"。

制作精良

宣纸生产不仅历史悠久，是传统手工纸的典型代表，而且生产技术精良，加工程序严谨。宣纸以榆科落叶乔木青檀皮和精选沙田稻草为原料，先分别制成皮料浆和草料浆，然后按不同的比例混合，添加纸药（猕猴桃藤汁）抄制不同品种的宣纸。整个生产过程有一百多道工序，主要包括：

1．皮料制作工序

皮料加工复杂考究，经砍条、蒸料、浸泡、剥皮、晒干、水浸、渍灰、腌沤、灰蒸、踩皮、腌置、踩洗、碱蒸、洗涤、撕选、摊晒、摊晒成燎皮、鞭皮、洗皮、压榨、拣皮、做胎、选皮、舂料、切皮、淘洗、漂白等复杂工序，方能成檀皮纤维料。

将宣纸制作的原材料放于朝阳的山坡，日晒雨淋

2．草料制作工序

草料加工也经过选草、切草、捣草（破节）、埋浸、洗涤、渍灰、堆积、日光晒干成草坯、蒸煮、日光摊晒、日光摊晒制成燎草、鞭草、舂料、漂白之后，才可得到符合要求的草纤维料。

3．配料

将草纤维料与檀皮纤维料按一定比例混合，绵料配比是40%皮料+60%草料，净皮为60%皮料+40%草料，特种净皮是80%皮料+20%草料，纯皮为100%皮料。再经筛选、打匀、洗涤，制成混合纸浆。

4．制纸

将混合纸浆配水、配胶（加猕猴桃藤汁），再经捞纸、压榨、焙纸、选纸、剪纸、包装为成品。宣纸成品要求达到纸质绵韧、手感润柔，纸面平整、有隐约竹帘纹，切边应整齐洁净，纸面不许有折子、裂口、洞眼、沙粒和附着物等瑕疵。

宣纸与一般以木材或草类为原料的普通机制纸有很大的不同。最主要之点，就是所用的原料是青檀树（枝皮）和沙田稻草。这两种原料是经过很多年造纸技师、能工巧匠不断反复试验后筛选出来的，以此

将青檀皮等原料碾碎

制成的产品经过了长时间的考验，时至今日，仍是其他材料不可替代的。

相关器具及制品

1. 制造宣纸的主要器具和设施：

（1）青檀皮制作

柴刀、蒸锅、挽钩、石滩、选皮台、皮碓、切皮刀、切皮桶、料缸、袋料池、料袋、扒头。

（2）草料制作

钉耙、切草刀、蒸锅、挽钩、石滩、鞭草棍、洗草箩、洗草池、木榨、选草筛、草碓（碾）、泡草池等。

（3）制纸设备、工具

纸槽、水碗、帘床、纸帘、梢额竹、滤水袋、滤药袋、泡胶桶、扒头、纸板、纸榨、猪毛把、抬纸架、晒纸架、焙笼、松毛刷、额枪、擦焙扫把、检纸台、掸把、裁剪纸刀等。

2. 宣纸制品

宣纸按原料配比可分为棉料、净皮、特种净皮、纯皮四大类；按厚薄可分为单宣、夹宣、二层宣、三层宣等；按规格可分为四尺宣、五尺宣、六尺宣、八尺宣、丈二宣、丈六宣、丈八宣、二丈宣，以及其它特种规格等；按纸纹

手工捞纸

可分为单丝路、双丝路、龟纹、罗纹等。

宣纸已有千余年的历史，虽然历代名流、文人墨客对宣纸赞不绝口，但都无涉宣纸工艺，即使清代后期《宣纸说》问世，对宣纸工艺的记载也嫌过略。长期以来宣纸生产技艺全靠师徒传承，世代相传。如今虽然有关宣纸的工艺流程已见诸不少著作，但真正的宣纸加工技艺（绝招）仍然像千余年来那样仰靠师徒之间言传身教，还要凭悟性和长期实践的体会及感觉才能掌握，难于言表和形成文字；此外原料加工大都采用日晒、雨淋、露炼等方法，自然天成，还没有具体的理化指标，更是全凭经验掌握。由此可见，宣纸制作技艺确属典型的非物质文化遗产。

种类多样

宣纸的种类繁多，按料比可分为棉料、净皮、特净三大类，有几十个品种、规格，另有品种繁多的加工纸（熟宣）以及宣纸制品如册页、扇面等，宣纸品牌很多，尤以"红星"牌为最。每年有众多的书画名家来泾县挥毫泼墨，留下了许多珍贵的墨宝。

造纸的主要原料多为植物纤维，以竹与木为主，木之纤维柔韧，制成的纸吸墨较强；竹之纤维脆硬，所制之纸吸墨性较弱，故以此特性不同分为两大类：

1. 弱吸墨纸类

多系竹纤维制成，纸面较光滑，墨浮于表面，不易漫开，所以色彩鲜艳。以笺纸类为主，如澄心堂纸、泥金笺等。明清人常用之泥金笺、蜡笺，今天已很少见。

(1)澄心堂纸：为南唐李后主所使用之名纸，与廷圭墨齐名。其特性是平滑、紧密、轻脆，有"滑如春冰密如玺"之称，为弱吸墨纸之上品，比此差一点的称玉水纸，再差的称冷金笺。

(2)蜀笺：据说西蜀传蔡伦造纸古法，所产蜀笺，自唐以来颇富盛名，如薛涛笺、谢公笺等。据说因其水质精纯，故其纸特优。"谢公笺"以师厚（字）创笺样得名，因有十色，又称十色笺。"薛涛笺"则因女诗人薛涛得名，但此种彩色笺纸，虽系遵循古法制成，染色易败，不能久传，为应酬把玩罢了。

(3)藏经纸：藏经纸乃佛寺用以书写或印制佛经者，又名金粟笺，有黄白两种。

2．强吸墨纸类

多系木质纤维所制，吸墨性强，表面生涩，墨一落纸，极易漫开，书写常加浆或涂蜡，光彩不若笺纸鲜明，较为含蓄，以宣纸类为主。虽然较晚出现，但今已取代笺纸，成为最名贵的书写用纸。

当今最名贵的书写用纸便是玉板宣了。玉板宣，合桑、短节木头、稻杆与檀木皮以石灰浸之制成，吸墨性最强，质地最优。这种纸并不是人人都适合用，因为它非常吸墨，所以运笔过慢的人，用的就很辛苦了：只要笔稍停，墨就会渗出来，形成一个大大的墨团。但也有人利用它的特性，写出别有风味的字，像包世臣的淡墨书，齐白石的大笔写意画等。

宣纸昂贵，一般习字时多用毛边纸。这种纸本来是用于印书的，但因为纸质好，有人买了书之后裁来练字，所以称为"毛边纸"。此纸所用原料，以竹为主，色呈牙黄，质地精良。

因为宣纸过于吸墨难写，所以就有人加以改良：或用砑光，或加胶矾，还有加浆而成的。经过改良之后的宣纸吸墨性略减，比较容易书写。

重要价值

早在唐宋年间，宣纸就成了向朝廷进贡的宝物，成了朝廷和地方官吏作书写字、文书档案的专用纸。元明代之后，中国的书法和绘画亦多用宣纸。清代是宣纸发展的黄金时期，质好量多。不仅用于书画，而且用于印刷。乾隆三十二年（1767），蒲松龄（1640—1715）写成了《聊斋志异》后，因穷困无力刻印，压在箱底多年。由歙县人鲍延博闻讯后，乐于出资购买宣纸，才得以印行此书，并流传下来。

我国的许多文学艺术、书画大师都不止一次对宣纸表达赞美之情，著文题词多加赞赏。鲁迅先生曾经说过："印版画，中国宣纸第一，世界无比，它湿润、柔和、敦厚、吃墨、光而不滑、实而不死，手拓木刻，它是最理想的纸。"郭沫若认为，中国书法与绘画，离开了宣纸便无从表达艺术的妙味。刘海粟则赞之曰："纸寿千年，墨韵万变。"据中国国家图书馆的统计，我国现存的纸质古籍约有 3000 万册（卷），所采取的形式多为宣纸线装书，甚至连少林寺的武功秘笈都是宣纸印制的。因此，宣纸优于其他普通用纸更具有重要价值，具体来说主要体现在以下三个方面：

1．历史文化价值

宣纸的历史源远流长，具有重要的历史文化价值，正如郭沫若先生为泾县宣纸厂题词所说："宣纸是我国劳动人民所发明的艺术创造，中国的书法与绘画离了它便无从表达艺术的妙味。"宣纸自身特点与中国书画艺术共冶一炉，流芳于世。

2．工艺价值

宣纸生产工艺流程复杂，每道工序的细腻程度和要求之高，是其它纸类生产难以比拟的。这些生产技艺是中国劳动人民长期的智慧结晶，且难以为现代技术所替代。它蕴涵着丰富的科学技术基因，是一份极其宝贵的历史遗产。

3．经济价值

长期以来，宣纸一直是泾县的支柱产业，在当地的经济发展中发挥了十分重要的作用。首先，宣纸产业的发展，解决了当地相当数量的人员就业问题。其次，宣纸原料取自农林副产品，可以有效地促进当地山多地少的农业增效，农民增收。其三，除满足本国需求外，宣纸还受到日、韩等东南亚人民的欢迎，可以大量出口创汇。以 2004 年为例，全县宣纸从业人员 6000 多人，涉业人数约 50000 人，年销售收入 1.6 亿元，税收总额 1400 万元，自营出口创汇 400 万美元，供货出口近 400 万美元。

现实难题

随着现代造纸技术的突飞猛进，大多数造纸工艺已实现机械化、自动化，工人的劳动强度大大减少。但宣纸制作工艺仍要遵循传统的手工造纸技艺，劳动强度大，技术要求高。一张宣纸要经过潦草、打浆、水捞、加胶、贴洪等 18 道工序，从原料到成品需历经一年方可制成。这个过程中的许多环节无具体量化指标，凭的是经验。宣纸行业的技术传承方式是以师带徒，学艺需要一定的时间过程，每道工序的操作工要经历五年左右才能成为熟练工。

比如燎草，需要工人们用石灰和碱将稻草加檀树皮蒸煮，然后摊开在山上晾晒，这种蒸煮、晾晒在一年中要反复进行多次，只有经过一年的日晒雨淋，草才会变成面粉一样的白色。有经验的工人不仅会操作，还知道将每一道工序与天时地利相配合：下多大的雨、下几场雨后再收起来蒸煮，晾晒到什么程度为最佳，都有讲究。晾晒的石头必须无色不带泥，也不能太光滑，光滑的石头堆不了原料，石头若有色，燎草就会变得不够白。

只有原产于泾县的青檀树皮和稻草才能制出"千年寿纸"。青檀树皮以两年生以上的枝条为佳，稻草一般采用河谷砂田里长的稻草，其木素和灰分含量比普通泥田生长的稻草低，而且较普通稻草的成浆率高，纤维韧性强，不易腐烂。但随着当地农业结构的调整和农村劳动力的大量外出，目前，檀皮仅能满足泾县宣纸企业全年需要量的七成，优质稻草也越来越少，宣纸的正常生产受到影响。由于宣纸生产技术难度大，习艺周期长，特别辛劳的工种如抄纸、烘纸等，年轻人多不愿学，已经是后继乏人。

此外，还存在其他一些因素影响着宣纸的生产。如有些非产地企业以高价聘请泾县宣纸工人开办所谓的宣纸厂，但从原料到工艺过程都与传统宣纸大相径庭。这不仅造成了泾县宣纸人才流失，而且造成大量赝品和劣质宣纸充斥市场，危害极大。同时近年来由于水稻优良品种的推广，长杆沙田稻草的种植已越来越少，青檀皮原料的供给虽然已采取了一些措施，但仍有不敷供应之虞。这两种主要原料的生产迫切需要在政策上给予扶持，并采取相应措施，以保证可持续发展。再者，由于经济效益的利诱，多种现代化机械和化工产品正在不断取代传统的加工器具和用料，使最具特色的的宣纸传统工艺难以为继。

宣纸需求量日益增多，但宣纸产业的总体规模仍然偏小，与宣纸巨大的声誉相去甚远。"宣纸产业面临的几个问题具有普遍性，无外乎人才、原料、市场、经济效益等等。"宣城市文房四宝协会相关负责人认为，"宣纸面临的一个问题就是技艺传承，由于在很大程度上都属活体传承，技术和艺人的断层令人忧虑"。

作为原产地域的保护产品，宣纸对原材料和制作工艺要求苛刻，但在有限的资源面前，宣纸生产企业普遍面临"吃不饱"的难题。同时，宣纸还面临国内外假冒产品或同类产品的"围攻"，在宣纸和书画纸巨大的差异还没有被广泛认同的情况下，宣纸市场受冲击严重，经济效益持续低迷。

推陈出新

从 20 世纪 80 年代开始，由泾县人民政府牵头，中国宣纸集团公司（即安徽省泾县宣纸厂）实施，按照"钱跟苗走"的办法，投入资金或农用物资，以补贴方式在泾县的汀溪、爱民、蔡村、北贡等地建设了 5 万亩青檀林基地。针对"原料瓶颈"问题，该县适当提高主要原材料"檀皮"收购价，最大限度地保护皮农种植加工青檀的积极性，并通过公司＋农户的形式，建立了沙田稻草原料基地，形成 8 万亩至 15 万亩的檀皮生产林基地，确保年产 800 吨至 1000 吨，基本实现了宣纸产量与原料供应平衡，彻底解决困扰多年的原料难题。

为打破"人才瓶颈"，该县在泾县职业高中开设"宣纸专业"班，每年招收一百名左右的学生，定向招生，定向分配，并在此基础上筹建了中国宣纸书画技术学院，利用现代职业教育方式培养宣纸技工人才，确保宣纸技艺后继有人。同时，将宣纸技工作为特殊工种，大幅提高宣纸生产工人待遇，从根本上解决"招工难"和"技艺传承难"的问题。

同时，为打破"市场瓶颈"和"效益瓶颈"，该县将 2009 年定为"品牌质量年"，推行了一整套质量提升方案，以"粗粮细做、细粮精做"的办法，完善工艺方案，创新产品，市场细分，推出大规格宣纸、奥运宣纸、建国 60 周年纪念宣纸等富有特色、质优价高的产品，受到热捧。

为了便于宣纸传统制作工艺资料的收集、整理、归档和收藏、研究。1993 年，中国宣纸集团公司投资兴建了中国宣纸博物馆，馆名由赵朴初先生题写。该馆收藏、陈列了不同年代的宣纸产品，宣纸制品；展示了宣纸工艺操作模型，收藏了相关的图片、书画作品等资料，已初具规模。

"只有民族的才是世界的"，宣纸产业在新世纪迎来了新发展。2002 年 8 月宣纸被国家质监总局正式批准为原产地域产品，2006 年 6 月跻身国家级非物质文化遗产名录，2008 年北京奥运会开幕式上其古法制作技艺华丽亮相，惊艳世界。

此外，泾县还充分挖掘宣纸文化内涵，积极发展宣纸文化旅游产业。2009 年 12 月 12 日，参加第十七届全国省级党报总编辑会议的代表在中国宣纸文化园领略了古老的宣纸技艺，争先恐后体验"捞纸"工序，感受传统文化的巨大魅力，也对宣纸产业的未来充满了期待。截至目前，泾县宣纸、书画纸加工企业共有 250 余户，其中宣纸厂家 14 家，宣纸品种达到 1000 多个，年产各种类规格宣纸、书画纸 6000 余吨，直接和间接从事宣纸文化产业人员达 5 万余人，年销售额达 5 亿元，产量占全国书画用纸的 60％ 以上，成为全国最大的手工纸生产基地。

2009 年 7 月中旬，在宣城市"诗城美酒高端品鉴沙龙"和"欢乐中国行魅力宣城"大型综艺晚会上，模特们的宣纸"时装秀"令人耳目一新。宣城市文房四宝协会相关负责人王云龙认为："彩色宣纸时装的闪亮登场，对于突破宣纸的功用界限，弘扬宣纸文化艺术，提升文房四宝品牌，做大做强文房四宝产业具有重要的意义。"据了解，彩色宣纸制作工艺更为独特，其中增添了不少工序和材料，其纸质厚实坚韧、色泽鲜艳、外观雅致。彩色宣纸一经推出便受到市场好评，尤其受到韩国、日本和东南亚一些国家消费者的喜爱。彩色宣纸时装的推出是宣城市和泾县打破"市场瓶颈"、积极传承和改革宣纸工艺、开发新产品和打造品牌的典型。

当地其他宣纸生产企业也是各显神通，积极采用新技术、新工艺、新材料，创制和开发出一批新工艺产品，相继挖掘和恢复了一批传统工艺名牌产品，恢复生产"粉蜡笺"、"露皇宣"、"白鹿宣"等传统品种，创新出"三星"、"金星"、"明星"等一批新品牌。2009 年底，宣纸与笔墨砚等文房四宝被打造成"国礼"进入钓鱼台国宾馆。与此同时，宣纸文化游成为当地旅游产业的重要补充和新亮点。

同时安徽省还开展了一系列的宣纸保护措施，主要包括：

1. 开展老艺人宣纸生产绝技的调查整理。保护身怀绝技的老艺人（老工人），发挥他们的"传帮带"作用，结合外出进修等方式，培养年轻一代的宣纸生产和管理人才。

2. 举办宣纸传统技艺培训班，请老艺人传授经验和体会，并现场督导。

3. 给予政策和资金扶持，保证青檀和沙田稻草资源的可持续发展，加强水源（尤其是两条小溪）周边生态环境的保护。建设完整的宣纸原料生产基地，确保宣纸生产原料的供给。

4. 继续贯彻宣纸保密条例，防止核心技艺泄密。

5. 严格执行宣纸国标要求，协助工商管理部门，严厉打击宣纸赝品和冒牌货的销售。

6. 利用宣传媒介，广泛向社会宣传、推介宣纸的内涵和质量标准，提高广大宣纸需求者辨别真伪宣纸的能力。建设一座宣纸文化园，包括宣纸古法生产作坊等。

我们认为，在国家制定的对非物质文化遗产"保护为主，抢救第一，合理利用，传承发展"的基本方针指导下，对宣纸制作技艺的保护要本着以下几条原则：

（1）坚守传统的工艺流程；（2）保护不可替代的原材料资源；（3）坚持保证产品质量的核心工艺；（4）加大对传承人的投入力度；（5）正确处理保护与创新的关系。我国特有的宣纸制作技艺将永不凋谢。

（编撰：谭必勇）

参考文献

[1] 曹天生：《中国宣纸》，中国轻工业出版社，2000 年版

[2] 刘仁庆：《国宝宣纸》，中国铁道出版社，2009 年版

[3] 王连科：《纸中珍品　宣纸》，黑龙江造纸，2004 年第 3 期

[4] 钱宇，江燕斌，罗巨生：《中国宣纸文化的起源与发展》，广东印刷，2001 年第 4 期

[5] 王海金：《追溯宣纸千年史》，美术报，2006 年 6 月 3 日

[6] 张荷香：《"千年古宣"绘七彩人生》，安徽日报，2006 年 7 月 9 日

侗族大歌

2009 年 10 月 30 日，联合国教科文组织保护非物质文化遗产政府间委员会第四次会议在阿联酋首都阿布扎比公布了新一批入选《人类非物质文化遗产代表作名录》的名单。通过专家评审委员会审议并批准，全世界 76 个项目列入《人类非物质文化遗产代表作名录》。评委一致认为，中国侗族大歌是"一个民族的声音，一种人类的文化"。

侗族大歌是流传在贵州黔东南地区的一种民间合唱音乐，为原生态的无指挥、无伴奏的侗族民间多声歌的总称，包括大歌、声音歌、叙事歌、童声歌、踩堂歌、拦路歌。"众低独高"是其传统的声部组合原则，优美和谐是

侗族大歌在演唱

其鲜明的艺术品格，歌师教歌、歌班唱歌呈现全民性的传承方式。它所承载和传递的不仅是一个民族的生活方式，而且也含有社会结构、人伦礼俗、智慧精髓等等至关重要的文化信息，在塑造侗民族与人为善、团结和睦的民族性格中发挥了巨大的作用，其突出的文化价值早已被国内外专家所认可。早在1986年赴法国演出时，侗族大歌就曾被法国《世界报》发表专文评价："精练优雅的侗歌，可以和意大利歌剧媲美。"

不见记载的千年古音

侗族是中国少数民族中的一员，据传是古代越人的后裔，至今已有2500多年的历史。其主要聚居在我国贵州、湖南、广西等省，现有人口260多万，主要从事农业和林业生产。贵州省的黎平县是全国侗族聚居最多的县，有侗族人口35万。

侗族大歌具有悠久的历史，它的起源可以追溯到先民早期社会。侗族先民世代生活在云贵高原边缘黔、桂、湘交界地区，人们依山建田，傍水筑寨。大歌是侗族人民在这一特定的自然生态环境和人文生态环境中经过长期的社会实践形成的，是当地民众审美意识历史积淀的外化形式，它的形成与侗族先民栖息家园、生产方式、社会形态和风俗民情等密切相关。由于以前侗族没有自己的文字，许多优秀的文化传统、生活习俗、社交礼仪等都是靠着优美的歌声一代一代往下传，"汉人有字传书本，侗族无字传歌声；祖辈传唱到父辈，父辈传唱到儿孙"是侗民族生活的真实写照。

法国艺术史学家丹纳说过："所有的艺术作品，都是由心境，四周的自然环境和习俗所造成的一般条件所决定的。"普列汉诺夫在《论艺术》一书中写道："任何一个民族的艺术都是由它的心理所决定的，它的心理是由它的境况所决定的，而它的境况，归根到底是受它的生产力状况和它的生产关系制约的。"由于侗族祖祖辈辈都生活在这清美秀丽的却又近乎于封闭的生态空间里，日出而作、日落而息，凿井而饮、耕田而食，外界的一些文艺娱乐活动很难进入侗族地区，侗族人民便在这种耕作之余自然而然的去摹仿山林中的鸟鸣蝉动，丰富自己特有的文艺娱乐活动，正是这种生动原真、单纯朴质的生活，再加上长时间的摸索，侗族人民很自然的就会用生命的灵气和智慧结合自身所处的自然景观和人文现象去领悟，以自然无为为美，讲究心灵与自然的融洽、和谐，从而创造了优美的合声音乐——侗族大歌。

侗族大歌形成和流传的情况，在历代的杂记、诗词和地方志中都有踪迹。关于侗族大歌的最早文献记载，见于宋代著名诗人陆游在其《老学庵笔记》卷四中的一段关于"仡伶"集体做客唱歌的情况："辰、沅、靖州蛮，有仡伶……农隙时，至一二百人为曹，手相握而歌，数人吹笙在前导之。"这里的"仡伶"就是指侗族大歌演唱者。至明代，邝露在其所著《赤雅》一书中更加明确地记载了"侗人善音乐，弹胡琴，吹六管，长歌闭目，顿首摇足"的情景，文中的"胡琴"、"六管"即现在的侗族琵琶和芦笙，而文中记载的"闭目"、"顿首"、"摇足"等动作也与现代侗族歌手演唱大歌的情景相近，由此推断，大歌在明代就已在侗族部分地区盛行了。

侗族大歌的形成虽然已经有近千年的历史，但是这种独具特色的中国民族音乐就像是被隐藏在山林、海洋里的一蔟蔟鲜艳的奇葩和一串串美丽的珍珠一样，虽然日夜散发出迷人的清香，闪耀着熠熠的光芒，却没有被外界所了解。直到解放后全国进行土地改革期间，才为老一辈音乐家肖家驹、郭可谌等发现，并组织音乐工作者深入黎平县侗族山区收集发掘、记录整理。1959 年 10 月黎平县侗族民间合唱团组织强大阵容晋京演出，有声有色、原汁原味的侗族大歌首次在首都舞台上唱响，打破了侗族大歌长期与外界隔绝的封闭状态，并引起强烈的反响，当时中国唱片社还为侗族大歌录制了唱片。这是侗族大歌走出大山、走向全国、走向世界迈出的重要一步。

1986 年 10 月 3 日，贵州省黔东南苗族侗族自治州政府组织侗族合唱团11 人，首次出国赴法国巴黎，参加秋季艺术节活动，她们在巴黎夏乐宫的演出震惊观众，仅谢幕就达 37 次之多。法国巴黎金秋艺术节执行主席约瑟芬·玛尔格维茨听了侗族大歌后激动地说："在亚洲的东方一个仅百余万人口的少数民族，能够创造和保存这样古老而纯正的、如此闪光的民间合唱艺术，这在世界上实为少见。"侗族大歌扭转了国际上关于中国没有复调音乐（即若干旋律同时进行而组成有机整体的一种音乐形式）的说法。

侗族大歌的文化生态

任何一个民族的民间文艺的产生、发展、演变和消亡都与一定的社会文化生态相关。民间的社会文化就是民俗文化，民间文艺就存在于民俗文化环境之中。民俗对民间文艺的影响除一般表现为整体效应外，还有一个突出的特点，那就是某一文学艺术总是深深扎根于某一民俗环境之中。侗族之所以能创造出震惊世界的艺术瑰宝——侗族大歌，这和侗族丰富多彩的民俗文化是分不开的。侗族是一个爱好和平、珍视团结的民族，他们的各种民俗活动都以集体为主，例如：集体做客、集体对歌等等，这些充分体现了侗族人民的友谊、团结、爱美和群体意识较强的文化精神，也是侗族审美观的一种外在表现形态，即在直觉状态中去体验爱情、人生；发现、领悟、寻觅、感叹人生的究竟和意义，同时也展现出侗族人民对人生的执著、热爱和追求。这些民俗和民俗精神就是侗族大歌生存的良好土壤。

1. 鼓楼文化对大歌的影响

鼓楼文化可以说是侗族物质文化、制度文化、精神文化的缩影。侗族建寨先建鼓楼。鼓楼主要流行于南部方言区，侗族大歌也主要流传在这一地区。

侗族鼓楼美观优雅，造型奇特。鼓楼底部呈四方形，瓦檐为多角形，木框架结构，宫殿式，高塔状。鼓楼类型多样，但不管哪种类型的鼓楼，底层和二层都有一个专供集会和娱乐的大厅，大厅正中有一"火塘"，周围摆有固定的长凳或靠背长椅，有的还在横枋、四壁或门上彩绘龙凤麒麟、山水花木等，工艺精美，栩栩如生。它不但是休憩娱乐的场所，也是人们审美的对象。

鼓楼大厅的功能除聚众议事、传递信息和报警外，它还是重要的娱乐场所，是大歌演唱和传承的重要场所。一般重大节日活动的对歌大都在鼓楼中进行，在平日里如果有外寨客人（歌班）来访，主寨的歌班也邀请对方夜间进入鼓楼唱歌。每当夜幕来临，双方歌班相继进入鼓楼大厅，在专设的长凳上面对面排坐，全寨男女老少都围在歌班周围，对唱开始时，在牛腿琴的伴奏下，首先由主队唱迎客内容的歌，客队回唱《赞鼓楼》，当这两首寒暄性质的礼节歌唱完后，才进行正式的大歌对唱。之所以把赞美鼓楼的歌作为一种必不可少的礼节放在对歌的最开始，是因为他们认为赞美了鼓楼，就等于赞美了寨上修建和居住这座鼓楼的主人。

你们鼓楼真是高，
一层一层接上云，
仰首望掉"包头"难见顶，
就像矮人爬树难登尖。

你们的鼓楼顶上啊，

形态奇特变化万千，

它像蜜蜂的窝千孔万眼，

它像一盏明灯已经拨亮，

永远挂在你们寨子中间。

——摘自赞鼓楼歌《你们鼓楼接云天》

　　从这首歌中我们不难看出，侗族人民对鼓楼的重视，鼓楼在侗族人民心目中所占有的重要地位。在进行正式大歌对唱时，一般都要唱几天几夜，唱到尽兴或一方输歌为止。鼓楼不但是大歌演唱的场所，而且在这里不定期举行频繁的群众性音乐活动，是产生大歌这种复调音乐的强大的物质基础和社会基础。像这样酷爱音乐的民族，在他们对音乐美的寻求中，具有复调特点的侗族大歌的产生和发展便决非偶然了。另一方面，鼓楼又是大歌传承的场所。根据资料分析，在侗族社会，以歌传文的形式经历了一个从自由松散到有组织的历史过程。随着鼓楼的诞生，原先小孩在家学、父母在家教、歌师走寨传歌的形式被"歌班"替代。"歌班"组织以房族为单位、按年龄组成儿童歌班、少年歌班、青年歌班等，由歌师利用农闲在鼓楼休息、乘凉之机，向人们传授大歌，使得大歌能够以一种相对稳定的形式流传下去，由此可见鼓楼对大歌的影响之大。

　　2. "外嘿"、"外顶"对大歌的影响

　　侗族是一个团结、爱好交往的民族，有着集体做客的习惯。"外嘿"就是集体出动到另一寨子去集体做客，主寨则热情接待。迎宾仪式既风趣又别致，既隆重又欢乐，唱"拦路歌"（侗语称为嘎莎困）便是传统的迎宾习俗的第一步。每当客方的群众（一般指歌队）进入主方的必经路口或门楼前，主人则会用板凳、木柴、竹杆、绳子等杂物设置障碍，堵住路口，由主寨姑娘拦住客方的后生（或主寨的后生们拦着客方的姑娘），唱"拦路歌"唱出各种拦路的理由，接着客方的姑娘或后生们则唱起开路歌。由客方逐一推翻对方拦路的种种借口，一唱一答，一来一往，主客双方场合的气氛非常热烈，每当客人们用歌答复了主方提出的逗趣性盘问后，主方则拆去一件拦路的障碍物，一直到把拦在路上的障碍物完全拆除干净将客人迎进寨为止。拦路歌中一问一答既风趣又耐人寻味。"拦路"是一种特殊的迎宾习俗，体现了侗族人民的幽默、风趣、豪爽的民族性格。举行完拦路歌这种特殊的迎宾仪式，主客双方的青年男女便开始广泛的、生动活泼的社交活动，以寻找配偶为目的，以群体歌唱为主要方式，这种两寨青年之间在约定的时间进行的群众性社交活动，侗家叫"外顶"。在客人离去时，主方又唱起出寨拦路歌，表示挽留。拦路不但抒发彼此之间的感情，又能考察对方的智慧和能力，而且体现了侗族迎宾送客的礼节，这种村寨之间结群交往的习俗，促进了侗族大歌的繁荣与发展，增进了村寨间的友谊与团结。

3. 行歌坐夜对大歌的影响

行歌坐夜是侗族青年男女交际和恋爱活动方式。又称行歌坐月。在不同地区又分别称为玩山或走寨。玩山盛行于侗族地区北部。青年男女在劳动之余，三五成群，相约在坡上、树下对唱情歌。走寨又称走姑娘，盛行于侗族地区南部。姑娘们结伴在屋中纺纱、做针线，客寨青年男子携带乐器前来伴奏对唱。通过唱歌，互相倾吐爱情。他们一般长到十四五岁便开始进入这种社交活动阶段。每当夜幕来临，男青年三五成群哼着歌、弹着二弦琴或琵琶，串巷走寨去找姑娘们行歌坐月；姑娘们则聚集在"月堂"——某一姑娘家或鼓楼等公共场所纺纱、绣花等候着小伙子们的来临，互相对歌，用歌声来互诉衷情，选择情侣，这种习俗活动对大歌的产生发展有着重大影响。

4. 对歌习俗对大歌的影响

侗族对演唱大歌的人有着特殊的要求，凡是参加大歌演唱的男女歌队都要经过严格的训练，而且这种歌队组织情况比较特殊。侗族大歌的歌队最少要有3人以上组成，多到十几个人，歌队的成员一般按姓别分成男班和女班，其中按年龄大小，划分为大、中、小班，同一宗族的男歌队和女歌队之间不能互相对歌，这些歌队大部分都有自己的指导老师，即"嗓嘎"，他们年青时期都是著名的歌手，老了以后就担任歌队的老师。在侗族大歌队中有一种不成文的进出规定，进就是充实年龄较小的成员，出是歌队中有的成员年龄大了或者结婚成家了就退出，所以歌队采取了一种阶梯式的结构，最小的只有五六岁，最大的二十几岁，大的则以年龄而论，必须由比他年少的来替补。

在对唱时必须是男女对唱两个相等的部分，因为大歌是一种领众合分、高低部分合唱的多声部歌曲，其中大歌的分部合唱形式是领唱与众唱相结合，所以歌班中要选拔出领唱和唱高声部的歌手，这种唱高音的歌手是从小就开始培养，一般同时培养 3 人，但在演唱中不论歌队有多少人，唱高音的只有一人，或者 3 人轮流担任，除此之外，其他成员唱低声部，另外，高音在歌班中通常也可充当自然领袖（一般当歌师不在时）。因此，一般高音者为"歌头"，享有一定的声誉，在演唱中起着重要的作用。侗族大歌在演唱时所以会有高、低两个声部之分，这就要与侗族大歌的室内性联系起来进行探讨了。

因为最能体现侗族审美意识的就是"室内对歌"这个显著的特征，"室内性"同时又是大歌产生的契机关键。歌唱的室内性早在明代就有所记载。室内多指（鼓楼、月堂等），在室内坐着长歌聚叙，老是唱着一个单旋律，久而久之演唱者自然就会感到单调乏味，因此就必定会驱使歌手们去寻求更美、更丰富的歌唱效果。那些喉音作者便在齐唱过程中偶尔出现"分岔"、"加花"的即兴创作，这就唤起歌者们的多声部审美意识，也就自然地形成了支声复调，侗族歌手对它们的解释：高声部像树枝岔，不时从主杆上分出去，这个"主杆"也就指的是低声旋律，因为侗族大歌的合唱规律是低声部系众人齐唱，从侗族大歌这种时分时合的合唱、对唱规律中可以看出侗族歌手们虽不一定懂得和声、音程之类的专业词汇，但他们源于对生活的主杆与分岔、曲与直、分与合等复调思维方式都是存在的。室内性的歌唱、对唱习惯无疑对歌手们的复调审美意识与复调思维方式的形成起着催化作用，对歌时很多歌词都是即兴创作，这种创作就由高声领唱承担，众人则低音附合，这就形成了多声部；另外这种室内性还展现出侗族青年男女的社交活动，没有任何的避讳和顾忌，更表现出这一民族的青年们的思想没有受封建意识的影响，在行动上是较为自由的。

从文学角度看，侗族大歌的歌词形式是由双音节向单数音节句发展，与汉文古诗歌由四言向五言、七言的发展形式相似，从中体现了侗族文学与汉族文学的密切联系，也可能是汉文化传入侗族地区后而吸收汉族先进文化的结果。在音乐上，侗族大歌的大部分属于五声音阶羽调式歌曲，它多半用二声部合唱，大小三度的和音是侗族民间合唱风格特征的主体音程，广泛的被采用；其次，纯四度、纯五度的结合也较频繁，由于侗族大歌几乎都是羽调式，所以它的纵向结合多系侗式小主和弦的和音。

5. 语言对大歌的影响

语言是人们交流思想感情的工具，是思维形成的载体。侗族有自己本民族的语言，侗语属于汉藏语系壮侗语族侗水语支，分南北两个方言区，北部方言区包括天柱、剑河、三穗、新晃、锦屏、玉屏等；南部方言区包括黎平、从江、榕江、通道、三江、龙胜等。侗语以南部方言为主，因为南部方言保持了较为古老的面貌，侗语的声韵母比较简单但声调较为复杂，大部分地方的阴调因声母的送气与否而各分两个调，共有九个（l、p、c、s、t、x、v、k、h），其中有六个入声调(l、p、c、s、t、x)，因此说起话来富有音乐感，极为悦耳动听。有人说听侗家人讲话，如听歌声一般。这种说法正说明了语言在音乐形象思维的过程中，在音乐旋律的构成中，无疑会产生重要的影响。侗语的特点就是声调多，多达九个调值，字调的高低是相对的，其升降变化是有规律的，它的抑扬顿挫的变化无固定音高和音律可循，又对旋律音调有一定的制约作用，所以侗族人民在自己那具有音响美的语言中经过长期的加工，提炼寻求出美的音乐旋律与美的和声——侗族大歌。

6. 侗族乐器与侗族大歌的互动关系

一个民族的独特的民族乐器往往是伴随该民族歌唱或载歌载舞之中产生和发展的，大歌的复调形式同样与侗族民间乐器发展有着密切的关系，可以说侗族的民间乐器是大歌繁荣和发展的直接催化剂。侗族常用的乐器有芦笙、木叶、弹琵琶、二弦琴等，它们均具有悠久的历史。早在明朝，沈庠等编撰的《贵州图经新志》（卷七）有这样的记载："洞人……暇则吹芦笙、木叶，弹琵琶、二弦琴。"侗族的这些乐器与大歌一样都与仿声有着渊源的关系，在侗族的《芦笙祭词》中有这样的说明："当初做芦笙时，芦笙师傅是到江边去听水声，并以水声的高低和声来调节芦笙的高中低音。"这实际是侗族乐器模拟天籁之声，缘于仿声的有力说明。

在侗族的所有乐器中，演唱大歌时最主要的伴奏乐器是琵琶、牛腿琴，两者一起为大歌伴奏时，在齐奏为主的基础上即兴加花或加强节奏而产生和声效果，乐师们在演奏中使乐器发出的这种和声效果给歌手们提供了和声美的直感，促进了歌手们审美意识的形成。在歌手中有的歌手自弹（牛腿琴）自唱，唱的调子和弹的调子不一样，弹的调子是为唱的做铺垫，打和声，但两种调子却是非常的和谐。这些都驱使大歌这种复调歌曲的诞生，反过来这种复调歌曲的发展又促进了二弦琴、琵琶等乐器演奏的不断发展，由此不难看出，民族乐器与民族声乐在艺术上有极为密切的关系，它们之间在相互影响，相互渗透，相互促进，相得益彰中向前发展。

侗族大歌的分类

侗族大歌按其风格、旋律、内容、演唱方式及民间习惯又可分为四类：即嘎听、嘎嘛、嘎想、嘎吉。其中的嘎听是最精华的部分。

嘎听

称声音大歌，这种歌强调旋律的迭宕，声音的优美。歌词一般短小，突出歌词之间和之后相当长的衬字及曲调，拉腔时几个歌手轮换唱高音，使高音之间此起彼伏，低音一般由其他歌手齐唱一个长音，与高音形成反差相映衬，旋律多模仿自然界的虫鸣鸟叫，小河流水并以其昆虫鸟兽或季节为歌命名，如《蝉歌》、《知了歌》、《三月歌》等。

嘎嘛

称柔声大歌，一般以抒发男女恋爱之情为主要内容，特点是缓慢，柔媚而富感染力。

嘎想

称伦理大歌，是一种劝教戒世为主的大歌歌种，音乐旋律起伏不大，注重歌词内容的表述，多以称颂或讽刺为主，是安定劝抚侗家人的主要伦理手段。

嘎吉

称叙事大歌，多以展开故事情节和人物对话为主要内容，音乐旋律舒缓、低沉而忧伤，以单人领唱，众人集体低音相衬为主要表现方式，歌词一般较长，歌者要有惊人的记忆力和丰富的表情。此外，侗族大歌亦可按性别和年龄分为"男声大歌"、"女声大歌"、"童声大歌"等种类。随着时代的变迁，侗家歌师们为丰富大歌的内容和种类，满足人们文化生活的需求，又创作出许多歌唱新生活、赞美新时代的混声大歌。

侗族大歌的传承体系

侗族大歌渊源较远，早期由于侗族光有自己本民族的语言而无自己本民族的文字，它的传承是靠口耳相传，靠大脑的记忆力保存，又靠记忆力和口授传给后人。也就是说，它是一种历史久远的由群众（社会）所传递的文化形式，是口传心记的历史传统文化的连续体。在漫长的传承过程中，随经济的不断发展，汉文化的不断影响，传承方式更加多样，从而形成了本民族的传承系统。主要有以下四种形式：师徒口耳传承、汉字系统传承、现代技术手段传承、学校教育传承。

1. 师徒口耳传承

人的生命是有限的，在人类漫长的历史长河中，作为一代人的记忆固然短暂，但无数代人的短暂记忆连接起来却连绵不断。由于过去侗族只有语言而无文字，作为侗族大歌的载体完全是依靠歌师们这种连绵不断的记忆进行保存，又靠记忆向下一代传授。侗语称歌师为"嗓嘎"，歌师在侗族社会十分受敬重，被尊奉为美的化身，他们不光是大歌队伍中的演唱者，而且还是大歌的蓄存者，是培养一代代歌手的主要人物，大歌的传递责任便自然落在他们的肩上。师傅传给徒弟，徒弟成了歌师，这样依次循环下去，一代传给一代，其传承的人越多面就越来越广，队伍也就越来越大，形成了数学里讲的递增趋势。

2. 汉字系统传承

唐宋以来随着中央王朝势力逐渐渗入侗族地区，汉族封建文化也随之传入。"宋熙宁年间的徽州（今黎平、靖州、通道、绥宁一带）等教授，执掌教育、开办学校。""明清时期，侗族中心地带也相继设学府、建书院、开科举。""辛亥革命以后将书院、学馆改为国民学校，'国小'、'国中'、'简师'、'师范'等新型学校在侗族地区相继建立。"这些学校陆续培养了一批批接受汉族文化的侗族知识分子，他们也正是汉字记录侗音的开拓者。汉字记侗音实际就是侗族知识分子借用汉字创造的一种侗字，作为记录侗语的符号，以汉文为基础来进行创作，这种方法对保存侗族大歌起着积极的作用。

3. 现代技术手段传承

随着经济的不断发展，各种家用电器也相继进入了侗族地区，录音机的普遍出现，录音磁带成为了当今侗族大歌传承的重要载体。开始是各种采风人员提着录音机用以搜集民歌，随着录音机、影碟机的增多，歌手们便可边唱边录，这样既能达到很好的教授效果，又能达到长期保存和传承的目的。有了像录音机、影碟机等现代化的电器，歌师（歌手）们就不必像过去那样单靠大脑记忆和汉字记侗音的方法来进行传承，况且那两种传承方式既费脑力又费精力,而现代化的电器传承就方便多了,一些著名的歌师和歌队将所演唱的大歌,灌成带子在各地广为传颂。

4. 学校教育传承

发展民间文艺的重要环节就是广泛地培养民间文学艺术人才。世界上任何一种艺术如后继无人,那么这种艺术就注定会失传;反过来任何一种艺术要求得发展,就必须有大批艺术接班人。同样侗族大歌也不例外。在今天,传统社会中那种靠亲属传承(父传子、母传女)和师徒传承来培养侗族歌手的方式虽仍然存在,但更主要的还是要靠学校教育和短期培训。贵州许多高校如贵州民族学院、贵州大学艺术学院,在培养侗族大歌歌手方面做出了较大成绩,但这些还远远不能满足社会的需要。

侗族大歌是我国目前保存的优秀古代艺术遗产之一,是最具特色的中国民间音乐艺术。侗族大歌也是国际民间音乐艺苑中不可多得的一颗璀璨明珠,已唱出国门,惊动世界乐坛。作为多声部民间歌曲,侗族大歌在其多声思维、多声形态、合唱技艺、文化内涵等方面都属举世罕见。

侗族大歌不仅仅是一种音乐艺术,而且是了解侗族的社会结构、婚恋关

系、文化传承和精神生活的重要组成部分，具有社会史、思想史、教育史、婚姻史等多方面的研究价值。然而，随着人类现代化进程的逐步加快和中国改革开放政策的深入实施，侗族大歌正面临着前所未有的现代文化、外来文化和市场经济的全面冲击。侗族大歌赖以生存的经济基础和文化土壤发生了巨大变化，侗族大歌正面临着后继乏人、濒临失传的尴尬境地。保护和传承侗族大歌能对侗族地区的文化建设和构建和谐社会产生重要的推动作用。采取有效措施，弘扬这一优秀文化，是当代非物质文化遗产保护的重要使命。

（编撰：余振　王巨山）

参考文献

[1] 刘亚虎主编：《天籁之音 侗族大歌》，黑龙江人民出版社，2005 年版

[2] 张中笑、杨方刚：《侗族大歌研究五十年》，贵州民族出版社，2003 年版

[3] 杨曦：《寻访侗族大歌》，贵州人民出版社，2009 年版

粤 剧

粤剧，原称大戏或者广东大戏，源自南戏，自公元 1522—1566 年（明朝嘉靖年间）开始在广东、广西出现，是揉合唱做念打、乐师配乐、戏台服饰、抽象形体等等的表演艺术。粤剧每一个行当都有各自独特的服饰打扮。最初演出的语言是中原音韵，又称为戏棚官话。到了清朝末期，知识分子为了方便宣扬革命而把演唱语言改为粤语广州话，使广东人更容易明白。1956 年 5 月，广东粤剧团赴北京参加汇演，粤剧被周总理称誉为"南国红豆"。2006 年 2 月，粤剧入选中国第一批国家非物质文化遗产名录，2009 年 9 月 30 日，粤剧被联合国教科文组织列入人类非物质文化遗产名录。这是继昆曲之后，我国第二个被列入"世界非物质文化遗产"名录的剧种，也是广东省的首个"世界非物质文化遗产"。

粤剧的发源与发展

粤剧，发源于广东佛山。又称"广东大戏"或"广府大戏"，属皮黄系统，受昆、弋、汉、徽、秦、湘等剧种的滋润和影响，自成一格，既与传统的中华文化一脉相承，又具有浓郁的岭南文化特色。其丰富优美的唱腔，独特瑰丽的服装，色彩变幻的脸谱，别具一格的例戏，精美绝伦的布景，无不彰显着岭南文化的特有色彩。

粤剧的源流可溯道明嘉靖年间。在明初已有"杂扮故事"、"七月七之演戏"等戏剧表演记载。归有光所编写的《庄渠遗书》卷九记录了明朝正德十六年，钦差魏校的《谕民文》，内有"倡优隶卒之家，子弟不许妄送社学"。"不许造唱淫曲，搬演历代帝王，讪谤古今，违者拿问"等内容，可以说是广东有关戏剧最早的文字记录。《广东通志》（明朝嘉靖四十年）记载："广州府，二月城市中多演戏为乐，谚云正灯二戏"，可见当时已经盛行大戏。

明清两代，在广东流行范围最广的，一是弋阳腔，一是昆腔，其余诸品种则概称"乱弹"，广东人统称它们为"外江戏"。

佛山"琼花会馆"建于明代中叶，是最早的粤剧行业组织。至今，粤剧行内仍有"未有八和，先有吉庆，未有吉庆，先

粤剧花旦造型

有琼花"之说。明代，佛山民间演戏活动繁盛，本地戏班相继出现。嘉靖年间，建立了戏行会馆，称为琼花会馆，馆址设在佛山大基尾，因供奉戏行祖师"华光"，故又称之为"琼花宫"，为本地戏班艺伶排练、教习、切磋艺术之地，也是当时戏班管理的机构。在会馆附近的水涉头边立下一石碑，上刻"琼花水涉"四字。艺伶在水涉上落戏箱，乘船到各地演出。作为粤剧的行会，琼花会馆有较为严格的管理制度，会馆内设慎和、兆和、庆和、福和、新和、永和、德和、普和等八堂，分别统管所属会众，即八和。琼花会馆的出现，说明佛山已成为当时粤剧发展的中心。

到了清代，佛山戏剧活动进一步兴盛，因不断吸收广东音乐、民谣曲律，改用粤语演唱，融入南派武术，使用大锣、大鼓、大笛、喉管，形成了生动传神、语言通俗、声腔独特、武打新奇的风格，是群众喜闻乐见、雅俗共赏的一大地方剧种。粤剧戏班以红船做交通工具巡回演出，故粤剧艺人又被称为"红船子弟"。据记载，当时佛山镇方圆十数里之地已有大小戏台30余个。最有名的当推华封戏台。华封戏台建于清朝顺治十五年，康熙年间改名为万福台，是广东现存最华丽精巧、岭南地区规模最大的古戏台。清代有这样一首竹枝词："梨园歌舞赛繁华，一带红船泊晚沙，但到年年天贶节，万人围住看琼花。"可见当时粤剧活动之盛。

公元 1735—1795 年（清朝乾隆年间），广东一带比较安定，商贸发达。佛山更是商帮荟萃，因此娱乐要求更加兴旺，吸引百多个外省戏班来广东演

出。这些外江班主要来自江西、湖南、安徽、江苏等地。他们于公元1759年（清朝乾隆二十四年）合作在广州创建"粤省外江梨园会馆"。

公元1854年（清朝咸丰四年），粤剧艺人李文茂响应太平天国起义，在佛山经堂古寺率领梨园弟子，编成文虎、猛虎、飞虎三军。清政府为了消灭三军势力，残杀艺人，火烧琼花会馆，禁演粤剧15年之久。在禁演期间，本地班艺人逃亡省外海外，有些粤剧艺人为了生活，加入徽汉等剧的外江班，挂京、汉、徽、湘等皮黄戏班招牌演出，因而促成梆子与二黄的合流。公元1861年（清朝咸丰十一年），李文茂、陈开先后败死，清政府禁令稍弛，本地班乘机再度兴起。同期大批华工被押骗往海外，随着出国华工的大量出现，广东戏曲逐渐传播海外。《美国华人史》记载粤剧为华人带来了赖以生存的民间文化。当年从旧金山请来的青年男演员（当时尚无女演员）经常来往于巴特和玛丽斯维尔等矿区，为当地华工演出传统的舞蹈和折子戏。拥有123名演员的鸿福堂剧团在美国大剧院首次登场，上演粤剧，大获成功，并在唐人街建立自己的剧场。另一方面，移居到越南、新加坡、印尼等地的大量华侨仍然保持了固有的习惯，侨民当中以广东人为多，他们爱好粤剧。因此越南西贡有粤人剧团。新加坡的戏剧，也是由广东人来演出。19世纪70年代，印尼出版爪哇文译本《薛仁贵》、《杨忠保》、《狄青》、《贵夫人》，后来更有马来文译本的《乾隆君游江南》。

20世纪初，中国的知识分子激发戏曲改良的浪潮席卷全国。《中国日报》杨肖欧、黄鲁逸几名记者撰作戏曲歌谣来讽刺时弊政治得失，引起广州香港等地的报刊注重戏曲歌谣。公元1903年（清朝光绪二十九年），一篇观戏记猛烈批评当时的戏曲曲本迂腐，不能激发国民之精神。不久，反映时弊的作品陆续出现，譬如：《新广东女儿传奇》、《黄萧养回头》及梁启超的《班定远平西域》等等。这些新编的剧本之中，有些是由富有舞台经验的艺人编撰。对粤剧影响深远的应该是同盟会所组成的"志士班"。辛亥革命前后十年间，在港、澳、广州等地曾出现了三十多个这类的"志士班"，例如：采南歌班、优天社、振天声社、仁声剧社、民镜社、国魂警钟社等。最早使用广州方言来演唱粤剧的春柳社影响了其他的志士班，为了便于宣传革命思想，改用了广州方言来唱梆黄，演出了《周姑娘放脚》及《盲公问米》，使宣传效果超出预期。为了加强反清反帝反封建的宣传，更编演了《文天祥殉国》、《戒洋烟》、《虐婢报》、《秋瑾》、《温生才刺孚奇》等戏。

　　20世纪30年代，广州有40多班大型粤剧戏班，当中每一班的人数可以多达150多人。出现了"海珠"、"乐善"、"太平"、"宝华"、"民乐"、"河南"等10所大戏剧场。同期，开始产生"薛马桂白廖"五大流派。当时大老倌的收入相当可观，在每圆可购米两担的时候，他们的年俸可以高达18000圆。因此很多人认为演粤剧可以名成利就，趋之若鹜。据不完全的统计，这个时期活动于穗、港、澳的专业和艺人兼任的编剧家有100多人，新编剧目高达4000–5000个。可说是粤剧的黄金时代。

粤剧唱腔

　　粤剧的音乐声腔广采博收，具有多样性、兼容性和开放性特点。粤剧声腔融昆、弋、梆、黄、谣于一体，由曲牌体、梆子腔、二黄腔和歌谣体四大部分组成，粤剧的这种声腔特点，是在它自身发展的过程中逐步形成的。粤剧是在"外江戏"广为流行的基础上，逐步吸收、融合各剧种音乐声腔所形成的新剧种。明清以来，昆腔、弋阳腔、梆子腔、皮黄腔等剧种，先后流行于广州、佛山等地。它们来自省外，采用各自的语言，因而，被称之为"外

粤剧《目连救母》剧照

江戏"。清道光时,粤人杨掌生《梦华琐簿》说,"广州乐部,分为二:曰外江班,曰本地班","大抵外江班近徽班,本地班近西班"。粤剧的起源,事实上始于对"外江戏"的学习、移植、改造。粤剧音乐声腔的四大组成部分,正是这种改造、移植、吸收、融合的结果。

1. 曲牌体

粤剧的曲牌体音乐,来源于昆腔和弋阳腔。明嘉靖年间,昆腔已在广东城乡广为流传;万历年间,弋阳腔也随之传入广东。根据《粤游纪程》所载,清雍正年间,广州地区唱"广腔"的"土班"、"土优","一唱众和,蛮音杂陈。凡演一出,必闹鼓良久,再为登场",显然保留了弋阳腔的表演特点。粤剧原有高腔剧目《琵琶记》、《金印记》、《玉簪记》等,现在保留的昆腔剧目的《思凡》、《和番》、《弹词》等,所用曲牌与联套习惯与昆曲基本相同。此外,还有近百支曲牌,或用于《八仙贺寿》、《天姬送子》等开台例戏,或作为单独演奏的器乐曲,统称为高昆牌子。清中叶以后,乱弹兴起,广东原来流行的昆曲和弋阳腔,逐步为乱弹诸腔所取代,尤其是秦腔、徽调相继南下,为粤剧兼容并收,梆子和二黄成了粤剧的主要声腔。因此,粤剧曲牌体音乐唱腔,虽来源早,却保留不多,不属于粤剧音乐声腔的主体。

2. 梆子腔

梆子腔,在粤剧音乐体系中占有很大比重。粤剧"梆子"来源于清中叶兴起的秦腔梆子。《番禺县志》记乾隆末年,广州有"锣鼓三谭姓,其技能合鼓吹二部而一人兼之……金鼓管弦,杂沓并奏,唱皆梆子腔"。乾隆年间的严长明在《秦云撷英小谱》中说:"弦索流于北部,安徽人歌之为桁阳腔(石牌腔,即吹腔),湖广人歌之为襄阳腔;陕西人歌之为秦腔。"乾隆四十六年,江西巡抚郝硕《复奉遵旨查办戏剧违碍字句一褶》中说:"秦腔……江、广、闽、浙、四川、云贵等省皆盛行。"道光八年成书的《越讴》序文也有"珠儿珠女,雅善赵瑟,酒酣耳热,遂变秦声"。这些资料表明,秦腔梆子的流行,对粤剧梆子腔的形成,具有重要的作用。早期粤剧有专用梆子腔的"梆子戏",传统剧目有《打洞结拜》、《闺留学广》、《仁贵回窑》、《六郎罪子》、《陈宫骂曹》、《岳武穆班师》、《王彦章撑渡》、《李白和番》、《周瑜归天》等。粤剧梆子音乐板式结构包括散板、慢板、中板和芙蓉四个部分,而以中板居多。散板部分有:首板、倒板、滚花、乙反滚花、长句滚花、乙反长句滚花、滚花煞板、河调滚花煞板、沉腔滚花;慢板部分有:慢板、河调慢板、快慢板；中板部分有：十字句中板、反线十字句中板、乙反十字句中板、十字清、反线十字清、乙反十字清、七字句中板、反线七字句中板、乙反七字句中板、七字清、反线七字清、乙反七字清、快中板、反线快中板、三字清、三脚凳、有序中板、流水中板；芙蓉部分有：十字句芙蓉中板、反线十字句芙蓉中板、乙反十字句芙蓉中板、七字句芙蓉中板、反线七字句芙蓉中板、乙反七字句芙蓉中板、花鼓芙蓉、数鬼芙蓉、减字芙蓉、乙反减字芙蓉、白榄芙蓉等。

3. 二黄腔

粤剧二黄腔传自徽班，其基本板式结构和曲调特征与祁剧"南北路"的南路接近，特别是"慢板"、"首板"、"流水"等板式较多地保留了传入时的面貌，故老艺人麦啸霞等认为粤剧源于汉调。欧阳予倩则认为，粤剧二黄腔由徽班传入，后受祁阳戏的影响。其它板式如"八字二黄"、"长句二黄"、"长句二流"等，则是艺人从原来的慢板和流水板基础上变化而来的。粤剧先有梆子后有二黄，开始梆、黄分流，因而，又有专用二黄的剧目，如《三娘教子》、《月下追贤》、《夜困曹府》、《仕林祭塔》、《乌江自刎》、《五郎救弟》等，称之为"二黄戏"。粤剧艺人李文茂响应太平天国起义失败后，清政府残杀粤剧艺人，禁止"本地班"演出达15年之久。在禁演期间，粤剧艺人或"插掌子"（搭班）加入徽汉等剧的外江班，或"借衣乞食"，挂京、汉、徽、湘等皮黄戏班的招牌演出，促成梆子与二黄的合流。因此，同治、光绪以后，粤剧戏班上演本地文人的新编剧目，梆子、二黄两种声腔开始在同一剧目中交替使用，并与广东民间歌谣、杂曲等相结合。梆、黄合流的过程中，梆子腔与二黄腔相互影响，使梆子腔眼起板落，节奏变得柔和宽广，唱腔和过门的旋律，也比原来更为迂回缠绵。不过，在粤剧唱腔中，凡属梆子曲调，只须标出板式，不用标明声腔，而二黄曲调则一定标明二黄。

粤剧二黄腔的板式结构，包括散板、慢板、二流、西皮和恋坛五个部分。散板部分有：二黄首板、二黄首板一句、乙反二黄首板、二黄倒板、二黄叹板、二黄煞板、二黄滚花、乙反二黄滚花；慢板部分有：十字句二黄、乙反十字句二黄、八字句二黄、乙反八字句二黄、反线二黄、长句二黄、乙反长句二黄、滴珠二黄、十字句快二黄、八字句快二黄；二流部分有：二流、乙反二流、长句二流、快二流、乙反快二流；西皮部分有：西皮、乙反西皮、连环西皮；恋坛部分有：恋坛慢板、恋坛中板、乙反恋坛慢板、恋坛二流等。

4.歌谣体

歌谣体，是粤剧音乐唱腔中最具有地域性特征的重要组成部分。广东的民间歌谣丰富，木鱼、南音、粤讴、板眼、芙蓉、咸水歌等，都是粤语语系地区广为流行的民间歌谣和杂曲。自清同治、光绪以来，粤剧不断地吸收民间乐调，融会流行歌曲，甚至借鉴西洋音乐，形成了粤剧唱腔中的歌谣体系，如南音、乙反南音、流水南音、乙反流水南音、龙舟、板眼、木鱼、乙反木鱼、粤讴、咸水歌等。尽管歌谣体乐调，并不如梆子、二黄曲调多，但是它的使用频率并不低。

粤剧音乐声腔系统的构成，是多种戏曲音乐融合，并不断为本土所改造而实现"粤化"的历史产物和文化结晶。粤剧艺术同样具有这种历史印记和文化品质。

粤剧乐器与乐队

早期粤剧所使用的乐器只有二弦、提琴、月琴、箫笛、三弦和锣钹鼓板，声调比较简单。清朝粤剧解禁后，加入梆子。进入成熟期以后，粤剧所使用的乐器多达四十几种，大致可分为四大类：吹管乐器、弹拨乐器、拉弦乐器及敲击乐器。其中弹拨乐器包括古筝、琵琶和蝴蝶琴；锣鼓则包括：卜鱼／板、沙的、双皮鼓／梆鼓、钹、京锣、勾锣、战鼓、大木鱼、小木鱼、大锣及钹、大堂鼓。粤剧改革后，更接纳了萨克斯管、小提琴等多种西洋乐器，使音乐效果更臻完善。

梆子属于没有固定音高的竹木类打击乐器。北方称"梆子"，南方称"南梆子"，亦称"方梆子"。北方戏曲所用的梆子是实心，简称"梆子"，当中是由两根坚硬的木棒组成，演奏时双手各执一棒互相敲击而发出声音。音色响亮清脆，常用于打节拍，使用的技巧简单。南方梆子却有大、中、小之分，由长方形的中空木块所制成，演奏时悬挂在支架上，用鼓签击奏。由于可以连续快速击出声音，容易营造热烈紧张的气氛。因为梆子用于击出节拍，所以产生了"梆子腔"。梆子腔又称秦腔或西秦腔，发源于陕西、山西及甘肃一带，音调粗犷激越。17世纪初（清朝初期）才慢慢流传至广东。梆子腔又分首板、慢板、中板、滚花、叹板和煞板等板式。

木鱼也属于没有固定音高的竹木类打击乐器。外状像鱼头，中间挖空成了共鸣箱，正面开一条长形鱼口，手持小木槌以敲击发声。木鱼最初是佛教的法器，亦是宗教音乐的伴奏乐器，后来渐为民间器乐所采用。木鱼音色空洞，发音短促，轻快活泼，常扮演伴奏的角色，在"数白榄"时做敲击节拍之用。

乐队或乐师在粤剧行内称为棚面，锣鼓的领奏者为掌板。安坐于戏台的左则。棚面要熟悉锣鼓点才可以为观众营造气氛。例如：唱口一槌、收掘一槌、收掘三槌、诗白锣鼓、白榄锣鼓、闪槌、急急风及叻叻鼓。早期的棚面共分十手：箫笛、三弦箫打铮吹螺、（日）大钹（夜）二弦、（日）掌板（夜）大鼓、（日）打锣（夜）掌板、（日）大鼓／副二弦、（日）发报鼓／大锣、提琴／小锣大钹、横箫大锣、小锣及后备。后来，吸收了其他地方剧种，加入了短喉管、长喉管、京胡及扬琴。薛觉先率先引入西乐乐器，开创了"西乐部"，乐器包括了梵哑铃、木琴、文德连、吉他、萨克斯风及班祖。

粤剧传统与经典剧目

早期的传统剧目，江湖十八本，全为早期演员的"开山戏"。19世纪60年代末（清朝同治中期），有所谓"大排场十八本"，即：《寒宫取笑》、《三娘教子》、《三下南唐》（刘金定斩四门）、《沙陀借兵》（《石鬼仔出世》）、《五郎救弟》、《六郎罪子》（《辕门斩子》）、《四郎探母》、《酒楼戏凤》、《打洞结拜》、《打雁寻父》、《平贵别窑》、《仁贵回窑》、《李忠卖武》、《高平关取级》、《高望进表》、《斩二王》（即《陈桥兵变》）、《辨才释妖》（即《东坡访友》）及《金莲戏叔》。

同治七年，有"新江湖十八本"，按郭秉箴《粤剧艺术论》所列：《再重光》、《双国缘》、《动天庭》、《青石岭》、《赠帕缘》、《困幽州》、《七国齐》、《侠双花》、《九龙山》、《逆天伦》、《和为贵》、《闹扬州》、《双结缘》、《雪重冤》、《龙虎斗》、《西河会》、《金叶菊》、《黄花山》。

19世纪90年代初（清朝光绪中期），则出现了重唱功的"粤剧文静戏"，如《仕林祭塔》、《黛玉葬花》、《苏武牧羊》等，又称为"大排场十八本"。

新中国成立后，整理编写的剧目有《宝莲灯》、《平贵别窑》、《柳毅传书》等。根据香港梁沛锦博士的《粤剧剧目通检》，粤剧剧目大约有11360个。从20世纪20年代起，大量的粤剧剧本大致可分为几种类型：

一、从旧本整理改编，如根据江湖十八本改编的剧本；

二、从古典小说或传奇改编，如"三国戏"、"封神榜戏"、"水浒戏"；

三、从民间文学或地方掌故改编，如《梁天来》；

四、从外国小说外国戏改编，如根据莎士比亚的《驯悍记》改编的《刁蛮宫主戆驸马》，根据《一千零一夜》的月宫宝盒改编的《贼王子》等；

五、从美国电影改编，如根据《郡主与侍者》改编的《白金龙》；

六、从其它剧种改编移植，如根据京剧《四进士》改编为《审死官》；

七、反映现实的新创作，如清末民初一些革命志士创作的文明戏，如《新广东女儿传奇》、《黄萧养回头》及《班定远平西域》；

由于继承了大量民间传说、京剧昆剧等著名剧目，粤剧内容非常丰富。随着新媒体的诞生，一些著名粤剧被拍摄成电影、电视剧、话剧，甚至音乐剧。例如唐涤生名剧《帝女花》、《紫钗记》、《牡丹亭惊梦》、《双仙拜月亭》、《再世红梅记》、《蝶影红梨记》、《香罗冢》、《红了樱桃碎了心》、《血染海棠红》、《红楼梦》、《三笑姻缘》、《花田八喜》、《白兔会》、《桂枝告状》、《窦娥冤》（又名《六月飞霜》或《六月雪》）、由徐子郎编剧的《凤阁恩仇未了情》和《无情宝剑有情天》、源于唐代传奇小说《柳毅传书》，源自晋剧著名传统作品《醉打金枝》（编剧：苏翁），《秦香莲》、来自神魔小说的《镜花缘》、《花蕊夫人》，还有被列入第一批国家级非物质文化遗产名录的《梁祝》。 传统例戏有《六国大封相》、《天姬送子》、《贺寿》、《碧天贺寿》、《跳加官》、《祭白虎》、《玉皇登殿》、《观音得道》、《香花山贺寿》。

粤剧名家

1. 红线女

谈粤剧必谈红线女。海内外的广府人都知道，哪里有粤语，哪里就有红线女的"红派"曲腔。红线女从艺 60 年，在前人的基础上不断开拓、创新。红线女独有的以声带情、炉火纯青的唱腔艺术塑造了一个个光彩夺目的舞台

粤剧国家级非物质文化遗产项目粤剧代表性传承人红线女

形象——王昭君、李香君、刘胡兰、焦桂英、崔莺娘……在粤剧史上留下了绚丽篇章。红线女的艺术代表着当代粤剧旦角艺术的最高成就，被誉为岭南文化瑰宝。

粤剧演员罗家宝扮相

2. 罗家宝

粤剧表演艺术家。生于 1930 年，顺德人，家父罗家树是著名的掌板师傅，叔父罗家权是著名的粤剧演员，香港粤剧演艺名人罗家英是他的堂兄弟。罗家宝自幼生于戏剧世家，从小受到了粤剧的熏陶，对前辈艺人薛觉先、白玉堂、桂名扬等名家的表演和演唱特色很有心得，故集取各家之长，并结合个人的声音条件，创造了独树一帜好听好唱的 "虾腔"。"虾腔" 声色浑厚甜润，尤其是中低音区域音质厚实，共鸣犟烈，行腔不事雕饰但极具堂皇华采，高音区域虽然非其所长，但他能根据本身声线特点，发展出一套跌宕有致的特色唱腔。因其小名 "亚虾"，"虾腔" 之名由此而来。

罗家宝的表演精湛洗炼，儒雅温文，风流偶傥。并被誉为"小生王"。首本名剧《柳毅传书》历演不衰。文革十年，他从小生转攻官生，饰演了《血溅乌纱》中的清官严天民、《袁崇焕》中的主帅袁崇焕、《梦断香销四十年》中的诗人陆游，在粤剧人物长廊里塑造了一个又一个深刻的艺术形象。 2002 年元旦的粤剧新年盛会上，罗家宝获得了广东省所授予的粤剧 "突出成就奖"。

粤剧的传承与保护

随着全球化趋势的加强和现代化进程的加快，粤剧同我国许多传统地方戏剧一样，进入了低谷。加强对粤剧的抢救和保护已是全社会的共识。另一方面，与其他剧种相比，粤剧在全国戏曲行业举步维艰的状态下有着得天独厚的优势：一是有一个相对稳定的、收入较高的演出市场，二是有热心人士及粤剧 "发烧友" 的慷慨解囊，三是有政府基本稳定的经费投入。但在这些优势的背后同样存在着与其他剧种相近的隐忧：一是粤剧专业人才发展受阻，整体素质亟待提高；二是粤剧观众群体不断缩小，尤其在文化多元的今天，粤剧年轻观众越来越少。而观众的流失对任何一种表演艺术来说都是釜底抽薪式的致命危机。

对于粤剧的保护与传承应该从解决隐忧，扩大优势的角度出发，调动起全社会参与粤剧保护工作的热情和积极性，形成全民保护粤剧的良好氛围。而这种氛围的形成需要从两个方面入手。

一方面，大力支持传承人的传习活动。非物质文化遗产是以人为载体的，它的一个重要特点就是活态传承，因此，加强对代表性传承人的保护是非物质文化遗产保护的关键环节，传承人是非物质文化遗产的重要承载者和传递者，他们掌握并承载着非物质文化遗产的知识和精湛技艺，既是非物质文化遗产活的宝库，又是非物质文化遗产代代相传的代表性人物。有关部门要采取积极措施，评选、认定相应级别和不同行当的代表性传承人。对已经认定的传承人的传习活动，采取各种方式予以支持：包括记录整理有关技艺资料，提供必要的传习活动场所，适当资助代表性传承人授徒传艺或教育培训活动，组织开展研讨、展示、宣传、传播活动，促进交流与合作及提供其他帮助。

另一方面，不断推进社会教育和学校教育。非物质文化遗产传承的目标就是要通过社会教育和学校教育等途径，使该项物质文化遗产的传承后继有人，能够继续作为活的文化传统在相关社区尤其是青少年当中得到继承和发扬。而要实现这一目标，一方面要积极开展粤剧所需的专业人才教育，专业人才教育是粤剧艺术可持续发展的根本保证。另一方面也要积极施行粤剧进课堂、进教材、进校园活动，推动粤剧在中小学的普及教育，培养中小学生对粤剧艺术的兴趣和爱好。非物质文化遗产进课堂、进教材、进校园是非物质文化遗产保护的根本举措，也是国外非物质文化遗产保护的成功经验。

总之，粤剧的保护与传承是一项长期的系统工程，需要全社会持之以恒的付出和努力。从根本上说，民众既是非物质文化遗产的创造者，又是非物质文化遗产的消费者和确证者。非物质文化遗产要得到长远的保护和合理利用，最终还要依靠广大民众的力量。对粤剧的保护工作应该围绕确保粤剧艺术的生命力这个中心，采取各种有效措施，不断地进行普及和推广，因为只有粤剧艺术被不断推广，才会有不断层的观众，粤剧艺术的传承才会后继有人，这是我们所有非遗保护工作的最终目的。

（编撰：余振 王巨山）

格萨（斯）尔

2009 年 9 月 30 日，在阿联酋首都阿布扎比联合国教科文组织保护非物质文化遗产政府间委员会第四次会议上，我国"《格萨（斯）尔》史诗传统"被批准列入《人类非物质文化遗产代表作名录》。

传唱千年的《格萨（斯）尔》史诗广泛流传于中国

新一代《格萨尔》艺人在青海湖边 诺布旺丹摄

西、北部的藏族、蒙古族、土族、裕固族、纳西族和普米族等地区，以说唱艺人口耳相传的方式讲述了格萨尔王降临下界后降妖除魔、抑强扶弱、统一各部，完成人间使命后回归天国的英雄业绩。

作为一部民间创作形成的史诗，《格萨（斯）尔》既是族群文化多样性的熔炉，又是多民族民间文化可持续发展的见证。这一为多民族共享的口头史诗是草原游牧文化的结晶，代表着古代藏族、蒙古族等民间文化与口头叙事艺术的最高成就，其流传时间之久远、流布地区之广阔、篇幅之长以及结构之宏伟，均堪称世界史诗之最，被誉为"东方的《伊利亚特》"。《格萨（斯）尔》还是一部活着的史诗，在长期的流传过程中，它吸纳各个时代的历史和文化积淀，不断融入新的时代精神，它以浩繁的卷帙，展现了一幅绚丽多姿的社会历史画卷，成为一部集宗教、历史、文学、语言、民俗等于一身的"百科全书"。

源远流长

《格萨尔》是在藏族古代神话、传说、诗歌、谚语等民族文学的基础上发展而来的，最早是藏族人民集体创作的一部伟大的英雄史诗，后来，在长期的流转传承中，随着战争和民族交往的加深，逐渐传播到蒙古族和土族等少数民族地区，经过各民族的加工融合，逐步形成各具本民族特色的史诗体系。此外，这部史诗还流传到了境外的蒙古国、俄罗斯的布里亚特、卡尔梅克地区以及喜玛拉雅山以南的印度、巴基斯坦、尼泊尔、不丹等国家和周边地区，进一步彰显了《格萨尔》跨文化传播的巨大影响力。

关于《格萨尔》的具体形成时间，学界一直存有争议，大致曾有"吐蕃时期"、"宋元时期"、"明清时期"等几种说法。这些说法都有自己的根据，也都有其局限性和片面性。事实上，从文学史上看，"一部史诗并不是一时一刻、一个时代或少数人就能完成的。它们最初可能是分散地流传在民间的一些叙事歌谣，经过人民世世代代，有的甚至是好几个世纪的传唱，不断加工补充与复合，才逐渐形成的"，从世界范围内其他史诗如"荷马史诗"、"印度史诗"的形成过程来看，也都确实如此。《格萨尔》作为一部规模宏大卷帙浩繁的诗篇，显然也不可能出自一代人之手。因此，要确切的考证出《格萨尔》产生的精确年代，是不现实的。目前学界较为认同的看法是降边嘉措先生提出的，他认为《格萨尔》的产生、发展和演变大致经历了以下几个重要阶段。

产生阶段：《格萨尔》大约产生于古代藏族氏族社会开始瓦解，奴隶制的国家政权开始形成的历史时期，即公元前三四世纪至公元6世纪之前。任何史诗都有其产生和存在的背景，人在现实生活中的情感无法得到满足之后，必然求助于理想和想象。分散的氏族、部落、部族和民族之间长期混战导致下层人民的颠沛流离，生活苦难，对强大统一国家的期盼呼唤着一位旷世英雄的出现，人民渴望由这位英明的王带领完成统一，获取财富，当这些理想和渴望与藏族已有的古老神话、传说、故事、诗歌等民间文学相结合之后，一部传唱千年的史诗的雏形就在"仲肯"的不断吟唱中逐渐成型。

丰富发展阶段：松赞干布统一青藏高原各部落，建都拉萨之后（公元7世纪初叶至9世纪），《格萨尔》得到进一步丰富和发展，并逐步流传到周边国家和地区的各民族群众之中。吐蕃王朝时期是藏族历史上十分重要的发展阶段，此间发生的一些重大事件成为《格萨尔》创作丰富的素材来源。《格萨尔》里描写的大大小小的近百场战争很多都是以这一时期真实发生的战争为原型创作的。来自民间的说唱艺人以这些事件为题材，进行演绎，将历史的真实变成小说的虚幻，编进格萨尔王的故事里，到处传唱，极大地充实和丰富了《格萨尔》的内容，并随着吐蕃王朝军队的远征，传播到喜马拉雅山南部地区。

成熟完善阶段：在吐蕃王朝崩溃、藏族社会处于大分裂、大动荡、大变革时期，也就是藏族社会由奴隶制向封建农奴制转化的时期（公元 10 世纪到 13 世纪），《格萨尔》得到广泛传播，并日臻成熟和完善。最迟在公元 11 世纪前后，随着佛教在藏族地区的复兴，《格萨尔》的框架基本成型，并出现了一批手抄本。在这个时期，一方面红教派僧侣力图以自己的意志改造《格萨尔》，使之成为维护宗教地位的工具，同时上层统治阶级和贵族试图以"天神之子"格萨尔作为旗帜，号令天下，扩大自己的权势，因此他们都大力提倡、推动《格萨尔》的传播；另一方面，几百年的动荡使人民希望出现"格萨尔"似的英主，消灭地方割据势力，结束混乱局面。这些因素交织在一起，促进了《格萨尔》的成熟与完善。史诗在长期的流传中，继续在演变和发展，内容越来越丰富，形式越来越完善。随着印刷业的发展，还出现了一批木刻本。

透过以上的脉络，可以看出《格萨尔》绝不仅是一个时代的产物，而是在漫长的历史进程中，经由藏族广大人民特别是说唱艺人的努力，逐步发展完善起来的，在大的框架保持稳定的情况下，细节仍在不停地演变和发展。"《格萨尔》犹如一座蕴藏量极为丰富的矿山……不同时代、不同阶级、不同教派和不同阶层的人都企图并已经在它上面打下自己的印记，形成了藏族历史和文化的堆积层。"

在藏族内部跨越时间纵向传播的同时，《格萨尔》还跨越了民族的界限，突破了空间束缚，在蒙古族、土族等民族的广大地域内进行着横向传播。《格萨尔》在我国内蒙古、新疆、青海等省份的蒙古族地区，与蒙古族文化传统相结合，经过蒙古族人民的再创作，发展成为一部具有鲜明蒙古民族特色的史诗《格斯尔可汗传》。在土族地区流传形成了土、藏两种语言相间，以土语述说散文部分，以藏语吟唱韵文体诗文部分的独特说唱形式。《格萨尔》不仅成为传承民族文化、凝聚民族精神的重要纽带，同时也是各民族相互交

矗立在青海玉树的格萨尔王雕塑

流和相互理解的生动见证。

《格萨尔》传唱了千年，在长期的流传中，早已深深融入藏族、蒙古族等少数民族的生活，成为他们的主要精神支柱。在交通闭塞的高原牧区，在相对贫乏的文化生活中，《格萨尔》给他们带来的已不单单是一个故事、一场战争的经过，而是一种精神，它鼓励人们去追求真、善、美的东西，使人们在对未来的美好憧憬中去战胜高原的恶劣环境以及他们遇到的一切艰难困苦。在前不久玉树大地震发生之后，劫后余生的各族人民汇聚在格萨尔王广场巨型雕塑下，发出了"只要格萨尔王的铜像不倒，玉树就不会消失"的铿锵呐喊，"《格萨尔》依旧在玉树传唱"成为灾区人民大灾之后重建家园决心的象征。

东方伊利亚特

据不完全统计，《格萨尔》史诗共有120多部、100多万诗行、2000多万字，其篇幅之长以及结构之宏伟，均堪称世界史诗之最。世界著名的荷马史诗《伊利亚特》共15693行，即使最长的印度史诗《摩柯婆罗多》也只有10万颂（每颂为一节双行诗体），20多万行，单就篇幅来看，《格萨尔》已远远超过了世界几大著名史诗的总和，其内容之广博亦是其他史诗所不能比拟的。这部全方位反映藏族古代社会生活的史诗，是研究古代少数民族的社会历史、民族交往、道德观念、民风民俗、民间文化等问题的一部百科全书，无愧于"东方《伊利亚特》"的美誉。

从《格萨尔》的故事结构看，它纵向涵盖了藏族社会发展上的两个重大的历史时期，横向包容了大大小小近百个部落、邦国和地区，纵横数千里，内涵广阔，结构宏大。其主要章部有《天岭卜筮》、《英雄诞生》、《赛马称王》、《北方降魔》、《霍岭大战》、《保卫盐海》、《门岭大战》、《大食财宗》、《杰日珊瑚宗》、《卡契松石宗》、《雪山水晶宗》、《亭格铁宗》、《汉地茶宗》、《朱古兵器宗》、《地狱救母》、《安定三界》等。这些内容主要分成三个部分：第一，降生，即格萨尔降生部分；第二，征战，即格萨尔降伏妖魔的过程；第三，结束，即格萨尔返回天界。三部分中，以第二部分"征战"内容最为丰富，篇幅也最为宏大，除著名的四大降魔史——《北方降魔》、《霍岭大战》、《保卫盐海》、《门岭大战》外，还有18大宗、18中宗和18小宗，每个重要故事和每场战争均可构成一部相对独立的史诗。

结构虽然复杂，但概括地说，《格萨尔》主要讲述了这样一个故事：

很久很久以前，天灾人祸遍及藏区，妖魔鬼怪横行，黎民百姓惨遭荼毒。大慈大悲的观世音菩萨为了普渡众生脱离苦海，向白梵天王请求派天神之子下凡降魔。神子顿珠噶布发愿投胎人间到藏区扶助百姓、惩处妖魔。此时在凡间，天神已安排好龙女梅朵娜泽嫁给了岭噶贵族森伦，作为神子的生母。顿珠噶布出生后取名觉如，因系天神之子，生来即具非凡的本领。他的叔父晁同妄图做岭噶的王，因此百般陷害觉如母子。在困苦中长大的觉如，以天赐的神力和众神的帮助，不断降妖伏魔，为民除害。15岁那年，在部落以王位和美女珠牡为赌注的赛马大会上，觉如战胜了叔叔晁同和岭国的众将领，一举夺魁，登上了岭

格萨尔唐卡

国国王的宝座，娶珠牡为妻，并正式取名为世界雄狮大王格萨尔洛布占堆，从此统领岭国，开始了他东讨西伐，征战四方的历程。

格萨尔相继征服了北地魔国、东北方的霍尔国、东南方的姜国和南方的门国，杀死了统治这些国家的四大魔王鲁赞、白帐王、萨丹和辛赤，解救了众百姓。从此四方安定，民众过上了吉祥幸福的生活。然而，战事并未结束，此后或因岭国遭受侵略，为保卫家乡而反击；或因邻国遣使求援，格萨尔前去解救；或因贪婪的晁同挑起事端，酿成战事；或因岭国出兵占领邻国等等，岭国又先后同大食国、卡契国等邻国爆发了战争，格萨尔王先后率部出战，依次战胜了他们，除了将其宝库中的财宝分给当地百姓，格萨尔还从战败国取回岭国所需的各种财宝、武器、粮食和牛羊等，使岭国日趋富足强大。

最后，格萨尔完成了在人间降伏妖魔、扶助弱小、惩治强暴、安定三界的使命，到地狱救回爱妃阿达拉姆和母亲梅朵娜泽，将国事托付给侄子扎拉，与母亲、爱妻一同重返天界。至此，规模宏大的史诗《格萨尔》圆满结束。

"上方天界遣使下凡，中间世上各种纷争，下面地狱完成业果。"短短的三句话高度概括了《格萨尔》的大要。史诗就这样以格萨尔的经历为主线，根植于当时社会生活的沃土，以故事的形式串起了藏族发展进程中波澜壮阔的历史，浓缩了藏族历史发展的重大阶段和进程，揭示了深邃而广阔的社会生活，在某种意义上具有"诗史"的性质。不仅如此，《格萨尔》还是"一座文学艺术和美学的大花园"，它杰出的艺术和美学成就，也是其能在世界范围内享有盛誉的重要因素。可以毫不夸张地说，无与伦比的艺术成就和卷帙浩繁的史学成就加在一起，才成就了《格萨尔》在世界范围内的盛名，两者犹如车之双轮、鸟之双翼，缺一不可。具体来讲，《格萨尔》的艺术和美学成就表现在如下方面：

1. 巧妙的结构安排

《格萨尔》在结构安排上，有其独特的处理方式，它采用了以人物为中心和以事件为中心相结合的结构方式。具体来讲就是在整体的分章本中采用以人物为中心，而具体的分部本则以事件为中心，从一个故事派生出另一个故事，不断充实完善，独立成篇，形成新的分部本，就这样大大小小的分部本通过格萨尔这个英雄人物串联起来，最终形成了卷帙浩繁的大型史诗《格萨尔》。这种结构安排最大程度地发挥了说唱史诗的特点，具有灵活多样、增减随意的优点，为《格萨尔》在漫长的传唱过程中不断随着时代发展而融入更多更新的内容提供了方便，也为其成为世界上内容最丰富的史诗打下了坚实的基础。

2．鲜明的形象塑造

《格萨尔》在人物形象的塑造方面也有较为出色的表现。作为一部规模宏大的史诗，《格萨尔》塑造了上千个形象迥异的艺术形象，数量如此众多的艺术形象，大都塑造得鲜明生动，栩栩如生，相当成功，这不能不说是一个奇迹。神圣庄严的神佛，生性残暴的妖魔，有血有肉的凡人，甚至于带有虚幻色彩的战马、飞鸟走兽乃至山水树石，都被赋予了人的禀性，或代表善良、正义、公正，或象征邪恶、凶残，都具有鲜明的性格特征，成为史诗中不可缺少的艺术形象。特别是正面人物的塑造，更令人称道。在格萨尔、珠牡、老总管等形象的身上，表现了社会生活中进步的、正义的、美好的观念和行为，同时不乏对他们缺点的生动刻画，格萨尔的粗心、珠牡的嫉妒和老总管的恪守成规，使人物的形象更为丰满、真实，更加可亲。史诗对反面人物的勾勒，也达到令其凶相尽露、肺腑毕现的程度，揭示了其丑恶灵魂。在塑造人物形象的具体方法上，史诗不是通过作者的客观叙述和评论，而是在故事情节的发展中，通过各个人物自己在不同环境中的言语、行动和表现来完成的。这样的人物，是形象化的，是生动活泼的，使人没有概念化、呆板化的感觉。

3．生动的语言运用

《格萨尔》在语言艺术的运用上，经过千锤百炼也达到了很高的水平。《格萨尔》首要的语言艺术特点是采用了群众喜闻乐见的说唱形式，具有鲜明的民族艺术特色。它采用散韵结合的形式，有散文叙述，也有唱词，这是对吐蕃时期散文叙述插入歌唱对话形式的继承和发展。《格萨尔》唱词部分多采用鲁体民歌和自由体民歌的格律并进行了改进，每句歌词的音节数突破六个音节，十分活泼多变。史诗里还大量运用"赞辞"和"祝辞"等民间说唱形式，进一步丰富了自己的表现手法，这些民间文学形式和内容的采用，使《格萨尔》显得更加生动、活泼、丰富、饱满、气象万千。语言的丰富性和准确性，是《格萨尔》语言艺术的第二个特征。《格萨尔》里既有古代藏语，又融汇了现代藏语；既有书面语言，又有经过锤炼的群众口语；既有民族共同语，又吸收了各地有生命力和表现力的方言词汇，几乎汇集了藏语的所有有生命力的、表现力强的词汇。《格萨尔》语言艺术的第三个特点，是运用了大量贴切、生动形象的比喻和凝炼的谚语。藏族的民间文学，尤其是民歌，本来就有善于运用比喻的艺术传统，《格萨尔》继承这一传统，并使它发展到更高的水平；史诗还大量使用了谚语，可以说是谚语的宝库，谚语的引用，给史诗的语言以凝炼的总结，富有哲理，使人有所领悟，为《格萨尔》平添了很多回味无穷的韵味。

民间诗神

《格萨尔》在民间的流传主要依靠口头说唱形式和抄、刻本形式两种方式实现。其中口头说唱是主要形式，通过民间说唱艺人的游吟说唱《格萨尔》得以世代相传，而根据艺人说唱内容记录整理的抄本、刻本则是较晚出现的一种流传方式。除此之外，还有绘画、雕塑、戏剧、舞蹈等其他流传方式，但这些都不如艺人传唱方式那么历史悠久，影响巨大。

在《格萨尔》说唱活动中，艺人占据着主导地位，他们是史诗最直接的创造者、继承者和传播者，被人们亲切地称为"民间诗神"。聪明才智和艺术才华是优秀的说唱艺人必不可少的素质。虽然绝大多数是文盲，但他们大都具有超人的记忆力，可以将多达几万行乃至几十万行的史诗完整地记忆在头脑之中。同时，他们又有伶俐的口齿、动听的歌喉和敏捷的思维，可以把头脑中的史诗生动地表达出来，去打动听众的心。不少艺人更具备天才的表演才能，能令史诗《格萨尔》的众多人物活灵活现。

蒙古族史诗艺人多是师徒相传，演唱时多使用马头琴或四胡伴奏，演唱固定的史诗唱本，融汇了"好来宝"及本子故事的说书风格。藏族艺人在这方面有很大的不同。他们一般没有老师的指点和帮助，而是在史诗环境的熏陶中，在潜移默化的识记中学会说唱的。藏族《格萨尔》艺人，一般称为"仲肯"，

格萨尔艺人的服饰与帽子

意为故事家，或精通故事的人。由于他们生长的地区、环境、家庭及个人阅历的不同，他们所受的文化熏陶各不相同，因此，在说唱中也产生差异。西方有句名言，"一千个观众眼中有一千个哈姆雷特"，在高原上也有这样一句话："每个藏人口中都有一部《格萨尔》。"此话虽然有些夸张，但是形象地说明了《格萨尔》艺人们说唱的具体内容与特点确有差异。

根据获取故事方式的不同，《格萨尔》说唱艺人大致可以分为以下五类：即神授艺人、掘藏艺人、闻知艺人、吟诵艺人和圆光艺人。

"神授艺人"一般都自称在童年时做过梦，尔后害病，他们在梦中曾得到神、格萨尔大王或史诗中其他战将的旨意，病中或病愈后又经寺院喇嘛念经祈祷，并为之开启说唱《格萨尔》的智门，从此便会说唱了。他们把梦中形成的故事归结为神佛所赐予，是神佛指示他们去说的，故他们自称为神授艺人。他们大都目不识丁，但记忆力超群，且具有非凡的口才，善于运用丰富的群众语汇，将史诗《格萨尔》形象、生动地展现在听众的面前。神授艺人是《格萨尔》说唱艺人中最富传奇色彩的类型，也是艺术成就最高的，虽然数量不多，但在史诗传承中具有重要的地位。

"闻知艺人"则承认自己是在听到别人说唱后，或者看过《格萨尔》的本子以后，才会说唱的。这部分艺人数目比较多，约占艺人总数的一半以上。他们多者可以说唱三四部，少者为一二部，甚至有的只是说唱一些章部中的精彩片段。

"掘藏艺人"是发掘《格萨尔》故事的掘藏师。"掘藏"是藏传佛教宁玛教派的术语，意为发掘出来的前人埋藏的伏藏。据说凡是能够发掘宝藏的人都具有锐根，这种艺人为数不多，主要居住在宁玛派广泛传播的地区。他们与说唱艺人不同，他们是靠手中的笔来书写史诗的，内容大都文字优美，书面语较多，其中夹杂着一些深奥的大圆满的宣讲，而作为故事，则情节较为简单。

"吟诵艺人"是精通于念诵的艺人。这些艺人大都具有一定的文化水平，通常拿着史诗的本子给群众诵读。因为他们是据书而诵、照本宣科，所以说唱的内容情节千篇一律，但在曲调处理上成就较为突出。

"圆光艺人"也是一种较为神秘的类型，他们借助咒语，通过铜镜或一些发光的东西看到《格萨尔》的图像或文字，进行演唱或抄录。这种艺人现在比较罕见。

在藏族地区，虽然史诗艺人根据获得故事的方式不同分为神授艺人、掘藏艺人等不同类型，但他们大都辅以服饰、道具（例如帽子或铜镜等）进行说唱，并常伴随着诸如烟祭、默想、入神等独特的仪式。

《格萨尔》说唱对环境没有特别的要求，帐篷里、草场、朝佛的路上都可以说唱，但是有的地方禁止在黄教寺院中说唱，其原因说法不一。

烟祭是大多数艺人说唱前必做的事情。人们在院中，或在家门口的香炉中煨上桑（焚香，用柏树枝叶、艾蒿、石南香等香草叶子，上边放上糌粑或五谷，然后再洒上几滴水点燃，使其慢慢地燃起浓烟）。大多数神授艺人在说唱前均手拨佛珠，闭目静坐片刻，然后开始祈祷。祈祷有两种不同的情况，一种是在心中默想，请求神佛、格萨尔大王护佑说唱；另一种是艺人把祈祷词说出来，做为《格萨尔》说唱的开场白。蒙古族艺人说唱前要虔诚地默念一段祈祷词，内容是请求格萨尔大王同意今天的说唱，告知欲说唱的章部，并声明，如有说得不对的地方请大王原谅。

说唱艺人没有严格统一的服装要求，一般身着普通百姓的服装。但有的藏族艺人说唱时的服装比较特殊，除了戴艺人帽外，还要穿一种用红色绸布缝制的衣服，两个衣袖上绣着狮子，前胸和后背绣着龙和大鹏鸟。

《格萨尔》说唱时最重要的道具是"仲夏"，这种特制的帽子对于艺人来说有一种神奇的力量，他们认为一戴上这顶帽子，格萨尔的故事便会自然降于头脑之中，故事就会滔滔不绝地从口中讲出来。有的艺人在说唱前，左手托帽，右手指点，口诵"帽子赞"（介绍帽子的来历、形状、饰物及其象征意义），然后再戴在头上开始说唱。"仲夏"在藏区说唱艺人中使用较为普遍，艺人们认为，这种帽子的形状尤如瞻部洲的大地，其东西南北都有所指，具有特定的涵义。帽子上边的饰物也都具有象征意义，凤凰羽毛象征在法界常显幻化身；白雕羽毛象征妙智能除愚昧；鹦鹉羽毛象征循循善诱教他人；岩雕羽毛象征法

重要的道具——帽子

力无边降妖精；两个帽耳在两边，喻为解脱与轮回是两股道等等。

此外，青海玉树、西藏昌都等地的艺人说唱时，往往挂上一幅格萨尔唐卡，或手中拿着一支饰有彩色绸布条的箭，一边指画，一边说唱。对于这些艺人来说，箭和唐卡便成了说唱时的重要道具之一。格萨尔唐卡的布局大致与宗教唐卡相似，画面一般分上、中、下三部分，上部为供奉神、莲花生大师的地方，正中为保护神、山神、护法神，下部及两旁为故事情节的组画。

仲唐——格萨尔说唱挂图

薪火相传

在旧中国，特别是在藏族社会，虽然《格萨尔》自问世以来，深受广大人民群众的喜爱，说唱它的艺人也层出不穷，千百年来，广泛流传，家喻户晓，历久不衰，但是，它与西方的"荷马史诗"相比，不仅没有获得高度的评价和赞誉，反而受到包括僧侣贵族在内的上层统治阶级的贬低、压制，甚至诬蔑《格萨尔》史诗是"乞丐的喧嚣"，阻止它的传播，使其难以登上艺术的殿堂。而众多杰出的《格萨尔》说唱艺人，社会地位低下，没有生活来源，即使是才华横溢的说唱艺人也是终日颠沛流离，辗转游吟于藏族地区，凭说唱《格萨尔》换得一些食物和用品维持最低的生活，处于悲惨的境地。

新中国成立后，党和政府非常重视《格萨尔》的保护和研究工作，古老的《格萨尔》史诗也由此获得了新生。根据时间和工作重心的不同，史诗的保护和研究大致可以分为三个历史时期。第一个时期是建国初期到文革前期，主要是搜集工作。由于西藏尚未民主改革等历史原因，主要是由青海省牵头做了相关工作，包括派人到全国藏区搜集资料，组织专家整理翻译《格萨尔》资料本等。他们的工作扎实有效，搜集了大量珍贵的资料，包括各种手抄本、木刻本及唐卡、雕塑、绣像等文物，同时翻译整理了约1000多万字的资料。十年文革动乱中，《格萨尔》史诗遭到了错误的批判，此前的资料成果大都被焚毁，相关保护工作遭遇了浩劫。粉碎"四人帮"之后，《格萨尔》工作才重新得到

解放后，整理出版的有关《格萨尔》的部分书籍

恢复，从中央到地方有关省区成立了《格萨尔》工作领导小组及其办公室，《格萨尔》研究也多次被列入国家社科研究重点项目。文革后的二十年是《格萨尔》保护史上第二个时期，这一时期《格萨尔》的保护和研究真正走上了正轨，成绩也比较突出：发现了一批民间说唱艺人并对他们的说唱进行了有计划有组织的记录整理；搜集了一批散失在民间的手抄本和木刻本；整理出版工作有了很大进展；形成了一支专业的研究人才队伍并进行了深入的基础研究工作。进入新世纪以来，《格萨尔》保护和研究工作进入了崭新的第三个时期，这一时期在继续原有工作的基础上，进一步强调了对外推广和现代化视角下的传承问题，改变了这部英雄史诗只在藏、蒙等少数民族和在研究史诗的学者中流传的情况，使少数民族的文化遗产以多种方式开始进入更广阔人群的生活。其标志性工作是联合国教科文组织参与的《格萨尔》千年纪念活动和成功申报史诗《格萨（斯）尔》为世界非物质文化遗产。

成绩可喜固然令人欣慰，然而《格萨尔》保护传承中存在的问题也足以令人感到忧心忡忡。随着社会的发展和时代的变迁，藏、蒙等民族的生活方式发生了剧变，封闭的慢节奏生活逐渐被开放的现代定居生活所代替，田园牧歌式的生活渐渐远去。生活环境的改变使《格萨尔》失去了传唱的原生文化环境，格萨尔受众群正在缩小，职业化的艺人群开始萎缩。再加上近年来一批老艺人相继辞世，"人亡歌息"的局面已经出现。此外在新的历史时期，格萨尔文化怎样与时代同行，与时俱进，适应时代的要求，尤其是如何挖掘、传承、保护和发展格萨尔文化遗产资源，已成为亟待解决的问题。

目前看来，为了更好的促进《格萨尔》的继承和保护，在当前和未来一段时间，我们有必要重点做好以下工作：

首先是要继续做好《格萨尔》传统说唱方式的保护和传承工作。一方面要引入西方先进的社区理念，从源头上保护《格萨尔》赖以生存的原生环境。保护原生并不意味着我们要回到落后的过去，通过选择有较深厚格萨尔文化底蕴的地区，作为重点对象加以保护，在不影响现代生活方式的情况下，尽量保留一些传统。目前已建立的"果洛格萨尔口头传统研究基地"、"德格格萨尔口头传统研究基地"可视为不错的探索。另一方面,对那些在《格萨尔》史诗的传承中起着关键作用的说唱艺人进行进一步的保护也很关键。这方面的工作尤需加强,长期以来,我们工作中有一个误区,认为把格萨尔说唱艺人从乡村调到县城居住,政府每月发给工资就是保护。这的确在一定程度上保护了格萨尔艺人免受生活的困苦,但离开固有的生存环境,艺人的说唱才能无法展现、无法发展,甚至出现了渐渐退化的现象,这个问题要引起我们的重视。此外,要积极开展田野调查,积极发现新出现的民间艺人,给予他们必要的物质补助,同时也要注意精神上的鼓励,使他们能够较好的接替老艺人,实现《格萨尔》史诗说唱的薪火相传。

其次要进一步拓展和加深以格萨尔为主题的学术研究。深入专业的学术研究是《格萨尔》在更高层面的传承,也是其跨越更广泛的时空进行传播的关键。格萨尔文化所涉及的领域非常广泛,与很多学科有着不可分割的关系,可以借鉴和应用文化人类学、民族学、民俗学、社会学、宗教学、语言学、文献学、考古学等相关领域已经取得的较为成熟的研究理论与方法,充分利用相关的研究机构、文化单位、大专院校以及民协等社会和民间团体的力量推动这一研究。同时也因为格萨尔文化涉及面广人多,必须从国家层面统一协调各有关部门单位,杜绝重复出版和研究、立项等现象,把有限的科研资源运用到最需要的地方。

最后还要利用现代手段积极推进《格萨尔》文化资源的开发,推动其在更广泛受众层面的传播。《格萨尔》虽然是世界上最长的英雄史诗,但它在20世纪90年代之前的中国大众中,基本上是无声的。绝大多数时候,"保护"、"传承"只是堂而皇之的词语。随着时代的发展和《格萨尔》影响力的扩大,大众希望用更轻松更直观的方式来了解这流传了千年的民族史诗和民族文化遗产。当前,文化产业处于大发展时期,这就给我们提供了一个有利的契机,以产业开发带动《格萨尔》突破民族界限、超越学术研究边界实现更广泛传播。旅游、动漫、影视、演艺等文化产业行业都可以而且应该被引入《格萨尔》文化资源的开发。目前,已进行了一些探索,如2003年4月,由角巴东主和索南多杰合作编写的儿童连环画《格萨尔王传·霍岭大战》,由青海民族出版社出版,使人们第一次在纸张上清晰地看到英雄格萨尔的形象。2003年始,100多名藏族民间画师在四川甘孜藏族自治州康定县,从事一项浩大工程——用传统的唐卡绘画工艺绘制1000多幅唐卡,以展现格萨

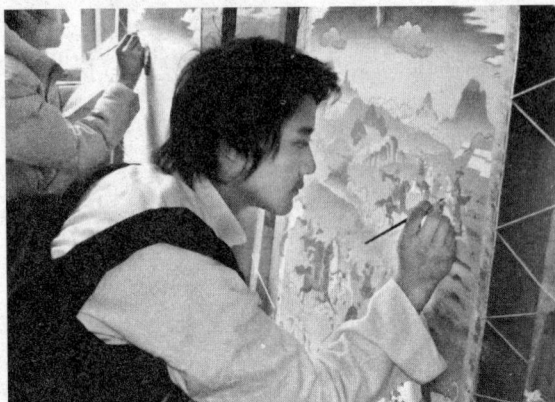

画师在用心绘制格萨尔王唐卡

尔史诗中的主要情节，力图使来自不同国家的观众"目睹"到这部世界上最长的史诗。此外，将《格萨尔》改编成电视连续剧、电影、网络游戏、实景歌舞的策划也都在紧锣密鼓地进行着。这些探索取得了一定的成绩，但仍有很长的一段路要走。

（编撰：张伟）

参考文献

[1] 降边嘉措：《格萨尔论》，内蒙古大学出版社，1999 年版

[2] 降边嘉措：《格萨尔初探》，青海人民出版社，1986 年版

[3] 中国社会科学院少数民族文学研究所主编：《格萨尔研究 集刊》（1-6 卷），中国民间文艺出版社，1985、1986、1988、1989、2001、2003 年出版

[4] 杨恩洪：《民间诗神　格萨尔艺人研究》，中国藏学出版社，1995 年版

[5] 杨恩洪：《中国少数民族英雄史诗〈格萨尔〉》，浙江教育出版社，1990 年版

[6] 索穷：《〈格萨尔王传〉及其说唱艺人》，西藏人民出版社，2003 年版

[7] 莫福山：《藏族文学》，巴蜀书社，2003 年版

[8] 中央民族学院《藏族文学史》编写组编著：《藏族文学史》，四川民族出版社，1985 年版

[9] 降边嘉措，吴伟编撰：《格萨尔王全传》，五洲传播出版社，2006 年版

[10] 降边嘉措、周爱明：《藏族英雄史诗〈格萨尔〉唐卡》，中国画报出版社，2003 年版

[11] 杨康：《〈格萨尔王传〉千幅唐卡》，中国戏剧出版社，2008 年版

[12] 果洛藏族自治州格萨尔信息中心：格萨尔青藏文化网，http://www.gesaer.net/

龙泉青瓷传统烧制技艺

　　2009 年 9 月 30 日，在阿联酋阿布扎比举行的联合国教科文组织保护非物质文化遗产政府间委员会第四次会议审议并批准龙泉青瓷传统烧制技艺列入《人类非物质文化遗产代表作名录》，成为至今为止世界陶瓷类中唯一入选世界非遗的项目。

　　龙泉青瓷传统烧制技艺是一种历史悠久的传统手工艺。至今已有 1700 余年的历史。龙泉青瓷传统烧制技艺包括选料及原料的粉碎、淘洗、陈腐和练泥；器物的成型、晾干、修坯、装饰、素烧、上釉、装匣、入窑；最后在龙窑内用木柴烧成。在原料选择、釉料配制、造型制作、窑温控制方面，龙泉青瓷均具有独特的技艺。龙泉青瓷烧制技艺服务人类生活，其成品具有独特的审美价值。陈设瓷、装饰瓷、茶具、餐具等，是烧制技术与艺术表现的完美结合。龙泉窑烧制的"粉青"、"梅子青"厚釉瓷，淡雅、含蓄、敦厚、宁静，是中国古典审美情趣的表现。

瓷国明珠

　　龙泉市位于中国青瓷发源地浙江省的西部，与江西、福建两省接壤。龙泉制瓷条件得天独厚，瓷土资源丰富优质，林木资源为瓷器烧制提供充足的燃料，河流小溪为瓷土的粉碎加工提供水动力资源，瓯江则为瓷器的运送输出保证了航运条件。冰肌玉骨的龙泉青瓷历史悠久，龙泉窑从西晋开始逐渐发展，崛起于宋代，宋元时达到高峰，明代生产规模不减但质量下降，至清代逐渐衰落，晚清后曾一度停烧。龙泉青瓷自古以来就是中外贸易和文化交

龙泉青瓷古窑厂

流的重要对象，千年前就远销亚非欧等国家，在世界范围内享有特殊的荣誉和地位。据考古调查，现已发现龙泉窑历代遗址500多处，仅龙泉境内即有360余处。窑址除龙泉外，分布于丽水地区各县市和金华、温州部分县市以及福建北部的松溪、浦城一带。龙泉窑是中国陶瓷史上烧制年代最长、窑址分布最广、产品质量最高、生产规模和外销范围最大的青瓷名窑。

五代之前

早在商周时期，浙江的上虞一代就产生了原始青瓷，到东汉末期越窑形成，烧制出成熟的青瓷，其后瓯窑、婺州窑、德清窑崛起，并称浙江的四大青瓷窑系。三国两晋南北朝时期，龙泉的百姓利用当地优越的制瓷条件，学习和吸收越窑制瓷技术和经验，开始烧制青瓷，这是龙泉窑的始创阶段，这时制瓷规模较小，地产地销，瓷器也比较粗糙，且受越窑瓷器风格影响很大，在造型、釉色和纹饰方面都与越窑瓷器一脉相承。在这一阶段瓷器产品种类较少，一般为碗、盘、钵、罐、瓶等日常用品和陪葬用具。比如，松阳县西晋元康七年纪年墓曾出土盘口壶、碗等器具，龙泉南朝墓曾出土刻花莲瓣钵、小杯子等。这些出土器具器形笨重，胎质粗糙疏松，烧成火候不高，釉层较薄，釉色暗淡，胎釉结合不佳，底部平坦无釉，用泥点垫烧，漏胎处呈紫红或土黄色。

五代到北宋早期

这一时期较前期而言，制瓷工艺有了较大进步，龙泉窑不断吸收越窑、瓯窑、婺州窑的先进制瓷工艺，逐渐形成自己的风格。这一时期，吴越地区的统治者每年向中原的统治者朝贡瓷器，据史料记载称其为"秘色瓷"。朝贡青瓷器数量庞大，仅靠当时的越窑无力承担，已经初具规模的龙泉窑也开始承担烧制贡器的任务。宋人庄季裕的《鸡肋编》中称："处州龙泉……又出青瓷器，谓之秘色，钱氏所贡盖出于此。"龙泉窑的兴起吸引了众多优秀的瓷匠来到龙泉，窑厂增加，制瓷工艺进一步提高，青瓷质量得到改善，销售范围有所扩大。北宋王朝建立之初，经连年战乱后国力亏空，皇室提倡节俭，大量采用青瓷器代替金银铜器，并且鼓励海外贸易，倡导瓷器出口，这都为龙泉青瓷的迅速发展提供了条件。

此时龙泉窑的产品以淡青色釉瓷为主，胎骨多为灰白色，胎壁薄而坚硬，胎质坚实细密，釉色浅薄，青中泛白，胎釉结合佳。装饰日趋多样化，纹饰生动，刻划精美，产品类型有盘、碗、瓶、罐、钵、盏、盏托等生活用品，也有陪葬专用的冥器，如多管瓶、长颈盘口瓶。1976 年 12 月在龙泉查田墩头村出土的三件器物是这一时期瓷器的典型代表。其一为五管瓶，瓶腹部以莲瓣装饰，肩

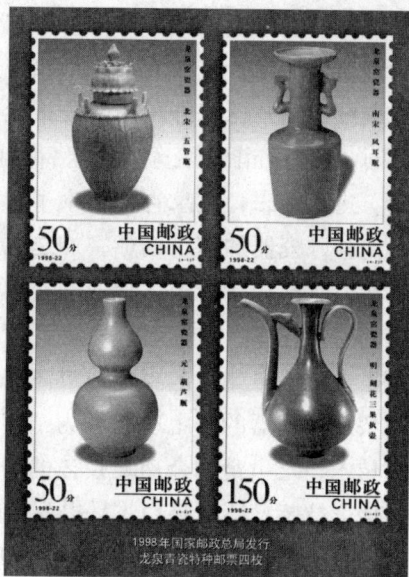

龙泉青瓷邮票

部一圈以水纹装饰，上有荷径状的五管，盖上也饰有双重莲瓣，盖顶钮部为荷叶托花蕾，十分精致，周围还有池中鸭子戏水的堆塑，小鸭悠然戏水，活泼可爱，整体上造型别致，制作精美，体现了这一时期青瓷制作技艺的娴熟。我国邮政局在 1998 年曾发行过一套（四枚）龙泉青瓷邮票，其中一枚就以这个精致的五管瓶为主题。另外两件是双系盘口壶和执壶，也是制作精良、装饰优美的精品之作。

这一时期的烧制技术得到大幅度提升。窑址选在靠山临水的山上，在缓坡上建龙窑，在窑旁建作坊，这样取瓷土和燃料相当方便，还能利用水流进行瓷土粉碎和瓷器的运输。龙窑规模庞大，考古发现北宋时期的龙窑有长达五十多米者，可一次装烧瓷器一万多件。装烧采用匣钵，使瓷器受热均匀，避免釉面沾染尘土沙粒，这是瓷器烧制的一大进步。

北宋中后期至南宋

北宋中期，龙泉青瓷已经步入了制瓷业的前列。龙泉窑吸收了北方青瓷的经验和技艺，在原有风格上有所创新，在原料、工艺、胎质、釉色和纹饰等方面都有了长足的进步。这一时期的龙泉窑既保留了民间质朴淳厚的风格，又融合了官窑青瓷高雅凝重的优点，在传统的器形的基础上，新创了盖瓶、

鹅颈瓶、盖罐、盖碗、鼎炉、樽式炉、粉盒、灯盏、双层暖碗等新器形。其青瓷器形端庄，古朴大方，雅致秀美，透着龙泉青瓷特有的韵味。北宋统治者继续鼓励瓷器海外贸易的政策无疑为龙泉青瓷的飞跃式发展插上了翅膀。此时越窑青瓷渐趋衰落，龙泉青瓷再次迎来了历史赋予它的机遇。

进入南宋，龙泉青瓷迎来了它的"黄金时代"。宋室南迁，政治经济中心南移，瓷器的需求增加。加之北方的汝窑、定窑等瓷窑毁于战乱，南方的越窑、瓯窑相继衰微，青瓷的需求几乎全都仰仗龙泉窑系。宋庭为了解决严重的财政危机，鼓励对外贸易，青瓷成为销往海外最为重要的产品。大量的龙泉青瓷以泉州为起点，通过海路行销世界各国，日本陶瓷学者三上次男把这条运输瓷器的海上航路誉为"陶瓷之路"。北方窑工南渡带来了先进的烧制技术，龙泉窑结合南北技艺的精华，步入了发展历程的高峰期，窑厂数量猛增，技艺日臻完善，质量提高，品种繁多。

这一时期的龙泉青瓷出现了如冰似玉的厚釉瓷，分为两种，一为黑胎开片的"哥窑"产品，一为白胎厚釉的"弟窑"产品，传说"哥窑"是章生一所烧，"弟窑"是章生二所烧。哥窑与官、汝、定、钧并称宋代五大名窑，它与宋代官窑渊源颇深，又称"龙泉仿官"。虽然没有宋庭在龙泉设官窑的记载，但是根据哥窑产品身上官窑的影子，我们尝试推测南宋可能派人在龙泉监制"贡器"。哥窑的产品特色是黑胎厚釉，釉层冰裂，不规则冰裂纹开片成天然装饰，哥窑青瓷还有"紫口铁足"特色。弟窑青瓷"青如玉、明如镜、薄如纸、声如磬"，其胎质白而细腻，釉色清纯滋润，其美可比碧玉，是龙泉青瓷追求"类玉"境界的成功之作，其底足和漏胎处呈朱红色，又俗称"朱砂底"。

进入南宋末期，龙泉青瓷烧制出粉青、梅子青和豆青产品，在我国瓷器史上留下了光辉的一页。粉青、梅子青和豆青是公认的青瓷釉色之巅峰，它们或青翠碧绿，

哥窑天青菊花杯

冰肌玉骨，或如雨过天晴，莹绿明快，或如一泓湖水，柔和清澈，这些完美精致的物件引来历代的追捧和收藏。而且，它们不假装饰，素面朝天，纯靠釉色取胜，体现了当时人们的审美和情趣。南宋青瓷"类玉"的艺术特色还对朝鲜半岛和日本的青瓷制作产生了深远影响，日本就曾大量仿制龙泉青瓷。通过"瓷器之路"进入欧洲后，龙泉青瓷被人们赋予一个美丽的名字"雪拉同"，这是当时在欧洲轰动一时的戏剧中男主角的名字，他身穿迷人的青色外衣。人们面对龙泉青瓷时惊喜万分，甚至无法相信泥土放入火中会出现如此迷人的青色，便将"雪拉同"（Celadon）这个名字送给了龙泉青瓷。

元明清时期

元代，瓷器仍旧是贵族和平民生活中不可或缺的用具，也是繁荣的海外贸易中的主要商品，龙泉窑在南宋的基础上继续发展。蒙古族崇尚白色和蓝色，而龙泉青瓷纯洁无瑕的青蓝色符合他们的审美观。龙泉青瓷中的餐饮器皿价格低廉，仍旧是寻常百姓离不开的生活用品。所以，整个元代，龙泉青瓷仍旧是最受欢迎的瓷器品种之一。据调查统计，仅龙泉境内已发现元代窑址310多处，窑场在南宋的基础上，沿瓯江两岸分布和蔓延，窑场数量和生产规模空前绝后。元朝统治者重视海外贸易，龙泉青瓷的出口量激增，1975—1977年在韩国西南部的新安海底发现一艘元代沉船，打捞出1万多件瓷器，其中龙泉青瓷占了9000多件，可见龙泉青瓷在元代对外贸易中的重要地位。

艺术和工艺必定带有时代的特色，蒙古族入主中原的同时也带来了草原文化，那种蓝天白云之下、广阔草原之上奔放大气的文化也渗透到元代龙泉青瓷的风格中去。虽然比之南宋龙泉青瓷的细腻纯净，元代龙泉青瓷在胎质和釉色上有所不及，但是元代的烧制技术取得了大的进步，比如大型瓷器烧制成功，能够大量生产大花瓶和大挂盘。故宫博物院就藏有一件元代龙泉窑青釉刻花大盘，直径超过40厘米。元代青瓷善用精致、繁复的纹饰，以符合蒙古族的审美需求。主要的装饰手段有刻划、模印、堆贴、露胎、捏塑、镂雕等，刻印文字也很流行，元朝政府

元代梅瓶

强行推广的八思巴文也曾出现在元代的龙泉青瓷上。可以说，在历代龙泉窑瓷器的装饰技法、纹饰等方面，元代集龙泉窑之大成，标新立异，其装饰水平冠绝历代，达到了龙泉青瓷装饰艺术的最高境界，具有极高的美学价值。

元代后期，民族矛盾和社会矛盾激化，战乱又起，在这样的背景下龙泉青瓷的制作渐现粗糙，加上景德镇窑的兴起，景德镇瓷器博得了人们的广泛喜爱，所以龙泉青瓷经历了宋元的极盛之后，逐渐走上了下坡之路。

明代，龙泉青瓷在继承前代的基础上仍旧有所发展，表现在瓷器品种有所增加，器形增大，比如花瓶有高达一米者，最大的挂盘直径超过70厘米，这是烧制技术的进步。但是景德镇瓷窑的势头锐不可当，景德镇瓷器逐渐代替龙泉青瓷成为统治阶级和贵族的新宠。龙泉窑的贡瓷减少，逐渐以烧民用瓷为主，明初产量很大，也不乏精品之作，但是成化、弘治之后便每况愈下，瓷器质量下降严重，"色青土垩，渐不及前"。尽管国内对龙泉青瓷的需求有所减少，但是龙泉青瓷仍旧是海外贸易的大宗产品，在明朝实行海禁以前，大量的龙泉青瓷出口到国外。郑和七次下西洋，都带大量龙泉青瓷出海，作为礼物和交换对象。这都促进了龙泉青瓷的生产。

明代实行海禁之后，龙泉窑众多窑厂倒闭。清朝建立后，龙泉窑仍能维持生产，且仍旧受到海外的欢迎，调查显示，明末清初龙泉境内有窑址160多处，清朝前期尚存70多处。这时期的龙泉窑主要烧制民间生活用瓷，胎质粗糙，釉色泛黄，少有上乘之作。最终在景德镇窑的强烈冲击之下，至道光年间，龙泉窑那燃烧了一千七百余年的炉火最终熄灭。现藏于英国伦敦大英博物馆的一只青瓷瓶上有"处州府龙泉县……道光二十四年"等字样，是现在发现有文字记载的最晚的龙泉青瓷产品。就这样，一代名窑湮灭在茫茫历史之中。

新中国成立之后，党和政府决定恢复传统青瓷的生产，在周总理的亲自关怀之下，轻工部于1959年成立"浙江省龙泉青瓷恢复委员会"，经过三年的努力，停烧

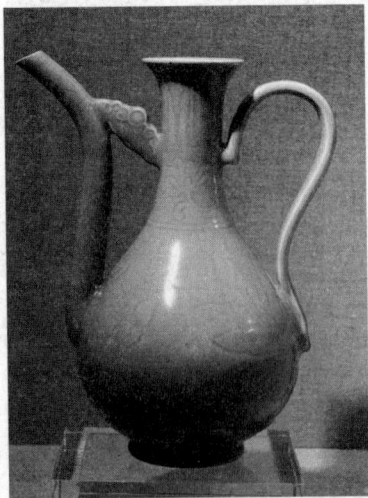

明代执壶

的龙泉窑获得了新生和发展，龙泉青瓷步入了全新的发展阶段，这朵历经千余年的青瓷之花在新的历史时期重新绽放。

烧制技艺

　　龙泉青瓷传统烧制技艺十分复杂，从窑炉和窑具的设计建造，到原料的选择加工和瓷器的成型上釉，再到青瓷的上窑装烧，每个环节相互影响和依赖，需要严谨操作和密切配合，这既是科学与艺术的完美结合，又是经验与灵感的深刻触动。青瓷是中国人民的伟大发明，龙泉青瓷是中国青瓷的巅峰，龙泉窑的工匠们吸取前人的经验，加入自己的智慧，为我们展现一首首富有魔力的泥土与窑火变奏曲。

　　窑炉和窑具对于瓷器的质量非常重要，龙泉青瓷千年不衰与其先进的烧制工具有着密切的联系。龙泉青瓷主要采用龙窑烧制，龙窑建筑方便、容量大、升温快、易控制，有"青瓷摇篮"之称。龙窑建于缓坡之上，依山势走向蜿蜒，主要建筑材料是粘土和砖头，由窑门、火膛、窑室、排烟孔等部分组成。其中窑门供窑工进窑摆放瓷坯和开窑搬出成品，火膛作为燃烧室用于投放燃料，窑室顾名思义是盛装瓷坯的空间，排烟孔是排放窑烟的孔洞。考古发现，商代时浙江上虞一带已经开始建造龙窑，到宋元时期龙泉一带的龙窑有长达130多米者，可一次装烧万余件瓷器，可见当时龙窑规模之庞大和建造技术的成熟。龙泉青瓷采用的窑具主要有匣钵、垫柱、垫饼、垫环和支钉等。匣钵是一种匣状窑具，常见的呈筒状或漏斗状，烧制时将瓷胚放在里面起到保护作用，优点是能够节省窑内空间，使瓷胚避免直接接触烟火，保持釉面的洁净，使瓷器受热均匀，增大烧成率。垫柱和垫饼分别是一种柱形和圆饼状的垫烧器具，烧制时垫于瓷胚的底部。垫环是环形的垫烧物，比垫柱和垫饼接触瓷胚的面积小，具有支点均匀、制作简易的优点。支钉用于支撑于器物底面或者足面，有三到十几枚不等，瓷器烧成底足会留下支点的痕迹。不同历史时期、配合不同的装烧器物，龙泉窑采用不同的垫烧窑具。

　　制作瓷器首先制胎，制胎又有选料、粉碎、淘洗、陈腐、练泥、成型等工序。龙泉青瓷一般采用瓷土和紫金土，从矿坑开采回来后经过精挑细选，然后陈放到晒料场，利用风吹、日晒、雨淋等自然力的作用使其开裂、酥散，最终成为碎土状。下一步将自然风化的原料按照合适的比例配成胚料，进一步进行粉碎。依山傍水而建的窑厂一般采用水碓和石杵，利用水流动力日以继夜地粉碎原料。符合制胚要求的胚料还要放入淘洗池进行淘洗，经过网筛层层过滤之后放入沉淀池沉淀。沉淀的精泥初步陈腐后，将池中的水放掉再次利用风干日晒陈腐，直到精泥变软变细，变干变散。陈腐好的泥料在使用之前还要练泥，练泥的过程与揉面非常相近，目的是排除泥中的空气，增加泥料的可塑性。

做好这一切准备工作，便进入了器物成形的重要阶段。较为复杂的器形一般由经验丰富水平高超的工匠专门设计，若是贡瓷或官瓷则要进行来样加工，不得自由发挥。龙泉青瓷的制胚主要有拉胚、模制和捏塑三种方式。拉胚即轮制，制胚时将泥料放在圆轮上，转动圆轮，工匠利用转动产生的离心力再辅以手部的塑性力量，即可拉成粗胚。在龙泉窑址中考古学家发现了大量的此类圆轮，可见轮制应用的普遍。简单的器形可一次拉胚完成，像复杂的瓶、壶、罐等需要分段拉胚再将各部分粘接才可完成。模制首先需要模具，龙泉窑的模具一般用粘土烧成。一些异形瓷器比如方瓶、琮式瓶先分片模制，然后再粘接起来。凤耳、龙耳、象耳等附件也是模制后粘连到器物上的。捏塑需要工匠用手工直接制作，一般用于制作拉胚和模制无法制成的异形器具和小饰物，比如人物、动物和配件。我们前面所提到的收入青瓷邮票中的五管瓶，其上的小鸭戏水即用捏塑手法制成，还有神佛、人物的青瓷像、瓶钵上精致的盖子和盖钮等也是捏塑而成，工匠的想象力和塑造力令人叹服。瓷器的成型依据不同的情况选取合适的制胚方式，比较复杂的器形一般是几种

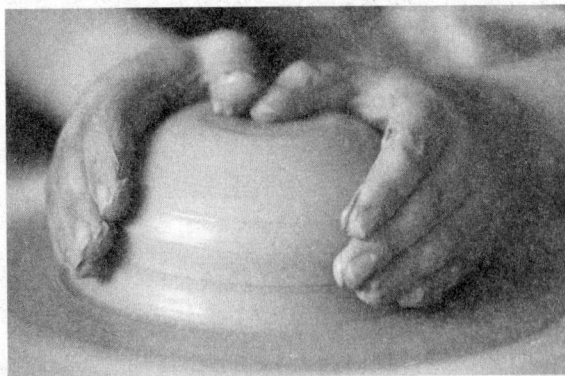

精湛的技艺

古代制瓷模具

成型方式的综合使用。成型后的器具要放到自然通风的地方进行阴干，期间避免直接的风吹日晒，以防干裂。阴干过的瓷胚还要进行修胎工序，工匠们对瓷胚旋削剔刻，精雕细琢，修整坯体，有的还要在器底挖足，以保证器形端庄，表面光滑，为下一步的上釉和装烧打好基础。

古代瓷器历来重釉色不重胎质，龙泉青瓷也是以青釉的色彩、质感和纹饰为重，正因为龙泉青瓷魅力的釉色才赢得了"如冰似玉"、"雨过天青"等美丽的称赞。龙泉青瓷的釉料经历了由石灰釉向石灰碱釉的过渡。石灰釉以氧化钙为主要釉料，早在商周时代即已发明，龙泉窑在南宋之前一般采取此种釉料。石灰碱釉于南宋时期广泛使用，是青瓷史上伟大的发明，主要材料是石灰石、紫金土和草木灰。随着工匠们的不断探索，对釉料中各种成分的最佳比例不断调整，使龙泉青瓷呈现给我们各种美轮美奂的青色。上釉好比给瓷胎穿上美丽的外衣，主要有蘸釉、荡釉、刷釉、淋釉和吹釉几种方法。蘸釉是最为常见的一种，操作时将瓷胚浸入釉浆中，停留几秒到十几秒，利用瓷胎的吸水性均匀上釉，主要用于碗、盘、碟、洗等圆形器皿的施釉。荡釉主要用于瓶、壶、罐等瓷器内部的施釉，把适量的釉浆放入待施釉的空腔内，轻轻晃动瓷胚，使釉浆均匀地挂在空腔内壁上，再将多余釉浆倒出。刷釉用于给异形器具或器具的细小部位上釉，用毛笔、小刷将釉浆刷到需要施釉的地方。淋釉则是将釉浆均匀地浇到容器上，主要用于瓶、壶、罐、塑像等外部的施釉。吹釉需要采用特别用具盛上釉浆，工匠用嘴吹的方法使釉浆呈雾状喷出，均匀地给瓷胚上釉。上釉并非都是一次完成，根据需要有一到十几次不等，多次上釉者需要经过素烧——上釉的多次循环，"胎薄如纸，釉厚如玉"的龙泉青瓷大都是多次上釉而成的。

装烧一般采用匣钵，将瓷胚按照器形的不同装入不同的匣钵。装窑也很重要，匣钵排列的疏密程度直接关系到能否使窑室内部形成合理的火路，以便火焰流动顺畅，掌握升温的快慢，使瓷坯均匀受热，及时控制窑内还原和氧化的程度，烧出高质量的产品。匣钵在窑室内的摆放有一定的规律，一般要把大匣钵放在窑中段，小匣钵放在两端，目的是合理利用窑内不均匀的火焰，使大小瓷器受热均匀。

烧制工艺尤其是对窑温、窑内气氛、冷却方法的控制对于青瓷的火候、釉色至关重要。类玉的龙泉青瓷是烧制工艺趋近完美的作品，粉青、梅子青、豆青等美好的釉色就是在窑工们那有魔力一般的窑炉火焰中出现的。窑温是青瓷烧制成功的首要条件，不同时期的龙泉窑烧成温度不同，一般而言龙泉青瓷的烧成温度在 1180℃ 到 1280℃ 之间，比如梅子青釉的烧成温度可达 1280℃，粉青釉瓷器的烧成温度约在 1130℃。窑内火焰气氛对瓷器胚釉结合程度和釉质釉色至关重要，按照现代科学可分为氧化气氛和还原气氛。前者指烧窑时空气供给不充分，燃烧不完全的条件下产生的一种火焰气氛，后者指氧气充足、染料完全燃烧时产生的火焰气氛。釉色对于气氛的性质和强弱十分敏感，比如南宋时梅子青、粉青釉是在强还原气氛下烧成的，南宋中晚期的黄釉瓷器是在氧化气氛下烧成的。所以，对于窑温和窑内火焰气氛的控制十分重要，那些莹润典雅、如清水芙蓉一般的美丽釉色是历代工匠们经验、智慧、心血的结晶。

釉色纹饰

　　龙泉青瓷在瓷器史上一直闪耀着夺目的光彩，它集实用与审美于一身，是科学与技术完美结合的产物，是政治、经济、文化、情感多方面的综合反映。龙泉青瓷大气、朴素的造形，典雅、莹润的青色，展示给我们的是一种绚烂之后重归平淡的恬静之美，留给我们的是对它那如冰似玉气质的无尽遐想。

　　古瓷尚青，有人认为白瓷过于锋芒毕露，喜爱青瓷的朴实敦厚。这种"青色文化"更加符合古人崇尚自然，追求天人合一的审美要求。龙泉青瓷在其千余年的历史中，主要以釉色吸引人，其纯净甜美的釉色博得了人们的喜爱。《荀子·法行》曰："君子可比德焉。温润而泽，仁也；栗而理，知也；坚刚而不屈，义也；廉而不刿，行也；折而不挠，勇也；瑕适并见，性也；扣之，其声清扬而远闻，其止缀然，辞也。故虽有珉之雕雕，不若玉之章章。"玉在古人的文化和审美中独具含义，人们形容君子的美德"温润如玉"，妇女佩戴玉饰以祈吉祥，皇帝的印信为"玉玺"，各种美好事物的成全称"玉成"。因此追求"类玉"的龙泉青瓷更加受到社会各界人士的欢迎。尤其是在南宋时期，龙泉青瓷通过釉料改进和多次施釉，使釉层增厚，形成了莹润柔和的釉色，宛如碧玉一般款款动人。

　　龙泉青瓷烧制技艺巅峰代表粉青釉、梅子青釉、豆青釉都是典型的"类玉"作品，其釉色是中国古代青瓷颜色的最佳境界。粉青瓷釉色青中泛蓝，蓝中透青，淡雅莹润，烧制时釉料融化不彻底，残留大量微小的石英和硅石灰颗粒，加之釉层中存有大量气泡和晶体，导致光线照射到釉面时产生折射和散射现象，从而使它产生了粉嫩如玉的质感和颜色。梅子青釉顾名思义，色如初生青梅，是一种莹澈明快、青翠欲滴的美好颜色，梅子青瓷器釉层厚，烧成温度高，釉料融化程度高，釉层中气泡被排出，从而增强了光的穿透力、减少了散射，呈现出清澈莹翠的质感。

粉青刻花牡丹纹瓶（陈爱明作品）

豆青瓷器色如青豆，釉色介于粉青和梅子青之间，柔和稚嫩，似玉如冰，也是龙泉青瓷之中的上乘釉色。南宋的哥窑瓷器特点是"胎薄如纸，釉厚如玉，釉面布满纹片，紫口铁足，胎色灰黑"。釉厚如玉是多层施釉的结果，其釉色分为粉青、灰青和蟹壳青等。由于胎质和釉料的膨胀系数不一致，烧成后釉面冰裂，漏出底胎的黑褐色，形成天然开片的纹饰，开片有大有小，纹片大小相间的称为"文武片"，有细眼似的叫"鱼子纹"，开片小者又有"百圾碎"之名，可谓浑然天成，更加符合古人崇尚自然、不假雕饰的审美情趣，所以尤其得到人们的喜爱。"紫口"的形成大都是由于高温烧制时，沿口部位的釉料融化后流泻使釉层稀薄，漏出瓷胎底色所致，"紫口"配上天然造就的冰裂开片，哥窑青瓷更显朴素、自然。龙泉青瓷中白胎瓷器漏胎处由于在烧制后冷却阶段中的二次氧化作用，呈朱红色，与清脆碧绿的釉色形成鲜明对照，也是一种天然的装饰。运用这种朱红的漏胎来表现人物的脸、手、足或是盘类器物内底的云、龙、花卉等，成为一种特殊的装饰工艺，独具神韵。

龙泉青瓷除了以釉色取胜，还创造了独特而丰富的装饰风格。龙泉青瓷的装饰体现了不同历史时期审美观念、人文伦理，也是窑工们对真善美追求的表达，蕴含着博大精深的中华文化。龙泉青瓷的纹饰大都取之于自然，但又高于自然，关键是经过匠师们的艺术创造，为它注入了社会人的审美观和人文观，使青瓷装饰艺术具有了社会学和美学的灵魂。龙泉青瓷的主要装饰技法包括刻花、画花、篦划、剔花、雕镂、印花、堆贴、漏胎、捏塑等，单一或混合运用，其精细、繁复的技法造就了瓷器上巧夺天工的纹饰。

明代梅瓶

1. 植物纹是龙泉青瓷最为广泛应用的纹饰,像莲花、牡丹、梅、兰、竹、菊、蕉叶、卷草、桃、葡萄等。"纹必有意",每种纹饰都有其社会背景、文化传统,都包含着人们的愿望和憧憬。比如,莲纹包括莲瓣、莲花、莲叶等,是典型的佛教题材纹饰。东汉时传入我国的佛教对社会影响很大,隋唐时期就作为瓷器纹饰出现,至宋元更是风靡一时,成为龙泉青瓷中最普遍的纹饰。牡丹作为花中之王,寓意富贵吉祥,也是龙泉青瓷中的主要纹饰,形式有独枝、交枝、折枝、串枝、缠枝等,体现了人们祈福盼富的美好愿望;

2. 动物纹样也是龙泉青瓷的常见纹饰。以动物纹饰融入青瓷,是工匠们对生活细致观察和大胆想象的创作,增加了瓷器的观赏性。能工巧匠们采用刻划、捏塑、模印、堆贴等方法,在青瓷上塑造出栩栩如生、千姿百态的动物形象,使瓷器或庄严,或活泼,或灵巧,仿佛给龙泉青瓷注入了生命力一般。常见的动物纹饰有龙、凤、虎、鹤、鱼、鹿、羊等。比如南宋时的"龙虎瓶"即在瓶的肩部堆塑出龙和虎的形象,元代则盛行底部贴有双鱼纹的笔洗,有盖瓷器中往往采用动物形象捏塑盖钮,精致而富有情趣;

3. 人物纹饰包括宗教人物、历史故事、戏曲人物等。宗教题材人物比如观音、罗汉、八仙等,主要功能是用来供奉,一般用堆塑手法,漏胎装饰。历史故事和戏曲人物多见于明代龙泉青瓷,比如在碗的内壁上印上历史故事,旁边加文字注释,比如"姜太公钓鱼"、"孔子泣颜回"等。戏曲人物常见装饰在瓶类青瓷的外壁,一周贴饰有几个戏剧角色造型;

4. 山水题材有水波、山石等纹饰,这可能是龙泉窑的工匠们生活在山脚水畔,便把美景如画的家乡山水放入青瓷之中了吧。水波一般作为辅助装饰纹,与鱼、鸟、莲一起出现,构成双鱼戏水、鸳鸯戏水、水中莲等图案。山石通常作为人物塑像的基座,采用雕刻、镂空的方法;

5. 文字题材的纹饰也在龙泉青瓷上比较常见,主要以吉祥用语的形式出现，比如"福"字、"金玉满堂"、"长命富贵"等字样，反映了人们的美好愿望和祝福。也有表示记事、纪年的铭文，比如一件双耳盖瓶的腹部题写"天下太平元丰三年闰九月十五日愿烧"表示其烧制时间。

元代和明初还出现了写有八思巴文的龙泉青瓷，八思巴文是元朝统治者强制推行的新文字，影响范围非常有限，发现八思巴文青瓷的窑址只有两处，龙泉窑是其中之一。此外，龙泉青瓷的纹饰还有诗句、吉祥图案等。

龙泉中兴

龙泉青瓷自建国后恢复以来，在社会各界的努力之下，这颗"世界瓷器皇冠上的璀璨明珠"重新发出灿烂的光芒，那些有着各种美丽青色的瓷器重新回到了人们的视野。恢复后的龙泉窑曾多次为国宴烧制用瓷，也制作我们对外交流的国礼。比如，1971年美国总统尼克松到华来访，外交部指定龙泉青瓷为周总理主持国宴的专用瓷器；一些大师的龙泉青瓷也经常作为外交部国家级礼品，这些美丽的"雪拉同"再次成为中外文化交流的和平使者。改革开放之后，社会主义市场经济逐渐步入正轨，在激烈的市场竞争下，龙泉青瓷制造产业得到长足发展，在瓷器对外贸易中具有重要地位，重新打入国际市场。青瓷精品也不断涌现，龙泉青瓷在各类全国性评比中屡获殊荣，其精品被誉为"国宝"，在人民大会堂、中南海紫光阁、故宫博物院、中国历史博物馆均有所陈列和收藏。

现代的龙泉青瓷一方面忠实地继承了传统青瓷的艺术风格，各种釉色、纹饰的技艺都已恢复；另一方面，在继承传统的基础上，进行了大胆的创新，运用现代科技研制成功了紫铜色釉、高温黑色釉、虎斑色釉、赫色釉、茶叶末色釉、乌金釉和天青釉等釉色，研究成功了"青瓷薄胎"、"青瓷玲珑"、"青瓷釉下彩"、"象形开片"、"文武开片"、"青白结合"、"哥弟窑结合"等新工艺。同时也涌现出了一些青瓷技艺大师：徐朝兴被称为"龙泉青瓷泰斗"，是一位国家级的工艺美术大师，他烧制的龙泉青瓷釉色精美，与南宋时相比有过之而无不及；毛正聪亦是一位青瓷大师，是龙泉青瓷传统烧制技艺的非物质文化遗产传承人，他的作品莹润细腻，如冰似玉，创当代青瓷的最高技艺，曾为胡锦涛、温家宝、李鹏等国家领导人烧制瓷器礼品，他的精品之作被称为当代国宝，被众多的博物馆展览馆收藏；青瓷名家夏侯文首创

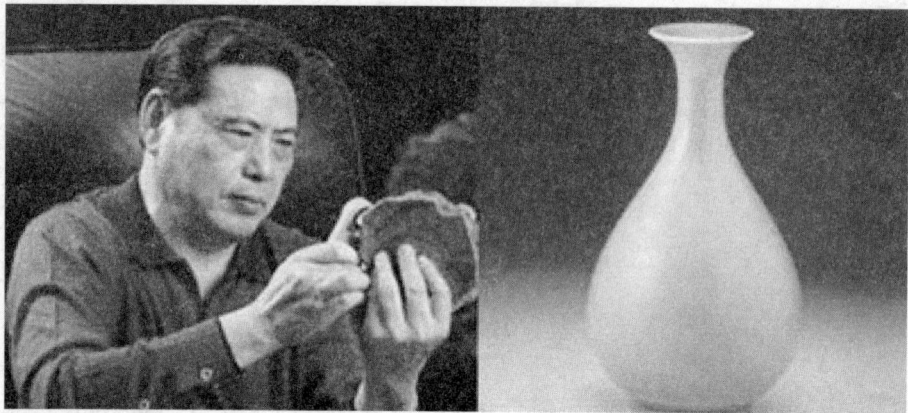

毛正聪及其作品

了"色胎绘画"技术，在中国陶瓷界引起了巨大的轰动；叶小春等人经过五年的努力，将失传了近千年的哥窑青瓷冰裂纹重现于世；还有张绍斌、卢伟孙、陈爱明、徐定昌、徐凌……龙泉青瓷在这些巨匠大师的手中，重新绽放千年华彩，使人们为龙泉青瓷的魅力而着迷。

龙泉青瓷的烧制技艺是我国优秀的传统技艺，它是历史发展的一种见证，也是多彩民族文化的体现。龙泉青瓷的诞生地龙泉市对这份千年遗产十分珍视，他们认识到了龙泉青瓷在现代社会所具有的多元价值，他们出台各种政策扶持、帮助龙泉青瓷制造业的发展。现在，龙泉市建有青瓷宝剑园区、上垟青瓷基地等集聚青瓷企业的工业园区，全市共有青瓷企业128家，年产值达2亿多元，从业人员6000余人，其中工程、工艺美术设计人员92人，包括国家级工艺美术大师3人、省级工艺美术大师10人、工艺美术师45人、助理工艺美术师50人。1996年龙泉县被命名为"中国青瓷之乡"，2006年龙泉青瓷入选为国家首批非物质文化遗产项目，2009年龙泉青瓷入选世界级非物质文化遗产名录。

这些成绩值得我们骄傲和自豪，同时也给我们提出了新的任务和挑战。一方面，现代社会各种新材料不断涌现，人们的日常用具早已经不仅局限于瓷器一种，各种方便耐用、美观大方的玻璃、塑料、金属等制品琳琅满目，龙泉青瓷的社会需求骤然减少；另一方面，工业化、机械化、自动化的触角伸向社会的各个角落，龙泉的青瓷制造业不可避免地受到"机械"的"入侵"，我们不能否认它的进步意义，但是我们依然惋惜那些手工制作的技艺渐渐被忘到脑后，那些有灵性、有个性的龙泉青瓷被批量生产的单调、机械之物所代替。所以，对于传统龙泉青瓷烧制技艺的保护与传承，有太多的工作值得我们去做。

第一，以生产促保护。我们强调对于龙泉青瓷烧制技艺的保护，绝不意味着将它束之高阁，从此成为博物馆中供人参观的陈列品。龙泉青瓷千年不衰，是因为龙泉窑窑火不熄、生产不断，而龙泉青瓷的凋零、烧制技艺一度几乎失传正是由于清朝的停产所致。所以，我们应该大力发展龙泉青瓷制造业，探索青瓷在新社会、新时代的发展方向，比如改善日用瓷的品质，提高观赏用瓷的品味，开发包装用瓷、医学用瓷、工业用瓷等新的青瓷品种，使龙泉青瓷烧制技艺在生产、竞争中得到自然的保护、改进。龙泉市已经设立了专门的青瓷生产基地，扶植龙泉青瓷的生产和贸易，还鼓励工艺制作人员自办瓷坊生产、开发各类青瓷，这些政策措施都激励了企业和工艺制作人员的积极性和创造性，促进了烧制技艺的交流和竞争，对龙泉青瓷的保护具有重要意义。

第二，以创新续传承。千余年的龙泉青瓷发展史就是青瓷烧制科学与艺术的发展创新史，风格、器形、釉料、烧制技艺的推陈出新从未停止过。我们要将龙泉青瓷的烧制技艺传承下去，就要在继承传统的基础上继续创新。一是科技的创新。青瓷的烧制，从工具的发明制造到釉料的材料搭配再到窑温、气氛的合理控制，都离不开科学和技术。古人在科学不发达的条件下通过实践的积累和经验的总结，创造出了灿烂的龙泉青瓷文化，我们在科技发达的今天占有无限优势，更应该探索创新，使新时代龙泉青瓷的烧制技艺更上一层楼。比如，让先进的纳米技术与古老的龙泉青瓷"联姻"，使传统青瓷拥有现代科技基因。龙泉的金宏瓷厂就与浙江大学合作研究在龙泉青瓷釉上融合纳米抗菌技术的课题，生产的青瓷表面具有抗菌自洁的功能，金逸林先生也与浙大合作利用纳米科技研制耐高温和高压的高强度瓷器。二是艺术的创新。随着环境的变化人们的审美观念也是日新月异，所以龙泉青瓷要得到传承就必须在艺术上进行创新，不能局限于传统的器形和纹饰，而要创造出符合现代人需求的新瓷器。作为日用瓷，龙泉青瓷要突破传统的瓶瓶罐罐，充分开发青瓷材料的潜能，在茶、酒、食等领域努力扩展被玻璃、塑料、金属等挤压的空间；作为观赏用瓷，龙泉青瓷的设计制作要融入现代审美观念

徐殷 浮雕瓷画

和艺术思潮，既生产仿古青瓷，也要生产现代装饰用瓷，从而满足不同人群的需求。比如现代的一些卓有成就的工艺大师就大胆将现代艺术形式融入龙泉青瓷，使龙泉青瓷的身姿更加多彩；佳之韵青瓷浮雕工艺品的开发使龙泉青瓷突破了千百年以来瓶罐的形象，成为一种装饰于墙上的别具一格的浮雕瓷画。

第三，以宣传增需求。历史上，来自上层、民间和海外的广泛需求是龙泉青瓷发展的重要动力。清朝停烧后的几百年间，人们对龙泉青瓷淡忘了，在现代我们要使龙泉青瓷烧制技艺传承下去，就要采取各种措施激起人们对龙泉青瓷的记忆，扩大人们对龙泉青瓷的需求。我们要利用传播媒体宣传普及龙泉青瓷悠久的历史和深厚的底蕴，让人们了解这小小的瓷器不仅仅是一种普通的器具，更是中华文化的承载者；龙泉青瓷绿色、健康、节能、环保，符合当今社会可持续发展的要求；以龙泉青瓷作为空间装饰，既能提升空间的气质，又能体现主人的品位；古代龙泉青瓷受到收藏家的喜爱，近年来现代名师大家的青瓷作品也受到人们的追捧，越来越多的收藏家独具慧眼，认识到了龙泉青瓷的魅力；龙泉青瓷自然、朴素的风格，如冰似玉的特征迎合了现代社会人们对宁静、天然、原始的追求……我们要使人们认识到龙泉青瓷在现代社会所具有的使用、观赏、装饰、收藏等价值，让人们重现爱上"千峰翠色"。有"雪拉同"美称的龙泉青瓷一向声名在外，海外友人从未停止对龙泉青瓷的热爱和追求，海外需求向来是龙泉青瓷发展的重要动力。2010 年的上海世博会上，我们向全世界展示了作为世界非物质文化遗产的龙泉青瓷，让更多的人领略了青瓷的魅力。用各种可能的机会向海外宣扬、推广高品位、高质

上海世博会展品 冰裂纹家耳炉

量的龙泉青瓷，增加国际需求，是促进龙泉青瓷发展的一条不可忽视的途径，也是展示中华文化的重要的方式。

第四，以教育塑人才。人作为技艺的载体，在非物质文化遗产的保护继承中具有核心地位，龙泉青瓷烧制作为一种融合了科学与技术的技艺，对人才更是有着特殊的需求。龙泉市政府建立了青瓷传统烧制技艺传承基地，并对烧制技艺的传承人、学习者出台了各种优待措施，还在龙泉设置了青瓷专业的免费职业教育，在丽江师范学院设置了龙泉青瓷的高等教育，为龙泉青瓷的发展培养各方面所需人才。在龙泉青瓷烧制技艺的教育中，我们认为一要培养熟练掌握烧制技术的工匠人才，二要培养具有传统文化修养和现代美术功底的设计创意人才，三要培养既掌握龙泉青瓷相关知识又懂管理和贸易的经营管理人才，还要培养既懂得高深材料科学技术又能进行青瓷创意的复合型人才。只有全面培养各个层次的人才，龙泉青瓷烧制技艺才能够得到保护、传承、发展、创新，才能让走过千余年时光的龙泉青瓷在现代社会实现中兴，绽放出万千华彩。

（编撰：陈少峰）

参考文献

[1] 石少华：《龙泉青瓷赏析》，学苑出版社，2005 年版

[2] 钟琦：《中国传统龙泉青瓷》，人民美术出版社，2010 年版

[3] 杨根、韩玉文：《窑火的魔力 中国陶瓷文化》，济南出版社，2004 年版

[4] 中国硅酸盐学会主编：《中国陶瓷史》，文物出版社，1982 年版

[5] 李刚主编：《青瓷风韵 永恒的千峰翠色》，浙江人民美术出版社，1999 年版

[6] 林志明：《龙泉青瓷烧制技艺》，浙江摄影出版社，2009 年版

热贡艺术

2009 年 9 月 30 日，一条振奋人心的消息传遍热贡艺术的家乡青海省黄南藏族自治州同仁县：在阿拉伯联合酋长国首都阿布扎比召开的联合国教科文组织保护非物质文化遗产政府间委员会第四次会议上，青海热贡艺术经审议被列入《人类非物质文化遗产代表作名录》，这标志着历史悠久的热贡艺术进入到了国际保护的平台，成为全世界人民共享和共同保护的非物质文化遗产。

热贡艺术主要指产生于 13 世纪的青海黄南藏族地区，并随着藏传佛教的传播而发展并日趋完善的唐卡、壁画、堆绣、雕塑等艺术。它神奇博大，华妙精深，以藏传佛教中的佛本生故事，藏族历史人物和神话、传说、史诗等为主要内容，凝结着历代热贡艺匠的心血，是"虔诚的宗教信仰在他们的心田绽开的神圣之花"。热贡艺术是中华民族灿烂文化的组成部分，它"以其独特的审美观念、特有的原材料和独有的传承习惯在藏传佛教、民间美术、建筑艺术等方面具有重要的历史价值和艺术价值，在世界东方

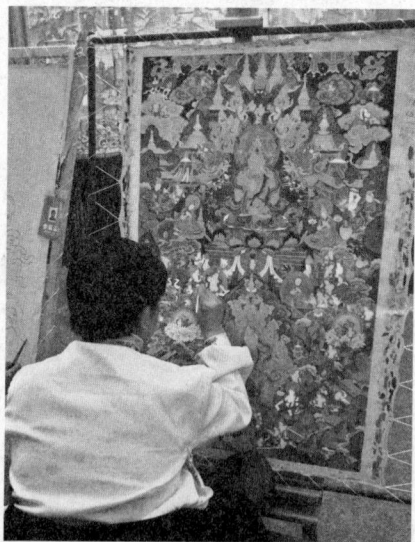

非遗工艺美术大展上曲智现场展示唐卡的绘画 郗新蕊拍摄

174

艺术史册上留下了瑰丽的篇章"。

沧桑而又绚烂的历程

　　热贡艺术根基深厚，历史悠久，源远流长。"热贡"是藏语对青海省黄南州同仁地区的称谓，意为"充满希望的金色谷地"，它地处西藏文化、中原文化和西域文化融合交汇之地，是西通西域，东往中原的枢纽通衢和文化走廊。独特的地理位置使这里成为各种文化交流融汇的大舞台，数百年来逐渐形成了以地处隆务河中游的吴屯上、下庄、年都乎、郭麻日、尕撒日等数个自然村为中心的文化带。在隆务河水与藏传佛教思想的双重滋养下，这片土地逐渐孕育出了既区别于西藏佛教艺术，又有别于中原佛教艺术而独树一帜的热贡艺术。

　　关于热贡艺术的具体起源，目前学界说法不一，比较有代表性的观点包括："11世纪说"、"13世纪说"和"15世纪说"等。才旺多杰在《论热贡艺术源流及其特点》中指出：从11世纪藏历第一饶迥年时，后藏拉堆人"年扎嘉措"三兄弟在尼泊尔学习绘画技法后，于藏历土龙年(1028)来到多麦热贡时起，便产生了热贡艺术。佐良则认为热贡艺术滥觞于13世纪，至15世

孕育着热贡艺术的金色谷地——黄南同仁

纪初具规模。这和赵清阳"热贡艺术大体始于元代，距今有七百多年的历史"观点大致相同。热贡艺术研究所发行的油印本《热贡艺术简介》中认为，热贡艺术形成于15世纪前期；苏万青所著《青海五屯地区藏族绘画艺术说略》中认为热贡艺术产生于15世纪末，舒勇亦认可公元15世纪。此外，吕霞将热贡艺术的起源界定在公元10世纪，将喇钦·贡巴饶赛在包括热贡在内的河湟流域建寺造塔，传授画技，并从汉地、尼泊尔请来画师绘塑佛像视为热贡艺术的"传入期"。这些学者是研究热贡艺术的代表人物，他们结合大量的史料和民间资料，对热贡艺术的产生进行了深入研究，所提以上观点都有一定的依据。但从事物产生发展的一般规律考虑，并结合藏传佛教在热贡地区的传播过程来看，似乎13世纪说更为合理一些。

公元1267年，萨迦法王八思巴派拉杰扎那哇（即阿米拉杰）来热贡弘传佛法时带来了大批西藏工艺匠人，在热贡兴建寺院、绘佛塑佛时，把萨迦时期西藏佛画艺术的多种风格尤其是后藏风格带到了热贡，并将当时重要的绘画理论典籍《功能源》也带入了热贡。这些从西藏来的画匠，一边作画宣传佛法，一边培养徒弟，将他们的绘画和雕塑手艺传给一些喜爱佛画的僧侣和群众，使藏传佛教艺术的种子在热贡大地生根发芽，《功能源》这本专著也成为后世热贡人民从事绘画艺术的典籍文本。阿米拉杰在热贡弘法这一事件可以被视为热贡艺术发展史上具有滥觞意义的原点，从这以后，藏传佛教艺术在热贡地区逐渐兴起，几百年来不断发展扩大，延续不衰，慢慢形成了具有独特的青海地方藏族风采的藏传佛教艺术的一个重要流派。

如果说此前的这段萌芽期的历史，由于实物的匮乏和典籍记载的缺失还比较模糊、争议较大的话，那么自15世纪以后，热贡艺术发展的轨迹则比较清晰，学界对此基本形成了共识，即使在一些具体的分期问题上存在差异，也争议不大。

一般认为15世纪至17世纪的几百年间，是热贡艺术的成型期。这一时期环隆务寺村落吴屯等"四寨子"的艺人逐步参与到宗教艺术活动中，他们积极学习绘塑技艺，不断打破旧有模式，逐渐吸收汉地宗教艺术、印度佛教艺术及当地民间艺术的一些特点，寻找新的造型特色，在表现手法上有了较大的突破，初步形成热贡佛教艺术自己独特的风格。

热贡地区和大多数藏族地区一样，在本段时期内经历着藏传佛教萨迦派改宗格鲁派的变革，特别是隆务寺改宗格鲁派之后使格鲁派在热贡地区得到迅速传播。格鲁派上层要求各寺院的佛教绘画和雕塑必须是正统的藏传佛教艺术，而吴屯、年都乎、郭麻日、尕撒日等村是明初"分兵屯田"的村寨，来自江南一带的屯田人在隆务河流域热贡古老的村寨里，以战时为军、闲时务农的生活状态与原居民们和睦相处，江南等地汉文化与热贡藏文化在此地长期交融。这些人中原有少量汉族画匠（现存年都乎村寺院里的《大明王廷仪碑》碑文中刻有"画匠梁大智"字样，可资证明），他们原有的作品具有典型的汉地宗教艺术风格。为了适应宗教上层新的需要，在新寺院的营建和旧有寺院的改造中，原有四屯的艺人们在和藏族画师共同劳作中，向其学习藏传佛教的绘画技艺，互相取长补短共同为新兴的格鲁派佛教服务。这就使得这些作品在艺术风格上，原有的中原风格逐渐被正统的藏传佛教艺术所融合，初步形成热贡佛教艺术风格和画师群体，为热贡艺术的发展和兴盛迈出了深远的一步。

这一时期的作品由于社会动乱等原因，现已不多见，仅在年都乎寺院有所保存，如弥勒佛殿内的壁画等。透过现有这些为数不多的早期作品不难看出，一方面本期作品大都宗教气氛浓厚，画风清峻、朴素，严格按佛经的要求和有关的佛画蓝本规范来作画，注重佛和菩萨的造型；在色彩的使用上，颜料品种不多，多用偏冷而沉着的颜色。另一方面热贡艺人在开始接受西藏佛画艺术时，决不是简单的临摹仿制，而是多方取法，在大的方面或总的形象上严守宗教规范的同时，具体手法上力求风格多样，这就使得这些作品在藏传佛教艺术风格之外，还带有一些中原艺术风格。当然，随着时间的流逝，在佛教戒律的种种限制、束缚之下，这些中原风格越来越淡，藏传佛教的艺术风格最终完全占据了上风。

17世纪中叶到19世纪初是热贡艺术发展的中期，也是热贡艺术发展的鼎盛时期。这主要得益于较为稳定的环境，这期间虽然也有地方部族反清和清兵进剿造成的短期战乱，但除此之外的大部分时间内，青海广大地区都处于较为平稳的局面，社会生活安定，生产逐渐上升，为艺术发展提供了难得的稳定环境；另一方面清朝对喇嘛教继续采取扶植和利用的态度，把其定为国教，使喇嘛教在青海得到极大发展，作为政教合一统治机构的佛寺积累起大批财力和物力，在青海地区大肆兴建、扩建、整饰寺庙，这就使热贡艺人经常面临繁重的绘画任务，这些艰巨的工程使其大展艺术才华，锻炼了他们从整体着眼进行整套绘画的才能，进一步提高了他们的艺术素质。宗教的兴盛为热贡艺术的进一步发展提供了深厚的土壤。

这一时期的热贡艺术非常发达，造型与装饰并重，具有很高的艺术水平。热贡艺人技艺日趋成熟，画风趋向华丽精细，多用工笔重彩，笔法匀细，设色浓郁。人物造型生动准确，匀称协调，尤为注重对人物神态的刻划，线条简洁流畅又刚劲有力，勾勒得精益求精、繁而不乱。在色彩处理上，着色较厚，色彩鲜艳，不像早期那样淡雅，但由于注意了色彩在对比中的和谐，因而呈现出艳而不俗的特质。与此同时开始注重画面的装饰效果，审美因素增加，所有这些都使本期成为热贡艺术发展史上承前启后的辉煌鼎盛时期。本期代表作有吴屯下庄寺院大经堂、年都乎寺小经堂弥勒供养殿的壁画和唐卡《马头明王》、《南海观音菩萨》等。这些热贡艺术鼎盛时期的作品，是藏传佛教艺术留下的宝贵文化遗产，也是全人类宝贵的文化艺术遗产。

19世纪至20世纪50年代，热贡艺术进入了日益式微的衰退期。伴随着清朝由盛转衰，整个中国漫长的封建制度也进入了尾声，在这一历史总趋势之下，处在边远"化外"之地的青海、甘南、川西北的少数民族地区，也不能不发生深刻的变化。长期政教合一体制下的喇嘛教格鲁派寺院，由于人民群众的长期供奉，以及经商、地租等形式的收入，积累了大量的资财，宗教上层中除了一些真正的学者外，大都过着养尊处优的寄生生活，他们对文化艺术的品味追求下降，在艺术上不再要求画工、塑匠绘制质朴、庄重的作品，开始追求表面的富有华贵、金碧辉煌。与此同时热贡艺人以艺游方之风更为盛行，热贡艺术商品化、程式化的趋向也愈来愈重，这种风气直接影响到不少艺人的艺术追求，他们把主要精力放在追求画面的华丽精细及装饰效果方面，放松了造型上的努力，陈陈相因，不重创造，经早期和中期积累起来的一整套完备的作画程序，到了此时艺人手中，反成为一种束缚，早期和中期富有生命力的绘塑艺术创作日益呈现衰微迹象，热贡艺术在这些综合因素的影响下开始走下坡路。

这时的热贡艺术，虽然由于强调画面的绚丽、精细及装饰效果，使一些作品近于浮华或出现繁琐倾向，但艺人们仍在创造绘塑作品中浓郁的装饰风格，以及在发展藏族的建筑装饰艺术方面做出了贡献。而且，因为热贡艺术有悠久的历史和优秀传统，所以仍有一些在艺术上有追求的匠师，绘制了不少既表现出近期的艺术风格，又不失精良的传统技艺的绘塑作品。这个时期代表性的作品，有吴屯下寺小经堂前廊的《四大天王》、《香婆拉国王柔旦》及《十二女护法》等壁画。

本期的突出特点是作品风格华丽，笔法夸张，装饰性增强。画风有繁琐倾向，极尽工细、精巧之能事，十分注意具体描绘的功夫，而忽视整体的布局和整体美。在用色上，色彩艳丽，作品中大量用金，技巧高明，出现多层次效果，使整个画面色彩鲜艳、金碧辉煌。装饰纹样洋洋大观，无所不有，很善于将卷草等的曲线纹与几何的直线纹巧妙地结合到一起，一些作品中装饰甚至压倒了佛像，佛、菩萨在画面反成为次要，有些喧宾夺主。

20世纪50年代以后，热贡艺术又进入了发展的新时期。新中国成立以后，党的民族宗教政策得到了正确的贯彻落实，热贡的吴屯、年都乎等村庄藏传佛教艺术创作十分活跃，艺人较多，很多寺院的艺人们专心于佛画创作。青海省文联还将许多优秀艺人如卡先加、豆拉加、罗藏等人吸收进省文联，成为国家公职人员。这些艺人还曾于1959年参加了北京人民大会堂青海厅的壁画创作与装饰工作。然而好景不长，由于文化大革命的影响，上世纪50年代末起佛教艺术被斥为"牛鬼蛇神"，热贡的寺院被关闭，僧人被迫还俗，很多艺术精品惨遭破坏，热贡艺术遭到有史以来最为严重的挫折。

直到70年代末80年代初，在一批老艺人的带领下，热贡艺术才又重新焕发出生机和活力。1979年成立的"五屯艺术研究筹备组"开始以官方名义培训艺人，标志着热贡艺术复兴的开始。这一时期，大批寺院需要重建和维修，被毁坏的塑像、壁画需要重塑或修补。宗教传统浓厚的热贡艺人们义不容辞地投入隆务寺、年都乎寺、郭么日寺、吴屯上下寺、尕撒日寺等寺院的重建、维修工作，他们的绝活手艺有了施展的舞台。1986年正式成立的热贡艺术研究所更是标志着热贡艺术发展又一高潮期的到来。改革开放的春风，为热贡艺术的发展注入了新的活力。艺人们开始更加大胆地在题材、主题、造型等方面进行多种探索。出现了一批描绘格萨尔王、文成公主等反映藏族民间故事、传说的作品，部分汉地传统绘画题材也进入热贡艺术创作范畴。本期先后涌现出了夏吾才让、尖措、更藏、久美等几位享誉我国民间美术艺坛的大师级人物，继承了热贡艺术成熟期的画风，在20世纪80年代成为热贡艺术进入多元发展时期的领军人物。他们还广收弟子，培养了一大批优秀的热贡艺人，使新一代年轻艺人犹如雨后春笋，茁壮成长，为热贡艺术的再度辉煌奠定了坚实的基础。

雪域奇葩 异彩纷呈

热贡艺术是世居热贡地区的各民族在历史进程中所创造并传承发展的极具雪域特色的宗教艺术形式，堪称藏族文化宝库中一颗灿烂的明珠。融合多种地域文化的热贡艺术，其主要表现形式按创作方式的差别可分为绘画（壁画、卷轴即藏语称为唐卡）、雕塑（泥塑、木雕、石刻、砖雕）、堆绣（刺堆、剪堆）、建筑等，其中绘塑艺术是整个热贡艺术的核心部分，也是热贡艺术名扬天下的主要载体。

1. 绘画艺术

绘画分为壁画和唐卡两种形式。

壁画，即绘制在寺院殿堂墙壁上的大型藏画，其内容多以藏传佛教中佛陀、菩萨、护法神之类的佛像以及佛经故事等宗教题材为主，也有一些历史题材和民俗活动等现实生活题材的作品。热贡壁画艺术于漫长的发展过程中，在绘制方法、原料和色彩处理等方面逐步形成了自己的特色，一般采用单线平涂略加渲染的手法，线条流畅，工笔重彩，且大都沥粉贴金，有浓烈的装饰风格，显得金碧辉煌。现存于年都乎寺和吴屯下寺的壁画，是热贡壁画中的最有代表性的珍品。

热贡壁画分为两类，一种是直接画在墙上，另一种先画在布框上后再镶到墙上。后者一般被称作布面壁画，主要运用于土质疏松等原因造成无法直接在墙壁上绘画的情形，初为一种变通的形式，后来逐渐推广开来。其实无论是布面壁画还是墙面壁画，都对绘画的介质有着较高的要求，必须保证画面的平整和不易干裂，为了达到这些要求，均需进行必要的处理。如墙面壁

热贡艺术所用颜料

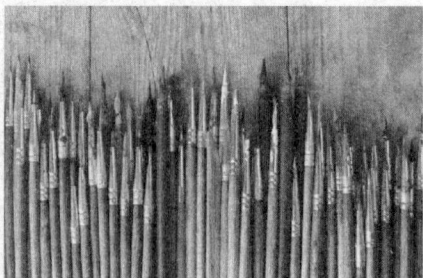

热贡唐卡所用毛笔

画就在墙皮中加入了适量的毛纤维，而布面壁画则必须在湿布上涂抹特殊的胶和石粉混合物，在磨平干透后才可使用。

热贡壁画所用的颜料也有独到之处，均为矿物颜料，包括石绿、石黄、石膏、朱砂等，使用时混入一定比例的胶类和牛胆汁，以保持色彩的鲜艳和持久。年都乎的强巴佛殿和五屯下庄大经堂里的壁画，都是年代久远的早期作品，经历三百多年的风雨，这些画上的颜色依然光亮如初。此外，热贡壁画绘制中使用的画笔也多是画师们自己特制的，为了尖细耐磨，笔毛的选择以猴子和黄鼠狼背上的毛为最佳，但这种毛很难搜罗到，所以画师们多使用猫脊背上的毛代替。

注意润饰渲染色彩，是热贡壁画艺术创作的一大突出特点，特别是对金色使用的技巧上，尤有神奇的妙笔。如吴屯下庄佛殿里，凡涂有金色的云纹旋花处，其中都隐含着朵朵暗花，这些暗花在灯光的反射下，熠熠闪光，具有强烈的立体感。此外，对其他颜色的选择和调配也十分考究，红、橙黄、绿、蓝等多种对比强烈的颜色，在精心安排下大都得到了和谐平稳的效果。

唐卡系藏语"卷轴画"的音译，是为顺应在辽阔藏地弘扬佛教教义的广泛需求应运而生的，作为布面壁画的衍生品，以其便于携带、悬挂与珍藏，随即迅速普及。唐卡根据其用材和工艺不同，分为绘画、堆绣和刺绣三种，其中绘画唐卡的布面处理和绘制技法，与布面壁画相似，经历了几百年的沧桑，特别是在汉地宗教艺术的不断影响下已日臻完善，精美无比，逐渐形成了热贡具有独特民族风格和浓郁表现力的独树一帜的艺术形式。

热贡唐卡，反映的内容丰富多彩，有宗教题材画、历史画、风俗画、自然地理和天文历法及藏医藏药画、动植物画等；在透视构图、造型手法、色彩运用和装饰等方面也形成了自己的一套完

唐卡《释迦牟尼和十八罗汉》。作者更登达吉。郗新蕊拍摄。

整创作规律和独特艺术风格。热贡唐卡画幅一般有二三尺长，也有大幅或极小幅的，但无论画幅大小均构图饱满，画幅上图形密布，少有空白；取景布局为鸟瞰全局的透视法，将三界诸佛、历史故事、远山近水等万物有机地组织在一个画面之内，视野广阔，内容充实丰富而井然有序；设色艳丽奔放，广泛使用对比色，而大量用纯金点勾，尤为热贡唐卡所独有，夺目的金色统一协调着色彩之间的关系，使整幅作品显得既丰富多彩又完整统一，达到了艺术上的高度和谐与完美；在装饰上，热贡唐卡也较有特色，画的四周按藏式规格用锦缎装裱，上下留有天地，并配制了比较考究的画轴。

绘制唐卡要求严格，仪轨复杂，程序井然。一般情况下小型唐卡的制作都是由画师在自己家里一个人进行，大的唐卡就要到寺院或宽敞的庭院里去完成，常常是两三人一起共同协作。具体来讲，热贡地区彩绘唐卡的制作过程大致包括画布加工→起稿→涂底色→分色晕染→勾线→描金→整理→装裱→开光等九个步骤。透过这些精细的步骤不难看出，一幅热贡唐卡的诞生需要花费极大的心血，即使画师技艺高超，也耗时颇巨，唯有真正将诚挚的宗教感情融入作品的创作中，才能坚定持久地画出如此美轮美奂的作品。

2. 雕塑艺术

热贡雕塑注重表面装饰，风采讲究华美，形式多种多样，可分为"雕"和"塑"两种，以泥塑为主，也有油塑（即酥油花）、木雕、石刻和砖雕等。泥塑又叫彩塑，佛、菩萨涂金，金刚上颜色。油塑用酥油和各种颜色调配到一起，以圆雕形式塑于木板上，在春节的宗教仪式上，摆设于僧众面前，以供观赏和朝拜。木雕，多用红桦和梨木雕刻，表面和泥塑一样上金或不同颜色。石刻，是在石板上铭刻经文或阴刻佛像，多见于玛尼石堆使用。砖雕，用泥土塑出泥坯后烧制而成，用于建筑物的屋脊装饰和壁饰。

虽然在材料和具体工艺上有着众多差别，但在艺人们的眼里，这些雕塑艺术早已没有边界了，只不过是立体和平面的不同，手中所持工具的不同，其神韵和艺术的境界则是完全一致的，许多工匠一通百通，一身多能，一些好的热贡画师大都在泥塑技术方面也造诣颇深。这主要得益于艺人学徒的时候，雕塑艺术和绘画艺术多是同时传授、并行发展，徒弟们未出师以前，要一面学习绘画，同时也要学习雕塑技术。事实上这一特点并非孤例，在整个人类艺术史上也是屡见不鲜的，西方如米开朗基罗、达芬奇等艺术巨匠大多在绘画和雕塑等不同的门类都留下了不朽的佳作。

热贡雕塑艺术中最具代表性也是最为世界关注的是泥塑艺术，其地位与绘画唐卡不相上下。从形制上来分，泥塑主要有立体雕塑和浮面雕塑两种。从设色上来分，主要有彩塑和单色塑两种。从造物对象上来分，主要有佛像、法器和配饰等多种。

热贡泥塑作品大都带有一定的现实主义的传统，表现在他们塑造的佛像等上面，动态及形象生动、逼真，体形高大，造型眉目传神，栩栩如生，就连服饰衣褶也都塑制得简练柔和，富于质感，背光、须弥座上的各种鸟兽花卉图案装饰

热贡佛像

得玲珑剔透，雅致大方，其他如动物形象等也表现得非常有活力。不难想象，如果不是对生活中的人和自然进行细致的观察，绝不能塑造出那样完美的形象和各种不同的性格。热贡艺人塑造不同对象，在形象及动态和服饰的处理上，是经过认真推敲的，有选择、有取舍，使得很多塑像的精神面貌、服饰、衣纹等都表现得既有真实感又富于装饰性。

泥塑的工艺过程，可分为泥料加工、选型定稿、搭制骨架、初步塑形、精细调整和装饰彩绘等6个步骤。匠人们塑造佛像时，对各道工序要求都非常严格，整个操作过程十分精细，务求做到精益求精。他们首先把取自特定地点的泥土经过筛选，用清水浸透，再把印经用的纸打到里边，用这样的泥土塑像不致崩裂。佛像塑好后，要放到背阴处阴干，然后再上胶涂色，最后在佛身内部的空心部分装上经典。热贡雕塑艺术在制作过程中，与内地的传统塑制方法几乎一样，但是，在选泥用料上，却有许多独到的东西。热贡地质构造独特，北面山系主要由酸性的红土构成；南面山系主要由碱性的黄土构成。艺人会根据自己的需要，从南北两处山系的交会处精心选土；也会从两山分别取土，再按比例进行掺和，使之在硬度和韧性之间平衡；必要时，还会从附近的隆务河中，再精选一些沉泥，揉合在一起。取土之法与度量掌控，

热贡木雕艺术

均为家族单传，对外绝对保密。在炼泥时，他们会按比例精心加入硼砂、藏药、丝麻、绒毛、黄金粉、白银粉、宝石粉和更多藏秘的成分，反复揉压，使炼泥更加细腻坚实。经过处理的陶泥质地更加致密，设色鲜艳度进一步增加，抗颠簸与抗冲击的能力大大增强，这就是热贡雕塑作品遍及世界各地，而很少发生碎裂的根本原因。

　　热贡木雕和砖雕的数量不及泥塑多。像门楣、柱头等建筑物上，都刻有象征吉祥如意的龙凤狮鹤等纹样的精美木雕，砖雕主要用于屋脊的花边，飞檐上的兽吻和墙壁的浮雕上。五屯上庄孔雀戏牡丹的大型砖雕，孔雀的姿态十分妩媚动人，整个画面的构思和色彩同汉族砖雕相差无几。此外还有酥油花，其制作方法和著名的塔尔寺酥油花相同，但年代更为久远。

　　3．堆绣艺术

　　堆绣，藏语称为"规唐"，意为绸缎散件拼贴做成的唐卡。它是一种运用"剪"、"堆"技法塑造形象的特殊艺术，是刺绣与浮雕的结合，注重人

晒大佛

物的造型和形态，讲究各色绸缎的配置，粗犷中见细腻，色彩鲜艳，对比强烈，有较强的立体感。堆绣作品有大幅和小幅之分，小幅的用来装点经堂使用，画面多为一尊主佛与下方两尊小佛像组成；大幅作品其画面上突出一尊主佛，四周绘制有更多佛像、菩萨和护法神及各种图案，长宽有到上百米甚至数百米的，专供寺院举行法会时"展佛"之用。

堆绣在藏传佛教艺术中最具特色。据考证，堆绣系汉地传入热贡再加入了自己的特色，迄今已有 250 余年了。如果说一般唐卡是用颜料所作的画幅，堆绣则是用不同颜色的绸缎面料剪裁拼贴缝制的唐卡。而与一般唐卡比，它更具一种粗犷美，对画师的功底和用料技巧是更高一级的考验。特别是巨幅堆绣，一般长约 20 米，宽约 17 米，虽然体量巨大，但制作十分精细，不仅主佛像各部位比例协调，色彩搭配讲究，而且整体布局合理、精致，既具有堆绣艺术特色，又具有佛教绘画艺术的特点，充分体现了热贡艺人们的聪明才智和艺术才华。这样大面积的堆绣佛像不仅是热贡艺术的一大奇观，更是世界罕见的艺术精品。巨幅堆绣十分珍贵，只有寺院每年正月间举行祈祷大法愿时才会展出，俗称"晒大佛"，是供信教群众朝拜的供像。

手绘我心 一生执着

热贡艺术线条细腻、流畅，色彩丰富、绚丽，每一件作品都美轮美奂，富丽堂皇，具有极高的艺术价值。然而，无论多么辉煌的作品，热贡艺术品从不留下作者的姓名。这一点初看似乎很难理解，但是，当仔细了解了热贡艺术的根源之后，你也就释然了。

传统的热贡艺术主要在藏传佛教寺院内部创作、传承，是藏传佛教及其文化的主要载体，专为藏传佛教服务。藏传佛教宏大深奥的叙事、说理语境对于普通民众来说过于晦涩、艰深，热贡艺术则以形象生动、华美多姿的艺术形象，诠释了佛经深奥的理论，消解了佛经与信徒的心理距离，并以绘塑艺术的优美与和谐营造了宗教寺院的神圣与温馨，成为弘扬佛法最好的载体。从诞生的 13 世纪起，几百年间，热贡艺术风格和色彩一直在稳中求变，其技法和内涵不断地在丰富和饱满着，但它表现的主题则始终没有超出藏传佛教的理念。

在热贡地区，从事热贡艺术的艺人多是虔诚的佛教信徒，藏语尊称为拉

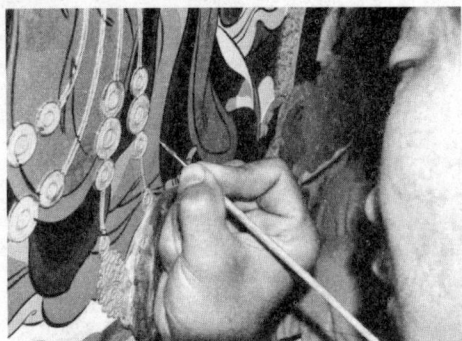

手绘我心

索。他们从艺的心态带着浓浓的宗教意味，在其心目中，他们所从事的艺术是神圣的，而自身是卑微的，很多艺人带着他们对佛的虔诚之心，把精湛的技艺淋漓尽致地表现于画面之上，每一幅画面，每一笔色彩，每一刀雕琢都蕴含着他们对于这个世界的理解和对佛的虔诚。

"艺术之心就是宗教之心，宗教之心就是艺术之心。"借着艺术的创作，他们实现了与佛的对话和交融，这是他们创作的动力，也是终极的追求，和这些目标相比，署名则显得那么微不足道。

几百年来，热贡这块土地上造就出的拉索几乎难以计数，形成了东方文化中一支浩浩荡荡的宗教艺术大军。早期和中期的大师们，虽然大都没有留下自己的姓名，但他们用自己的智慧和毅力，创造了大量气势宏大、绚丽和谐的作品，通过运用自如的笔墨、生动感人的形象、神幻深邃的意境，使热贡艺术登上高峰，为我们留下了不朽的篇章；近期的热贡艺人，又在前辈的基础上，苦心研创新艺，博采众家之长，从中国传统美术和西方艺术中汲取营养，以求尽善尽美，达到变化无穷、神乎其技的艺术高度，使热贡艺术继而出新，对藏传佛教艺术制式的系统完美做出了宝贵的贡献。跨越时空的沧桑，热贡艺术所有的精品杰作中，都凝结着历代艺匠的心血，手绘我心，一生执着，这是他们"对宗教的膜拜而产生的无比热情与坚韧意志的结晶，也是虔诚的信仰在他们的心田绽开的神圣之花"。

热贡艺人多是从小培养的，他们从少儿时期就受到热贡艺术的熏陶，从老一辈那里一点一滴地获得对线条和色彩的悟性，从此，一生便与热贡艺术结下不解之缘。在吴屯地区，有送子为僧的习俗，每个自然村都有自己的寺院，僧侣便是自己的子弟，当地人称"阿卡"。凡家有二子的多数会送一子入寺，每个家庭都是代代有喇嘛或阿卡。17世纪中叶，吴屯地区两座大的寺院有一条不成文的规定：凡入寺的男孩除学习藏文、佛经外，还必须学习绘画和雕塑，15岁后有一次自我选择的机会，留下的继续为僧，不愿留下的可以出院还俗。寺院无形中就成了培养热贡艺人的美术学校，留下的就成为艺僧，在寺院里有自己单独的居室和院子，平时除了参加佛教活动以外，大多在自己的院子里潜心钻研热贡艺术，创作出来的作品都用来装饰寺院或为寺院收藏；还俗的渐成民间艺人，他们背起画匣走乡串镇四处作画，在青藏高原、内蒙乃至印度、缅甸、尼泊尔等省市和国家都留下了这批艺人的足迹和不朽的珍奇画卷，从中也产生了一批批闻名遐迩的艺术

艺僧在绘制壁画

巨匠。热贡艺术就是在这样的情况下，代代传承，流转不息。

特殊的成长历程造就了热贡艺人严谨超脱的创作风格、艺术与宗教信仰，决定了他们终生恪守的人生态度和价值观念，以一种超脱和严肃的精神投入创作实践中。卓越的画师大都对历代高僧、学者、画家的绘画论著，以及造像度量经等有着广博、精深的研究，善于用浅显生动的语言解释那些深奥、苦涩的经卷，并在创作中虔诚而灵活地运用。在绘制作品时，画师们都严格地遵循《佛说造像度量经》、《绘画如意宝》、《众佛造像法度》的规定，根本容不得一点背离经典的自我发明和变形。在热贡地区，一直流行着"不懂规矩不动笔，不是佛家不画佛"的说法，其中的道理就在于此。

有人说："热贡的男人，个个懂画艺、户户有画家、村村出大师、十人九艺。"这话一点都不夸张。热贡艺人在省内外信奉藏传佛教的地区都享有很高的威望。北京的雍和宫、西藏的布达拉宫、甘肃的拉卜楞寺、青海的黄教圣地塔尔寺、承德的避暑山庄及印度、尼泊尔、缅甸等地都有热贡艺人留下的艺术精品。热贡艺术就是在这些艺人的不断努力下，在更宏阔的空间内得到广泛的传播，而这些艺人积极汲取当地艺术的精华，为我所用，又对热贡艺术的进一步发展和成熟产生了深远的影响。

传承金色的希望

热贡艺术在 20 世纪 40 年代之前，基本上处于自然状态生存、延续和演进。20 世纪 50 年代初，青海省文联美术组方之南、郭世清、郑守宽等先生

到黄南同仁地区深入生活，发现了当地吴屯、年都乎等几个村寨藏族、土族民间艺人非常密集的现象，近乎人人作画、家家堆绣，这种现象引起青海省委宣传部、省文联高度重视。省委宣传部决定吸收优秀艺人卡先加、豆拉加、罗藏等人进省文联工作，这是有史以来第一批成为国家公职人员的热贡艺人。1959年，青海省文联美术组承担北京人民大会堂青海厅布置陈设任务，由郑守宽组织热贡土族、藏族艺人卡先加、豆拉加、角巴、卡先、罗藏、李拉沙等，完成了青海厅民族风格的壁画与装饰工作。自1957年至1963年，中国美术家协会青海分会曾多次组织美术专业干部深入黄南藏族自治州同仁地区及互助、乐都、大通等州县，调查研究，抢救保护民间美术遗产。其中尤以1962年以省委宣传部名义派出的由孙书泳、徐家斌、程德彰组成的考察小组成果最丰，其撰写出《五屯艺术调查》等研究报告，对热贡艺术进行了初步的梳理。1963年美协青海分会将历年搜集、整理、抢救出的一批唐卡、彩塑、铜雕等民间艺术品及组织艺人新绘制的民族装饰图案等送往北京，在中国美术家协会举办内部观摩展览，颇受中央有关部门与美术界专家学者们重视。青海热贡艺术自此揭开神秘的面纱，初次与中国美术界、文化界见面，受到应有的关注，获得很高评价。

正当热贡艺术开始走出大山，被誉为中国民族民间艺术中一枝瑰丽奇葩而备受关爱的时节，1964年开始的"四清运动"与接踵而来的文化大革命十年动乱，使热贡艺术同中华民族其他优秀文化艺术一道，蒙受灭顶之灾。多年搜集、整理的成果，抢救而得的艺术品被损毁，其中有不少是极为珍贵的独件孤本。热贡艺术由此进入了一个长达十余年的沉寂期。

阴霾终会过去，1979年，中国美术家协会青海分会恢复工作。在省委宣传部、省文联和黄南州委的支持下，迅速重新启动对热贡艺术的抢救与研究。省美协分工由副主席孙书泳协同黄南州有关部门深入调查研究，并于1979年10月组织14名艺人成立"五屯艺术"研究筹备组，进行搜集、整理、绘制，并举办学习班，培训青年艺人，使艺人们的传统技艺得到恢复并有了新的提高。1981年9月至11月间，由青海省文化局、青海省民委、中国美协青海分会、青海省黄南藏族自治州文教局联合主办的《青海省五屯藏族民间绘画、彩塑艺术展览》先后在北京、上海等地进行了累计五十多天的巡回展览。这次巡回展览，是热贡艺术挖掘抢救整理研究工作初步成果的集中展示，盛况空前，得到中国美术界、文化界与民族宗教界人士高席评价，引起中外热烈反响和密切关注，受到广大观众普遍赞誉，中外各大媒体对这次展览作了充分深入的报道。展览圆满成功返省后，又先后在西宁和黄南州举办了汇报展出，受到各族各界观众热烈欢迎。有关部门对此高度重视，经省政府批准，1982 年 5 月成立"五屯艺术研究所（筹）"，由孙书泳负责。经过几年准备，1986 年正式成立热贡艺术研究所，在黄南州同仁县隆务镇建成热贡艺术馆，热贡艺术从此有了专门机构。由青海省美术家协会、青海省同仁县人民政府编辑，孙书泳主编的《热贡藏传佛教艺术》画册，也于 1994 年 7 月由中国民族艺术出版社出版。这是迄今为止，热贡艺术研究最有价值的专著。

随着热贡艺术在国内外名扬遐迩，热贡艺人亦越来越受到关注与重视。硕果仅存的热贡老艺人们，亦获得了应有的社会地位和艺术声誉。热贡老艺人卡先加，在 1979 年省美协恢复工作时就被省委宣传部委任为美协青海分会第一届副主席；老艺人更藏，1979 年曾担任青海省美协"五屯艺术"研究组组长，1981 年当选第三届常务理事，第五次全国文代会代表，多次受到党和国家领导人的接见和鼓励，被誉为"国宝"；老艺人夏吾才让 1981 年当选为省美协第二届常务理事，1988 年被聘为省美协顾问，并于 1988 年 4 月在全国第三届工艺美术艺人、专业技术人员代表大会上被授予"中国工艺美术大师"荣誉称号。

新时期以来，随着民族宗教政策的落实，热贡艺术保护与发展掀起了一个新的高潮，热贡艺术正规化、系统化、深入化趋势逐步加强。同仁县成立了以金轮艺术开发公司等为代表的专业公司，专门从事热贡艺术的保护和开发工作。青海民族学院也开设了民族艺术专业，招收唐卡艺术方向的本科生，聘请热贡艺术大师为学生传授知识，使热贡艺术进入

中国藏族文化艺术彩绘大观

大学的课堂。一批热贡艺术精品如《中国藏族文化艺术彩绘大观》的面世，进一步促进了热贡艺术的深入发展。在理论研究方面，也有了令人欣慰的突破。尤其随着近年来对于非物质文化遗产保护的升温和藏学在世界范围内的传播，人们把更多的目光投向了热贡艺术。

热贡艺术凭借其精美的设计、艳丽的色彩和精细的线条，不仅在佛教盛行地区流行，而且也越来越受到港澳台地区以及世界各地艺术爱好者们的欢迎，在近十多年的发展中，有繁荣的趋势，但是现代化这柄双刃剑，在带来现代文明的同时，也使人类在巨大的经济诱惑面前逐渐失去了对丰富文化资源的认真保护、合理开发的意识，热贡艺术各品类在市场经济条件下逐步走向商品化的同时，又面临着文化传承方式和传承内容简化、工艺技法趋向速成、创作意识受市场影响、创作标准缺失的现实困境，热贡艺术精品越来越少，而充斥市场的赝品、复制品和粗制滥造的现象却越来越多，大量印刷量度、色彩、规格等不合格的劣质、次品唐卡严重影响热贡艺术的声誉，对整个热贡艺术的发展造成不良影响和难以弥补的损失；而随着热贡文化老艺人的渐次辍艺和辞世（四个大师级的画家先后于世纪之交离世），使得传承问题堪忧，传承人队伍结构不尽合理，出现断层，绝活手艺濒临失传，热贡艺术面临精品匮乏、后继无人的严重危机，富含民族民间文化的历史信息面临消逝，一个曾经具有主导地位的庞大民间创作群体，正处于边缘化、老龄化、孤独化趋势中；此外对热贡艺术的历史渊源、文化形态、特征、价值等一系列问题缺乏系统、科学的研究，导致热贡文化理论研究滞后于文化生态保护、建设和开发等实际工作，影响了热贡文化在国内外学术界的认知度和对外传播。

基于以上种种严峻的现状，在商品经济大潮冲击下，对热贡艺术资源良好有序的保护和科学合理的开发，就成为摆在我们面前的一项重要课题。为了这朵金色谷地盛开的艺术之花永不凋谢、长久绽放，需要从以下几个方面认真做好工作：

首先，要全面、深入、扎实的推进热贡艺术普查活动。了解现状是合理规划未来的重要保障，2006 年以来黄南州先后进行了大规模的文化遗产专项普查、民间文学搜集整理，民间艺人及热贡艺术传承人普查登记等工作，这是开展热贡遗产保护的重要基础性工作。经过普查，初步建立了非物质文化遗产、古文化遗存数据库和基本档案，在此基础上，进行了卓有成效的非遗保护项目申报工作。目前热贡艺术先后被列入国家非遗保护项目名录和联合国世界非物质文化遗产项目，成效显著。

其次，要重视对热贡艺术传承人的保护工作。非物质文化遗产保护的核心就是首先要对代表性传承人实施保护措施。黄南州制定相关政策，对国家级非遗保护项目中的代表性传承人、工艺美术大师等进行政策性保护，采取一系列措施，加强保护力度，使政策落到实处，帮助解决艺人基本生活问题，确定补助金额，支持他们开展各种形式传习活动，并对他们从事创作提供必要的活动场所，还打破常规程序，不拘一格，及时将条件具备的非物质文化遗产项目代表性传承人推荐上报国家级、省级传承人，目前已陆续向国家报批数十位民间艺人为国家级工艺美术大师和非遗项目代表性传承人。

第三，加强对外宣传，突出地域特色，扩大热贡文化的影响，打造热贡文化品牌。充分利用"青海国际唐卡艺术节"、"热贡艺术节"和文化旅游网站、国际、国内重大节庆、交易会、青洽会，以及省级民族文化旅游节等国内外平台和媒体，充分展示热贡文化魅力，进一步提升热贡文化的影响力。邀请省内外近百家国际、国内旅行社和新闻媒体到热贡考察旅游线路，签定合作协议，配合央视台制作播出多部反映热贡文化生态区人文资源的专题片，进一步扩大热贡文化生态区的知名度。将品牌优势转化为实实在在的产品优势，依托热贡文化品牌，打造文化精品。

第四，从政策层面促进热贡艺术的发展，完善热贡艺术生存的环境，实现整体性保护。完善和制定保护区详规，完成《青海热贡文化产业发展规划》、《同仁历史文化名城保护与修复规划》、《坎布拉景区旅游总体规划》、《青海隆务寺保护规划》、《热贡文化生态保护实验区总体规划》、《黄南州旅游发展总体规划》的编制工作；以项目为重点，通过政府投资、社会集资、民间资本注入等多种形式，完善热贡艺术生存的环境，实现整体性保护，加强热贡生态区建设，改善文化生态区旅游基础条件，提升整体服务水平。

第五，合理加大市场开发力度，实现生产性活态保护。目前在如何促进热贡文化资源优势转化为文化产业经济优势方面尚无系统而清晰的发展思路，缺乏灵活的开发机制。长期以来，热贡文化资源开发机制不活，方法单一，产业化市场化程度不高。以热贡艺术为主的文化特色产业仍以千家万户的小规模、分散式经营为主，产业化程度低，产业链条不完整，管理粗放，批量小，层次低。缺少大型龙头企业带动，文化产业开发和生产操作不规范，产品附加值低。未来可从政策层面出台措施全面鼓励热贡艺术生产经营诸公司放手创作经营，拉动民间联动，以市场经济手段刺激民间艺人的创作，促进传统文化在产业化条件下实现活态保护。

最后，要加强民间协会对热贡艺术的自我管理，重视对热贡艺术品创作的质量监督，从行业自律的角度制定行业标准，确保热贡艺术原真性。成立青海省热贡艺术协会，将生态区文化艺人作为成员，依托《黄南州唐卡制作标准》，对文化品牌原真性实施保护，成立鉴定委员会，加强行业管理，阻止不合格艺术品流入市场。同时，协会借助对外经贸渠道，实施走出去战略，在国内大城市巡展的同时，前往美国、韩国、欧洲国家展出，开辟文化交流和艺术品销路，进一步促进热贡艺术产业化的形成。

（编撰：张伟）

参考文献

[1] 马成俊：《热贡艺术》，浙江人民出版社，2005 年版

[2] 白渔：《黄南秘境》，中国青年出版社，2006 年版

[3] 马成俊：《神秘的热贡文化　金色的谷地热贡》，文化艺术出版社，2003年版

[4] 谢佐主编、辛光武编著：《热贡艺术》，青海人民出版社，2002 年版

[5] 唐仲山：《热贡艺术》，青海人民出版社，2010 年版

[6] 吕霞：《藏传佛教在热贡的传播及艺术表达》，青海民族研究，2008 年第 1 期

[7] 贾一心：《高原明珠　热贡艺术》，华夏文化，1999 年第 3 期

[8] 王友江：《浅谈热贡艺术的发展及其特色》，《西北民族学院学报》（哲学社会科学版·汉文），1998 年第一期

[9] 伯果：《热贡艺术的历史传承和风格演变》，《西藏艺术研究》，2007 年第2 期

[10] 吕霞：《热贡艺术的历史渊源及发展分期》，《青海民族学院学报》，2008年第 1 期

[11] 佐良：《热贡艺术的源流与现状》，《美术观察》，2003 年第 1 期

[12] 赵清阳：《热贡艺术历史考察纪略》（上），《西藏艺术研究》，1996 年第 4 期

[13] 赵清阳：《热贡艺术历史考察纪略》（下），《西藏艺术研究》，1997 年第 1 期

[14] 舒勇：《热贡艺术研究》，《美术研究》，1987 年第 4 期

[15] 吴姗：《"热贡文化生态保护实验区"的建设与保护对策》，《金卡工程》（经济与法），2010 年第 4 期

[16] 祁进玉：《非物质文化遗产传承与保护的可行思路 以青海省黄南藏族自治州"热贡艺术"为个案》，《西北民族大学学报》（哲学社会科学版），2009 年第 6 期

藏　戏

2009 年 9 月 28 日至 10 月 2 日，在阿拉伯联合酋长国首都阿布扎比召开的联合国教科文组织保护非物质文化遗产政府间委员会第四次会议上，藏戏成功入选联合国教科文组织《人类非物质文化遗产代表作名录》，填补了我国西藏没有世界级非物质文化遗产代表作的空白，彰显了藏戏艺术在世界艺术宝库中独特的历史和文化价值，是全世界对中国保护和发展藏戏艺术的充分肯定。

藏戏是我国戏曲艺术中一种比较独特的民族剧种，它孕育于瑰丽神奇的青藏高原，至今已有六百多年的历史，是我国少数民族中时代最为久远、流传最为广泛的剧种。作为一种以民族歌舞、民间说唱形式来表现故事内容的综合性表演艺术，藏戏唱腔高亢婉转，服饰华丽雍容，内容广博，题材广泛，体裁多样，结构严谨，流派众多，特色鲜明，被誉为中华民族的艺术瑰宝。

藏戏表演　张鹰摄

以《文成公主》、《诺桑王子》、《卓娃桑姆》等为代表的藏戏八大传统曲目在中国西藏及青海、甘肃、四川等省的藏区广为流传，体现了藏族文化艺术的精粹，是全面反映各个藏区人民生活的百科全书，是藏民族灿烂历史文化的杰出代表，对藏族的社会生活产生了深刻影响。

源远流长的雪域奇葩

　　藏戏，在藏语里叫"阿吉拉姆"，是"仙女大姐"的意思，简称"拉姆"。这样一个略显奇特的名称来自于藏区一个广为流传的美丽传说。

　　相传，藏戏创始人汤东杰布是公元14—15世纪西藏一位著名高僧，人称"甲桑巴竹多"，意为云游天下的铁桥活佛。他在到处讲经传法过程中，深深体会到群众渡江河、越峡谷的艰辛和危险，遂发大誓愿为民募捐造桥！他的壮举是从修曲水铁索桥开始的。由于当时财力有限，难以解决人力、物力和技术难题，以铁环连成的铁索怎么也架不到对岸。汤东杰布大师深深感到，光靠化缘求得资助是无法解决造桥经费的，于是他想出了一个办法：组织歌舞班子四处演出挣钱。当时，造桥民工中有7位能歌善舞的姐妹。汤东杰布大师便以她们为基础，组建了一支表演队，他亲自编导节目，设计唱腔和动作，兼司鼓钹，带领表演队四处进行募捐演出，收入了很多钱物，终于把索桥造成了。后来为了修造谢通门扎西孜索桥，他仍然照此法办理，在一次演出中，当地几个藏语称为"甲鲁"的长老喝酒看戏到了高兴处，竟然拄杖上台跳了起来，舞得十分有趣。姐妹们看到老头们跳起了舞，也耐不住跑上台表演起来。受此启发，汤东杰布在原来的温巴舞蹈中，加进了甲鲁和姐妹们的歌舞动作。在后来的演出中，他又陆续把宗教跳神和民间故事吸收到节目里，使之更加戏剧化，更有观赏性。由于节目深受群众喜爱，从而募捐到大量财物，使造桥工程进展很顺利。据文献记载，汤东杰布修造的二十余座桥梁，都是用这种办法完成的。随着一座座桥梁的架起，汤东杰布的藏戏班子也一天天成熟起来，在西藏民间的影响也越来越大。

　　藏戏艺人和很多剧作者都据此认为藏戏是由汤东杰布创造的，但考察藏戏的思想内容、语言、形式和艺术风格等，不难看出，藏戏的形成受到了包括苯教祭祀仪式、佛教跳神舞蹈、民间说唱艺术、民间歌舞艺术等各种古老的宗教艺术和民间艺术的影响，并经历过孕育、成形、发展和完善的漫长过程，绝非一人一世、一时一代所能够创造并瞬息变幻成规范、程式化的完整体系。研究认为，在汤东杰布时代之前，藏戏还有一段漫长的萌芽和孕育期。

　　关于藏戏起源的具体时间，目前理论界众说纷纭，尚无非常确凿的史料

祭祀舞蹈"羌姆"

可以证明，但藏戏源于佛教、苯教和藏地民间乐舞文化三者结合的观点还是得到了多数学者的认可。早在公元 8 世纪时，藏族的民间歌舞、说唱及百艺杂技表演发展到高峰，特别是各种拟兽舞、面具舞的表演艺术已相当发达，这些都为综合性戏剧表演艺术的形成，奠定了坚实的基础。印度高僧莲花生受藏王赤松德赞之邀入藏弘法，于 779 年在山南桑耶寺落成典礼上，将佛教仪式和苯教祈神仪式以及当地民间土风舞加以综合发展，形成了一种用以宣传佛教哲学的哑剧性祭祀舞蹈"羌姆"。羌姆的艺术特点是注重姿态和造型，讲究场面铺排，叙事性较强，虽是宗教仪式，但它的表演是人戴动物面具，并随乐器伴奏跳图腾拟兽舞，已有简单的故事情节和假定性的情景和人物，初步具有了戏剧的因素。苯教时期的民间说唱艺术对藏戏也起到了潜移默化的作用。藏戏在故事叙述过程中也用民歌形式的韵白来增加可唱性，直到今天藏戏表演格式中还明显保留着说唱故事的痕迹。民间藏戏的演出，全场就一个"堆谐巴"（讲解人），其专门在幕前幕后道白介绍剧情的发展，介绍到哪里就演到哪里，演出剧目的长短也由其掌握。

虽然藏戏起源的具体年代还有待进一步考证，但学界对藏戏成型期及以后的历史已基本达成一致，一般认为，藏戏发展的日趋成熟有以下几个代表时期：

一是 14 世纪的汤东杰布时期。汤东杰布被称为藏戏的开山鼻祖和戏神，为募捐集资营造铁桥，他组织能歌善舞的山南七姐妹（一说是七兄妹），建立了藏戏的第一个戏班——琼结·扎西宾顿巴戏班，戴着白山羊皮面具进行演出。汤东杰布自编自导，大胆引入莲花生时代形成的跳神舞蹈，并吸收了藏族歌舞、说唱等民间艺术，特别是"喇嘛嘛呢"说唱艺术的营养，进行戏剧化的综合创造，编演一些佛经故事或民间传说，形成了具有简单故事情节的歌舞剧。这一时期可视作藏戏的正式形成期。

二是 17 世纪五世达赖时期。五世达赖执掌西藏政教大权后，藏族文化达到了历史上的最繁盛时期，藏戏表演艺术相应呈现出蓬勃生机，开始走上规范化、程式化、体系化、专业化的道路。五世达赖在酸奶宴会上邀请民间有名的藏戏班进哲蚌寺助兴演出，开创了"哲蚌雪顿"观摩藏戏的先例。之后便形成了开始在哲蚌寺、幸福园林，最后于雪顿节期

雪顿节看藏戏

间在罗布林卡举行一年一度规模盛大的藏戏献演活动的惯例。在这个时期，民间出现了专门改编加工并记录成文字的手抄或刻印的藏戏剧本，还有相对固定并带有职业性质的藏戏剧班。通过雪顿节这一藏族特殊的节日，将藏戏的发展推向了一个新阶段，使藏戏的发展进入了一个繁荣期。白、蓝两种面具藏戏剧种，由原来只能演出剧目的简单片断，发展到能演出整本的大戏；从最初不多的几个基本唱腔，逐渐发展到比较定型化的几大类几十种唱腔；从早期模拟生活式的简单表演，逐渐形成了集诵、舞、表、白、技、艺为一体的综合艺术。在此期间，各个流派的藏戏风格日趋成熟，影响日益扩大；各流派中都涌现出一批负有声望的戏师和表演艺术家；出现了一批创作、改编藏戏剧本的著名僧侣及世俗文人；产生并积累了一批比较成熟的藏戏剧目。影响所及，藏戏逐步在各藏区流传发展起来，德格戏、昌都戏等多种藏戏剧种也相继衍生出来，并形成了各具特色的流派和系统。本期是藏戏的发展、定型期，或称为成熟期。

三是新中国成立以后。藏戏最辉煌的时期是新中国成立后尤其是西藏实现民主改革后，西藏自治区人民政府在原觉木隆藏戏班的基础上组建了西藏自治区藏剧团，与此同时各种民间业余剧团也如雨后春笋般涌现，活跃在民间，深受广大藏族群众喜爱。藏戏从此焕发了青春与活力，无论在唱腔表演还是服装道具方面都更加完善，实现了从思想内容和形式向现代的转换。一方面对传统藏戏内容进行改编，剔除了其中封建性的糟粕以及迷信色彩十分浓厚的成分，把表达古代藏族人民美好的理想、朴素的愿望、瑰丽的幻想，

蓝面具藏戏表演

以及对和平和幸福生活的追求，加以提炼突出，使作品内涵更加趋向于健康、积极、向上，同时一批反映现实生活的现代藏戏纷纷面世。而随着藏戏内容的改编、创作，传统藏戏的演出形式也有了一定的突破。古老的藏戏逐渐由过去单一的广场戏发展成为综合性的舞台艺术，部分面具被面部化妆替代，增加了布景、灯光、效果等，乐队也增加了少数弦竹乐器，而不仅仅是以前一鼓一钹两种打击乐器伴奏下的清唱和大段唱诵；在表演艺术上吸收了藏族其他表演艺术和内地戏曲的表演技巧并使两者融汇结合，形成了既能发扬传统藏戏所独具的浓郁的民族风格，又将其改造成为具有时代气息和美感的现代舞台综合性的表演艺术。此外，经过半个多世纪的发展，传统藏戏的传承方式发生了重大的转变，由以"口传心授"的团班带为主逐渐转为现代学院制培养模式，使得藏戏演员的培养逐步实现了由自由松散状态向正规系统状态的过渡。在藏戏理论研究方面，也出版了不少有学术价值的论文及专著，为藏戏的继承、创作和发展奠定了良好的理论基础。这是藏戏的新生期，或称为改革阶段。

长期以来，我国戏剧理论界都把藏戏当作藏民族和藏族地区的唯一剧种对待，而实际上藏戏是一个非常庞大的剧种系统，由于青藏高原各地自然条件、生活习俗、文化传统、方言语音的不同，它拥有众多的艺术品种和流派。1989 年 5 月《中国戏曲志·西藏卷》在西藏进行了终审，确认区内五个戏曲剧种：藏族的白面具藏戏、蓝面具藏戏、昌都藏戏、传自四川的江达德格戏以及门巴族的门巴戏。同年 8 月对《中国戏曲志·青海卷》初审时，确认青海有三个剧种：安多藏语方言区的黄南藏戏、华热藏戏以及传自甘南的果洛藏戏。在这些剧种中西藏藏戏是藏戏艺术的母体，它通过来卫藏宗寺深造的僧侣和朝圣的群众远播青海、甘肃、四川、云南四省的藏语地区，形成青海的黄南藏戏、甘肃的甘南藏戏、四川的色达藏戏等分支。印度、不丹、锡金等国的藏族聚居地也有藏戏流传。

藏戏在长期的流传过程中，还形成了一些派别。在一些大的藏戏剧种中，由于各戏班所处各地区自然条件、社会习俗和民间艺术传统等不尽相同，加上各戏班世代相传的戏师各有所长的艺术创造及不同传承，形成了基本上以戏班剧团为中心的不同声腔特点和不同演出风格的艺术流派。藏戏流派首先分新旧两大派。旧派用山羊皮做面具，称为白面具派，有穷结的宾顿巴、堆龙德庆的朗则娃，乃东的扎西雪巴等，其动作和唱腔都比较简单，影响较小。新派即为迥巴、江嘎尔、觉木隆、香巴四大剧团，其演出开始时由戴蓝面具的演员出场，故称蓝面具派。现在国内外一般人所说的藏戏主要是指蓝面具藏戏，它直接由白面具藏戏发展而来，其表演艺术有较大发展，影响也比较大，并逐步取代旧派。

四川康巴地区代表性的藏剧流派有巴塘派、礼塘派、康定派、道孚派和甘孜派等。康区藏戏，源出西藏，但几经衍变，早已融入地区特色。轻歌曼舞的巴塘弦子，凝重豪迈的甘孜锅庄，给康区的藏戏以新的艺术营养，使康地南北两路的藏戏各有特色，自成流派。此外还有甘肃拉卜楞寺藏戏，最大的特点是以说唱为主。其曲调流畅，节奏规整，加上轻柔典雅，别具一格的拉卜楞歌舞穿插其间，使这一派藏戏更具有歌舞剧的特点。由于使用安多方言，其流行面较广，整个安多地区，即青海、甘肃藏区和川西北藏族牧区的藏戏，均属这一派。

东方戏剧的活化石

藏戏是一种综合性艺术形式，成熟而独特，包括古代民歌、说唱、音乐、舞蹈、杂技，还有各种宗教祭仪、绘画、雕塑、服饰等。作为现在戏曲剧种中最为古老的剧种之一，它在藏族社会历史和生活的土壤里生长起来，其形式和风格带有强烈鲜明的藏民族特点和浓郁突出的雪域神奇色彩，并在各个方面完整地保留了自己的特点，深刻反映了藏族人民独特的文化和生活方式。藏戏在演唱、舞蹈、伴奏等方面都表现出与其他戏剧风格迥异的元素，以它那豪放潇洒、粗犷的舞姿，高亢优美、嘹亮甜脆的唱腔，韵味隽永的连珠韵白，诙谐怡人的喜剧表演，以及镶龙绣凤、绚丽多彩的演出服装，神奇古拙、瑰奇怪诞的面具，在琳琅满目的中华民族戏剧艺苑里独树一帜，可以说是世

藏戏《文成公主》

界戏剧的活化石，有着很高的艺术价值。

藏戏反映的内容丰富多彩，大多为宗教故事、历史故事和民间传说故事。藏戏的传统剧目，据考可分为历史传说剧、民间故事剧、人情世态剧与佛经故事剧。自古迄今演出较为广泛的有所谓"八大藏戏"即《智美更丹》、《文成公主》、《诺桑王子》、《卓瓦桑姆》、《苏吉尼玛》、《顿月顿珠》、《囊萨姑娘》、《白玛文巴》。这八大传统藏戏中，有表现两国交战互相掠夺，邻国君王之间友好相处的；有表现妖魔鬼怪奸臣巫师行凶作恶，王子、王妃信佛行善舍己为民布施穷困的；有表现土司、头人残酷欺压奴隶，穷苦人用各种方式进行反抗的；有表现强迫婚姻酿成悲剧，忠贞爱情终获幸福的；有表现异国宗教文化影响，藏汉民族文化交流的。虽然这些剧目充满了神话色彩，但其内容是西藏特殊历史环境和人们生活的需要，是文艺作品源于生活又高于生活这一创作原则的产物。上至王宫贵族、佛祖神仙，下至奴隶百姓、妖魔鬼怪，真善美，假恶丑，人间百态，无所不包。这里既有对黑暗邪恶势力的揭露和批判，更饱含人们对美好生活的向往和企盼。在反映西藏历史发展、社会进步、人们的生活和观念方面，藏戏就像一面历史的镜子，发挥了鲜活形象的作用，具有浓厚的历史深度和生活广度。藏戏的剧本是藏族文学的一个高峰，它既重音律，又重意境，大量应用格言、谣谚和成语，甚至还在情节中穿插寓言故事，保留了藏族古代文学语言的精华。

除了雪域风情的特定表现内容之外，藏戏的表演形式也有自己独有的特点，主要表现在唱腔艺术、舞蹈艺术和面具艺术等方面。这些物化的、具象的艺术形式极大地丰富了藏戏文化的内涵，更易让人体味藏族文化的博大精深，并以其特有的民族魅力吸引着世界的目光。

藏戏主要是通过唱词、唱腔、动作，即以语言、音乐、舞蹈为艺术手段，塑造人物形象，展示戏剧冲突，反映社会生活。传统剧目中的唱词，都是诗句。长于比兴，讲究韵律，生动凝练，节奏性强，便于咏叹和歌唱。藏戏的唱腔，总称"朗塔"，通常运用的有二十种以上，大致可分为"长调"、"短调"、"反调"、"悲歌"、"民歌调"、"韵白带唱"等几大类。藏戏唱腔，曲调高亢，声音嘹亮，具有浓厚的高原特色。长调表现欢乐、舒畅的心情，短调表现一般性的叙事，悲调表现愁苦、悲痛的心情，反调表现感情变化、剧情的起伏跌宕。每个唱腔一般只能唱七字句

藏戏伴奏

至九字句，个别唱词最多字数不得超过 13 个。数板的词句和字数可不受限制。一人演唱，众人帮腔，很像川剧的高腔。伴奏乐器也较简单，主要使用打击乐，一鼓一拨，是伴奏，又是指挥。演员随鼓拨的节奏起舞，动作整齐豪迈，热烈欢快。开场结尾，以及喜庆场面，常用大铜号和项呐作间奏，烘托出一种雄壮肃穆，热烈隆重的气氛。

藏戏在表演和唱腔中间，大量穿插民间舞蹈和演出实践中逐渐形成的特殊藏戏舞蹈，这些舞蹈，大多来源于藏族人民的劳动与生活。据说，男的基本动作是拉弓射箭，女的基本动作是捻线缠线。爬山、行船、骑马、揖礼等等都有一定的舞姿。此外还有"躺身蹦跳"等舞蹈技巧和穿插剧中的鼓舞、狮舞、孔雀舞、野牛舞等。有些歌舞根据剧情需要进行了改编，有些直接穿插其中用以表现集会、庆典场面。仅就歌舞而言，用于藏戏表演的就有五六种之多。如热巴歌舞、牦牛舞、谐钦、开场仪式歌舞、噶尔巴歌舞等。藏戏舞步动作起落幅度大，有特殊的韵律之美。

另外藏戏还吸收了喜剧、民间杂技技巧、宗教祭仪、说唱、曲艺、喇嘛嘛呢等形式，这样既调节了场上的气氛，又不至于因为大段的吟唱而产生单调枯燥的感觉，因此藏戏便成为一种歌舞成分很强的戏剧。

传统藏戏的演出，一般是广场戏，也有少数舞台演出形式，这与西藏地域辽阔、流动性大，每到一处即刻就在村头平地、寺院广场、草原牧场演出

藏戏杆戏表演

有关。藏戏在长期表演实践中，逐步形成了一种比较固定的程式。一般每台藏戏都可分为三大部分：第一部分是藏戏开场的序幕。首先是"温巴顿"，意为猎人净地，即着猎人装束者手持彩箭出场，净场地，高歌祝福；其次是"加鲁钦批"，意为太子降福，即着太子装束者手持象征权力的竹弓登场舞蹈，表现祈神驱邪，给观众带来福泽；最后是"拉姆堆嘎"，意为仙女歌舞，即着仙女装束者慢慢起舞，表现仙女下凡，与人间共享欢乐。第二部分是"雄"，即正戏，是演出的主要内容。第三部分是"扎西"，即告别祝福仪式，在过去就是通过集体歌舞向观众募捐，接受观众和地方头人、富户的捐赠。藏戏与其他地方戏剧不同的是：演出正戏时，不论是否轮到表演，演员全部出场，围成半圈，轮到自己即出列表演，其余时间就参加伴唱和伴舞。

藏戏服装丰富多彩，制作考究，且具有鲜明的民族风格和高原雪域特色，比如多具藏族的肥腰、长袖、大襟、袒臂的特点和艳丽浓重的色彩，注重纹样结构组合，喜用兽皮、金银、珠宝、象牙、宝石等作为饰物。

在藏戏表演中最为人们关注的是它的面具表演。面具，藏语称"巴"，是藏戏艺术独有的面部化妆手段。藏戏面具在藏戏形成之初，就已经出现，一般认为，是吸收了藏族早期各种民间艺术表演中的面具和宗教仪

藏戏服装

式跳神驱鬼的面具发展而来的。它的品种繁多、样式独特且历史悠久。由于藏戏面具形象突出、性格鲜明，且绝大多数人物角色和所有动物角色都是戴面具表演的，各种角色戴面具表演的技艺也发展到比较高的水平，使得戴面具表演在今天仍然是藏戏艺术中一个不可或缺的特殊形式，从而形成了藏戏一大显著的艺术特色。一般将藏戏面具按其质地、形态、样式、风格和特点，分为四大种品类：

藏戏面具

（一）平板式软塑面具

这是藏戏中最为典型、最具独创特色的一种戏剧人物面具，一般由皮革或呢料、绒布制作而成。例如国王红面具、母后绿面具、舞女半白半黑面具。

（二）半立体软塑面具

一般由皮革、布或者是布层中塞入棉絮制成。如村民常斯老头和老太面具、市场老太嘎蟆宾真面具、仙翁、隐士或喇嘛面具。

（三）立体硬塑面具

一般是泥塑或者泥塑脱出纸壳或漆布壳绘制而成，用于正戏中魔妖角色和羌姆角色。例如魔妃哈江面具、九头罗刹女王面具、怖畏金刚面具。

（四）立体写实的动物精致面具

有用泥布硬塑的，也有用布料或皮革、毛线软塑的。多数为有头和全身皮革的假形面具，也有部分是假头面具，例如龙女面具、耗牛面具。

藏戏作为一种成熟的戏剧形态，并非是一成不变的，而是随着时代的进步不断革新发展的；其艺术品格也不是抱残守缺、固步自封的，而是不断吸收融汇外来优秀艺术因子的。随着西藏的解放，政治、经济、文化的不断进步与发展，藏戏表现形式的特点已发生了很大变化：一大批反映新时代内容的现代藏戏层出不穷，表演也从广场逐步搬到舞台上，乐队、灯光、舞台美术、布景、道具、化妆等舞台六部门也慢慢跟进，部分面具被面部化妆替代，增加了布景、灯光、效果等，乐队也增加了少数弦竹乐器。同时根据戏剧的基本特点，吸收内地戏剧的形式，将原本两三天或一个礼拜才能演完的剧目压缩在两三个小时内演完，将一出戏根据剧本分成几幕演出，而不再如以往那样随性演出等。作为戏曲艺术，藏戏也会同其他民族的戏曲艺术一样，随着社会的进步，经济的发展，人的思维观念的更新，朝着更加成熟、更加人性化的方向发展。

芳香四溢的藏戏人生

　　好戏的传承是要靠一代又一代艺术家、理论家不断演出、修改、锤炼才能实现的。在藏戏艺术发展的历史舞台上，有许多名垂青史的人物，他们用自己独特的唱腔之魅、身板之魅，艰辛努力传承着藏戏艺术的精华，也缔造了自己芳香四溢的艺术人生。

　　藏戏戏种的确立，有着种种的文化背景和历史机缘，但最直接的动力却是几个关键人物的推动和倡导，其中汤东杰布和五世达赖居功至伟。

　　在西藏过去的民间藏戏演出活动中，都把汤东杰布作为戏神来供奉祭祀。藏戏演出场地中心都供有汤东杰布塑像或唐卡画像，开场戏"温巴顿"也主要是祭祀、颂扬汤东杰布的内容，看戏的观众捐赠东西时，首先要向汤东杰布神像献哈达。他之所以在藏戏活动圈中享有如此尊荣，与他在奠基藏戏体制方面的贡献和内怀深厚大乘佛教的悲天悯人的情怀相关。他精通显密两宗，对包括戏剧在内的"大小五明"有极高造诣和解悟，创造性地利用当时民间和宗教艺术中的某些戏剧萌芽或形式发展了藏戏艺术，藏戏也因此得到了一个里程碑式的发展。他逐渐丰富了藏戏这种综合艺术的唱腔、舞蹈、念诵、对白表演、技艺等戏剧要素，使这一新生的艺术表演形式逐渐从宗教仪式中分离了出来，形成藏族戏剧艺术的基本体制，实现了藏戏由寺院走向民间，并使之完全成为藏区世俗化的一种戏剧艺术。汤东杰布对藏戏的贡献不是枝节层面上的，而是缔造传统、奠定体制。

藏戏戏神汤东杰布

　　五世达赖对藏戏能在藏民族持久广泛流传起到了重要作用，他对藏戏内容和表现形式进一步丰富和完善，使藏戏成为一种独立于宗教活动及各种民间艺术之外的，具有一整套独特演出形式的藏民族表演艺术都发挥了特殊的作用。为使藏戏表演职业化，五世达赖把演员从寺院中分离出来，成为专职艺人，并组成西藏历史上第一个职业藏戏班子——觉木隆。同时，把艺人所用唱本由叙述体发展为代言体，这便形成了后来所见的演出"脚本"。由于五世达赖的关注和提倡，藏戏在各地获得普遍支持而很快发展起来，每年都有相当数量的戏班参加"哲蚌雪顿"。五世达赖对藏戏的贡献是历史性的，今天所形成的藏戏文化群落的布局和藏戏文化俗制的稳定传承，都与集政教大权于一身的五世达赖的努力分不开。

　　藏戏艺术能成为雪域高原的文化代表之一且历久弥新，是一些藏戏史上的巨子不断革新，不断从各种文化土壤中吸取营养的结果。有的革新其表演程式和要素、剧团营运和构成等；有的大胆地从各族文化中借鉴艺术手法、从自己的生活中挖掘艺术养分等等。他们大多数既是杰出的戏师，又是演员中的台柱。藏戏艺术的戏师藏语称之为"劳本"或尊称为"根拉"，是最受尊敬的师父。他们不仅是导演和教授戏剧的教师，还是班主、主要演员、鼓师、经营者等的总和，这也是藏戏与内地其他戏曲的区别之一。他们在表演中所获得的经验和戏师特有的权力，使得他们比其他人更有能力和机会改革。这些在第一线的藏戏活动者总是根据实际情况及时而适度地调整既有的规则、丰富戏剧的要素。其中杰出者包括曾使藏戏历史中一个最有影响的觉木隆戏班从式微走向中兴的戏师"唐桑"、综合改造创新藏戏发声的唱腔宗师"米玛强村"和转益多师把藏戏的观赏性和艺术性发挥到极致的"扎西顿珠"等人。

　　唐桑是藏戏历史上著名的演员、戏师和藏戏艺术活动家，她为觉木隆戏班的发展兴盛，最后形成闻名遐迩的艺术流派，奠定了坚实的基础。她对藏戏的另一贡献是突破陈规，大胆使用女演员。唐桑突破了社会的传统观念和习惯即女人不上台演戏的做法，大胆吸收了一批女演员进行培训，创立男女演员混合编制，使觉木隆戏班的表演艺术发展了一大步。扎西顿珠是解放前觉木隆的最后一位戏师，西藏藏剧团建团后的第一任团长，中国剧协理事。他对藏戏艺术的革新和发展作出了很大的贡献。作为一个演员，他有着良好的敬业精神和技能修养。个人德艺双馨之外，他最主要的贡献还是对藏戏全面革新，最终使觉木隆藏戏形成了欢快热闹、活跃生动、丰富多彩、隽永秀逸的独特演出风格，为后来成立自治区藏剧团打下了坚实的基础。1959年民主改革开始后，他在拉萨市军管会的支持下，召集原觉木隆戏班艺人，筹建西藏藏剧团，并担任了第一任团长，对藏戏文化的流播和传承有着重大贡献。

在藏戏发展历史上还曾经涌现出一批批优秀的演艺家，他们所塑造的人物形象、所留下的创业精神和深广的人际关怀构成藏戏文化价值的重要的组成部分。除前文提到的一些杰出的改革者兼戏师演员外，还有：白面具戏中的扎西雪巴流派中的扎西群佩、白马顿珠，尼木巴流派中的诺穷；蓝面具戏中迥巴藏戏的结布、额仁巴贡嘎、普布、旺久等，江嘎尔藏戏的白玛丹珍、嘎玛曲杰、波若、朗杰、那加、唐曲、拉归、强巴、丹增等，香巴藏戏的根角、归桑多吉等，觉木隆藏戏的日巴、赤玛更巴、扎西顿珠、阿玛次仁、阿玛拉巴、哈巴、次仁更云、云登波、多吉占堆等人。

藏戏文化是一个包容万象的文化系统，其中涉及到的藏戏人也极其复杂，除了上文所举的开创者、改革者和演艺家外，还包括藏戏的编剧者、乐师、舞美设计师、理论研究者、藏戏活动家和成分复杂多元的民间传承者等。其中，藏戏理论研究者在藏戏实现系统化、正规化的过程中作用尤为突出，刘志群、小次旦多吉、边多等学者是其中的突出代表。刘志群出生于黄海之滨的启东县一个农民家庭，1960年考入中央戏剧学院戏剧文学系，所学的专业是编剧。五年的大学生活结束后，他选择了西藏这块神秘的土地。进藏后，他被分配到西藏自治区藏剧团工作，投身于藏戏艺术的创作、研究和剧团的组织、管理工作，将一生大半的青春和精力都投注于藏戏及藏文化艺术领域的创作和理论研究。通过传统藏戏的改编实践，他逐渐学习掌握了藏戏艺术的传统技艺特点，在此基础上，创演了一些现实和历史题材的大中小型藏戏。在对藏戏的理论研究方面，自20世纪80年代以来，他在藏戏"志"的领域里，完成了《中国戏曲志·西藏卷》和《中国戏曲音乐集成·西藏卷》的主编和主要撰稿的工作；在藏戏"论"的领域里，先后发表了百余篇有关藏戏和藏文化艺术研究的论文，并出版了《藏戏与藏俗》（专著）和《中国藏戏艺术》（主编和主要撰稿）；在藏戏"史"的领域里，除开部分论文和"戏曲志"及"戏曲音乐集成"中西藏自治区藏戏史的综述外，还完成国家社会科学艺术基金资助年度课题《中国藏戏史》并出版。

保护与传承

藏戏历史悠久，具有缜密的表演程式，曾在藏族人民精神生活中具有不可替代的地位。新中国成立以后，在党的文艺方针政策的指引下，国家投入大量的人力、物力对各地藏戏艺术流派进行了全面的挖掘和普查、抢救和保护、发展和创新。

但近时期以来，随着社会经济的变革、城市化速度的加快、外来文化的冲击，藏戏传承陷入尴尬的境地，主要表现为：传统表演技艺失传，老的藏戏师所掌握的表演绝活后继乏人，如一位老艺人逝世，就可能意味着某个流派表演技艺的失传；艺术人才断档，在藏戏演出市场效益低下的情况下，许多优秀的藏戏演员转行，而重新培养一名藏戏演员需要大量的时间精力，从而导致藏戏艺术人才的断档；现代文化的冲击，摇滚乐、流行歌曲等现代艺术形式走进了广大藏民的生活，藏族年轻人有了其他的娱乐选择，藏戏在藏族年轻一代心目中的地位也开始动摇。尽管老年人、农牧民依旧非常喜欢藏戏，但藏戏的观众群正在逐渐缩小；资金缺乏、剧团生存艰难，无论是专业藏戏团还是民间藏戏班，演员的培养、戏团（戏班）的运作，都存在资金投入和支持的不足；理论研究仍显薄弱，专门的藏戏高级研究人才缺乏，这也是需要关注并有待解决的问题。

所幸伴随着藏戏申遗的开展和全社会范围内对非物质文化遗产保护的热情高涨，以上这些情况有了一定程度的好转。最近几年来，在党中央和自治区党委、政府以及相关部门的大力支持下，藏戏遗产的保护工作也逐步开展。2003 年迥巴藏戏被文化部确定为全国第一批民族民间文化保护工程十大试点之一。2006 年拉萨觉木隆、日喀则昂仁县迥巴、日喀则南木林县香巴、日喀则仁布县江嘎尔、山南琼结县宾顿巴、山南乃东县雅隆扎西雪巴 6 种藏戏被列入国家级和西藏自治区级第一批非物质文化遗产保护名录。拉

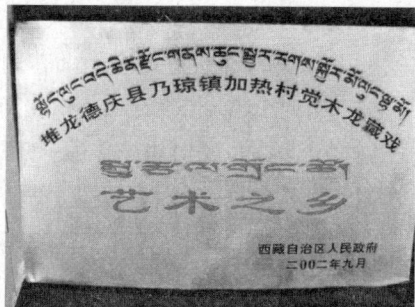

被誉为"艺术之乡"的堆龙德庆县乃琼镇加热村

萨觉木隆的旦达和次旦多吉、日喀则昂仁县迥巴的朗杰次仁、日喀则南木林县香巴的次多、日喀则仁布县江嘎尔的次仁、山南琼结县宾顿巴嘎玛次仁和白海、山南乃东县雅隆扎西雪巴的尼玛次仁被列入西藏自治区第一批和国家第二批非物质文化遗产项目代表性传承人名录。

2009 年起，自治区相关部门加强了如下几方面的工作。首先，进一步加强收集藏戏文字资料的工作，将已搜集的剧本、曲谱进行整理、翻译，并陆续出版发行；第二，对现在上演的传统剧目进行抢救性录音、录像，同时把已搜集的资料制作成数字音像片；第三，整理加工优秀传统剧目，通过排练和巡回演出，扩大藏戏影响；第四，为加强藏戏理论研究，决定每 3 年组织召开一次全国藏戏学术研讨会，每 5 年召开一次藏戏国际学术讨论会，探讨藏戏历史和现状中存在的问题，搜集有关论文，并编辑出版；第五，对现有年轻专业演员强化定向培养，以老带新，使老艺人的表演技艺、藏戏的传统剧目和演唱艺术得到完整传承；第六，在继承传统剧目的同时，进行改革创新，排演新编历史剧和现代戏，运用现代传媒手段弘扬藏戏文化，使古老的藏戏与时代同步发展。另外，从 2009 年起，在全国藏区的中小学普及藏戏知识，从小培养青少年对藏戏的兴趣和爱好，为藏戏的传承发展打好基础。在民间，许多藏戏班走"以文养文，以戏养戏"的路子，一方面到外地去巡回演出，也参加各种集会节庆演出；另一方面与旅游企业签订演出合同，既为旅客服务，又增加了藏戏团队的收入，扩大了藏戏的影响。

这些举措对藏戏的保护传承起到了积极的作用，在此基础上，未来还需要从以下几个方面进一步加强保护力度：

首先，进一步做好普查抢救等基础性工作，使无形遗产有形化。

在过去对藏戏流派进行过一些抢救性的保护工作成果的基础上，对全国范围内藏戏的现状进行全面的普遍调查，建立档案和名录。制定比较完备的保护、传承方案，推动藏戏艺术在新时期的有效传承和持续繁荣。进一步搜集、挖掘、整理藏戏的历史、音乐、舞蹈、表演、剧目、面具、道具、服装、头饰、人物、机构等各个方面的全套资料，包括录音（CD）、录像（VCD/DVD）、图片、文字。特别是对其传统的剧本和艺术资料，要进行全面的搜集和整理，并加以出版；对老艺人的表演，要以高科技的数字手段进行抢救性录音录像，用现代化的科技手段记录下来，建立藏戏文化数据库，将藏戏艺术转化为有形形式。

其次要重视藏戏的活态保护和整体保护。

保护文化生态环境是保护藏戏文化遗产的基础，为了使民间原生态藏戏文化遗产存活下来，我们应该重视与其紧密相依的文化生态环境的保护。遗产只有以活态的形式楔入人民大众的日常生产生活中间，才具有持续稳固的生命力。藏戏是藏族群众和艺术家共同创造的人类精神财富，产生于特定的民族文化环境中，它面对的是广大的藏族观众群体，如果离开了孕育它的特有文化氛围，也就失去了其根基和个性。因此需要重视培养藏戏的观众群体，大力发展地方剧团。此外，目前我国五省藏区的藏戏艺术保护基本上各自为政，相互交流学习也很不够，在藏戏保护上没有形成合力，未来要加大藏戏的整体联合保护力度。

再次要继续加强藏戏艺术人才的培养。

由于老的藏戏艺术家相继去世，传承人日渐减少，所以重视培养藏戏艺术人应是藏戏传承发展的重要内容之一。而且对各个流派都要继承，这样才是全面的藏戏。前不久，文化部又公布了第二批国家级非物质文化遗产项目代表性传承人评选结果，藏戏有 11 人入选，这显示了国家对藏戏人才的重视。

雪顿节的藏戏表演

除了演员的培训，编剧、导演人才、唱腔创作者也是不可或缺的。藏戏演出的成功与否所仰赖的是具有丰富藏戏背景的剧作家、导演与唱腔创作者，空有优秀演员，而创作不出好剧本，没有动听的唱腔，一切都流于空谈。此外，还要注重对藏戏高级研究人才的培养，要着力培养一批藏戏专家学者，创建和发展藏戏学，系统进行藏戏艺术研究工作，积极开展与国际藏学和藏戏研究组织与学者的交流活动。

最后还要积极推动藏戏与节日文化的结合，以文化产业视角推动藏戏艺术发展。

西藏传统的雪顿节期间有隆重热烈的藏戏演出，所以有人也将其称为"藏戏节"。自1986年恢复举办首届雪顿节以来，藏戏演出团队不仅来自西藏本区，周边川、青、甘、滇等省藏区的演出团队也踊跃参与，使得雪顿节期间的藏戏演出阵容庞大、异彩纷呈，演出剧目也推陈出新。要积极推动藏戏与藏区旅游等文化产业项目的结合。一方面旅游开发会在一定程度上解决文化遗产保护经费不足的问题，另一方面，旅游的发展，使大量的文化遗产直接面对观众，人们对文化遗产将会有更深入的了解和认识。比如，在藏区旅游中观看藏戏表演，人们在获得文化陶冶、艺术感染的同时，会更加懂得作为非物质文化遗产的藏戏的重要价值，增强对它的保护意识。

（编撰：张伟）

参考文献

[1] 马学良、恰白等：《藏族文学史》，四川民族出版社，1985年版

[2] 四川民族事务委员会：《四川藏戏》，四川民族出版社，1990年版

[3] 刘志群：《中国戏曲志·西藏卷》，文化艺术出版社，1993年版

[4] 席明真：《中国戏曲志·四川卷》，中国ISBN中心出版，1995年版

[5] 乔滋、金行健：《中国戏曲志·甘肃卷》，中国ISBN中心出版，1995年版

[6] 陈秉智：《中国戏曲志·青海卷》，中国ISBN中心出版，1998年版

[7] 刘志群：《中国藏戏艺术》，京华出版社、西藏人民出版社，1999年版

[8] 刘志群：《藏戏与藏俗》，西藏人民出版社，2000年版

[9] 李云、周泉根：《藏戏》，浙江人民出版社，2005年版

[10] 官蒲光、洛松次仁主编：《藏戏与歌舞艺术》，中国藏学出版社，2006年版

[11] 刘志群：《中国藏戏史》，西藏人民出版，2009 年版

[12] 曹娅丽：《青海藏戏艺术》，民族出版社，2009 年版

[13] 张鹰：《藏戏歌舞》，上海人民出版社，2009 年版

[14] 边多：《还藏戏的本来面目　　试论藏戏的起源、发展及其艺术特色》，西藏艺术研究，1986 年第 1 期

[15] 刘志群：《试论藏戏的起源和形成》，戏剧艺术，1981 年第 3 期

[16] 刘志群：《论探我国藏戏艺术的起源萌芽期》，艺研动态，1987 年第 1 期

[17] 边多：《论藏戏艺术与藏族民间文化艺术的历史渊源关系》，西藏艺术研究，1991 年第 4 期

[18] 刘志群：《一个藏戏系统和诸多剧种流派》，西藏艺术研究，1989 年第 4 期

[19] 刘凯：《藏戏剧种研究的提出、分歧与弥合》，西藏艺术研究，1991 年第 1 期

[20] 刘志群：《论藏戏的民族形式和风格特色》（上、下），西藏民族学院学报，1984 年第 4 期、1985 年第 1 期

[21] 刘志群：《藏戏艺术及其美学特色》，民族艺术，1985 年创刊号

[22] 刘志群：《藏戏的基本特征和艺术优势》，艺研动态，1986 年第 1 期

[23] 刘志群：《我国藏剧面具艺术探讨》，艺研动态，1986 年第 2 期

[24] 张平：《对当代藏戏现状的思考》，西藏艺术研究，1988 年第 3 期

[25] 刘志群：《论探藏戏的现代化》，西藏艺术研究，1990 年第 3 期

玛纳斯

    2009 年 9 月 28 日至 10 月 2 日，在阿拉伯联合酋长国首都阿布扎比召开的联合国教科文组织保护非物质文化遗产政府间委员会第四次会议上，审议批准了 76 个项目列入《人类非物质文化遗产代表作名录》，柯尔克孜族英雄史诗《玛纳斯》榜上有名，属民间文学类别。

    《玛纳斯》史诗是我国民间三大史诗之一，是我国柯尔克孜人民引以为豪的历史文化宝库，也是我们中华民族光辉灿烂的珍贵文化的一部分。《玛纳斯》史诗规模宏伟，气势磅礴，世界罕见。它把古代柯尔克孜的政治、经济、军事、历史、哲学、法律、宗教、道德、语言、风土人情、生活民俗汇聚于史诗之中。用柯尔克孜人民喜闻乐见的形式，音韵铿锵的语言，生动形象的唱述，把故事描绘得惟妙惟肖，引人入胜。《玛纳斯》是一副宏伟的史诗画卷。它所跨越的时代达数个世纪，是柯尔克孜人民历史生活的"大百科全书"，它不仅具有文学欣赏价值，而且也具有重要的学术研究价值。

英雄史诗《玛纳斯》

    玛纳斯是柯尔克孜族传说中的著名英雄和首领，是力量、勇敢和智慧的化身。这部史诗热情讴歌了英雄玛纳斯及其七代子孙前仆后继，率领柯尔克孜人民与外来侵略者、各种邪恶势力和为争取自由和幸福而进行斗争的故事，体现了柯尔克孜民族勇敢善战、百折不挠的民族精神与民族性格。

    《玛纳斯》最初产生于 9 至 10 世纪，后来在流传过程中，经过柯尔克孜天才歌手们世世代代的琢磨，融进了全民族的智慧，具有极高的艺术性和浓烈的民族特色。《玛纳斯》主要流传于我国新疆南部的克孜勒苏柯尔克孜自治州以及新疆北部特克斯草原、塔城等柯尔克孜人聚集的地域。此外，中亚的吉尔吉斯斯坦、哈萨克斯坦及阿富汗北部地区也有《玛纳斯》流传，这是一部具有世界影响的史诗。

　　史诗《玛纳斯》有广义与狭义之别。广义的《玛纳斯》是包括八部史诗在内的整部史诗的总称；其中，以"玛纳斯"的名字为全诗的总名称，其余各部又都以该部主人公的名字命名：如《玛纳斯》、《赛麦台依》、《赛依台克》、《凯乃木》、《赛依特》、《阿色勒巴恰与别克巴恰》、《索木碧莱克》、《奇格台依》。每一部都独立成章，叙述一代英雄的故事，各部又相互衔接，使全诗构成了一个完整的有机体。这部史诗长达21万多行，共2000万字。而狭义的《玛纳斯》则是指史诗的第一部《玛纳斯》。史诗第一部的内容最为古朴，结构十分完整，艺术上亦最为纯熟。它在八部史诗中，气势最为磅礴，篇幅也最长，它描写了英雄玛纳斯一生非凡的经历与辉煌的业绩。玛纳斯的一生由"神奇的诞生"、"少年时代的显赫战功"、"英雄的婚姻"、"部落联盟的首领"、"伟大的远征"、"壮烈的牺牲"几部分构成。

　　第1部《玛纳斯》，也是最精彩的一部分，叙述了第一代英雄玛纳斯联合分散的各部落和其他民族受奴役的人民共同反抗卡勒玛克、契丹统治的业绩；

　　第2部《赛麦台依》，叙述玛纳斯死后，其子赛麦台依继承父业，继续与卡勒玛克斗争。因其被叛逆坎乔劳杀害，柯尔克孜族人民再度陷入卡勒玛克统治的悲惨境遇；

　　第3部《赛依台克》，描述第三代英雄赛麦台依之子赛依台克严惩内奸，驱逐外敌，重新振兴柯尔克孜族的英雄业绩；

　　第4部《凯耐尼木》，述说第四代英雄赛依台克之子凯耐尼木消除内患，严惩恶豪，为柯尔克孜族人民缔造了安定生活；

　　第5部《赛依特》，讲述第五代英雄凯耐尼木之子赛依特斩除妖魔，为民除害；

　　第6部《阿斯勒巴恰、别克巴恰》，讲述阿斯勒巴恰的夭折及其弟别克巴恰如何继承祖辈及其兄的事业，继续与卡勒玛克的统治进行斗争；

　　第7部《索木碧莱克》，讲述第七代英雄别克巴恰之子索木碧莱克如何战败卡勒玛克、唐古特、芒额特部诸名将，驱逐外族掠夺者；

第8部《奇格台依》，叙说第八代英雄索木碧莱克之子奇格台依与卷土重来的卡勒玛克掠夺者进行斗争的英雄业绩。史诗的每一部都可以独立成篇，内容又紧密相连，前后照应，共同组成了一部规模宏伟壮阔的英雄史诗。

《玛纳斯》第1部长达7.3万行，故事情节最为曲折动人，也流传最广。它从柯尔克孜族的族名传说和玛纳斯家族的先世唱起，一直唱完玛纳斯领导人民反抗卡勒玛克和契丹人黑暗统治的战斗一生。玛纳斯诞生前，统治柯尔克孜族人民的卡勒玛克王由占卜者处获悉：柯尔克孜族人民中将要降生一个力大无比、长大后要推翻卡勒玛克人统治的英雄玛纳斯。卡勒玛克汗王遂派人四处查找，并把所有怀孕的柯尔克孜族妇女一一剖腹查看，以便杀死即将诞生的玛纳斯。但在机智的柯尔克孜族人民的保护下，玛纳斯终于在阿尔泰的布鲁勒套卡依地方平安地降生。目睹人民的苦难生活，使玛纳斯从小就对外来的掠夺者充满了仇恨，他立志要为本民族报仇雪耻。玛纳斯还在幼年时，已成长为一个力大无比的英雄。他同情贫穷的人民，把自己家的财产分赠他们；他参加劳动，在炎热的吐鲁番耕种庄稼。他长大后敬重长者，信任贤能，团结了四面八方的勇士，统一了被分散的柯尔克孜各部落，联合邻近被压迫的民族，南征北战，使各族人民过上了欢乐富裕的生活。他被拥戴为汗王，成为当时被卡勒玛克奴役着的各族人民公认的领袖。后来，他不听贤慧的助手——爱妻卡尼凯依的劝告，带着40位勇士和大队兵马，对契丹人的京城进行远征。玛纳斯在这次远征中身负重伤，回到塔拉斯后逝世，柯尔克孜族人民重新陷于灾难之中。

艺术特色

《玛纳斯》的艺术特色之一：斑斓的人物集锦。史诗描绘的正反两方面的人物，不下数百，仅玛纳斯的武士就有40名。人物众多，却无一雷同。恩格斯说"每个人都是典型，但同时又都是单个人，正如老黑格尔所说的'这一个'"。如果将整部史诗比作一部巨型交响乐，那么，每个人物正是具有独特音响的器乐。40名勇士形貌神彩各异，可谓"钟不借鼓响，鼓不假钟音"，就连史诗中的女性也各有其殊，有的如幽兰空谷，娴静多姿；有的如灼目榴花，泼辣豪爽。总之，每个人物都以其鲜明的个性揭示着作品的主题。

史诗用浓墨重彩着力刻画民族英雄玛纳斯。作为风起云涌的民族斗争中的脊梁骨，玛纳斯的艺术形象是柯尔克孜族人民民族气质的高度概括和真实写照。他是彼时彼地游牧民族道德的高尚典型——宰牲待客，济困扶危，倾囊倾家助人而在所不惜，为着整个民族的生存与独立，"胸膛里只要有生命存在，就出去迎击敌人"。这就是玛纳斯典型性格的精髓，史诗《玛纳斯》第一部的诗魂。

由于异族奴役而陷于水深火热的柯尔克孜人民，望眼欲穿地盼望民族英雄的降生。他们需要团结自己的力量，抗御外族的侵凌，热望"有饿狼一样的胆量，有雄狮一样的性格，有巨龙一样的容颜"的英雄，来带领他们奋起抗争，图强自立。所以，他们用神奇而迷人的童话意境表现玛纳斯的诞生：这个从皮囊里脱胎而出的孩子，手心里铭印有"玛纳斯"的白色字样。民族敌人卡尔玛克人却千方百计阻扰玛纳斯的出生，荒诞地卜算未来，无辜地残杀许多孕妇。面临民族杀戮的一片恐怖，年幼的玛纳斯只得被迫更名改姓为"大疯子"。

当时，柯尔克孜族已由原始游牧的氏族公社进入到用氏族掩盖着的贫富和阶级的差异的社会。玛纳斯虽是贪婪的加克普巴依之子，却果敢地突破了富有者的藩篱，慷慨地向乞丐施舍，为贫民除痛。为此，他被悭吝的父亲赶出家门，流浪到吐鲁番掘井种麦。他身上从此淌流着劳动的汗水，散发着泥土的淳香，萌育着劳动群众的思想感情。

在那以刀枪剑戟决雌雄的古战场，作为一位英雄，自然须有山崖般魁梧的体魄和非凡的力气。史诗形象地描绘了英雄雄狮般的饭量："木盆里的肉堆成了小山岗"，而他"只抓了三次"，"倒在肉屑上的肉汤像一个小湖水那么多"，而他却一气吃净喝光。由"饭量"可窥英雄磅礴气质之一斑。史诗正是这样张开幻想之翼，犹如天马行空，纵横驰骋，浪漫而不荒诞，神奇而又可信，一一描写了枪、剑、神矛和月牙斧等，为叱咤风云的民族英雄玛纳斯广开用武之地。"在这里，神是某种手艺的能手，人们的教师和同事。神是劳动成绩的艺术概括。"

英雄把散碎似铁渣一样的人民，熔铸成一柄劈风斩水的利剑，向侵略者英勇出战。在神的护佑下，玛纳斯杀得入侵者"血水淹过了马膝"，"抛弃了撑起的毡房"，"丢下了拴着的母马"，仓惶而逃，终于让柯尔克孜族人民从异族的奴役中获得了解救。

柯尔克孜族六部落的汗不听考少依长者的"悄悄眠着的大蟒，你们不要去踩它的尾巴"的忠告，在阔克托依的祭典上，宁可邀请民族劲敌卡尔玛克人却拒不邀请玛纳斯，以此来污辱英雄。结果，无能的主人被前来参加祭典的"客人"所辖制，最后不得不求救于英雄玛纳斯。当所有的勇士都为玛纳斯受辱而不平，力阻"去那只剩下残茶剩饭的祭典"，并要怒斩求救的来使时，史诗以闪电般迅疾的动作映照出了英雄的内心活动和义勇抉择：玛纳斯令卫士牵来单峰驼，手起刀落，被劈开的单峰驼竟如被秤称过一般，均分为二；玛纳斯毅然抛开个人恩怨，单刀跨马，奔赴祭典，惩处了破坏祭典的民族敌人。史诗以何等鲜明的艺术手法剖析着英雄的精神境界！读到这儿，谁能不为玛纳斯的民族情、义士愤所感动！这一刀使玛纳斯的雷霆之怒对民族的忠义之心剖现得淋漓尽致。

史诗还成功描绘了曾驾座金銮的克塔依汗王苏少爷。他因偶然的机缘，领悟了真主的至尊，古兰经的圣洁，弃国离家，寻求信仰，并改名为阿里曼别特。他开初投奔于哈萨克人阔克确的门下，使"连一根栓牛绳也没有的哈萨克有了骏马"。然而，阔克确竟听信谗言，醉酒后驱走了他，使他的心"变成了烤肉"，万念俱灭。史诗生动描绘了阿里曼别特去麦加绝命途中，被君王玛纳斯挽留的动人情景。史诗先是用口头文学常用的梦幻彩笔，勾勒出玛纳斯求贤若渴的心理。玛纳斯梦见：

> 从路上捡到了，
> 一把美丽的宝剑，
> 朝着像卧牛一样的光石，
> 试试宝剑的锋芒吧！
> 竟像切羊肝一样。

后来宝剑变换成猛虎，降服了所有的走兽；猛虎又变换成银翅的鹰王，满天飞禽都来朝拜。史诗以此来象征英雄阿里曼别特将伴随君王玛纳斯远征获胜。

史诗接着具体描写阿里曼别特所受到的隆重而热烈的礼遇：玛纳斯君王不仅让人找来黄色的山羊羔做了萨达阿，并且从骏马到神矛、从战袍到王位都要全部慷慨地给他，而且诚挚而豪爽地说："要走，这就是你的路"，"要留，这就是你的人民"。那么，是否还有比这更盛情的款待呢？有的！玛纳斯的生母奇依尔迪跑来了，"两个奶头蓄满了奶汁，奶浆香像被风吹动的芨芨草一样，刷刷发响流了出来"。玛纳斯和阿里曼别特各吮一只奶头——从朋友成为兄弟。这圣洁的友情是克尔克孜族人民热情好客的真实写照。英雄阿里曼别特，心悦诚服地留下来，辅佐君王玛纳斯。他经过艰难的跋涉征战，"人瘦得像麦草，身上的虱子有麻雀大"，攻占了塔克依人的别依京，救护受伤的君王玛纳斯返回故里，最后以身殉职。

这期间，有一段对英雄的刻画，是入木三分的。玛纳斯不听卡尼凯依的忠告，远征别依京时，不听阿里曼别特的忠告，未迅速返回塔拉斯，不幸遭到了敌人昆古尔巴依毒斧的暗杀。"看看吧，英雄们，我们的后脑发痒。"毒斧早已嵌入脑髓了，英雄们却不过感到"发痒"。英雄们那坚忍不拔的非凡毅力和阳光开朗的性格，栩栩跃然纸上，令人敬佩。

上述两个英雄，尤其是玛纳斯的艺术形象，表明"最深刻最鲜明在艺术上达到完美的英雄典型乃是民间文学所创造的"。除此之外，史诗还塑造了五光十色的纷繁人物：有君王，有勇士，有平民，有妇孺，有下界的天神，有峥嵘的巨魔，真是琳琅满目，百态千姿。他们从不同的侧面反映了现实生活的深度和广度，大大增强了史诗的完美丰厚的立体感。试看德高望重生性善良的克尔克孜族长者考少依，远征前如何语重心长地告别玛纳斯之子吧：

> 亲吻了玛纳斯之子，
> 他抚摸着胡子，
> 将一根缠绕在手里，
> 犹如缠绕着考木孜琴弦。
> 把它做成符给孩子吧！
> 给他戴上，愿他长命百岁，
> 做个纪念，让他成为有力量的人。
> 多么善良、慈祥的老人啊！

《玛纳斯》另一大艺术特色：古朴异丽的民间文学语言。文学是语言的艺术。它总是借助语言来作雕塑描写的。史诗的语言是朴素的民间文学语言。这朴素经过精湛的艺术变幻，升华为辉煌的艺术，显示出劳动人民不仅有征服自然的伟力，而且有惊人的驾驭语言的才华。试看史诗怎样地描写玛纳斯的对手、巨人玛坎里的烟斗：

> 把烟袋拿在手上，
> 把六十秤子烟草全装上，
> 六十秤子烟草却装不满烟锅。
> 把毡房一样大的火放在上面，
> 他一吸就完了。
> 站在他跟前的好多人，
> 由于烟锅的高热，
> 烤得额头发烫，
> 受不住而逃走了。
> 从天窗冒出的烟雾，
> 是不是房子失火了？
> 邻居们惊叫了起来。
> 从烟锅里倒出的烟灰，
> 把一条街都淹没了。

读到这里，我们怎能不为民间艺人运用语言的技巧啧啧叫好？烟斗是寻常的，但它巨大得惊人；烟灰和小街是平常的，在现实生活中小街远远大于烟灰，可在史诗中它却葬身于烟灰之中……这种"平常"与"奇异"，"真"与"虚"微妙变幻的交错，用平凡的语言材料，开拓了辉煌神奇的艺术天地。读者不能不被这魅人的艺术力量所惊愕、所陶醉。难怪柯尔克孜族的男女老幼无不被史诗所吸摄！

史诗中表达感情的用语具有强烈的民族色彩，新颖而别致。如"我的小马驹"，"我领子上的水獭呀"，"我额角上的星星呀"，"我美丽的花布谷呀"，这是对善美形象的赞扬。而对丑恶形象，却常常喻之为"扒在骆驼脖子上的青驼虱"，"从羊嘴里抽草的人"……这些来自生活海洋的语言具有浓厚的乡土气息，质朴、刚健、清新、活泼，宛如拔土而出的野菊，清丽而芳香，毫无造作的陈腐色调。

史诗里经常交融着古老的神话传说、优美的民间故事，以及富有哲理性的格言、谚语等。如"只要胡大扶助，任何人都能做汗王"，"如果你不去碰山，山不会来碰你"，"没有洪水流的地方，不会有山沟出现"，"骏马是英雄的翅膀"，"不爱人民的人，不会成为英雄"……诸如此类，美不胜收。柯尔克孜人民简直把自己全部家珍都尽数用在史诗上了。

令人惊异的是，如此浩瀚的长诗却有宛如律诗般的严谨的韵律，读来旋律铿锵，音韵和谐，犹如浪花拍岸，给人以鲜明的节奏感和音乐美。

这部气势磅礴的英雄史诗，不愧是我国各民族文化宝库的一大瑰宝。她千百年间为我国的文学宝库增色添辉，对今天各民族社会主义文艺的发展和繁荣，也将起较大的借鉴、促进作用。史诗既富有美学价值，也为历史学、社会学、语言学、民俗学提供了重要的研究资料，具有多种功能与价值。

"活着的荷马"——居素普·玛玛依

居素普·玛玛依，1918 年出生在新疆克孜勒苏柯尔克孜自治州阿合奇县，15 岁时就能全文背诵史诗《玛纳斯》；新中国成立后，在一次政府举办的现场会上，居素普·玛玛依演唱《玛纳斯》一举成名。1979 年，居素普·玛玛依得到中央领导人接见，被誉为"国宝"。同年，当选为中国文联委员，中国民间文艺研究会理事。后来，又先后当选为新疆文联副主席、名誉主席，中国民间文艺家协会常务理事，新疆维吾尔自治区政协常委；他是能够演唱八部《玛纳斯》史诗的大玛纳斯奇，各国学者誉称居素普·玛玛依为"活着的荷马"，是不可多得的杰出史诗演唱大师。

关于居素普·玛玛依的诞生，还有一段颇为神奇的经历。他的母亲布茹里生了 26 个孩子，仅存活一子一女，为此她十分伤心，并感到身心疲惫。丈夫玛玛依携妻外出，到吐鲁番、阿克苏和喀什等地，让妻子休息疗养，还到温泉、圣人陵墓等地去祷告祈福。

习诵《玛纳斯》的居素普·玛玛依

回来后，60 岁的布茹里竟奇迹般地怀了孕，一天，她做了一个梦，梦见一对老夫妻从她身边走过，老婆婆回头把一个布包递给她说："你受了很多苦，送给你一件东西。牦牛是神圣的动物，牦牛神会保佑你平安！"说完，这对老人便神秘地消失了。她从梦中惊醒，梦中的情景历历在目，她相信这个梦对腹中的胎儿来说无疑是吉兆。1918 年 4 月，在万物复苏的季节，61 岁的布茹里生下了她的第 27 个孩子——居素普·玛玛依。婴儿落地时，全身长满了浓密的胎毛，40 天以后才脱尽。关于居素普·玛玛依诞生的传说，与《玛纳斯》及突厥史诗对于英雄诞生的描写有异曲同工之处。柯尔克孜、哈萨克、维吾尔等突厥语民族的英雄史诗，一般都是以年迈的夫妇外出祷告、祈子、年迈的妻子在梦中得到神助而神奇般地怀孕，以及英雄特异诞生作为史诗叙事的开始部分。

　　居素普·玛玛依的家庭是典型的民间文艺之家，他的父亲玛玛依是一位慈厚朴实的牧民，酷爱史诗《玛纳斯》，母亲布茹里和姐姐势甫罕都是当地相当著名的民歌手。玛玛依很重视对子女的教育，为了让孩子们受到良好的教育，继承本民族的文化，他把家中仅有的马匹作为学费，先后把两个儿子巴勒拜和居素普·玛玛依送到当地有名望的学者那里去学习文化知识。居素普·玛玛依的兄长巴勒拜是柯尔克孜民族民间文学的搜集家。他经常随着驼队在丝绸之路上云游，足迹遍及中亚各国。每到一处，他都要去寻访故事家，记录他们讲述的民间故事、寻访歌手。记录他们演唱的叙事诗。遇到玛纳斯奇他更是会详尽地记录他们演唱的《玛纳斯》。只要有《玛纳斯》的手抄本或是刊有民间文学作品的书籍，无论价格多么昂贵，他都要购买。他最大的功绩是记录了阿合奇县史诗演唱大师居素甫阿洪和额不拉音演唱的《玛纳斯》，并将其进行艺术加工使之成为完整的 8 部《玛纳斯》唱本。他把自己搜集、记录、整理的玛纳斯资料，交给比他年幼 26 岁的弟弟居素普·玛玛依。居素普·玛玛依从 8 岁开始就在哥哥巴勒拜的关怀、指教下学唱《玛纳斯》。每到晚上，父母点上煤油灯或蜡烛，让儿子为他们念诵英雄史，第一遍念完还要念第二遍、第三遍。巴勒拜也经常让弟弟背诵史诗的片段，考查他对史诗内容的熟悉程度。他还教授有关史诗演唱的技巧，例如，告诉他要依据史诗情节的发展与变化，加一些手势动作、表情变化、变换音调等等。英雄在拼杀时，要提高声调、表情要严肃，在忠告劝慰时，要大量运用谚语、格言，从正反两个方面进行渲染，描述妇女形象时要运用比较优美、亲切的语言；表达苦闷与悲哀情感时，声调要适当降低，表现出悲哀的气氛。手势动作和声调融为一体，创造出一种情感交融的完美境界。居素普·玛玛依从 8 岁至 16 岁，仅用了 8 年时间便把哥哥巴勒拜记录、整理的 20 多万行的《玛纳斯》全部背诵下来。《玛纳斯》子孙八代的业绩，上百个人物几十个大大小小事件，在他的头脑里梳理得清清楚楚。人们随便问到史诗中的任何一个人物，他都能滔滔不绝地从此人物的祖先谱系叙述起，历数他祖先几代与《玛纳斯》家族的关系，然后再详细地介绍此人一生的所作所为，还会讲述他子孙后代的种种经历。巴勒拜对居素普·玛玛依的影响是巨大的，他对居素普·玛玛依日后成为名震四海的《玛纳斯》演唱大师，起到了决定性的作用。居素普·玛玛依对其兄充满崇敬与感激之情，每当说到自己学唱《玛纳斯》经历时他首先提到的就是他的哥哥巴勒拜。

然而与其他著名的《玛纳斯》演唱歌手一样，居素普·玛玛依在谈及自己获得演唱《玛纳斯》本领时，依然坚持"梦授说"。他曾对人说，在他 8 岁那年曾做过一个梦，梦中见到了玛纳斯、巴卡依、阿勒曼别特等史诗中的英雄，这些英雄告诉他："40 岁以前不要唱玛纳斯，40 岁以后，你一定会成为大玛纳斯奇。"梦醒后，他就会唱《玛纳斯》了。居素普·玛玛依从 20 世纪 60 年代初到 80 年代末一直坚持"梦授说"。值得注意的是，居素普·玛玛依多次提到 40 岁以前不要演唱《玛纳斯》之事，有时说是父母不让他在 40 岁以前泄露梦授内容，有时又说是梦中英雄们告诉他 40 岁以前不要唱《玛纳斯》。对于此事，他在 1990 年 6 月写的一篇文章中这样解释道："我父亲常常告诉我在 40 岁以前千万不要在众人面前演唱史诗。因为《玛纳斯》是神圣的，年轻时演唱会招来不祥。我听从父亲的忠告，尽管背会了全部史诗，却从来没有在公共场合演唱过。""梦授说"在史诗演唱艺人中普遍存在，这是史诗神圣性与神秘性在口承史诗中的遗存。

20 世纪 30 年代，尚不满 20 岁的居素普·玛玛依，接连失去了两位最亲的亲人——他的父亲与他的兄长巴勒拜。父亲与兄长的去世，使居素普·玛玛依受到很大的打击。他进山牧羊，或放鹰狩猎时，就放声演唱《玛纳斯》，以排解心中的忧伤和孤独。他还常常在睡梦中演唱《玛纳斯》，声音之大，把家人都吵醒，见他唱得汗水淋漓，不忍将他唤醒。平时，他也自言自语地低声吟唱史诗，如醉如痴，以致别人与他打招呼，他也听不到。村里的人以为他患了精神病。

居素普·玛玛依一生经历曲折坎坷，他曾当过牧民，在深山牧放羊群，他曾骑马、驯马参加赛马比赛；他曾在戈壁丛林驯鹰、狩猎；他也当过农民，在田里种麦子；他还当过教师，教柯尔克孜儿童读书识字。这些劳动与人生的体验对他演唱《玛纳斯》、提高《玛纳斯》演唱水平大有裨益。他对周围的人说："任何事物你看到和没有看到，讲述起来肯定有所区别，亲眼目睹的事不可能不产生一定的影响。我的生活经验对我演唱《玛纳斯》无疑是有影响的，举例来说，《玛纳斯在吐鲁番种麦子》、《赛麦台依的骏马塔依托勒》、《托勒托依的猎鹰》、《赛麦台依的白隼》等情节，现在唱起来肯定比我当初学唱时要生动得多。我认为这就是百闻不如一见的道理。"他演唱的《玛纳斯》继承了先辈玛纳斯奇的传统，同时又加进了自己的创作，融进了他一生的劳动经验以及对于人生的体验与思考，从而使这部史诗更加绚丽多姿、丰富多彩。

居素普·玛玛依是家中最小的孩子，年届古稀的父母为了能够见到儿子成家，便在居素普·玛玛依9岁那年，为他娶了妻。新郎新娘虽然年幼，但是婚礼却办得相当隆重。3年后，他们圆了房。居素普·玛玛依在24岁时，对一位年轻貌美的哑女有了感情，提出要娶她为二房，但是，这事受到哑女阿依提比比家人的反对。后来在姑娘的默许下，居素普·玛玛依得到了同龄男友的帮助，实施抢婚成功。他的两位妻子以姐妹相称，和睦相处。解放后，根据婚姻法，实行一夫一妻制，居素普·玛玛依选择了没有生育的哑女阿依提比比为妻，与生有两子的妻子赛丽罕办理了离婚手续。离婚后，居素普·玛玛依与前妻及孩子们依然保持着密切的联系，在生活上予以关照。居素普·玛玛依现有3个孩子(包括一个领养的女儿)，7个孙子，6个孙女，1个重孙。他们都生活于故乡阿合奇县，有的从医，有的从教，有的从政，但是其中的绝大部分是牧民，生活在深山之中。居素普·玛玛依是这个大家庭中和蔼可亲的家长，他关心着每个子孙后代的成长。

居素普·玛玛依是一位杰出、天才的史诗演唱大师。两千多年前，有了天才的荷马，希腊史诗《伊利亚特》、《奥德赛》才能够成为人类宝贵的文化遗产。两千年后，在柯尔克孜人民中出现了荷马式的居素普·玛玛依。由于他的出现，宏伟的英雄史诗《玛纳斯》才能完整地展现在我们面前。像居素普·玛玛依这样天才的史诗演唱大师百年难遇，进入到21世纪以后，恐怕是千年也难寻觅到了。他的智慧、博学、才能、超凡的记忆力，他对于柯尔克孜民间文化的丰厚积累，都会随着岁月的流逝而变得越发的珍贵。

居素普·玛玛依从8岁起学唱《玛纳斯》，他刻苦努力，过目成诵，表现出惊人的记忆能力，学唱几遍，便能将内容全部

上千名玛纳斯奇簇拥着玛纳斯奇大师居素普·玛玛依集体演唱《玛纳斯》

记住。居素普·玛玛依具有丰富的人生经历，具备较高的艺术修养和丰厚的民间文化功底。他是一位有知识、有文化、见识广、博闻强记的《玛纳斯》演唱大师。他熟谙柯尔克孜民族的社会历史、天文地理、民风民俗、宗教信仰等多方面的知识。他熟悉柯尔克孜民间文化的各种体载——神话、传说、史诗、叙事诗、歌谣、民间故事以及民间谚语，他本人就是一座柯尔克孜民间文学的宝库。

居素普·玛玛依是在1961年的《玛纳斯》的普查中被发现的。他当时43岁，半天劳动，半天演唱。为了使他便于集中精力演唱史诗，他被接到克孜勒苏柯尔克孜自治州首府阿图什。他演唱得非常投入，当时参加《玛纳斯》搜集、记录和翻译工作的玉赛音阿吉说："居素普·玛玛依当时正是年富力强、充满激情之时，只要让他唱，他就会滔滔不绝地演唱起来，一唱就是连续三四个小时。做记录的人手麻写不下去，他却依然充满激情，不知道累。"负责这项工作的刘发俊说："居素普·玛玛依每天要唱8至12小时，做记录的同志手麻了，可以替换另一个人，但歌手是不可替换的。连续唱了7个月，唱出5部《玛纳斯》。"

1964年，由中国民间文艺研究会、新疆文联和克孜勒苏柯尔克孜自治州三方组成的《玛纳斯》工作组成立，居素普·玛玛依是工作组成员之一。在这一期间，他又对5部史诗进行了补唱，增加了6.1万行。此外又新演唱了第六部《阿斯勒巴恰与别克巴恰》。至1964年，居素普·玛玛依演唱的19.6万行的6部《玛纳斯》记录完毕。

文化大革命期间，大部分记录文稿与翻译稿散失。1979 年底，居素普·玛玛依被接到北京，他又重新开始从第一部唱起。在此次补唱中，最大收获是他新加唱了第七部《索木碧莱克》和第八部《奇格台依》两部史诗。居素普·玛玛依演唱的柯尔克孜文的《玛纳斯》(共 8 部 18 册)于 1995 年全部出版完成。至此，居素普·玛玛依的八部《玛纳斯》演唱本被记录、整理、出版完整地予以保存下来。

居素普·玛玛依的成就引起国内外学术界的极大关注。德国史诗研究家赖希尔曾访问过居素普·玛玛依，听了他的演唱与讲述，这位德国学者感到惊喜和震惊，并在一次国际学术会议上报告了居素普·玛玛依的成就，引起巨大反响，各国学者誉称居素普·玛玛依是"活着的荷马"，是不可多得的杰出史诗演唱大师。吉尔吉斯斯坦著名作家青吉斯·艾特马托夫对居素普·玛玛依予以极高的评价，说他是"整个柯尔克孜民族文化传统的代表"。

继往开来

我国对《玛纳斯》有计划的收集、记录工作，始于新中国成立之初。20世纪 50 年代进行的柯尔克孜语方言调查，记录了史诗的某些片断；1960 年，中央民族学院实习组在帕米尔高原记录了史诗第二部，并与新疆文联的工作人员合作译成汉文、维吾尔文发表。上世纪 60 年代以来，由新疆负责的《玛纳斯》工作组，对史诗进行了全面调查，初步查清了新疆境内的《玛纳斯》流布区域和玛纳斯奇的分布情况；1978 年以后，在北京和新疆文化艺术工作者的努力下，史诗八部的记录、整理工作全部完成。这些措施，为《玛纳斯》的保护与申报世界非物质文化遗产奠定了坚实的基础。

2008 年 8 月 18 日，新疆维吾尔自治区文化厅正式启动了《玛纳斯》申遗工作。2009 年的秋天，柯尔克孜史诗《玛纳斯》申报列入联合国教科文组织《人类口头和非物质文化遗产代表作名录》终于成功。但是，申遗成功只是保护的开始，《玛纳斯》的传承和发展现状仍然不容乐观，对《玛纳斯》抢救、保护的任务还十分繁重。目前最紧迫的任务是要做好以下几个方面的工作：

首先，组织力量对现有《玛纳斯》歌手特别是年事较高的歌手的演唱和表演进行录音和录像，这是当务之急。联合国教科文组织顾问安东尼·克罗兹在谈到对人类口头及非物质遗产的抢救和保护时说："某些代表人物的消失，使得某种文化无法传承下去。"在这方面，我们已有深刻的教训。1961年《玛纳斯》工作组作调查时，全州尚有近百名能唱一至二部《玛纳斯》史诗或大量不同变体的老歌手，至今健在者已无几人，这些人的录音、录像均因条件限制，未能进行，特别是乌恰县的大"玛纳斯奇"铁米尔·吐尔地曼别特、艾什玛特·玛木别特可演唱20几万行史诗，但仅记录了几万行，既无录音，又无录像。这两位老人在1963年相继逝世，他们演唱史诗的独特音韵和风采以及他们演唱时听众挤倒毡房的盛况，只能成为传说，再也无法重现了，这已成为永世的遗憾。

第二，建立《玛纳斯》史诗博物馆，永久保存史诗资料，同时也使这一活形态的史诗，在这里充分地活起来。建立《玛纳斯》史诗专题博物馆，可以使这一在民间流传千年的活形态的史诗浓缩在一个既集中又高雅的殿堂之中，有一个充分展示的机会。通过建立博物馆，不仅可以保存《玛纳斯》的资料，而且可以通过光声音像的展示，使这一活形态的史诗活灵灵地展现在人们的面前。

第三，培养新的《玛纳斯》歌手，特别是年轻歌手、小歌手，使《玛纳斯》史诗演唱、传承后继有人。据社会调查，在《玛纳斯》的故乡克孜勒苏，到了20世纪90年代以后，能演唱《玛纳斯》的人已越来越少了，特别是在青少年之中，学唱《玛纳斯》的人更少。这就要有组织、有计划、有选择地培养一些小"玛纳斯奇"，培养一些小民间歌手，做到后继有人。同时还可以在一些中小学的音乐课中，开设一些《玛纳斯》演唱的课时，使青少年对民族史诗《玛纳斯》有一定的了解，既传承了民族文化，又使《玛纳斯》的爱国主义、英雄主义的民族精神得以弘扬。

（编撰：谭必勇）

千人玛纳斯奇在演唱《玛纳斯》片段

参考文献

[1] 玛纳斯地方志编纂委员会：《玛纳斯年鉴》，新疆人民出版社，2008 年版

[2] 郎樱：《玛纳斯论析》，内蒙古大学出版社，1991 年版

[3] 刘魁立主编，郎樱著：《玛纳斯　中国少数民族英雄史诗》，浙江教育出版社，1995 年版

[4] 新疆民间文艺家协会：《玛纳斯研究》，新疆人民出版社，1994 年版

[5] 郎樱：《玛纳斯论析》，内蒙古大学出版社，1991 年版

[6] 张彦平：《〈玛纳斯〉的语言艺术》，《西域研究》，1994 年第 3 期

[7] 王宝龙：《柯尔克孜族英雄史诗〈玛纳斯〉研究综述》，《新疆艺术学院学报》，2010 年 6 月第 8 卷第 2 期

[8] 新疆《玛纳斯》入选非物质文化遗产名录：http://www.fumuqin.com/InfoFiles/011001/6339-40197.html

[9]《玛纳斯》史诗需要进一步加大抢救和保护力度：http://www.cnr.cn/minzu/mzxw/200910/t20091026_505531383.html

[10] 玛纳斯：http://www.chinaculture.org/focus/2009-11/05/content_361493.htm

[11] 新疆《玛纳斯》入选非物质文化遗产名录：

http://www.fumuqin.com/InfoFiles/011001/6339-40197.html

[12] 新疆艺术研究所：抢救英雄史诗《玛纳斯》：http://www.boyie.com/article/article/article/2010/05/14256.html

[13] 新疆阿合奇县计划打造玛纳斯博物馆：http://news.iyaxin.com/content/2009-10/29/content_1318638_2.htm

[14] 郎樱：《活着的荷马　居素普·玛玛依》，《中国民族》，2001 年第 3 期

[15] 阿地里·居玛吐尔地：《〈玛纳斯〉史诗的程式以及歌手对程式的运用》，《民族文学研究》，2006 年第 3 期

[16] 李绍年：《〈玛纳斯〉是一部语言文化渊源的详解辞典》，《语言与翻译》，1994 年第 4 期

[17] 尚锡静：《〈玛纳斯〉艺术特色初探》，《中央民族学院学报》，1980 年第 3 期

[18] 贺继宏：《关于人类口头及非物质遗产〈玛纳斯〉保护和传承、转型和发展》，《新疆地方志》，2004 年第 2 期

花 儿

在西北高原旅行，人们经常会听到一种地方色彩浓郁、风格十分独特的民歌，它出自农民、脚夫、牧人、筏子手等职业人之口，声调高亢、悠扬，感情深沉、真挚，有时苍凉悲切，如泣如诉，有时欢愉轻快，怡然自得，它尤其能引起外地人的特别注意，而给人以强烈艺术感染。它，就是广为流传的西北高原民歌——"花儿"。2009年9月，在阿联酋首都阿布扎比召开的联合国教科文组织保护非物质文化遗产政府间委员会第四次会议上，花儿与我国其他21项非遗项目一同进入联合国教科文组织《人类口头和非物质文化遗产代表作名录》。

"花儿"广泛流传于甘、青、宁及新疆四省区的回、汉、土、东乡、保安、撒拉、藏、裕固等多个民族当中，使用当地汉语方言演唱，平日只能在村寨以外歌唱，通称"野曲"，又称"少年"。作为西部民歌乃至中国民歌中标志性的口承文艺，花儿传唱的地区之广、民族之多和历史之悠久、作品内容之丰富、格律之严明、曲调之优美使它当之无愧的成为我国民间艺术宝库中的一朵奇葩。它语言淳朴，比兴优美、内容丰富，节奏明快、感情真挚，气势豪放，与古诗词的含蓄斯

宁夏海原县花儿艺术团的两名演员在田间地头练习花儿民歌　刘广铭摄

文、雅乐的娇柔缠绵、八股的装腔作势形成鲜明的对照，具有浓郁的民族特色和高原气息，呈现粗线条形的野性美，是唱响在西北地区的天籁之音。"花儿本是心上的话"，是当地各族人民群众内心情感的倾泻，深受喜爱，广为流传，历百世而不衰，有"大西北之魂"的美誉。

民族融合结出的硕果

花儿名称从何时起，至今未有定论，目前所见花儿最早的文字记载是在清代。甘肃省临洮县诗人吴镇曾在他的诗作《我忆临洮好》（十首）中的第九首写道"花儿饶比兴，番女亦风流"，不仅提到花儿这种民歌的歌名，还点出了它的"饶比兴"的特点。这首诗是吴镇在湖南做官时所作，是其中年以后的作品，距今约二百年，也就是说，花儿见于文字的确切记载距今已有二百年了，而花儿真正产生的年代显然比这还要早很多。

从张亚雄先生1939年在重庆编辑出版第一部花儿的专著《花儿集》后，人们就对花儿的起源进行了广泛讨论。花儿具体产生的年代，从目前学界的讨论来看，主要有"诗经说"、"唐代说"、"元代说"、"明代说"等，其中，柯杨教授的"明代说"以史料详实、论说充分更为学界所推崇。

论及花儿的起源问题，主要涉及两个方面，一是起源的地点问题，一个是起源的时间问题。对于花儿的起源地点，学术界有统一的观点，即甘肃省临夏地区。常言道："到了陕西不要唱乱弹（秦腔），到了河州不要漫花儿。"河州就是今天甘肃省和青海省交界地区的临夏州等地方。花儿研究专家张亚雄等认为：花儿的传播以河州为首。花儿的发展是不断演变的过程，这种完善实质上是花儿的自然生存和扩散创新、不断繁衍的过程。花儿最早发源于河州（今临夏回族自治州）境内，并以此为中心扩展到整个西北地区。因此中国花儿的起源时间应该以临夏花儿的起源时间来判断。

关于花儿的渊源，学界有比较一致的认识：一是源于古羌族牧歌；二是游牧民族和农耕文化结合的产物。花儿的形成、发展与完善的过程，可以说是一部西北地区的文化史，是我国西部各民族在地理环境的影响制约下，民族迁移和文化相互吸收融合、整合与繁荣的发展史。

从历史上看，最早生活在青藏高原和黄土高原交汇地带的民族是古羌族。他们以湟水和大夏河为中心，过着游牧生活，在长期的劳动生活中，他们创造了古羌族小调。在漫长的历史发展过程中，汉族西迁并和古羌族产生接触，引起文化变迁。花儿在沿用古羌族优美小调的基础上，采用汉语的优秀填词方式，这可算作现代花儿最早的雏形。

隋唐时期社会经济文化繁荣，陆上丝绸之路已成为东西方文化交流的重要通道，不少西方商人被东方文明和繁荣深深吸引并选择长期居住，处于古丝绸之路上的河州地区的民族成分已变得复杂多样，从一个单一的民族变成了一个多民族共存的区域，文化空前繁荣，为花儿的形成创造了良好的社会环境，使得花儿在多民族优秀文化的肥沃土壤中汲取养分，逐步发展成为我国优秀的艺术形式。元代时期蒙古统治阶级推行强劲扩张政策，通过发动对外战争，成吉思汗和他的继承者多次征服中亚、西亚等地穆斯林国家和地区，打通了中西交流的通道，大批阿拉伯人、波斯人和伊斯兰化的突厥人及有一技之长的工匠、科学家、天文学家、医学家随蒙古军队进入中国。中亚西亚信仰伊斯兰教的被征服者，大量被编入蒙古军队，常年驻扎河州。元代之后临夏地区多民族共存的局面已形成，不同的民族文化之间展开博弈，取长补短，相互吸收、借鉴融合，为花儿的正式形成进一步奠定了坚实的基础。

明代以来河州成了西北回族人的主要聚居区，在明清时期的回族占有比较大的人口比例，加之地处著名的古丝绸之路的商道上，与外界的往来比较密切。至清初，河州已初具了伊斯兰文化的人文风貌，形成了供各种思潮和门派繁延生息的沃土，呈现出了一派繁荣的伊斯兰文化景象。社会的稳定与多民族的聚居，使以汉语为主带有复杂音调的"河州话"成了各民族生活的主要语言。"一方水土养一方人"，居住在临夏的各民族在共同的地理条件，共同的历史背景，共同的政治影响下，对花儿内容与特色有了基本一致的认同，对抒发真情实感的花儿产生同样的感受，并从内心深处发出共鸣。各民族不但很快地接受了花儿，而且相互传唱，不断加工、润色、改进，并用汉语传唱开来。花儿的形成是在特定地理历史条件下多个民族共同创造的，是古羌族文化、汉族文化和中亚信仰伊斯兰教民族的文化三种文化交融后培育出的艺术花朵，它的最后形成应确定在明代。

沿着丝绸之路绽放

"花儿"自产生以来，就开始了绵延不断的传播过程。从其流行地区看，先是在它的发源地广为流传，又因地域、社会、经济与政治等诸多原因所造成的人口流动，使得它以甘、青两省为地缘轴心，从轴心向北、向东波及到甘、宁六盘山地区、西海固、同心一带，向西延伸到新疆的乌鲁木齐、昌吉、伊犁和周边各地，其余波甚至远及内蒙古、四川境内。从其流变的历史、播散的空间来看，花儿基本不曾脱离历史上丝绸之路分支各线路的轨迹，表现出其历史经度的深远。就这样，花儿沿着伟大的丝绸之路走得更远，传播得更广，在更多的地方扎下根来。

花儿最先是在较小的范围里产生和流传的，随着时间的推移，才流布到今天花儿的传唱地区。花儿的流布是一个非常复杂的过程，有社会的、历史的、经济的等诸多原因，但最直接的是"花随人走、花随人落"。自明清以来因迁徙、流亡、屯垦、行商等原因出现的人口流动现象，使花儿随其方向和路线一路播撒，这种传播是广泛而又颇具随机性的。在频繁的商旅过程中、在艰辛的迁徙流亡路上，花儿是身体的调节器，缓解行路的劳顿；是心理的减压器，

花儿分布图

松弛紧绷的神经；花儿是激发情感的兴奋剂，发泄心中郁积的压抑而得到精神的解脱；花儿是疏通人际交往的润滑剂，让孤寂的人们彼此相识而走到一起；花儿又是各民族间的粘合剂，将不同民族、不同宗教、不同习俗的民众在花儿演唱声音中聚合到一起。人的生活需要花儿，走到哪里把它带到哪里，不论是在陌生贫穷的土地上，还是面对不同的族群，花儿依靠自身特有的艺术性、民族性、社会性，都会牢牢地扎下根来。

花儿对外传播有陆路与水路之分，花儿的源地处于江河上游，顺黄河而下可到兰州、榆中、靖远、宁夏等地。陆路是花儿传播的主要路径，花儿向西北传入青海与新疆等地，向西南传入甘南、青海东南部、陇南、四川与云南等地。

在口耳相传的流布过程中，在不同的自然环境和社会条件下、在不同的文化和民族环境中，花儿受到多种因素的影响，发生了不同程度的变异，引起其在曲令和演唱形式上的变化，于是形成了不同地区、不同类型、不同民族风格的花儿。花儿的扩散为花儿的多样性形成提供了必要的前提，为花儿种类的划分提供了依据。如按流传地区可划分为甘肃花儿、宁夏花儿、青海花儿等；根据民族风格可划分为回族花儿、撒拉花儿、保安花儿等等。根据花儿表现手段和内容可分为抒情和叙事两种。

学术界一般将花儿分为河州型与洮岷型两大类型。河州型花儿又被称作河湟花儿，顾名思义，其主要传唱地区位于甘青交界的黄河、湟水流域一带。河州花儿的特点是曲调丰富，以抒情见长，文辞优美、朴实、生动、形象，结构严谨。洮岷花儿的主要传唱地区位于以莲花山、二郎山为中心的甘肃省临洮、峨县等一些县区。洮岷花儿的特点是格式多样、结构自由、演唱灵活。

（一）河湟花儿，也称为少年。主要流传于甘肃河州（今甘肃临夏回族自治州）和青海湟水一带。它是花儿两大派系中流传范围最广、影响最大、音像出版物最多的一派，极受汉、回、东乡、土、撒拉、保安、藏、裕固等八个民族广大群众的喜爱。河湟花儿行段分为四句、六句两种。演唱也比较自由，以独唱为主，也有对唱和联唱。其曲调悠扬、高亢、奔放。其中的曲谱（民间称为"令儿"）有百种之多，广为流传也不下四十余种。比如，"白牡丹令"、"河州令"、"尕马令"、"脚户令"、"大眼睛令"、"仓啷啷令"、"尕阿姐令"、"水红花令"、"撒拉令"、"保安令"、"憨肉肉令"等，在流传地区家喻户晓。

（二）洮泯花儿，是"莲花山花儿"和"岷县花儿"的总称。广泛流行于甘肃省临夏回族自治州的康乐、和政县；定西地区的临洮、渭源县；武都地区的岷县（岷州）、武都、宕昌、文县；甘南藏族自治州的临潭（洮州）、卓尼、舟曲县等地。洮泯花儿的演唱者，以汉族为主，回、藏次之。它的流行地区、演唱的民族、曲调等，不像河湟花儿那样盘根错节，水乳交融，而是泾渭分明，单纯易别。莲花山花儿以"莲花山令"为主，岷县花儿以"扎刀令为主"，它们各自只有一种主要曲调。两种曲调的差别相当明显，但两者的歌词形式和演唱风格基本相同，故将其划归一类。洮泯花儿的歌词语言非常质朴，泼辣诙谐，细腻生动。洮泯花儿的曲调比较单一，但有许多变体，宣叙性很强，远非河湟花儿那样繁复和突出咏叹，故歌词的即兴创作方便、灵活，能源源不绝地涌现艺术价值较高的力作。

"花儿"为什么这样红

"花儿"，是歌，也是诗；她是茫茫高原，是涛涛大河，是民歌海洋里的一朵奇葩。它的形成经历了一个长期演变过程，无数花儿歌手通过口头传唱，使这一民族艺术日益丰富。从本质上讲，花儿艺术是西北人按照自己方言的规律，结合自己的审美心理而创作的，有一种泥土一样的淳朴，是一种抒情的文学载体。节奏起伏变化，如潺潺溪流，似江河奔腾。

作为一种民歌形式，花儿毫无疑问应包括多个层面的美学形态，在艺术表现形式上，主要表现在：

1. 花儿的内容美

花儿的内容包罗社会生活与人生的诸多方面，包括农家日常生活、男女爱情、攘灾避祸，也包括自然风光、天文气候、神话传说、历史故事，也有对社会丑恶现象的鞭挞。从题材看，花儿不但反映出各族人民在各个历史时期所经历的荣衰苦乐、悲欢离合，而且反映出他们的心理素质和民族情操、道德观念、伦理观念、审美理想及风土人情等。通过花儿能如实地反映出时代的面貌，揭示出劳动人民的生活旨趣，烘托出爱情生活的精神境界，表达了西北高原上纯朴的民风和劳动人民的美学思想。

根据歌唱的内容，花儿通常分为情歌花儿、生活花儿和本子花儿三种。情歌花儿是花儿的主体，花儿中的情歌从不同的侧面表现不同的内容，在情感的渲泄方面或热烈真挚，或沉痛悲伤，或含蓄委婉，或直露率真，通过通俗直白的语言，将内心的爱与恨揭示得淋漓尽致。生活花儿指的是反映社会生活内容的花儿。尽管说花儿的歌唱主题是情爱，但随着时代的发展变化，花儿留下了不同时代民间老百姓的心声和印痕，实际上包含了区域政治、经济、民俗、宗教、方言等诸多方面的内容。本子花儿是指演绎和歌唱以历史文化包括民间传说为题材的花儿，诸如《三国演义》、《封神演义》等。

2．花儿的语言美

语言的形象性是花儿最受人民群众喜爱的原因之一，花儿语言多使用劳动人民的口头方言，在流传过程中经过了千百次的艺术加工，真实、朴素、生动、美丽。在表现手法上，多运用衬字，也多用方言词汇，歌词极为丰富。衬字多用"者"、"哈"、"嘛"、"哟"等。通常花儿的歌词一句不够七字者，在中间加衬字，便于歌唱，是因演唱需要而生成的衬腔，几乎在每一首花儿里都有。

赋比兴手法的运用，是花儿语言艺术的另一大特点。"赋者，敷陈其事而直言之者也。"直言，是花儿歌词的特点，表露的是歌者或寄景抒情，或直抒胸中情感的表达方式。比兴手法，是中国传统诗歌艺术表现形式常用的手法。花儿属民歌类，同样借鉴了诗歌艺术比兴手法。所谓"兴者，先言他物以引起所咏之辞也"。花儿比兴手法的运用，取材上下纵横，历史典故、天文地理可援引，身边事，眼前景也是信手拈来。赋、比、兴的写作手法，使花儿的民歌风味更加浓郁，语言更加含蓄风趣，形象更加鲜明生动，韵味更加深长婉转，洋溢着高原特有的泥土气息，真是千姿百态，美不胜收。

3．花儿的格式美

花儿的歌词同诗歌一样，也是一种格律诗，包括声韵、对仗、结构以及字数、句数、顿数等都依格律而行，具有一种格式上的美感。花儿歌词因河州话的音节停顿和尾句变化，形成了特有的格律形式，别有一番风味，主要表现在句式结构、歌词节奏、押韵格式三个方面。

花儿奇特的方言组词造句功能，奠定了花儿唱词的不同凡响，形成了独树一帜的格律基础。一般来说，四句式、折腰式和连缀式是花儿唱词基本的结构形式。四句式的花儿（也称"头尾齐式"）是最典型的一种花儿，每首四句，分为上下两段（民间俗称"上下联"），每段由上下句组成。如：

上段：(上句)山里的／冬青／冬夏／青，

(下句)杨柳(嘛)／叶叶儿／夏青；

下段：(上句)阿哥们／比你的／娘家／亲，

(下句)走到的／路儿上／打听

　　"折腰式"也叫"折断腰"或"两担水"，是在四句式花儿的上下句之间加入一个半截句(腰句)，通常为四个字。加在四句式上段的上句与下句中间，叫"上折腰"，加在下段，则叫"下折腰"。半截句的加入增强了连接性，丰富了表现力。"连缀式"是把四句式、折腰式唱词用对唱、时序和叙事的形式组合起来，表达一个完整的内容。

　　花儿的基本节奏是：一、三句是九字，四顿，最后是单音节落尾；二、四句是七字，三顿，最后是双音节落尾。另外，折腰式节奏和节奏性衬字花儿唱词因记录人而异。

　　花儿讲究"顺口"、"易唱"，所以押韵得当是很重要的。一般情况下，花儿唱词有五种押韵形式，即通韵式、交韵式、间韵式、随韵式、不押韵。通韵式是花儿中最常用的，即每句均押，一韵到底，有尾部单押、双押和多字押等形式。

4. 花儿的旋律美

　　花儿是演唱的艺术，在各民族人民的长期传唱过程中，形成了特有的鲜明漫唱发声状态、技巧和音乐润腔等规律。花儿演唱的声音表现、演唱技法和情感传递，与西北各族人们的生存条件、宗教信仰、生产劳动、民风民俗、文化心理、性格气质、方言习惯等因素有着紧密的联系。花儿听起来高亢、响亮、悠长、爽朗，具有"声震林木、响遏行云"的演唱效果，使人心中顿时感到清澈明快，深深为其所动。

　　西北民间花儿传唱地带通常把花儿的漫唱曲调称之为"令"，也叫"令儿"，如流传很广的"河州大令"、"仓嘟嘟令"、"白牡丹令"、"杂马儿令"、"水红花令"等等。花儿每一首"令"都有着丰富深刻的生活内涵，同时又展现出极具个性、绚丽多彩的音乐形象。花儿传唱的每个民族和地区都有融入自己宗教信仰、文化精神、生活习俗、情感表达风格的令，它们是花儿不同于其它民歌的重要特征。

　　群众中广为流行的花儿曲令，大致可归纳为"尖音花儿"和"平音花儿"

两大类。其中"尖音花儿"尤为出色，高亢嘹亮，粗犷有力，富有巍峨山野和辽阔草原的气息，旋律起伏、跌宕、跳跃，变化较大，节奏自由而不松散，衬词、衬句使用多而不烦，且对艺术对象颇多辅助，自由延长音运用多而灵活自如。在这种歌唱形式中，给人们美的熏陶，同时又抒发了歌者的心声，使高原人的爱憎融入歌声之中，反映出了高原人纯朴的人性，粗犷的阳刚之美。

天生的花儿把式

　　唱花儿的歌手们一般被亲切的称为"花儿把式"，他们的表演不叫"唱花儿"，而是叫"漫花儿"。一个"漫"字，将歌手歌唱时无拘束轻松的外在神态表露无遗。他们身穿黑色坎肩，头戴小白帽，一边慢条斯理地扇着扇子（这是他们唱花儿时的唯一道具），一边面对着天地旷野，一手遮耳，开始了漫花儿。这时，粗犷悠长的花儿便回荡在山间，山坡上到处都是赶来听花儿的人们，他们或站在山坡上，或者蹲在半山腰，或盘腿坐在草地上。花儿穿透云霄的声音从天而降，它如同酷暑的甘霖，抚慰着每一个人的心。在花

花儿把式

儿会上人们可以不问姓甚名谁，家住何方，但却一定要盘一盘花儿，这是考验花儿把势能耐的挑战，唱得好、反应快的把势会受到追随者崇拜。

　　花儿中的歌手一般可分为两种：乡土歌手嗓音条件好，记忆能力、即兴能力、快速反映能力、无意识创造能力等等较为突出，他们中多数人没有固定收入，生活来源主要依靠自己的生产劳动。这样的歌手为数众多，且大多没有接受过文化教育，是文盲或半文盲。他们的身份既是歌手，又是听众，而且往往具备一般的评价能力，对其他歌手的演唱水平具有正确的判断。专职歌手，即在专门的花儿表演场合通过唱花儿赚钱谋生的歌手，主要分布在各种地方歌舞团及临时组成的演出团队中，因为嗓子好，所以被选为歌手，每年参加花儿大赛，民间往往冠于他们"歌王"、"花儿王子"或"花儿皇后"的称谓。如我们熟知的花儿皇后苏平、青海的花儿王子马俊等。

　　一个花儿歌手的形成，是多方面综合因素作用的结果。从某种程度上说，一个花儿歌手的出现，比培养一个专业歌唱家，可能要难上几百倍，因为花儿歌手完全是在自然的状态下自然生成的。一般来说，演唱花儿的环境，即兴编词，天生的好嗓子，是一个歌手成长缺一不可的。

　　很少有花儿歌手是在学校教育中成长起来的，也很少有歌手是被有目的的培养出来的，他们出生的并从小生活于其间的家庭和社会是他们最早的老师，在这种自然的环境中，他们于无意中接受了花儿文化的教育，这种早期教育成为他们日后成长为被民众认可的歌手的基础。天生的好嗓子，是他们先天的优势。花儿是歌唱的艺术，嗓音的好坏直接关系到演唱的质量。作为花儿歌手来说，他们不可能经过今天大学声乐系学生那样严格的训练，凭的完全是先天的嗓音。从河湟地区歌手的情况来看，能够脱颖而出的好歌手，往往都有一副天生的好嗓子。性格开朗、自信、喜欢自我表现是他们的性格特征，几乎所有的花儿歌手，性格都非常开朗、外向，喜欢展示自己的演唱才华。花儿歌手未必懂得什么"比"、"兴"、"赋"，但他们都可以自由的编词，"吟咏之间，吐纳珠玉之声；眉睫之前，卷舒风云之色"，发之为声，则如天河下倾，无阻无碍。花儿歌手的演唱是自由放任的，首先，他们身处于自己熟悉的生活环境，演唱场合往往是山间野外，演唱对象是自己的群体内部人，一般不会给歌手形成心理压力；其次，他们的演唱大多没有乐队伴奏，这就给了他们自由发挥的余地，因此在他们的演唱中，句与句之间，段与段之间往往有较大的间歇，节奏、节拍也没有严格的限制，尽可以任兴而发。

　　花儿歌手的传承，没有像有些少数民族地区山歌的传承那样基本上都有一定的传承关系，花儿歌手大部是自学者，也有少部分是师徒传承，可惜的是由于缺少文字记载，仅靠歌手的回忆，更早的情况无法知晓。从花儿歌手传承的情况分析，大致可分为三种类型：一是家族传承型，二是师徒传承型，三是无师自通型。

　　家族传承型即家族内部传承，爷爷奶奶辈传给孙辈，父母传给子女，叔伯传给侄子辈，从性别来看，女性歌手属于家族传承型比较多。师徒传承型即通过师傅传授、徒弟学习而进行的传承方式。从田野调查的情况来看，这种传承方式在花儿歌手的传承过程中很少，没有严格的规定，拜师学唱花儿是一种比较随意的行为，只要有人喜欢肯学，老歌手就乐意教。无师自通型的"无师"是指没有固定的师傅，只是本人喜欢花儿，只要有人唱花儿就去认真听，认真学，认真记。河湟大部分歌手都是通过这种方式学唱花儿的，有的甚至是跟着老歌手的磁带学来的。

无论是家族传承，还是师徒传承，其传承的手段和方法，均是采用"听"歌的方法，"师傅"唱，"徒弟"跟着听，听多了，慢慢就学会了，没有一句一句教唱的情况。歌手的"听"歌，并不同于一般意义上的"听"，而是用"心"去"听"。也就是基于他们对花儿的爱好，甚至痴迷。因为这种痴迷，所以他们在听歌时是非常投入的。

艺术狂欢节"花儿会"

花儿的传唱有平日和赶会之分。平日的演唱，指农民在田间劳作、脚夫在旅途赶路、牧人在放牧时的漫唱，自由自在，无拘无束，或独自一人，或对歌问答，不拘什么形式。但由于花儿曲目中表现男女之间爱情情爱的歌词比较多，因此禁止在某些亲属之间唱，如：父母与儿女，公公与儿媳，兄弟与姐妹，兄长与弟媳，叔伯与侄女，姑婶与侄儿之间，如偶尔相遇在花儿演唱的地方，一方则必须主动回避。

除了平时在野外歌唱以外，花儿还有专门聚会对唱的场合——花儿会，时间一般集中在农历四五六月间，以六月初最盛，会期历时一两天至三四天，地点会选在风景秀丽的名山所在地。花儿会是大西北一幅浪漫的田园风情画。在草长莺飞、绿水青山的河湟山川，绝对没有比她更撩人心弦的人文景观了。那种质朴豪放的情怀，那种炽热滚烫的语言，把高原人坦荡的胸怀裸露在阳光下。听见花儿，就能感受到高原山川那种高亢、苍茫、清新、明快的气息，此起彼伏的花儿能把人引入如痴如醉的境地。

可以说只要有花儿的地方就有花儿会。 一个花儿会往往吸引方圆几十里，甚至几百里外的几个县的各族群众前往。歌会期间，山上山下人山人海，歌声彻夜不绝，数十万群众竞相放歌、对唱。小型会场遍及各乡名山大川，少则千余人，多则数万人相聚，成为各族人民传统的艺术狂欢节。规模较大的花儿会有十多处，这些花儿会唱花儿的把式众多，而且历史悠久，吸引着数万群众前往。其中最为著名的还属河州花儿派系的"松鸣岩花儿会"和属洮岷花儿派系的"莲花山花儿会"。

松鸣岩花儿会俗称四月八花儿会，始于明代成化年间，距今已有五百多年的历史。每年农历 4 月 26—29 日举行，一般为四天，四月二十八是花儿会的高潮。"老僧喜开浴佛会，八千游女唱牡丹"是松鸣岩花儿会盛况的真实写照。歌会期间，各民族的歌手聚集在山顶上、树阴下、小河旁、丛林间，昼夜对唱，引吭高歌，漫出美丽的花儿，唱出心中的"少年"。歌声响彻山谷，此起彼伏，其情境如痴似醉，美不胜收，使人留恋忘返。演唱（奏）形式有独唱、对唱、齐唱、咪咪独奏等，并有自制的四弦子、咪咪等乐器伴奏，其内容有对新生活的赞美，有对生产劳动的颂扬，有历史故事，更有美丽动人的情歌。演唱曲目繁多，河州花儿的大部分令调，如"河州大令"、"河州二令"、"河州三令"、"大眼睛令"、"牡丹令"等在这里都有令人耳目一新的表现，"牡丹令"尤为盛行。歌会期间还要竞选"花儿王"，当选者备受人们尊崇，因而歌会之日，远近赴会之知音、歌手及商贩等数以万计。

　　莲花山花儿会以每年农历六月初一到初六作会期。期间，所有的人都可以不受道德礼教的束缚羁绊，不受世俗的约束，不分尊卑贵贱，没有伦理观念，只有尽兴玩乐。洮岷花儿在这里被歌手们演绎得出神入画。莲花山花儿会富有风趣，整个程序分拦路、游山、对歌、敬酒、告别等，灵活多样，互为穿插，一边旅游，一边对歌。形式有单唱、个人对唱和唱班子之间的对唱。班子对唱一般由男女十人左右组成临时花儿班子，由一个才思敏捷，嗓音洪亮，出

松鸣岩花儿会

238

口成诗的"串把式"负责现场编词，由三四名歌声嘹亮的歌手轮流领唱，待唱到"花儿、莲叶儿"时，所有人都同声应和，气氛热烈，妙趣横生，此起彼伏，热闹非凡。内容广及生产、生活各个方面的现象和知识、经验。在问答中，回答得很好的，听众就以红绫一匹相赠，俗称"挂红"。如果回答得不好，或回答不上来，那就输了，自动退场，让别的歌

花儿对唱

手上场对答。女歌手在演唱时一把彩扇半遮面，只露出一对感情丰富的大眼睛；男歌手常常在唱花儿时习惯用一只手遮在耳后，或者用一根手指堵在耳门上。据说，这样可以使歌声传得更远。

花儿会是民间自发的群众性传统花儿演唱集会，是上苍赐给辛苦劳作了一年的人们的狂欢节，是西北民俗文化的一个重要组成部分。高原上的花儿会，是人气最旺盛的地方。不要说青年男女对它钟情向往，就连许多白发苍苍的老者也对它趋之若鹜。花儿会是年轻人寻梦的地方，许多人通过花儿沟通了友情，在花儿灼热的炙烤下，友情又升华为爱情。在花儿歌手这个群体中，以"花"为媒牵手成夫妻的搭档并不鲜见，可见花儿中蕴藏着的那种凝聚亲情、友情，催生爱情的魅力，是人性本能中无法拒绝的。花儿会也是老年人追梦的地方。对于老年人，人生的辉煌虽已远去，但怀故念旧、重温昔日曾经历过的青春浪漫也是一种心灵的抚慰。许多老年人正是以这样怀旧的心态赶花儿会的，或许在那里可以找到年轻时那一段刻骨铭心的回忆。

留住天籁之音

"花儿"作为一种民间文化，在长期封闭的社会状态下，在相对固定的传唱群体中，以它特有的口传方式进行着传承的接力。在最初属于它自己的那块土地上，没有什么能够危及到它的生存，它稳定地保持着传承的连续性和血脉的纯正性。

社会的现代化无情地改变了原有的存在，城市化以及伴其而生的各种社会功能犹如一股看不见的潜流，浸蚀着广袤农村的传统生活方式。报刊、广播、电视、电影、网络等大众传播媒介已经渗入到社会生活的各个方面，极大地丰富了人民的文化娱乐生活，多元文化的渗透以及人们对文化生活多样性的选择打破了花儿以前不可替代的地位和作用，其生存与传播的空间受到了极大的挤压，对民众的吸引力进一步降低，受众队伍也日益减少，花儿面临难以为继的困境。

花儿会是花儿流传的重要场所，对花儿的传播、继承和发展起着举足轻重的作用。然而现今的花儿会已不再是传统意义上的花儿会，已基本变异为追逐经济目的的文化娱乐形式。花儿会举办地的政府从花儿会所能带来的政治和经济效应考虑，更多地介入花儿会，按照政府的意愿左右花儿会活动，从各种仪式到演唱主体及表现形式与传统花儿会大相径庭。当政府把花儿会作为招商引资的手段后，商业行为迎合着政府的声音紧随其后进入了花儿会，原本民间行为的花儿会在行政的主导和商业的冲击下，失去了原本的内容和意义，"花儿"已不再扮演主角，民众的参与热情也大为降低，花儿丧失了在花儿会中的核心地位，其结果必然是花儿会传承作用的丧失。

歌手作为花儿传承的载体，在一定意义上决定着花儿的命运，但当下最令人担忧的是歌手的青黄不接。在市场经济的大潮中，花儿歌手正在失去本源而随波逐流，原生态花儿也随之一起漂流，年轻歌手寥落晨星更令人担心。如今有影响的原生态歌手大多年事已高，年轻人更多地倾心于新潮文化，不再热心花儿的系统传承，花儿民歌陷入后继乏人的窘境。而传承主体的断代，意味着原生态花儿的消失。现有表演中花儿的活态特色也已很难看到，无论是花儿会上，还是各种花儿大赛，歌手们都是提前准备好曲目内容和伴奏光碟，基

出版的部分花儿专著

本是重复性的节目表演，传统花儿会中那种自由对唱、即兴无伴奏演唱已不复存在，花儿演唱的即时性被消解。

"花儿"已在悬崖边摇摆，倘若我们不能固守花儿文化的最后一道防线，花儿将在我们这一代人手中遗失。幸运的是近年来，随着国家对非遗的重视，花儿的传承与保护已经被提到议事日程上来，一些地方政府开始采取相应的措施，对非遗花儿进行了保护和开发。在对待花儿的保护传承问题上，我们一定要遵循事物发展的客观规律，从花儿特性与时代特点的有机结合上探索花儿"生命力"延续的途径。具体来讲，需要注意从以下几个方面做好工作：

（一）加大花儿的采录工作力度

政府要加大力度和加快速度，投入一定的人力和财力，组织一些有经验的研究人员深入到民间去进行采录和整理，对现有的民间花儿歌手及其掌握的花儿进行录音、录像，对采录的材料进行加工和整理，建立艺术档案，汇集成为电子资料库。

（二）拓展传承渠道和方式

花儿传承的困境主要是后继乏人，为了让它传承下来，就要从人才上抓起。一方面保留或鼓励传统的传承方式：如家族传承、业缘传承。同时利用现代教育的资源优势，让花儿进校园，通过学校扩大它的影响力和培养传承人，近年来，国家有关部门和当地政府对花儿引起了高度重视，提倡和建议在有条件的西北地区农村中小学和高校的音乐课教学中增加花儿教学，请一些有经验的花儿歌手走进课堂进行实践教学，让学生在实践教学中懂得花儿的唱法和曲调，促进花儿的传承和传播。还要注意利用现代传媒进行传承，如充分利用网络传播渠道（目前比较有影响力的花儿网有中国花儿网，宁夏花儿网，甘肃岷县花儿网，青海花儿网等等），为花儿的传承和传播开拓更为广阔的空间。最后还要发挥学术科研

花儿进课堂——马生林在当地学校里给娃娃们表演花儿

的传播作用，以其特有的权威性和影响力，为花儿的传承做出贡献。

（三）合理有效地进行开发和利用花儿

将花儿和当地的旅游业结合起来，这样既能很好的传承和传播花儿，又可以通过举办大型的花儿会带动本地的经济发展，收到互利双赢的效果。要做好两个方面的工作：一方面，搞好软硬件建设，甘肃、青海、宁夏、新疆要开辟好到各个花儿故乡的旅游专线，营造花儿故乡的良好气氛，举办好花儿会，利用传媒加大宣传，吸引游客。同时在开发利用的过程中，要把握好度，不能仅仅以营利为目的和手段，既要开发，又要保护原生态，防止破坏花儿生存的自然环境，使这支西北地区的奇葩保持鲜活，成为永远盛开的花儿。

（编撰：张伟）

参考文献

[1] 吉狄马加主编：《青海花儿大典》，青海人民出版社，2010 年版

[2] 李言统、陈荣、王国林：《河湟花儿与花儿会》，青海人民出版社，2010 年版

[3] 屈文焜：《花儿美论》，宁夏人民出版社，2009 年版

[4] 王沛：《大西北之魂　中国花儿》，黑龙江人民出版社，2006 年版

[5] 陈元龙主编：《中国花儿纵论》，甘肃人民出版社，2006 年版

[6] 李泰年：《走近花儿》，青海人民出版社，2005 年版

[7] 魏泉鸣：《中国"花儿"学史纲》，甘肃人民出版社，2005 年版

[8] 陈元龙主编：《中国花儿新论》，甘肃文化出版社，2004 年版

[9] 王沛：《河州花儿研究》，兰州大学出版社，1992 年版

[10] 赵宗福：《花儿通论》，青海人民出版社，1989 年版

[11] 中国民间文艺研究会甘肃分会编：《花儿论集》，甘肃人民出版社，1983 年版

[12] 郗慧民：《西北花儿学》，兰州大学出版社，1989 年版

[13] 武宇林：《中国花儿通论》，宁夏人民出版社，2008 年版

西安鼓乐

2009 年 9 月 28 日至 10 月 2 日，在阿拉伯联合酋长国首都阿布扎比召开的联合国教科文组织保护非物质文化遗产政府间委员会第四次会议上，审议批准了 76 个项目列入《人类非物质文化遗产代表作名录》，西安鼓乐榜上有名，属民间音乐类别。

西安鼓乐是一种吹管乐器与锣鼓乐器有机结合的民间音乐品种。它始于汉，兴于隋，盛于唐，有着两千多年的历史。它是唐代宫廷的"唐大曲"，是我国境内迄今发现并保存最完整的大型民间器乐乐种之一，是代表中国古典音乐的国乐。西安鼓乐继承了唐宋以来的音乐传统观念，保存了唐、宋大曲的某些音乐文化特征，反映了文人和民间音乐家的创作成果和审美观念，是唐、宋、元、明、清历代民间音乐发展衍变的产物，承载着文人文化和民间文化的双重性质，它是一部活的音乐史，是我国民族文化宝库中的一份瑰丽遗产。

千年鼓乐

西安鼓乐在中国音乐学界被称为中国古代音乐的"活化石"，它的价值无疑是很值得肯定和挖掘的。但它究竟是源于我国哪个历史时期？这一直是人们研究探讨的重点。很多专家通过对西安鼓乐的曲式结构、节拍特点、以及记谱法等方面的研究发现西安鼓乐主要与隋唐燕乐大曲有密切联系，属于唐宋宫廷遗音。

鼓吹乐是汉魏六朝时期开始盛行的一种以打击乐器和吹奏乐器演奏为主

的乐种，它的演奏形式和功能与西安鼓乐存在着一些相似之处，使人想到西安鼓乐可能与鼓吹乐存在着某种渊源关系，因此首先要说明鼓吹乐的历史渊源。据《定军礼》记载，早在西汉初期，鼓吹乐就已经在我国西北边疆地区流传。所用乐器种类繁多，有鼓、箫（排箫）、笳、横笛等，其中鼓在打击乐器中具有重要地位；排箫、横笛、笳和角则是主要的吹奏乐器。

鼓吹乐在汉代兴起之初，由角和笳一起使用被统称为鼓吹，但后来根据乐队编制和应用场合的不同，鼓吹乐又分为鼓吹、横吹和箫鼓三种类型。《乐府诗集》中记载："'横吹曲'，其始亦谓之'鼓吹'，马上奏之；盖军中之乐也。……其后为分二部：有箫、笳者为'鼓吹'，用之朝会道路……有鼓、角者为横吹，用之军中，马上所奏者是也。"由此可知，吹奏乐器角和笳是否在一起演奏成为区分鼓吹和横吹的标志之一。同时，根据鼓吹乐使用情况不同又分为以下几种形式：以建鼓与箫、笳在朝会宴飨时演奏的鼓吹又称为"黄门鼓吹"（《西京杂记》中记载："汉大驾祠甘泉、汾阳、备千乘马骑，有黄门前后部鼓吹。"）以提鼓与箫、笳作为出行仪仗在马上演奏的称为"骑吹"；由提鼓、箫、笳和铙作为军乐演奏的称为"铙歌"或"短箫铙歌"。横吹主要由鼓、角、横笛等乐器组成，有时也加入笳和箫。同时，因排箫和建鼓合奏而得名的"箫鼓"，除了用于仪仗音乐和军乐之外，还可以为百戏伴奏使用。

另外，据《乐府诗集》记载，鼓吹和横吹不仅在曲目上互不相同，而且在兴起时间上也有所区别：鼓吹兴起于西汉初年，一个叫班壹的人在汉族和少数民族地区发展游猎，在他的队伍中开始使用鼓吹；横吹则兴起于汉武帝时期，最初的曲调是乐府"协律都尉"李延年以张骞从西域带回的乐曲《摩诃兜勒》为素材，经改编而成的《新声二十八解》。而关于李延年作《新声二十八解》之事在《晋书·乐志》中也有记载："张博望入西域，传其法与西京，惟得《摩诃兜勒》一曲。李延年因胡角更造'新声二十八解'乘舆以为武乐。"同时，在魏晋时期文学家陆机的《鼓吹赋》中提到《思悲翁》这首汉代短箫铙歌的歌曲，它描写了一个逃亡的反抗者"悲翁"的思乡之情。这也再一次印证鼓吹乐的素材来自于民间，来自于劳动人民。在鼓吹乐悠久的发展历史中，其种类、形式、用途并无严格界限，随时代不同而不同，所以鼓吹、横吹和箫鼓的区别也是短暂的，而鼓吹这一名称则被保留下来，成为不断变迁中性质相近的多种音乐的概括名称。

鼓吹乐在西汉时期的运用是多方面的：统治者把其作为军乐使用；也作为一般的行进音乐，在行进队伍和马上均可演奏；也可在宫廷举行宴会活动时，或站立或坐定演奏；同时它也在汉武帝时期成为一种娱乐性的音乐活动。据《后汉书》记载：在公元 100 年左右出现专业性的女鼓吹乐人，被称为"鼓吹妓女"。另外，

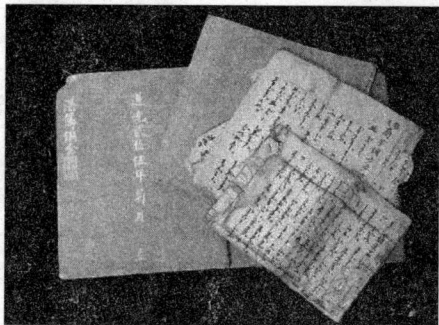

曲谱

不论是鼓吹、横吹还是箫鼓，它们在兴起之初，都不是纯器乐作品，而是带有歌词的歌唱性音乐，但随着鼓吹乐应用场合的不同，它在音乐内容、演奏形式和演奏方法上不断地发展变化，并且朝着器乐演奏方向发展。

南北朝是我国历史上第一次民族大融合的时期，北方的鼓吹乐在当时少数民族音乐的滋养下得到新的发展，其中以居住于现在山西北部和内蒙古中南部的鲜卑族的贡献最为重要。在《魏书·乐志》中记载："凡乐者，乐其所自生；礼，不忘其本，晨昏歌之，与丝竹合奏；郊庙宴飨亦用之。"北魏的统治者来自于鲜卑族，在公元398年北魏统治者开始提倡本族民歌，即"真人带歌"或"北歌"。后来这种音乐逐渐流行于南北方，到公元6世纪初，"北歌"出现在梁朝的横吹曲中。《隋书·音乐志》记载："及后主嗣位，耽荒于酒，视朝外，多在宴筵；遣宫女习北方箫鼓，谓之代北，酒酣则奏之。"南朝陈后主曾经派宫女去北方学习箫鼓，并在宫廷宴会上供以娱乐演奏。因此，这时的鼓吹乐在曲调上就融合了"北歌"的内容，而乐器中则加入"笙篥"（管子的前身）这种吹管乐器。但这时在鼓吹乐的歌词内容方面只有少数作品反映了劳动人民的思想，大多数都被统治阶级所利用，添加了宣扬统治阶级思想的新词。

隋唐时期是第二次民族大融合的阶段，加之宫廷明令提倡，所以各民族的音乐相互渗透，乐曲面貌发生很大改变。《新唐书·礼乐志》中记载："后又诏道调法曲与胡部新声合奏"。鼓吹乐也不例外，《新唐书·礼乐志》中有："后魏乐府初有'北歌'，……盖燕魏之际鲜卑歌也。隋鼓吹有其曲而不同。"说明鼓吹乐在曲调上已经发生很大变化。

隋唐时期的鼓吹乐根据乐器的不同组合，划分标准更加细化，鼓吹又被

分为"铙鼓"、"箫笳"、"大横吹"、"小横吹"四种。但其在演奏场合、演奏功能上则没有较大变化，仍然主要用于宫廷宴飨和仪仗出行。《隋书·音乐志》记载："至大业中，炀帝制宴飨，设鼓吹，依梁为十二案。"在《资治通鉴》中有："玄宗酺宴，先设太常雅乐，坐部、立部，继以鼓吹、胡乐、教坊府县散乐杂戏。"统治阶级把鼓吹乐列入燕乐范围，在宫廷宴飨的多部伎演出之后表演。由此可见，鼓吹乐在这时已经成为宫廷燕乐的一部分，受到统治阶级的重视。

宋代宫廷音乐机构有东、西教坊和"钧容直"，但其发展趋势已是逐渐衰弱，他们不再拥有庞大的、专业的宫廷音乐艺人，而是在宫廷举行郊庙、朝会等典礼之前，先由鼓吹署临时征集专长鼓吹音乐的民间艺人，加以训练之后演出使用。鼓吹乐在宋代宫廷中主要应用于两个方面：一是作为军乐，在皇帝出行时，在仪仗中间被分为前后两部使用，如"随军番部大乐"和"马后乐"；一是作为朝会音乐一部分的"鼓吹十二案"。宋初，教坊的组织尚正规化，分为大曲、法曲、龟兹、鼓笛四部。但根据实际需要，则根据乐工擅长的技艺划分为：筚篥部、大鼓部、笛色、笙色等13部。到了北宋末年，教坊和钧容直衰落，宫廷乐人也随之流落到民间，这也成为民间音乐场所——瓦舍繁荣发展的原因之一。据史书记载，当时瓦舍流行很多种器乐演奏形式，其中一种是"鼓板"，所用乐器包括拍板、鼓、笛、水盏和锣等乐器，是当时极为流行的器乐合奏形式。这种"鼓板"在演奏乐器和演奏方式上都与鼓吹乐近似，可以看作是鼓吹乐与民间音乐融合发展的新形式。

目前关于元代鼓吹乐的确切记载很少，尚不清楚鼓吹乐在元代发展的情况，所以只能通过有限的资料进行推断。根据山西洪洞县明应王庙的元代壁画《演戏图》和元代无名氏《蓝采和杂剧》中的记载，笛、鼓、板、锣四种乐器则是没有疑问的元杂剧主要伴奏乐器。这与宋代民间流行的"鼓板"的演奏乐器基本相同，可以说这是鼓吹乐中的某些音乐元素被元杂剧吸收运用，两者结合发展的结果。到了明清时期，各个地方开始发展以"吹歌"、"吹打"、"十番乐"为代表的多种风格的民间器乐合奏形式，涉及地区相当广泛，在北京、西安、河北等地都有发展，其中西安地区的又专称为"西安鼓乐"。

形式多样

西安鼓乐有"坐乐"和"行乐"两种演奏形式，其乐器、乐曲的使用、曲式结构的布局、表演规模的大小以及演奏场合等等都有所不同。

（一）坐乐演奏形式

西安鼓乐的坐乐演奏，必须围坐在一张长方形的桌子周围，依次排列就坐，故称"坐乐"。坐乐所使用的乐器较多，主要有节奏乐器：战鼓、坐鼓、乐鼓、独鼓、大锣、马锣、引锣、海口子、大钹、大铙、铰子、大梆子、木鱼等，旋律乐器：笛、笙、管、双云锣、方匣子等。坐乐演奏形式的乐队编制人数亦有不等，根据乐社的规模大小人数可多可少，但主要演奏乐器是绝对不可缺少的。一般击奏乐器有 4 至 5 人，笛、管各有 1 至 2 人，双云锣有 1 人，笙有 6 至 8 人。民间乐社的艺人大多是一专多能，人数少时亦可兼奏其他。民间乐社中流传这样一种说法："七紧八慢九消停"，意为七人演奏时很紧张，八人演奏时稍轻松一些，九人演奏时就更为轻松了。

演奏时击鼓者坐在长形条桌的一端角，左右各为大锣、大钹、大铙、铰子和双云锣，两边一字排开笛、笙、管数人，正前方或四周为听众。有条件的乐社在乐队后面树起万民伞和坐纛旗（即社旗）、彩色龙凤旗，非常壮观。

鼓乐表演

坐乐排列图：

坐乐一般演奏的多是具有固定曲式结构的大型套曲，分有前、后两个部

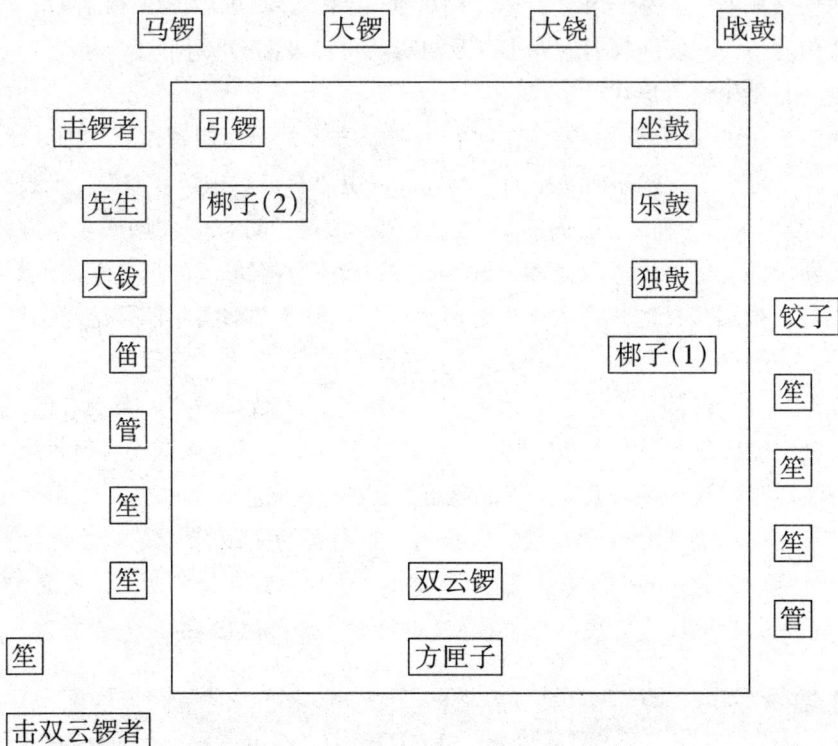

马锣		大锣		大铙		战鼓

击锣者	引锣			坐鼓	
先生	梆子(2)			乐鼓	
大钹				独鼓	
笛			梆子(1)		铰子
管					笙
笙					笙
笙					笙
笙		双云锣			管
		方匣子			

击双云锣者

分，其结构庞大、复杂多变，有着严格的联套原则。根据内部曲式结构的变化和不同，坐乐又可分为"花鼓段"坐乐和"八拍鼓段"坐乐两种形式。

以上两种坐乐演奏形式，内部结构略有区别，在曲牌和鼓札子的使用安

"花鼓段"坐乐：	"八拍鼓段"坐乐：
前部　开场鼓（浪头子）	前部　开场鼓（三股鞭）
起	起
头匣	头匣
清吹	清吹
二匣	二匣
清吹	清吹

	三匣		三匣
	清吹		清吹
	花鼓段		前退鼓
	擂鼓	后部	帽头子
	前退鼓		引令
后部	帽头子		套词
	别子		赶东山
	帽头子		湛
	引令		后退鼓
	套词		
	赶东山		
	湛		
	后退鼓		

排上，也有所不同。还有一些乐曲内容的局部出现了变化，但在整体结构和效果上都保持了西安鼓乐特有的坐乐演奏形式。

（二）行乐演奏形式

西安鼓乐的行乐演奏，是指边行进边演奏或者站立着演奏的一种形式，故称为"行乐"。行乐所演奏曲调多为单牌子的"散曲"，亦有坐乐当中的"清吹曲"等，一般是一些节奏比较规整的小曲。行乐较之坐乐简单，没有像坐乐那样有复杂庞大的曲体结构。有的乐社把这种形式称为"路曲"，即行路时演奏的乐曲。

行乐使用的主要乐器有：笛、笙、管以及单面鼓、高把鼓、方匣子、手梆子、海口子、贡锣、小吊锣（即"疙瘩锣"）、铰子等等。

西安鼓乐行乐的演奏形式有两种：一种叫"高

鼓乐表演

把子"（又名"高把鼓"）；另一种叫"乱八仙"（又名"单面鼓"）。二者所用的吹奏乐器一样，节奏乐器略有不同。

1.高把鼓，是以击奏高把鼓而得名。演奏乐器有高把鼓、贡锣、铰子、手梆子、小吊锣（即"疙瘩锣"）以及笛、笙、管。所演奏的乐曲均为短小的散曲，节奏平稳徐缓，风格悠扬典雅。节奏乐器在演奏时常常有较为固定的节奏型，民间称其为"三铰子一贡锣"的奏法，意为四分之四的节拍，连续三小节在第一拍上击奏铰子，再在第四小节第一拍上击奏贡锣，这样有规律的循环反复。这种演奏形式多为僧、道两派乐社所使用。

2.乱八仙，是以规定使用八件乐器而得名。演奏乐器有单面鼓、方匣子、铰子、海口子、手梆子以及笛、笙、管。所演奏的乐曲是旋律优美短小的散曲，节奏活泼新颖，民间各乐社较多使用这种演奏形式。

行乐排列图：

1.行乐"高把子"对列图

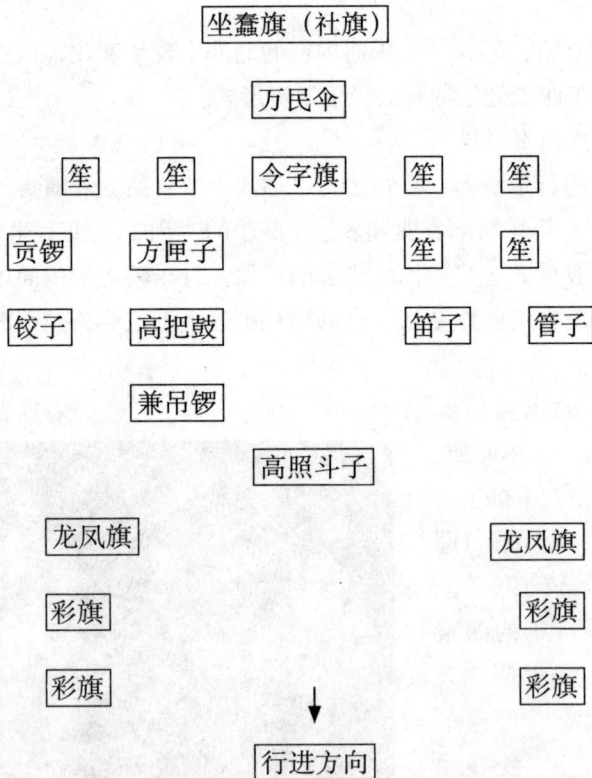

坐蠹旗（社旗）

万民伞

| 笙 | 笙 | 令字旗 | 笙 | 笙 |

| 贡锣 | 方匣子 | | 笙 | 笙 |

| 铰子 | 高把鼓 | | 笛子 | 管子 |

兼吊锣

高照斗子

| 龙凤旗 | | | 龙凤旗 |

| 彩旗 | | | 彩旗 |

| 彩旗 | ↓ | | 彩旗 |

行进方向

2. 行乐"乱八仙"对列图

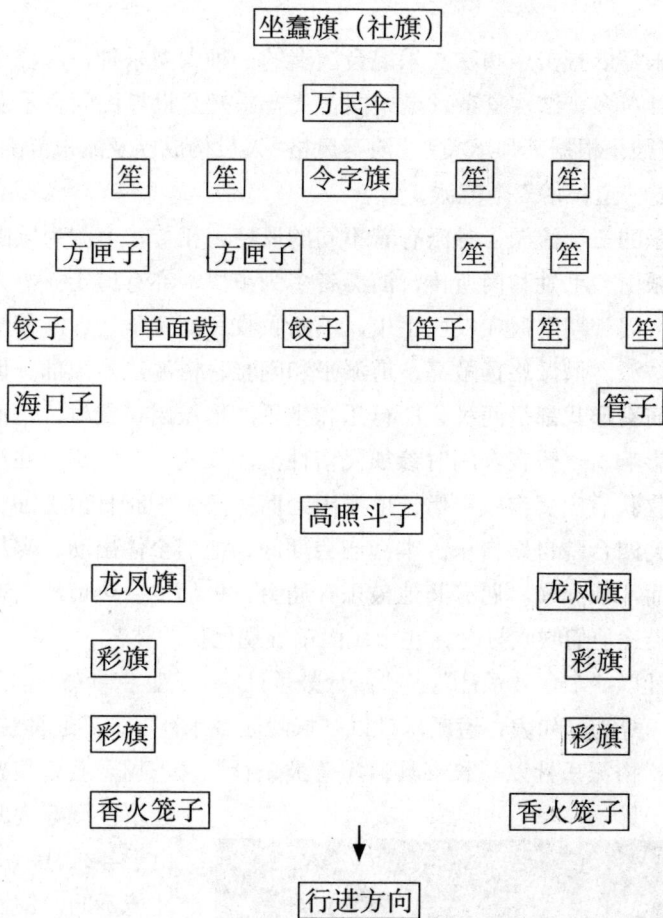

坐蠢旗（社旗）

万民伞

| 笙 | 笙 | 令字旗 | 笙 | 笙 |

方匣子　方匣子　　　　笙　笙

铰子　单面鼓　铰子　笛子　笙　笙

海口子　　　　　　　　管子

高照斗子

龙凤旗　　　　　　　　　龙凤旗

彩旗　　　　　　　　　彩旗

彩旗　　　　　　　　　彩旗

香火笼子　　　　　　　香火笼子

↓

行进方向

　　行乐乐队的编制，各乐社之间不尽相同，行进队列也有所差异。一般队伍的最前面是彩旗、龙凤旗，中间是高照斗子，后面则是乐队，队伍的后面是令旗和万民伞，最后面是坐蠢旗（即社旗），旗上写着"某某乐社"几个大字，以示醒社。

　　西安鼓乐的演奏形式，各乐社至今仍保持着传统的风格和模式，严格遵循其完整的曲体结构规律。这种西安鼓乐独特的演奏形式，在现存的乐种中已不多见了。

各竞风流

西安鼓乐是以打击乐和吹奏乐混合演奏的一种大型乐种，内容丰富、乐队庞大、曲目众多、结构复杂，是中国古代音乐乃至世界民间音乐发展史中的奇迹。西安鼓乐根据其师承关系、演奏风格、人员构成以及流布范围等情况，基本可分为僧、道、俗三个流派。

西安鼓乐的三个流派，各派有着不同的风格。相传，道派为城隍庙道士所传，而僧派由一毛姓和尚所传，演奏者多为市民，亦有道士、僧人。僧派中的一部分，因长期掌握在农民手中，不断吸收民间音乐，逐渐和僧派有了区别，形成俗派。僧派悠扬敞亮，道派平和闲雅，俗派热烈浓郁。但不论哪一种派，其演奏形式都是两种，即行乐和坐乐。俗派因在农村，其活动受农业生产季节影响，一般在农闲时参加民俗性活动仪式，如祭年、迎神赛会、朝山进香、收获后庆贺丰收。僧、道派因经商的多，平时日落店铺打烊后，艺人们聚集到四合院自娱自乐。本社庙会期间，他们全体出动，竭尽全力，昼夜演奏，而不取分文。遇有其他鼓乐社庙会，他们也会热情地前往耍曲，烘托气氛。沿途他们吹吹打打，在市民面前展现他们的技艺。

僧派乐社以"东仓鼓乐社"、"西仓鼓乐社"、"显密寺鼓乐社"、"大吉昌鼓乐社"等为其代表；道派乐社以"城隍庙鼓乐社"、"迎祥观鼓乐社"等为其代表；俗派乐社以"长安县何家营鼓乐社"、"周至县南集贤东西村鼓乐社"等为其代表。由于各乐社所处的人文环境不同，演奏人员文化素质的差异以及乐曲、乐器的选用和组合等方面的差异，各流派鼓乐社之间形成了较为明显的风格特点。

在乐器使用上僧道

鼓乐表演

两派的节奏乐器较为一致，俗派乐社则夹杂一些戏曲"秦腔"武场器乐中的部分节奏乐器，增加一些粗犷、热烈的气氛。从演奏的曲目来看，僧道两派多演奏典雅悠扬的乐曲，保留了古代宫廷音乐、文人音乐风格的曲调较多。俗派乐社则多有一些民间流传的热烈欢快的俗曲、小调等。在演奏技术上僧派乐社的最为细腻，善于使用加花变奏手法，音乐显得委婉动听；道派乐社平和典雅，演奏手法朴素简练；俗派乐社则更显得豪爽活泼，讲究音乐的整体厚实的音响效果。

总体来看，僧派乐社所演奏的乐曲，音调较高，悠扬而热烈；道派乐社所演奏的乐曲，音调较低，平和而幽雅，讲究"磨工加花"；俗派乐社所演奏的乐曲，其音调高扬，深厚而热烈，具有浓厚的生活气息。

僧、道、俗三流派在演奏形式上基本是一样的，均分"坐乐"和"行乐"两种，只是在局部结构地方有所变化，以示其不同的流派特征。

各派乐社演奏风格的形成，无不与其所依赖的生存环境和文化背景有着密切联系，同时，与师承关系和传授乐曲的内容也有着直接的关系，或多或少地还受到佛教音乐、道教音乐、民间音乐影响，为其风格的形成奠定了基础。甚至有的乐社在乐器的演奏方法和技巧上，都各自体现出了独有的风格特征。各派乐社之间在保持自己独特风格的同时，不断地吸收他人之精华，博采众长，丰富其表现力。

西安鼓乐的保护神

具有"西安鼓乐的保护神"之称的李石根先生于1919年4月21日生于西安古城一个书香人家。飘逸长须、黑框眼镜，是鼓乐大师老年的最显著的标志。作为西安鼓乐理论研究的奠基人，他被业内专家誉为"活的民间音乐史"。他从1951年起步，开始收集整理具有极高学术价值的西安鼓乐资料。

1961年，李老在西安北城墙根的陕西音协工作，他废寝忘食，日以继夜，几乎一天工作十五六个小时。他的办公室堆满了各

李石根先生

类书籍、乐谱资料，桌上架着钢丝录音机，李老几乎成天伏案工作，哼呀、哈呀地听读记谱。由于他眼睛高度近视，虽戴着眼镜，但还几乎是贴着稿纸写字。冬天一炉火，夏天一把扇，陪伴他度过了漫长的日日夜夜。从 1951 年之后的十年间，他跑了周至南集贤、西安都城隍庙、长安何家营及东仓、西仓、大吉昌等 8 个乐社，采访 200 余艺人，录音 40 多个小时，收集民间祖传乐谱 100 多本，还有大量的艺人口述笔录、照片等资料。自 1959 年到 1965 年，李老印出了一套五卷约二百多万字的《陕西鼓乐译谱汇编》资料集，集有千余首鼓乐曲牌。之后李老又陆续写了《唐代乐舞史话》、《西安鼓乐志（提纲）》等文稿。

1966 年至 1976 年的十年间，这一工作由于"文革"而中断。这十年是李石根先生最感痛惜的十年，但他始终没有忘记那桩神圣的事业，"其志未灭，其心不死"。1980 年春，他又开始了自己艰难的长途跋涉。他起草的《关于建立唐代燕乐陈列馆的设想与建议》，终于被陕西省文化主管部门相关领导所采纳，正式成立了唐代燕乐研究室，并为其拨了专款、购置了录音器材和办公用品，这使他搁浅了 15 年之久的鼓乐研究之船又摇了起来。

1981 年至 1991 年的十年，李老除重新编辑、油印了八卷九册约三百多万字的《西安鼓乐曲集》外，又写出并油印了二十多万字的专著《西安鼓乐艺术传统浅识》，还在《音乐研究》、《交响》等报刊发表了《唐大曲与西安鼓乐的体式结构》、《隋唐燕乐述要》、《西安鼓乐俗字谱的研究与解读》、《关于日本雅乐与西安鼓乐的比较研究》、《泛论工尺谱的产生及其形成过程》等著作及论文，在国内外产生了重大影响。这期间，他还写出了《西安鼓乐全书》的初稿，经他亲手一笔一画写出的稿纸，竟有两尺多厚。每个字、每行谱、每幅图、每张表，都浸透着他的汗水，凝聚着他的心血。

李老的苦学、博学，是朋友皆知的；他的辛劳与成就，也是有目共睹的。然而由于出版方有了变故，《西安鼓乐全书》的出版被搁置起来。2003 年后，国家日益重视保护非物质文化遗产，才给《西安鼓乐全书》的出版带来了希望。随着西安鼓乐于 2004 年被列入中国民族民间文化保护工程第二批专业试点项目，政府加大了对西安鼓乐保护的力度，不久，《西安鼓乐全书》的出版被纳入省文化主管部门的议事日程，但不知何故，一直没有进展。这使李老悲叹不已，发出"不见此书，死不瞑目"的呼喊。后来，在陕西省民间艺术促进会副会长雷达和陕西省艺术研究所的李世斌、李恩魁的协助之下，终于整理、修订了《西安鼓乐全书》的校对稿。经过一年多的努力，基本理出了《西安鼓乐全书》稿件的头绪，特别是在中国知名音乐史学家李玫女士的支持、周旋、奔波下，得到中国艺术研究院、西安音乐学院、陕西音协、文化艺术出版社等单位的鼎力相助，终于在 2009 年 9 月出版了这部得之不易的《西安鼓乐全书》。

2010 年 4 月 21 日，为西安鼓乐奋斗了一生的李石根先生与世长辞，音乐学专家张振涛和李玫都说，李老是"一辈子干一件事，一件事干了一辈子的人"。陕西省民间艺术促进会副会长雷达也在李老墓前称赞他为"西安鼓乐的保护神"。

李老虽然去世了，但是李老所具有的高贵品质和执着精神将鼓舞后继者为西安鼓乐的传承和发展而继续努力奋斗。

传承可待

西安鼓乐是中国古代音乐的重要遗存，它特有的复杂曲体和丰富的特性乐汇、旋法及乐器配置形式成为破解中国古代音乐艺术谜团的珍贵佐证；大量的传谱曲目丰富了中华音乐文化宝库，将为我国民族音乐文化的进一步发展发挥重要作用。

受经济条件的制约，如今西安鼓乐乐社的数量已大大减少，鼓乐社的生存也举步维艰，能保持平时排练和演出的鼓乐社更是寥寥无几。目前，在西安只有 13 个民间鼓乐社，总共只有 200 多名乐手，研究西安鼓乐的专家不超过 10 人，更为可怕的是，虽然流传下来的古乐曲有 1000 多首，其中有近 200 首已被翻译出来，但却没有一个鼓乐社能演奏超过 15 首曲子，传承人也只有 6 人。2005 年，西安鼓乐成为国家非遗。但因为种种原因，西安鼓乐却没有取得想象中的发展，相反衰落的趋势越发明显，乐手从 2000 年左右的近 400 人减少到 2009 年的 200 多名，多数人只是完全凭借对鼓乐的感情，苦苦支撑着鼓乐的传承和发展，这和西安鼓乐在音乐史上的地位是完全不对等的。西安鼓乐面临失传或濒临灭绝的危险，如果不及时抢救，我们将会失去这一中华民族的音乐文化传统，我们将会愧对子孙后代，这并非杞人忧天或危言耸听。对于西安鼓乐，陕西学术界曾进行了大量的田野考察、采集和记录工作，但从音乐档案的记录和存储角度看，尚存在许多不足之处，急需更新观念和认识，改进工作方法和操作程序。如今西安鼓乐处在富于变化的多元文化环境之中，不仅受到西方音乐、日韩音乐和当今各种流行音乐的影响，同时还受到社会功利心态、浮躁情绪的干扰，导致后继人才匮乏。要真正继承传统，深入发掘其蕴藏，获得其真髓，这显然对研究者提出了更高的挑战。

西安鼓乐辉煌的历史已经成为过去，而当前鼓乐艺人所面临的则是这门古老的音乐艺术的存亡危机。鼓乐作为曾经的一种民间音乐形式，现在已经被人们所淡忘，在西安市街头随机采访了一些路人，我们发现，很少有人知道鼓乐、听过鼓乐演奏，在提到"西安鼓乐"这个词的时候，大多数人的回答是"不知道"。

西安鼓乐不仅从大众的记忆中逐渐淡出，鼓乐社内部也存在着深刻的传承危机。老艺术家们年事已高，而又几乎没有下一代的继承人来传承纯粹的鼓乐艺术，对西安鼓乐的保护已经到了刻不容缓的时刻。西安鼓乐的传承和发展应该从以下几个方面着手：

第一，应建立各级政府专门的主管机构。有关部门应参照联合国教科文组织规定的标准，建立我国人类口头和非物质遗产的鉴定和评价体系，使我们的抢救和保护工作符合国际规范。或者在现有条件下，国家应在各级文化（部、厅、局）行政部门建立起保护和振兴民族传统音乐的法律和相应的"口头与非物质文化管理机构"，对重要的传统音乐加以保护。国家与地方政府应每年下拨一定的活动经费，以维持机构的正常运转。

第二，加强对西安鼓乐传承人才的培养。西安鼓乐地处陕西，陕西高校应责无旁贷地在鼓乐的"教育传承"中发挥重要的作用。首先，应该对学生的音乐知识结构进行调整，加强他们对西安鼓乐的感性和理性的认识；其次，应该让西安鼓乐进入课堂，可开设半年至一年的民族乐器选修课（现任陕西省文化厅副厅长、著名民族乐器演奏家刘宽忍教授就进行过《民族器乐》的课程教学）和传统音乐文化教育系列选修课，以此来提高他们的音乐文化素质，开拓他们的视野，培养他们对于西安鼓乐的认同感。

第三，建立西安鼓乐实物展览馆。展览馆可以从民间收集各种鼓乐乐器以及与鼓乐音乐生活相关的服饰与道具等实物及图片资料。这些陈列品不仅具有研究价值，还具有历史文物的收藏价值。同时，可以通过举办西安鼓乐文化实物展的形式，使外界人群有更多的机会接触、了解西安鼓乐生存的实际状况，增加他们对鼓乐音乐文化的兴趣，这将有利于西安鼓乐的传播与发展。同时，展览馆还可以成为传播西安鼓乐的阵地，选择合适的时机，定期或者不定期的现场表演，对促进弘扬、培养队伍都是很好的方式。

第四，建立西安鼓乐档案馆。为西安鼓乐建立档案可以更好的促进西安鼓乐的保护和继承，档案馆应该以西安鼓乐历史文献资料以及由专业音乐学者收集、整理、记录的民间现存的乐谱、音像资料及撰写的学术著述为保存对象。音乐工作者可以运用多种形式与手段，将那些易变易失的无形音乐文化遗产转化为长久保存的文本、音响、音像资料，使西安鼓乐能够长久的传承下去。

第五，加强媒体的宣传。现代传媒的导向是十分重要而有效的，因此地方省、市电视台、广播电台、报纸杂志社等在其中应首先做好导向工作，担负起社会教育功能和普及功能的重任。如：开辟宣讲西安鼓乐音乐文化思想的专栏，经常播放优秀的西安鼓乐音乐作品，经常报道与西安鼓乐传统音乐相关的信息等，通过这样的方式和方法来培养普通大众对西安鼓乐的认识和兴趣，让人们在不断了解民族音乐的魅力和文化价值的基础上引起感情上的靠拢与融合，从而自觉地喜爱它、欣赏它、保护它，西安鼓乐艺术的保护与发展就更有希望。

第六，呼吁国际社会的关注。从国际角度来看，民族的就是世界的。优秀的民族音乐是世界音乐宝库的重要组成部分之一，也是全人类共同的精神财富。面对一些民族音乐的传统习俗乃至整个人文特征正在逐渐蜕变、同化甚至消失，尤其是民族音乐面临失传和消亡的问题，我们应给予高度的重视。对那些历史悠远、艺术价值高、传统优秀、民族特征独特且在国际上已有一定影响的民族音乐品种，应在加强保护、打好基础的同时，积极申报世界非物质文化遗产，以使这些艺术珍品能早日登上世界艺术舞台。

（编撰：谭必勇）

参考文献

[1] 李石根著：《西安鼓乐全书》，文化艺术出版社，2006 年版

[2] 王晓如著：《陕西活的历史·西安鼓乐史的整理与研究》，三秦出版社，2010 年版

[3] 张振涛：《吹破平静，晋北鼓乐的传统与变迁》，文化艺术出版社，2010 年版

[4] 孙婧：《西安鼓乐的文化性质》，《西安音乐学院学报》，2006 年第 25 卷第 26 期

[5]《为保护西安鼓乐奋斗一生的李石根》，http://www.china.com.cn/culture/minsu/2010-05/25/content_20113900.htm

[6]《对西安鼓乐保护和传承问题的几点研究》，http://www.snwh.gov.cn/feiwuzhi/lwzz/yxlz/200903/t20090327_69085.htm

[7]《西安鼓乐的命运交响》，http://news.163.com/10/0506/07/6601SAK200014AED.html

[8]张振涛：《一辈子做一件事，一件事做一辈子　　李石根与〈西安鼓乐全书〉》，见《中国文化报》，2010年4月22日

[9]《西安鼓乐入选联合国非物质文化遗产名录》，http://www.sn.xinhuanet.com/2009-10/09/content_17890063.htm

[10]李石根：《西安古乐的搜集、整理、研究与扶持、保护》，《中国音乐》，1994年第2期

[11]《论西安鼓乐保护》，http://www.snwh.gov.cn/feiwuzhi/lwzz/yxlz/200903/t20090327_69063.htm

[12]《千年传承西安鼓乐，堪称中国音乐的"活化石"》，http://www.cnwest.com/content/2009-10/09/content_2470869.htm

[13]《入选非物质文化遗产名录，西安鼓乐现状仍堪忧》，http://www.china.com.cn/news/txt/2009-10/18/content_18722347.htm

[14]《西安鼓乐，唐风遗韵活化石》，http://www.itravelqq.com/2009/1110/25731.html

[15]《西安鼓乐入选联合国非物质文化遗产名录》，http://www.sn.xinhuanet.com/2009-10/09/content_17890063.htm

[16]成长：《拿什么来拯救你，西安鼓乐》，《音乐天地》，2007年第2期

[17]赵小平：《西安鼓乐的演奏形式及风格流派初探》，《中国音乐》，2004年第3期

[18]张怡：《浅谈西安鼓乐渊源》，《音乐天地》，2005年第12期

中国朝鲜族农乐舞

2009 年 9 月 30 日，在阿联酋阿布扎比举行的联合国教科文组织保护非物质文化遗产政府间委员会第四次会议审议并批准中国朝鲜族农乐舞列入《人类非物质文化遗产代表作名录》，这是目前我国唯一列入该名录的舞蹈类项目。

"朝鲜族农乐舞"俗称"农乐"，内容丰富多彩，由小鼓舞、圆鼓舞、叠罗汉舞、拍打舞、刀舞、长袖舞、假面舞、长鼓舞、扇子舞、鹤舞、顶水舞、象帽舞等 12 个舞蹈组合而成，舞姿活泼优雅，节奏欢快舒畅，是一种融音乐、舞蹈、演唱为一体的综合性民间表演艺术。朝鲜族农乐舞历史悠久，是我国延边朝鲜族自治州及境内其他朝鲜族聚集区的人民长期劳动生产和智慧的结晶，世代相传，广泛流传于吉林、黑龙江、辽宁等朝鲜族聚居区。它将朝鲜族特有的耸肩、走陇步等较为粗犷的舞蹈动作有机地统一起来，充分反映了朝鲜族人民在长期的劳动、生活特别是丰收后的喜悦，体现了朝鲜族"和谐"、"张弛"、"谦让"和"含蓄"的审美特征，是朝鲜族民间舞蹈的最高艺术形式和群众节

朝鲜族农乐舞表演

259

庆活动的重要组成部分。

农乐舞的起源与发展

农乐舞是朝鲜族古老的、最有代表性的民间舞蹈，历史悠久，源远流长。由于古代文献对农乐舞的由来没有明确的记载，目前中外学者对它的起源众说纷纭，虽然各有各的道理，但都待进一步探究和梳理。目前对农乐舞起源问题研究最具影响的是我国朝鲜族舞蹈史研究专家朴永光，他通过分析、解剖现有的农乐舞，从中寻觅出农乐舞原型因素的蛛丝马迹，并根据这些因素按图索骥，寻根溯源，应该说这一思路在目前原始资料相对缺乏的情况下，是较为可行的研究方法，本文主要从其观点。

农乐舞最早可能产生于狩猎时代，在原始民族的狩猎劳动和祭祀活动中已略具雏形。从现存于朝鲜半岛以及中国朝鲜族地区的农乐舞看，农乐队中的各种杂色（戴动物假面的舞员）以及猎手角色值得关注，透过他们登场的情况看，早期的农乐很可能是通过再现狩猎过程来体验猎获动物时的欢乐，或者是围着篝火歌舞共庆胜利。现代农乐舞中最特殊的技巧就是转动系有飘带的象帽，据说这是从狩猎时代使用工具诱捕野兽的活动中演变而来。此外农乐舞的基本步伐之一"雀步"——手持小鼓和鼓棒弓身碎步前进的动作，即是从狩猎时代的猎人瞄准野兽放箭动作中模仿而来，后来又发展为骑马射箭的动作。这些狩猎时代的文化遗存虽然与后来的农乐舞在功能上、形式上有较大的差异，不能与后来的农乐舞相提并论，但这很可能就是农乐舞的最早雏型。

在古文献中与农乐舞最为相似的当属扶余（前 2 世纪 −494）的"迎鼓"、高句丽（前 37—668）的"东盟"、马韩（前 100—300）的"苏塗"。其中，描写较为详尽的是马韩的"苏塗"，《三国志》载，马韩"常以五月下种讫，祭鬼神，群聚歌舞，饮酒昼夜无休。其舞，数十人俱起相随，踏地低昂，手足相应，节奏有似铎舞。十月农功毕，亦复如之。信鬼神，国邑各立一人主祭，天神名之天君。又诸国各有别邑，名之为苏塗。立大木，悬铃鼓，事鬼神"。由此史料可见，马韩的"苏塗"在很多方面已与后来的农乐舞极为相似，尤其在举行的时间、形式、甚至在功能上基本相同。当然也有个别现象略有差异，马韩"事鬼神"是"立大木"并以大木为中心进行祭祀活动的，而后来的祭祀活动常常是在村头的大树或村里的公用井边进行祭祀，但马韩的"大木"并未消失，它后来逐渐演变成了农乐队的农旗，到李朝时期（1392—1910）还在大旗上书写"农者为天下之大本"。总之，马韩时期的"苏塗"与现在的农乐从总体上有许多相似点，因此可以推断农乐在马韩时期基本形成。现在的农乐舞在功能上大多与祭祀活动关系密切，可资佐证。

写着"农者天下之大本"字样的农旗

随着历史的发展，用于祭祀活动的农乐逐渐转向自娱活动。朝鲜三国时代①，新罗盛行的都例游戏正是人们以农乐进行自娱的新开端。"都例"是音译，意为农民互耕的临时联合形态（类似于互助组）。朝鲜族长期从事北方水稻生产，为了便于大面积的水稻种植和管理，他们多采取集体劳动、相互协作的劳动形式。农忙时，农民们自愿组合成"都例"互助农耕，为了鼓舞作业和消除疲劳，每逢下地，人们都将"扁鼓"和"唢呐"等与农具一起带往田间，休息时，人们便在明快的鼓乐声中即兴起舞，以欢乐的歌舞荡涤疲劳。随着时间的推移，这些即兴歌舞便逐渐形成了游乐性的朝鲜族民间舞蹈，贯穿于各种传统民俗活动之中。随着岁月的流逝，农业生产形式虽然不再以"都例"的方式进行，但农乐舞这一娱乐形式却延续下来。每当春、夏农忙季节一结束，人们便组织起来举行都例游戏，参加者均为本村的成员，没有具体的扮相。人们以农旗为中心热情地抒发农忙结束后的喜悦之情，在农旗上写着"农者为天下之大本"并在下方写着某某村农乐，或某某村都例。

农乐除了用于宗教祭祀、战事演练、民间自娱以外，还逐渐被用于"乞粒"活动中。乞粒具有聚集财力、物力、人力等含义。为了"乞粒"借用农

①指在公元前57年到公元668年之间占据朝鲜半岛的三个国家高句丽（前37—668）、百济（前18—600）、新罗（前57—935）

乐形式而形成乞粒农乐，因此，它也是从祭祀性农乐中演变而来的。据史载，乞粒农乐有两种，即寺院乞粒与村落乞粒。寺院乞粒发生在高丽朝末期，因崇儒抑佛潮流的冲击，佛教遭到厄运，僧侣们为了生计，为了延续寺庙的香火，借用农乐到民间"乞粒"。村落乞粒是为了建设公用设施而借助农乐进行的活动，农乐队常常由职业性艺人组成。

上述几种农乐形态在现代农乐舞中均得以存续，并演化成不同的形态，祭祀农乐以娱神逐鬼为旨，阵法游戏以表演阵法为特点，而乞粒农乐主要是为了表演给观众看的。

在农乐形成、发展的过程中，舞员的构成也发生了几次变化，据史载，农乐自产生到高丽中叶，农乐队一般是男女均能参加，但到了高丽中叶以后，由于受儒教的影响，当初男女相聚歌舞的农乐，变成只有男子参加的农乐和只有女子进行的巡逻舞（演变为后来的《羌羌水越来》）。但后来，农乐舞又形成了男女共同歌舞的形式。

农乐的伴奏乐器也经历了从少到多、由简到繁的过程，农乐舞刚形成时，其伴奏乐器只有小鼓等本土乐器，但到后来，又增加了本土与外来的一些乐器，如胡笛、大金、小金、长鼓等等。而随着乐器的增加，又丰富了其舞蹈形式，出现了长鼓舞、小金舞等等。在乐器不断增加的过程中，伴奏音乐也日趋复杂，从《三国志》记载的情况看，当时的伴奏音乐"有似铎舞"，可以想见音乐节奏是比较简单的，但后来音乐节奏不断丰富，以致发展到农乐舞用12种不同的节奏。

朝鲜族农乐舞在发展过程中，还逐渐融入了一些其他文化因素，其中阵法游戏即受了阴阳五行观念的影响，如阵法中的"五方阵"有：中央黄帝阵、东方青龙阵、南方朱雀阵、西方白虎阵、北方玄武阵，此外还有一字长蛇阵等。佛教乐舞也融入农乐舞中，如童伎舞（叠罗汉）等，据一些学者考察，农乐队员穿的"背带"等也均来自佛教。

农乐舞在发展过程中不仅因

农乐舞演出的部分乐器、道具

功能差异而形成各种形态的农乐，而且因地域差别形成了各异的地域农乐舞，传统农乐可分为京畿农乐、忠清农乐、岭南农乐、湖南全罗道地方的左道祭（山区农乐）、右道祭（平原农乐）等。

在我国东北三省朝鲜族地区流传的农乐舞，主要是朝鲜庆尚道、江原道、全罗道地方的农乐舞，其大部分是20世纪初从朝鲜传来的，并在古代高句丽、扶余和朝鲜半岛传统乐舞文化基础上，吸收了汉、满等民族乐舞营养，在中国东北地区特定环境里和以水田种植为主的农耕劳动中形成的。

经过近代战乱和动荡的磨练之后，朝鲜族农乐舞蹈在新中国成立之后进入了一个崭新的发展时期，其艺术生命再一次焕发了青春。在继承和发扬朝鲜族民族舞蹈民间艺术传统的基础上，朝鲜族民间艺人和专业舞蹈工作者在"百花齐放、推陈出新"文艺方针鼓舞下，经过不懈的努力，使朝鲜族农乐舞走向了一个开放的艺术阶段。在艺术表现形式方面吸纳了新的元素，并在乐曲、服饰、表演技巧上均有所创新，借鉴了其他民族艺术表现手段和现代的科技手段，以独特艺术魅力，从乡村走向城市，从田园走向舞台，从民族集聚地走向全国、走向世界，迎来我国朝鲜族舞蹈艺术发展新的春天。

农乐舞的基本程式

我国的朝鲜族舞蹈是中华民族舞蹈艺术园地里的一株奇葩，是在悠久的中华民族传统艺术土壤上生长又具有自己鲜明民族个性色彩的艺术花朵。随着时代的演进，农乐舞从早期自娱自乐的单一形式发展为情节表演和技巧表演两种形式，表演手段极为丰富而且具有较强的综合性。现有的农乐舞按表演主体大致可分两种：其一是农民组织的民间农乐队，这种农

1980年代乞粒舞中双层舞表演

乐舞是农民们在传统节日或每逢喜事时组织起来，为自娱而进行的农乐，是所谓"埋鬼"、"都例"、"丰争"等传统农乐形态的延续，其二主要是为表演给观众看的农乐，承担者一般是专业剧团或业余演出队表演的，以"乞粒"、"祠堂牌"所行的传统农乐为基础再创造成的农乐舞。

农乐舞的表演大致包括以下部分：有青年男子表演的"小鼓舞"，舞童表演的"叠罗汉"，多人表演的传统"扁鼓舞"，男、女（以女为主）都可表演的"长鼓舞"，多人持大型花扇表演的源于古代"巫舞"的"扇舞"，假形舞蹈"鹤舞"，以及最后压阵的男子"象帽舞"。

首先在"小锣"不同节奏的敲击下，由青年男子表演的"小鼓舞"作为农乐舞程式化的开场节目首先登场。舞者有"小鼓手"（或称"法鼓手"，手持小鼓）、"花冠带"（头戴花冠）、"战笠带"（戴头盔，穿战服）等。舞姿豪放舒展、热烈活跃。花冠抖动、头盔流苏旋转，多姿多采，引人入胜。

紧随其后的是，一群舞童在"燕风台"乐曲伴奏下，以快速旋转动作进行各种队形、队列的变换与"叠罗汉"表演。

随着节目的进行，舞蹈表演的艺术性也越发浓郁起来。多人表演的传统"扁鼓舞"是男女都可以参加的一种"鼓舞"，每人所用扁鼓的大小，因性别的不同而有区分：男子表演以群舞为主，舞者在激烈而欢腾的鼓声中奔跑、跳跃，充分显示着男子的阳刚之气；而身挎"扁鼓"的女子独舞，不但要表现多样而娴熟的击鼓技巧，还要在"扁鼓"频频发出顿、挫有节，急、缓交错鸣响下，舞出朝鲜族女性刚柔并济、潇洒遒劲的舞姿。扁鼓舞舞蹈动作、节奏、鼓点丰富多样，可根据表演内容不断变化，充满着欢快、热烈的气氛，反映了朝鲜族人民热爱生活、奋发向上的精神。

然后是"长鼓舞"，"长鼓"是朝鲜族乐器中音色最优美和独具特色的乐器之一，同时也是倍受人们喜爱的舞具，它的体形硕长、细腰，两端鼓皮音色高低不同，并以鼓槌、鼓鞭和指掌配合敲击，具有丰富的表现力与特色。在悠扬的伽椰琴伴奏下，舞者右手持长约 30 公分的细竹"鼓鞭"，在左手指掌的配合下，从左右鼓面敲击出清脆、和谐而又不同鸣响的鼓声。乐曲声中，一队身穿白色短衣淡红色拽地长裙、胸前系着"长鼓"的舞者，踏着淙淙泉水般的轻柔舞步流转于舞台，她们那松肩提臂的婀娜舞姿，柔如蜡烛、动如垂柳的轻盈体态，如只只跃跃欲飞的白鹤悠然起舞，令人陶醉与神往。一段慢版之后，舞者抽出另一只木质鼓槌，敲打出强烈而快速

长鼓舞表演

的节奏，舞蹈随鼓乐进入狂放的急旋，矫健而奔放。每逢此时，沉醉于高潮中的表演者，便开始纷纷亮出显示个人"鼓舞"技巧的"绝活"，把表演气氛推向最高潮。

"长鼓舞"后，接着的便是由多人持大型花扇，开始表演源于古代"巫舞"的"扇舞"。"扇舞"舞具为一把或两把"花扇"，舞蹈时"花扇"绕身舞成 8 字形扇花。另外，随着队形的变化，利用"花扇"的开合组成各种优美的图案和造型。《扇舞》常用民谣《倡夫打令》和《汉江水打令》为音乐伴奏。舞蹈动作细腻、深沉、优雅、舒展，采用 12/8 的"古哥里"节奏，具有曲线性的律动，表现出了朝鲜族妇女温柔、含蓄的感情和纯朴、善良的性格。

扇子舞表演

　　再往下是假形类的舞蹈。装扮成具有美丽的长颈鹤头和两只黑色双翅的一群"丹顶鹤"，迈着轻盈而飘逸的大步，跳起了展翅欲飞的"鹤舞"，为人们祈求着未来的吉祥与安宁。"鹤舞"的舞姿和步法在长期发展过程中，逐渐程式化，"立如鹤足"已成为朝鲜族女性舞步的动作规范。

象帽舞表演

266

农乐舞表演的高潮

　　为农乐舞最后压阵的是"象帽舞"。作为一种传统的娱乐形式，象帽舞历史悠久，现在已发展成为一种综合性的民间艺术，它把音乐、舞蹈、演唱融为一体，具有相当的技巧和丰富的内涵，是一种独特的技巧表演。"象帽"是一种特制的斗笠，其上带有飘带，长者可达 12 米，短者仅 1.5 米。身着节日彩服、头戴盘有彩带圆帽的男青年，在站立、行走和一手支地转于地面的不同姿态下，以颈部的力量频频摇动头部，使象帽上的飘带旋转如风，似车轮飞舞在舞者头顶和身前、后、左、右，画出一圈又一圈光辉耀眼的彩环，似万道霓虹。更有技艺高超者置身场地中央，表演甩动长达 20 米彩带的高难技巧。顿时，满目的若干彩带，似万道霓虹横空出世，若千条丝雨旋落碧空，令人目不暇接、浮想联翩。高潮之中，手持"小鼓"、身挂"扁鼓"和"长鼓"的舞者再度登场，在彩带的纷飞中再度起舞，作为农乐舞的终结。丰富而热烈的农乐舞之后，人们将转入自娱性的集体自娱舞蹈，作为欢度节日的继续。

　　农乐舞的表演以打击乐器为先导，领衔者为一打铜锣者，舞蹈的开始、中间的变换及结尾，均由打锣者指挥。表演农乐舞时，还必须有一位打旗的人，旗上要写"农者天下之大本也"八个大字，站在打锣者之前，尽情舞动，满怀豪情。在农乐舞的表演中，没有演员和演奏者之分，一般都是演员一边演奏一边舞蹈。在农乐舞的乐器编组中，过去一般分为大编组、中编组、小编组等。大编组包括铜锣、铮、大鼓、小鼓、洁鼓、长鼓、大平箫、嗦、螺角等乐器的演奏者 53 人，另外还有令旗、杂色等。农乐舞的伴奏音乐具有独特的多样旋律，由 12 段曲调组成，音乐欢快热烈、旋律优美、节奏多变，称作"十二拍"。"十二拍"是按照舞蹈构成的方法排列的，并以此规定它的舞蹈运作和构图。

农乐舞的文化与艺术特色

民族舞蹈，是在人民群众中广泛流传，具有鲜明民族风格的传统的舞蹈形式。农乐舞具有鲜明的民族风格，充分体现了朝鲜族人民能歌善舞的民族特色。朝鲜族具有优秀的文化艺术传统，尤以能歌善舞、注重文化教育而著称，朝鲜族聚居的延边朝鲜族自治州素有"歌舞之乡"的美誉。每当节日或劳动之余，不论男女老幼，都喜欢聚集在一起唱歌跳舞。家里欣逢喜事，也要举行有趣的"家庭歌舞晚会"。伽耶琴弹唱、顶水罐舞、扇子舞、长鼓舞、农乐舞等都是人们喜爱的传统歌舞节目。其歌曲具有旋律流畅、婉转明亮的特点；舞蹈则动如仙鹤展翅，静如柳丝拂水，舞姿柔美轻盈，既明朗激昂又含蓄深沉，既细腻典雅又古朴大方，民族特色十分浓郁。农乐舞是朝鲜族民间舞蹈最具代表性的一种形式，蕴含着朝鲜族人民勤劳、勇敢的民族传统和外柔内刚的民族性格，以朝鲜族所特有的民族舞蹈形式反映出"歌舞民族"的特点，形象地展示了朝鲜族人民的社会生活、生产劳动、风俗习惯和审美情趣。舞者伴随唢呐、洞箫、锣鼓的节拍欢歌起舞，同时也表达了朝鲜民族追求吉祥幸福的美好愿望。农乐舞具有全民族性，在内容丰富、气氛热烈的农乐舞结束后，即转入群众性的自娱性表演，无论男女老少皆可参与，人们翩翩起舞，共同享受着节日的欢乐。农乐舞常常在新年伊始或喜庆丰收及朝鲜族运动会上进行表演。表演根据参演农民的水平取舍农乐舞的内容、演员数，这种活动曾是村（生产大队）、乡（公社）、市（县）级运动会上保留的传统节目。

农乐舞还具有独到的民俗特征，是朝鲜族农耕文化特有的表现形式。朝鲜族是从事稻田种植并以稻米为主食的农业民族，其历史悠久的农耕文化，以稻米种植为主要劳动的农耕生

在田间地头表演的农乐舞

活特征，自然在朝鲜族民间舞蹈中表现出来，这就产生了与农耕生活最为密切的农乐舞，作为农耕文化的一种表现形式，它随着农耕文化的发展而逐渐达到完美。传说农乐舞起源于三韩时代，是古代农业大丰收后人们聚集饮酒、歌舞取乐的遗风。后来发展成为农忙季节农民自行组成劳动互助组，清晨同去大田劳作，黄昏返回村庄，以及在转换劳动地点的路上，边行进边歌舞，形成了农乐舞的雏形。在朝鲜李朝时代（1392—1910）农乐舞已颇为完善盛行，具备了一套完整的组织与表演形式，并起着消除疲劳、慰藉辛勤，加强团结以及号召人们热爱农耕生活的娱乐与教化作用。作为朝鲜民族舞蹈史中最古老的舞蹈，不管随着时间的流逝其表现形式如何转变、丰富完善，农乐舞始终保持着农事劳动中的自娱性主题。农乐舞中那飘扬的"农者为天下之大本"的大旗，道出了这一民俗舞蹈的本质主题，揭示了其民俗文化的深厚底蕴。

除了体现民族性、民俗性的独到文化特色之外，农乐舞还具有典型的艺术特色，充满了瑰丽的艺术美。艺术美是舞蹈的本质特征，能最充分地满足人们的审美需要。农乐舞是在古代的扶余、高句丽及朝鲜半岛的传统文化基础上形成的，后又在中国东北地区的特定环境中，孕育成具有风韵典雅、含蓄等特色的舞蹈。作为一种民间艺术，它大胆地、淋漓尽致地表现了艺术之美。

总体来说，朝鲜族农乐舞蹈的特点是动律优美、细腻、柔和而悠长，动中有静、柔中带刚的舞步恰似轻灵高雅的白鹤，具有农耕劳动的特征。这是一种由内至外、从慢转快地流动着的曲线形舞蹈律动，其动律是细腻、柔和、舒展、优美、自然的。线条有着鲜明的清晰度和分寸感，善于刻划人物的内心世界。每一举手投足，乃至每个细小得几乎不易觉察的动作，无不与内在的思想感情相统一、相协调，具有较大的空间控制力和对观众的吸引力，即所谓"动中静"、"静中动"的辩证关系。朝鲜族舞蹈动作多为即兴性的，其动作幅度大，表演者的内在情绪与动作和谐一致，长于表现潇洒、欢快的情绪。

女性舞蹈细腻、深沉

269

朝鲜族农乐舞内容丰富、形式多样，不同内容和形式的舞蹈部分呈现出不同的风格特点。大体上，女性舞蹈细腻、深沉；男性舞蹈潇洒、欢快。如扁鼓舞中男舞者在激烈欢快的鼓声中奔跑跳跃，显示着男人的阳刚之气；女舞者表现出多样而娴熟的击鼓技巧，显现了朝鲜族妇女刚柔并济、潇洒遒劲的舞姿。扇舞通过舞动扇子抒发内心的喜悦之情，动作舒展大方，舞扇与执扇有机地融为一体，在舒缓的节奏中给人以优美典雅的感受，在轻快的节奏中给人以欢快活泼的印象。长鼓舞中舞者那鲜艳拽地的长裙、那送肩提臂的婀娜舞姿、那击鼓的娴熟手法，更使观众难以忘怀。

朝鲜族农乐舞的节奏丰富、复杂，伴奏音乐旋律优美、节奏多变，不同舞蹈采用不同节奏。节奏与内容、感情、动律有机地结合在一起，表达出丰富的艺术内涵，形成绚丽多姿的舞蹈形式。朝鲜族农乐舞中，细腻又具有跳跃感的12/8拍是主要的节拍型之一。人们还把不同节拍形成的节奏型称作"长短"，如"古格里长短"、"他令长短"等。"长短"一词，是朝鲜语中形容乐舞的特有名词，包括节奏、节拍、速度、风格等含义。每种"长短"都有特定的鼓点与敲击方法，都有与它相应的特定舞蹈动作。而且舞者在呼吸与"长短"相吻合中与乐手默契交流，随着"长短"流畅地进行，其表演才能充分体现出朝鲜族民间舞蹈的风格韵味。朝鲜族民间舞蹈富有艺术性，舞姿优美、技艺精湛，深受人们称赞。

男性舞蹈潇洒欢快

朝鲜族农乐舞舞蹈动作也很有特色，形式多样，富于表现力，常用舞蹈的基本动作就有一百余种。一般上身动作较多，下身动作相对较少，但上身复杂的律动和节奏是以下身为根基的。农乐舞舞蹈常用的基本动作包括头的动作有"低仰头"、"弹推下颚"、"摆头"、"晃头"、"甩头"等；肩的动作有"耸肩"、"弹肩"、"转肩"等；手臂的动作有"围手"、"扛手"、"甩手"、"飞手"、"划手"、"托手"、"神手"、"推手"、"弹手"、"绕腕手"、"拍手"等；腿的动作有"蹲"、"步法"、"弹提步"、"踩脚"、"踢脚"、"跑步"等；腰的动作有"耗腰"、"前腰"、"后腰"、"旁腰"、"拧腰"等；翻身的动作有"燕风台"、"燕风台跳"、"吸腿反翻身"、"躺身蹦子"等；跳的动作有"并腿跳"、"吸腿跳"、"抬腿跳"、"臂腿跳"、"踢腿跳"、"盖腿跳"、"编腿跳"、"踢毽跳"、"燕式跳"、"燕风号"等；转的动作有"原地转"、"移动转"、"空转"等。上述均为该动作的统称，其中又各自包括若干具体动作，如"扛手"动作中就包括"扛横手"、"扛背手"、"扛围手"、"扛前手"、"绕扛手"、"肩扛手"六种。

此外，造型的鲜明优美，表现手法的丰富、自然等，都是朝鲜族农乐舞舞蹈的重要特点，表现出其独特的民族风格。

农乐舞的保护传承

建国以来，在东北地区特别是吉林延边朝鲜族自治州，农乐舞的传承工作总体上发展良好，经过多年努力，扩大了影响力，产生了巨大的社会效益，收获累累硕果。

延边朝鲜族象帽舞艺术团作为朝鲜族农乐舞表演水平较高的专业艺术团体，曾多次参加全国各地举办的大型文艺表演和比赛，以高超的技艺和独特的民族文化特色，深深地吸引了国内外各族观众。该团曾应邀参加了1997年香港回归演出、1999年澳门回归演出、国庆40周年天安门广场文艺晚会和国庆50周年大型文艺演出活动；2007年12月至2008年春节期间，应吉林省文化厅与文化部的邀请，在元旦和春节期间到长春和北京演出；2008年北京奥运会、残奥会期间代表吉林省参加"中国故事"吉林小屋"象帽舞"文化展示活动；2009年4月参加山西省洪桐县鼓王邀请赛，荣获本届邀请赛的最高奖项"最佳鼓王"奖；2009年6月8日，代表吉林省参加我国第四个"文

延边朝鲜族象帽舞艺术团参加全国少数民族非物质文化遗产项目调演

化遗产日"、首届非物质文化遗产展演，深受北京各界人士的欢迎。延边朝鲜族象帽舞艺术团先后荣获了代表国家舞蹈最高荣誉的"荷花奖"、"群星杯"、"文华大奖"、"金穗奖"、"优秀剧目奖"、"优秀组织奖"和"特殊贡献奖"等十几个国家级大奖。2006 年朝鲜族农乐舞被文化部批准为第一批国家级非遗；2008 年，被命名为中国非遗代表作；2009 年 9 月 30 日，又被联合国教科文组织批准列入《人类非物质文化遗产代表作名录》。这都说明，保护和弘扬朝鲜族农乐舞有良好的基础和可喜的成果。

　　当然，在看到上述成绩的同时也要看到朝鲜族农乐舞保护传承过程中面临的严峻形势。随着全球化进程的加快，模糊了人们对民族舞蹈的认识，超民族、超国家的现代舞蹈形态深刻影响着人们对民族舞蹈的认同，朝鲜族的传统文化逐渐受到外界文明的"侵蚀"而渐渐消失，导致朝鲜族民族民间舞蹈逐渐失去了它的传统文化内涵，失去了独特性，从内部失去了自身民族传统；另一方面盲目地举办各种文化节、旅游节，导致民间舞蹈失去了纯粹性，农乐舞中蕴含的本民族传统文化消失了，逐步异化，增加了很多商业因素，从外部催生了一种"为民族而民族"的形态，民族舞蹈认同与民族舞蹈的归属面临挑战。此外随着时代的发展，现在很少有人会专注地练习农乐舞，特别是其中一些难度较高的技巧舞种如"象帽舞"等。"由于吃不了苦，挣不到钱，朝鲜族年轻人纷纷外出打工，因为学员在培训期间、转正之前没有工资，有的人学了几天就走了，有的人学了一年两年就出去。"随着一些具有较高表演造诣的人才老化，骨干人才流失、断档，农乐舞专业人才越来越少，造成非遗传承主体大量流失，演艺人才青黄不接，一些绝技有失传的可能。

针对这些问题，首先要加强朝鲜族民众、朝鲜族聚居区对农乐舞的认知感和责任感。朝鲜族民众应该意识到保护本民族传统的重要性，要有意识地对农乐舞舞蹈加以保护，特别是要保护舞蹈中蕴含的特有民族文化内涵的东西。我们当然不能把农乐舞绝对封闭在过去的历史环境中去还原或者强调一种价值，但是文化挖掘、整理、扶持、恢复的工作恰恰应该与经济建设保持适当距离，以修养生息为要，让那些依然保有民间活力的舞蹈活动复归于民众当中。

第二，要尊重民族舞蹈，加强研究，进一步总结农乐舞的特色和优势，尽可能保持民族舞蹈的完整形态，要传承民族舞蹈的全貌，将舞蹈形式、舞蹈的文化内涵多层次地保存；要保存农乐舞原貌，不能将民族舞蹈改得面目全非，更不能按照现代人对民族舞蹈的固有理解去肢解它；还要尽可能拓展民族舞蹈的文化空间，不能只是开发它的旅游观光价值，应该按照非物质文化遗产工程的方向，从学术的角度拓展其文化特征，尽可能呈现出农乐舞的文化原貌。

第三，国家应该加大对非物质文化遗产保护工程的投入，解决少数民族地区经济发展相对落后、资金不足的问题，在经济上为民族民间舞蹈的保护工作提供强有力的支撑。长期以来的缺少资金和经费不足的问题，严重阻碍了对传统文化的内涵进行深入挖掘、整理和研究的工作，也给朝鲜族农乐舞一类的民族舞蹈传承保护带来了现实的困难。因此，未来随着经济的发展，应该对此类民族类非遗项目进一步加大资金扶持力度，使其保护工作不再为资金的捉襟见肘而苦恼。目前延边州等各级地方政府均加大了对农乐舞的扶持保护力度，在资金上给予倾斜，重点扶持境内一些较有代表性的专业农乐舞表演团体，取得了一定的成绩，值得进一步推广。此外，还要注意对一些存在于广大群众中的自发形成的演出团体给予必要的扶持，以便于形成专业与业余交相辉映、百花齐放的局面。同时，注意以国家的力量推动我国朝鲜

学生们表演朝鲜族舞蹈"农乐舞"　赵欣摄影

族农乐舞与包括朝鲜和韩国在内的其他国家农乐舞的交流、合作，走出去、引进来，全方位、多层面的促进朝鲜族农乐舞的发展。

第四，非遗对传承主体具有极强的依赖性，没有人传承，非遗就会逐渐消失，传承人的作用非常重要，留不住人才是目前非遗保护较大的问题。为此，要积极开展农乐舞人才培训、辅导等工作，采取一些实实在在、积极有效的保护措施。在这方面延边州汪清县采取了一些切实可行的措施，取得了较为不错的效果，值得其他地方学习。为了做好对象帽舞的保护和发展工作，汪清县投入大量的人力、物力、财力，培养农乐舞后备人才，推广和普及农乐舞，广泛开展农乐舞表演活动。他们于2007年成立汪清县象帽舞艺术团，从最初只有4名演员发展到现在已有40多名专业象帽舞艺术演员，并相继在县内的幼儿园、小学、中学、企事业单位建立了培训基地，每年有1000余人次参加培训和辅导，为朝鲜族

在学校开展农乐舞培训

农乐舞的传承与保护提供了良好的人才保证。

（编撰：张伟）

参考文献

[1] 朴永光：《朝鲜族舞蹈史》，人民音乐出版社，1997 年版

[2] 王新丽：《"农乐舞"舞动世界"文化游"情动延边》，《长春日报》，2009 年 10 月 30 日第 11 版

[3] 马金月：《朝鲜族民间文艺奇葩〈农乐舞〉》，《中国民族》，2010 年第 5 期

[4] 秋子：《朝鲜族舞蹈述略》，《满族研究》，1992 年第 1 期

[5] 李漪娜：《朝鲜族舞蹈艺术的主要特点和发展演变》，《大众文艺》（理论），2008 年第 9 期

[6] 张钟月：《论延边朝鲜族非物质文化遗产的传承》，《内蒙古大学艺术学院学报》，2010 年第 1 期

[7] 白松株：《浅议我国朝鲜族舞蹈特征》，《沈阳教育学院学报》，2006 年第 2 期

[8] 王宏：《中央屯民间舞蹈"农乐舞"考察》，《大众文艺》，2010 年第 20 期

中国书法

由中国艺术研究院中国书法院和中国书法家协会一起向联合国教科文组织申报的中国书法项目，在 2009 年 9 月 30 日的联合国教科文组织保护非物质文化遗产政府间委员会第四次会议上，成功入选《人类非物质文化遗产代表作名录》。

中国书法是汉字书写艺术，在完成信息交流实用功能的同时，以特有的造型符号和笔墨韵律，融入人们对自然、社会、生命的思考，从而表现出中国人特有的思维方式、人格精神与性情志趣的一种艺术实践。中国书法伴随着汉字的产生与演变而发展，历经三千多年，已成为中国文化的代表性符号。它在中国长期广泛流行，历史积淀极为丰厚，对中国人的精神世界影响深远。

墨道史话

中国书法以书写汉字为对象，在史前陶器刻符、甲骨文、金文和石鼓文的契刻书写的基础和发展中，升华成为书法艺术的形式。在历史发展过程中，"书法以篆、隶、真、行、草各体发展出了一个丰赡的审美体系，从工具到笔法形成了一套完善的书写机制，从服务于三皇礼制到抒发个人才情而达到了人文合一的审美高峰"。

先秦时期是中国书法的产生和形成时期。甲骨文的出现，是中国文化史和书法史上的重要里程碑。殷商甲骨文是现今出土的有字迹可考的古老而又成熟的汉字，距今已有三千多年了。所以说甲骨文表现为一种比较成熟的文字，是因为它已经能够体现书法艺术风格的雏形，已经具备了中国书法的三大要素即用笔、结构和章法。正如杰出古文字学家和书法家郭沫若在《殷契粹编序》中说："卜辞契于龟骨，其契之精而字之美，每令吾辈数千载后人神往。……存世契文，实一代法书，而书之契之者乃殷世之钟（繇）王（羲之）颜（真卿）柳（公权）也。"金文亦称钟鼎文，因铸刻在青铜器上而得名，始见于商代，盛于西周末期，已具有明显的艺术风格。《毛公鼎》铸于西周晚期的宣王时期，内壁铸有498字的长篇铭文，结构匀称，线条遒劲稳健，笔意圆劲茂隽，体势严谨，布局质朴，笔法圆润工整，是发展成熟的金文代表作。历经辗转磨难而幸存的战国时期秦国的《石鼓文》，是商周金文向秦代篆书过渡的珍贵遗物，文字镌刻在十个石鼓的周面上，其学术价值重大。据宋代拓本翻印的《石鼓文》字帖来看，其结体方长，笔画匀称，严谨端庄，雄浑古朴，这样的书写风格在中国文字书写艺术史上具有特别的突出地位和意义。

秦统一六国，实行了"书同文"的改革，许慎在《说文解字·叙》中记载："斯作《仓颉篇》，中车府令赵高作《爰历篇》，太史令胡毋敬作《博学篇》，皆取史籀大篆，或颇省改，所谓小篆者是也。""书同文"统一和简化了文字，对于中国书法发展的影响是巨大的。自秦代始，对于书法艺术性的追求更为自觉，而秦代书法在中国书法史上也留下了光辉灿烂的一页。李斯是秦代著名书法家，后人认为《泰山石刻》、《琅琊石刻》等这些石刻作品均出自李斯之手。李斯的《论用笔》，"将书法的实践经验，总结上升到相当高的理论水平，有力地推动了书法艺术的发展"。秦代，为了适应"官狱事务"繁多的要求，秦人整理和推行了比小篆更为简洁实用的"秦隶"，隶书的出现也是中国文字和书法史上的一大变革。秦代的隶书还带有明显的小篆成分，到了两汉时期特别是东汉，隶书进入了成熟和全盛时期，故书法界称之"汉隶"。东汉《张

张迁碑（局部）

迁碑》则是现今所见汉隶中杰出代表作,其用笔方劲沉着、力气雄健,其字体"严密方整而多变化","于朴厚中见劲媚"。在隶书达到成熟的同时,草书和楷书慢慢萌芽,在草楷之间还萌生了行书,可以说汉代已经具备了中国汉字的所有字体,为后世中国书法的发展奠定了基础。

魏晋南北朝时期是中国书法的成熟时期,是中国书法艺术发展的一个高峰。这时期楷、行、草三种字体已经定型,它们定型和美化的过程是中国书法史上的又一巨大变革。这一时期,书法名家辈出,最为著名的当属钟繇和王羲之,他们树立了楷书、行书、草书的典范,并成为后世历代书法学习者效仿的宗师,甚至我们的邻国日本的书法爱好者莫不法"钟王"。钟繇是曹魏书法家,擅长各种字体,其楷书对后世影响最大,可惜钟繇真迹已失,《宣示表》、《贺捷表》、《荐季直表》等字迹都是后人临摹。王羲之是东晋时期书法家,被后人尊称"书圣",他师承钟繇,又"兼撮众法,备成一家",完善了楷书与今草。王羲之的楷书成就主要体现在《黄庭经》和《乐毅论》中,前者结体稳适、意态秀美、雍容和穆,后者笔势精妙、神采焕发、肥瘦相称,被后人称为"正书第一"。王羲之在草书上也取得了巨大成就,行书作品则首推《兰亭序帖》,其被历代书法家尊为"天下第一行书"。到了南北朝时期,书法作品以碑刻为代表,史称"魏碑",是北魏以及与北魏书风相近的南北朝碑志石刻书法的泛称,虽大多作者不详,但其优秀不逊前人,近代政治家、著名书法家康有为说:"凡魏碑,随取一家,皆足成体。尽合诸家,则为具美。"

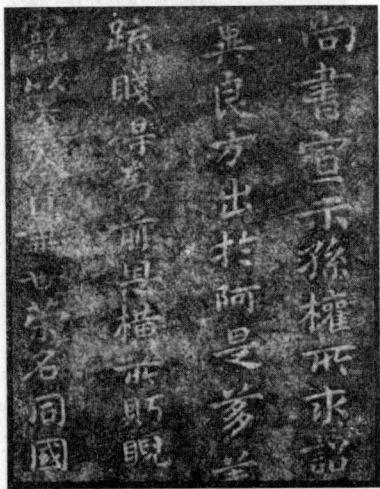

钟繇《宣示表》王羲之临本

魏晋南北朝时期书论也发展起来,著作较多,如《四体书势》、《笔阵图》、《草书势》、《隶书体》、《用笔赋》等,对推动书法理论有重要意义。

隋唐书法成就巨大,颇具盛世气息。在隋朝的各类书法作品中,碑刻作品成就最大,它既继承了北朝魏碑石刻的雄壮粗犷风格,又融入了南方书法的俊美秀丽,从而形成了刚柔并济的书法风格。隋朝碑刻中以丁道护的《龙藏寺碑》最为著名,该碑用楷体书写、用笔细劲轻松、结体方正、浑穆遒劲、气韵古雅，为隋代碑刻中的精品。唐朝是中国书法发展史上又一个鼎盛时期，书法的一个重要特点就是帝王官员皆爱书法。唐太宗李世民最爱王羲之，高宗真、草、隶皆擅长，玄宗、肃宗也是著名的书法家，一代女皇武则天擅行书，且其书"有丈夫胜气"。唐代取仕中书法占有重要地位，选拔人才"楷法遒美"是重要的标准，所以出现了学习书法的盛况。唐初最为著名的书法家有欧阳询、虞世南、褚遂良和薛稷，并称"唐初四家"，中后期则以颜真卿和柳公权最为著名，两人的楷书被称为"颜筋柳骨"，为后世竞相师法，这六人为楷书大家，李阳冰擅篆书，韩择木擅隶书，张旭、怀素、孙过庭的草书自成风格，所以唐代书法各体都涌现出了书法名家。此外，唐朝著名诗人贺知章、李白、杜牧等人诗书俱佳。总之，唐代的书法全面发展，成就巨大，不仅对中国后世，而且对邻国日本、朝鲜也都有巨大影响。唐末和五代十国战乱四起，割据混战、书道没落，渐失盛唐气息，但是书法家杨凝式、李煜、彦修承唐代遗风，也颇有成就。

北宋的书法继承唐朝遗风继续前行。宋太宗赵光义即位后，留意翰墨，购募古代帝王名臣墨迹，命侍书王著摹刻，作《淳化阁法帖》十卷赠送大臣。《淳化阁法帖》中多为"二王"作品，所以宋初书法以学"二王"为主，这固然对效仿前人有益，但没有形成自成一派的时代风格。直到"北宋四家"——苏轼、黄庭坚、米芾、蔡襄的兴起，宋代书法才真正发展到高潮时期，他们的最大成就体现在行书方面，均具有个人特色，尚意而轻法，所谓"唐人尚法，宋人尚意"大抵源于此。除苏、黄、米、蔡四位大家，宋徽宗赵佶独树一帜，创造了"瘦金体"，对后世学习中国画尤其是工笔画影响较大。元初书法无大的进步，直到仁宗、英宗时期，墨道开始复兴，至文宗时元代书法发展到一个高峰。元宗本人酷爱书法，上行下效，书法曾一度繁盛，赵孟頫为这一时期的代表人物，被称为元代第一书法家，他学"钟繇及羲献诸家"，集各家之长，融会贯通、自成一家，形成了"赵体"，特点是讲究笔法，结构匀称，筋骨于内，流美于外。赵

宋徽宗《芙蓉锦鸡图题诗》

孟頫的书法对元代以后的书画艺术产生了巨大的影响。

整个明代，帝王大都喜爱书法，朱元璋的书法"端严遒劲，妙入神品"，朱棣喜欢"二王"，仁宗、宣宗、神宗等也是"书道中人"。这种环境下，一方面文人大夫学帖盛行，最爱行楷，这既促进了书法的普及，另一方面又禁锢了书法的创新，对楷书纤巧秀丽极尽追求，形成了千篇一律的"台阁体"，失去了书法艺术的美感情趣和书法家的个人风格魅力。明代也出现了一些造诣颇高的书法家，明初的沈度、沈粲兄弟是"台阁体"书法的代表人物，中期以祝允明、文征明和王宠为代表，后期以董其昌的成就最大。董其昌集古人书法之大成，其书法形态变化多端，风格清新淡雅。他对于用笔、结体和章法都有深入的研究，他说"晋人书取韵，唐人书取法，宋人书取意"，这是对前人书法的准确把握。清代是中国书法史上的中兴时期，汇编历代书论、名帖，收藏名家墨迹、碑刻，名家辈出。康有为在《广艺舟双楫》中说："国朝书法凡有四变：康、雍之世，专仿香光（董其昌）；乾隆之代，竞讲子昂；率更（欧阳询）贵盛于嘉、道之间；北碑萌芽于咸、同之际。"清代纂辑的《佩文斋书画谱》汇集了两千年来历代有关书法和绘画的理论、鉴赏题跋及作家生平等，是一部在书画史方面具有重要价值的著作。康熙、乾隆皆爱书法，两位清朝皇帝的墨宝存留甚多，文人大臣也竞相学帖。清朝多次盛行文字狱，许多文人回避政治，转而研究金石学、考据学，反映到书法上则是对碑学的研究，从而突破了帖学盛行对书法发展的限制，为清代的书法注入了一股清新之气，名家辈出而书法中兴。清代著名的书法家有王铎、傅山、朱耷、刘墉、王文治、翁方纲、扬州八怪、吴昌硕等人。

进入近代，战乱频繁，社会动荡，民族文化和艺术受到强烈冲击，但是书法艺术却在这样的环境下显示出强大的生命力，历史的曲折使书法艺术更具时代精神和民族性格。在波澜壮阔、天翻地覆的时代里，马一浮、弘一法师、齐白石、沈尹默、林散之等书家巨匠给后人留下了一座座艺术的高峰，让书法艺术折射出异常灿烂的光辉。

翰墨风韵

书法是通过书写汉字来表达思想和感情的一门艺术，书法的线条、笔画、章法、结体和神韵无不深藏着耐人寻味的美感，她如无声的音乐、如无色的画卷，迷倒了古今海内外的无数文人墨客，其独特而诱人的魅力与其书写对象和书写工具有着直接的联系。

书法艺术的创作对象是汉字。西方的字母文字以规整为美，追求规范性和工艺性，汉字书法艺术不同，它既有形式美，又有抽象美，具有丰富的内涵。最初的汉字从记录生活信息的图像和符号发展而来，"画成其物，随体诘诎"，每个字都包含了丰富的图画因素，是一种象形文字。后来在象形文字的基础上又出现了指事、会意、形声、转注、假借文字，依然带有图画的意蕴。"汉字的这种象形性允许书写者为了追求不同的风格面貌，对字形做各种变形处理，或长或短，或大或小，甚至或繁或简。"现代的书法家喜欢用繁体字，因为繁体汉字更能够表现出汉字形、音、意的内涵。汉字中的图像因素使其带有了艺术的审美基因，使书法艺术家的创作和个性的发挥拥有广阔的空间。而且汉字系统极为丰富，从甲骨文、金文、篆书、隶书到楷书、行书和草书，每个汉字以不同书体写出来，其艺术韵味是完全不同的。汉字因其表意性和丰富的构成被称为"东方艺术魔块"，其独特性造就了书法艺术及其深厚的文化底蕴。

书法的书写工具一般包括毛笔、宣纸和墨。毛笔的笔尖是一个由毛发构成的椎体结构，柔软而富有弹性，所以当毛笔在纸上书写时在作用力和反作用力之下能够抑扬顿挫，从而写下粗细、扁圆等不同形状的笔画，形成视觉上的深度感和空间感。毛笔表现力的丰富远远超过西方以及现代的一些书写工具，正如汉代蔡邕所说的："惟笔软则奇怪生焉。"墨虽无丰富的颜色，但是一种黑色可浓可淡，浓墨表现近，淡色表现远，毛笔下的浓浓淡淡就把纵深感和空间感表现出来了。历代书法家有善用浓墨重彩者，也有偏爱淡墨秀雅者，前者如苏东坡，其字"如珠光，神采焕发"，后者如董其昌，他的书法"润莹空灵，古雅秀逸"，清代刘墉擅用浓墨，王文治喜用淡墨，便有了"浓墨宰相，淡墨探花"的称呼。宣纸是一种经特殊工艺制作的书画艺术专用纸，其特别的纤维构成使它具有吸水量大、渗透性强的特点，所以能够敏感、准确、细腻地记录下毛笔在纸上的运动轨迹，表现书写的节奏。运笔快则干，运笔慢则化，干者虚，湿则实，呈现在宣纸上的汉字虚虚实实变化无穷。以毛笔、墨和宣纸为媒介，中国历代书法家们挥毫泼墨、抒发情意，为我们留下了一幅幅书法与文化的画卷。

作为一种独特、抽象、复杂的艺术，中国书法具有外在的形式美和内在的

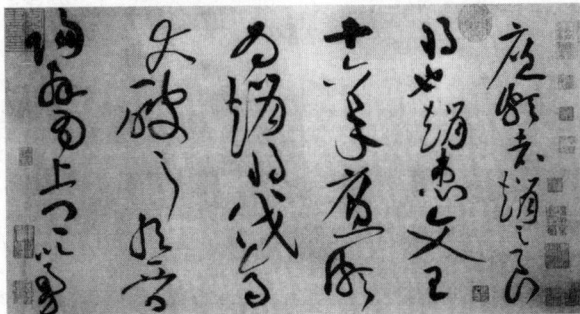

黄庭坚《廉颇蔺相如传卷》

蕴涵美。形式美体现于书法的汉字笔画、线条、结体、墨韵、章法，内涵美则体现在书法的神韵上，是书法的精、气、神，它受书法家和观赏者双方的主观意识影响较大。

构成书法艺术的最基本元素是汉字笔画，一笔一画都会影响到书法整体的美观，书法家首先追求的是笔画的美观。要写出优美的笔画，握笔非常关键，握毛笔以"拨镫法"最为常见，此法握笔较稳，方便用力，容易保持笔尖与纸面的垂直，用笔时以中锋为主，并适当用侧锋，以避免千篇一律。此外，笔法还有方圆之分，圆笔以中锋为主，方笔则多出于侧锋，古代篆书多用圆笔，隶书和魏碑多用方笔。横竖撇捺，不同的笔画有不同的写法，古人发明了"永字八法"以为规范，同时还追求笔画书写时的节奏感和韵律感。

把笔画按照审美规范进行组字就是书法的"结体"，也叫"结字"、"结构"，结体对于书法艺术来说非常重要，赵孟頫在其《兰亭十三跋》写道："学书以用笔为上，而结字亦须用功；盖结字因时相传，用笔千古不易。"这说明了大书法家对用笔和结体的重视。不同的书法家在规范的基础上充分发挥个性，形成各自不同的特色，从而成为后人学习的典范。如欧阳询结字"险俏"、颜真卿结字"方严正大"、米芾的字"沉着痛快"、黄庭坚结字"中宫收紧，长笔四展"等等，总之"高明的书家在掌握基本规律基础上富有广阔的创造余地，可以创作出风格各异的书法作品"。

墨韵是毛笔着墨后在宣纸上以不同的运笔

褚遂良《雁塔圣教序》局部

方式、运动速度和下笔力量作用下呈现出来的富有节奏和韵律的轨迹。书法家把墨韵神采概括为"筋、骨、血、肉","筋"是连贯于笔画中"连贯流动的力","骨"则是笔画中"隐含的劲直的力",比如我们常常用"骨力雄强"评价篆书、隶书和楷书,用"筋气和畅"来评价行书和草书。书法的"血肉"指笔画的外在形态和质感,"肉"指笔画的粗细,而"血"指笔画中水墨交融的色泽,血肉交融则书法温润。书法的墨韵神采通过"筋骨血肉"的变化而气象万千:"筋多肉少,谓之苍老;肉骨均匀,谓之丰润;骨嫩肉胀,谓之纤丽;骨健肉薄,谓之清劲;骨藏肉圆,谓之浑沉。"

不同形态的汉字按照美的规范排列就形成了书法的章法,这是书法艺术另一个重要组成要素,它体现的是黑白布局、空间语言和书法的整体效果。不同的章法,体现出不同的书法艺术效果,而不同的书体需要不一样的章法,各位书法艺术家也有自己独特的章法。行书起伏跌宕,草书错落有致,狂草龙飞凤舞,其造型艺术很大程度上体现于对章法的把握。即使是讲究工整有秩的楷书,不同的书家也有自己独特的空间布局,颜真卿的《彦勤礼碑》布局紧密,而褚遂良的《雁塔圣教序》布局空疏,与个人的书法风格搭配,前者密而有力,后者空而灵宕。章法是书家的另一种艺术语言,也是书法留给艺术家们另一块创作的空间。

只有优美的形式而没有生命力的书法不能成为优秀的作品,所谓"书必有神、气、骨、血、肉,五者阙一,不成为书也"。书法不仅是书写优美的文字,还要赋予文字精神、气质和神韵,"字为心画"——它是书法家心性、人格、志趣和修养的写照,所以不同的欣赏者对同一副书法作品的内在美会有不一样的感受。比如韩愈这样评价张旭的草书:"喜怒窘穷,忧悲、愉佚、怨恨、思慕、酣醉、无聊、不平,有动于心,必于草书焉发之。……可喜可愕,一寓于书。"苏轼则认为书法从某种程度上是"小人君子之性"的体现,所以书法家主张习书必需修身养性,唯其如此才能使书法艺术超凡脱俗,具有雅致的神采。"书法的内在美,或说内涵美,包括了自然的、社会的、历史的、现实的、个人的以及书法艺术所特有的许多方面,所以说它外形虽然比较简单,内涵却十分丰富,甚至丰富到难于穷尽的程度。"

众所周知,"书画同源",两种艺术创作所用工具是一样的,其修习、理论也是相通的,正如赵孟頫所说"须知书画本来同",郑板桥也曾说道:"要知画法通书法,兰竹如同隶草然。"中国书法家很多都是书画兼修,既擅书法又擅绘画，画上题诗用印，将诗、字、画、篆四种艺术融合在一起。唐代张怀瓘在其《书议》中将书法称为"无声之音"，书法与音乐在追求节奏与旋律上有异曲同工之妙。此外，书法与舞蹈也有很大联系，据说张旭的草书就曾从唐代舞蹈家公孙大娘的美妙剑舞中汲取创作的灵感。有学者认为书法同中国任何艺术都有或多或少的联系，有的明显有的隐晦，从这个意义上说，书法的确是中国"艺术中的艺术"。

书如其人

如果中国书法是一条源远流长的文化长河，那么书法家就是河岸上一颗颗美妙的玉石，他们在历史的打磨下折射出灿烂的光辉，使得书法的长河绚丽多彩。他们或名留青史，成"王"称"圣"，对后世影响深远；或内外兼修，琴棋书画样样精通，为一时之风流才子；或名不见经传，却在书法史上写下熠熠生辉的一笔，成为永远的无名书法家……

秦代李斯，可谓是中国书法史上第一个有确切记载的书法家。李斯是楚国上蔡人，少时学于荀子，后入仕于秦，辅佐秦始皇完成统一霸业，拜为丞相。秦统一后，他开始主持"书同文"工作，并在汉字由大篆简化为小篆的过程中发挥了重要作用，张怀瓘在《书断》中称颂李斯的小篆："画如铁石，字若飞动，作楷隶之祖，为不易之法。"秦代留下的《峄山》、《泰山》、《芝罘》、《琅琊》等这些代表着秦代小篆书法成就的刻石，被认为都是出自李斯之手。《泰山刻石》可以作为李斯小篆的代表作，从北宋拓本所存 165 字和其他几种刻石的遗迹，尚能从中看出李斯小篆的书写水平。《泰山刻石》字体纵向取势略带修长，为古

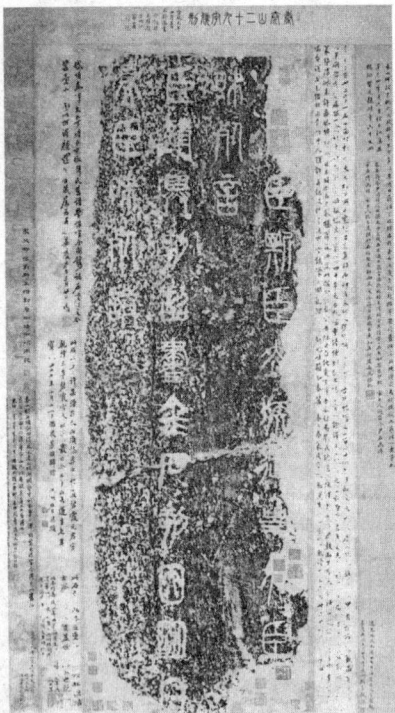

泰山刻石

人所称"冠冕垂裳",布局纵横有序、整齐妥帖、疏密均匀、严整大气,笔法婉转自如、行云流水,被后人评为"小篆之精,古今绝妙",并为历代学习小篆书法的人所喜爱。

王羲之是魏晋时期当之无愧的"书法巨星"。"书圣"王羲之是书法的"改革家",他少学卫夫人,后师从钟繇,草书学张芝,他在学习中不断创新和改革,从而形成了自己的独特风格。王羲之楷书代表作为《黄庭经》,被誉为"任后之穷书能事者,皆未能过"。众所周知,王羲之爱鹅,相传《黄庭经》也与鹅颇有渊源。山阴有一个道士,养得一只好鹅,说只要王羲之为他写经书即以鹅相赠,王羲之欣然为道士写了《道德经》,此经就是《黄庭经》,因了这段传说又被称为《换鹅经》。李白有首诗:"右军(王羲之)本清真,潇洒在风尘。山阴遇羽客(道士),爱此好鹅宾。扫素写道经,笔妙精入神。书罢笼鹅去,何曾别主人",写的正是王羲之的这段轶事。"入木三分"的成语也与王羲之的书法有关,王羲之的笔势有力,传说他曾在木板上写字,后来想刮掉重写,结果木板刮去三分厚度,仍可见字迹——"入木三分"就出自此处。王羲之的八个子女都擅书法,最小的儿子王献之成就最大,与父亲一起名留青史,与王羲之并称"二王"。

中国的酒文化与书法艺术也有许多趣谈。浪漫主义诗人李白既是"诗

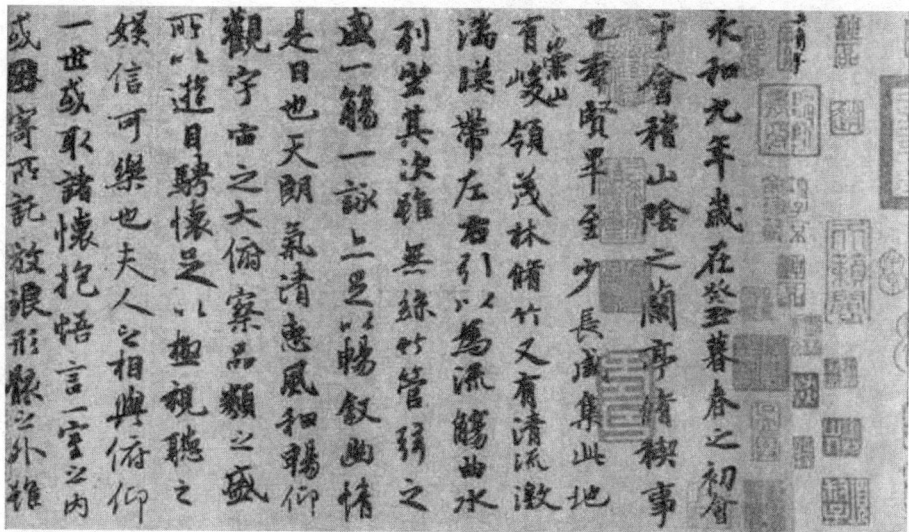

王羲之《兰亭集序》

仙",又是"酒仙",他自称"百年三万六千日,一日须倾三百杯",据说有些名诗就是他酒后写的。王羲之的《兰亭序帖》被称为"天下第一行书",通篇二十几个"之"字富于变化,无一重复。这样的旷世之作是王羲之在半醉的状态下创作的:永和九年春天,王羲之和朋友去会稽山阴的兰亭郊游,大家饮酒作诗,兴致高涨,最后将诗稿汇集,请王羲之作序,王羲之在半醉的状态下,一口气将序文写完。次日酒醒后王羲之再次审视序文,自己也觉得神奇,以后重写却不可复得,这就是所谓的"妙手偶得"吧。将草书推向高峰的两位书法艺术家是唐朝的张旭和怀素,这二位的书法也是"以酒成名"。张旭诗书兼修,草书最绝,"纵横奔放,气势凌厉"。他的草书与李白的诗、裴旻的剑被时人称为"三绝"。张旭性情豪放,喜欢饮酒,与李白、贺知章等人经常饮酒作诗,人称"酒中八仙"。他常在狂饮大醉后奋笔疾书,还曾"以头濡墨而书",在这种狂癫状态下创作的书法,醒后却"以为神,不可复得也"。怀素是张旭草书的继承者,颜真卿称赞他的草书"纵横不群,迅疾骇人",同时怀素也继承了张旭饮酒书写的爱好,常"一日九醉",人称"醉僧"。

国家命运与个人命运紧紧相连,书法家也不例外,而且外部环境影响书家的内心世界,并能反应到其书法创作中。在国家危难之际,"忠君"、"报国"的书法家不乏其人,颜真卿就是其中典范。唐代安史之乱爆发,颜真卿时任平原太守,他挺身而出,招募义军阻击叛乱,交战中他的族兄和侄子被叛军杀害。颜真卿在万分悲痛之下写下了《祭侄文稿》,言语笔画间清晰透着对叛军的声讨和对亲人的赞颂,文稿"纵笔浩放,一泻千里"。尤其是文稿的最后部分,被认为是"文字内容、思想感情和书法艺术相互影响、相互渗透的一个典型"。后来,

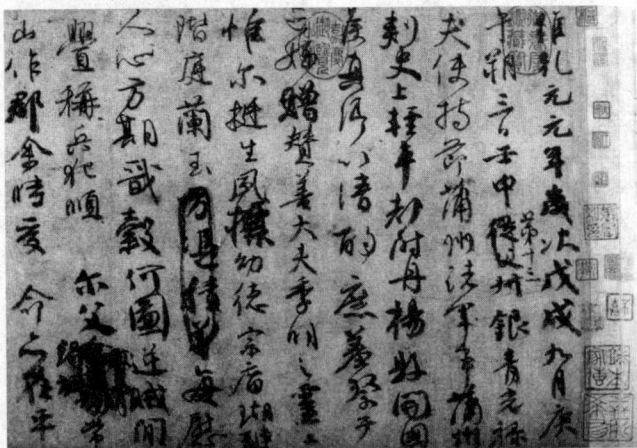

颜真卿《祭侄文稿》

286

颜真卿在"李希烈叛乱"中深入敌营，被扣押后不受敌方利益诱惑，不畏生死，最终被杀害。颜真卿的气节与艺术造诣备受后人推崇，被称为"书法与道德统一的典范"。元代的赵孟頫为一代书法大家，对其评价却因为"政治立场"和"民族气节"而颇有争议。赵孟頫自幼聪慧、文思敏捷、过目不忘，为当时俊才。元灭宋朝，很多汉族知识分子不仕元朝，而赵孟頫却希望自己的才学能够为国所用，他接受了元代统治者的任用，并受到元仁宗的赏识。对于他身为宋室却仕元的"变节"，世人甚至他的亲人都不能接受，这使赵孟頫非常苦闷，他便化苦闷为动力，在书法的天地里笔耕不止，终成书法史上的一代大师。

北宋初期书法界帖学盛行，后来久受压抑的书法界爆发了尚意的"个性化浪潮"，欧阳修就曾说书法"不必取悦当时之人，垂名于后世，要于自适而已"，在这种浪潮的影响下，北宋书法出现新的气象。其中，苏轼就是书法个性化的引领者，他曾说："吾书虽不甚佳，然自出新意，不践古人，是一快也。"这既是他不受古人束缚、追求艺术个性的书法主张，也是他为人心胸豁达、不拘小节的体现，更是苏轼一生仕途波折、生活上历经艰辛的最好注脚。《黄州寒食诗帖》就写于苏轼因"乌台诗案"被贬黄州三年的背景下，政治上的怨愤和生活上的窘困全都反映到了书法和诗作中，没有雕琢粉饰，显得十分自然，是内心情感和书法诗作完美融合的体现。苏轼的书法自成一家，恣意挥洒、信笔直书、不拘一格、不假雕饰，其行草"自然朴貌"，楷书"丰腴老成"。他在散文领域是"唐宋八大家"之一，在宋词领域也是豪放派的杰出代表，他还擅绘画和音乐，所以很多人称苏轼是"中国文人书画家第一人"。

中国书法的历史从某种程度上就是一部书法创新历史，继承与创新是中国书法得以不断发展的基础和动力，"师古出新"是有创造力的书家所遵循的规范。例如，清朝初期，书法界分为两派，即"正统派"和"名士派"。刘墉是"正统派"的代表，他

苏轼《黄州寒食诗帖》

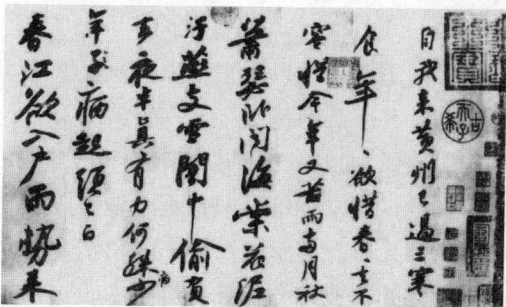

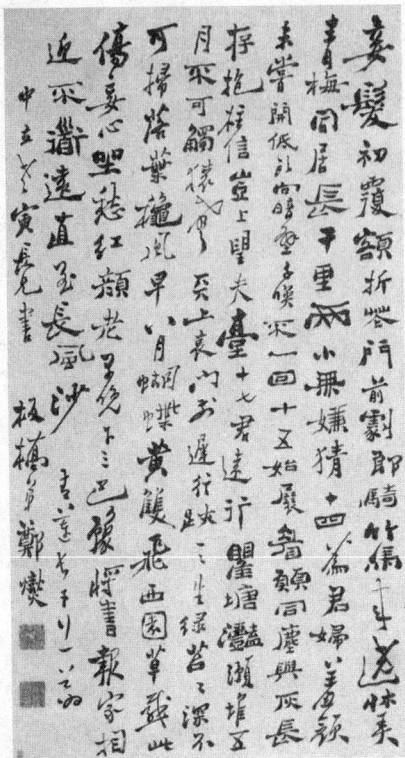

郑板桥书法作品

的书法与翁方纲、成亲王王瑝、铁保齐名，被称为"翁刘成铁"。刘墉时为宰相，与翁方纲同朝为臣，但两者在书法认识和创作上截然不同。刘墉既重继承也有自己的创新，他的书法貌丰骨健，外柔内刚，人称"棉里铁"。但翁方纲主张全面复古，书法追求一笔一画来源于古代名家。翁方纲讥讽刘墉"你的书法中哪一笔是古人的"，刘墉则反讽到"你的书法中哪一笔是你自己的"，两句话一针见血地指明了两人不同的书法追求。

郑板桥是"名士派"的代表，被称为"怪才"，爱他书法的人称他为"书中顽仙"，厌他的人叫他"书中之妖"。郑板桥曾是雍正举人，乾隆进士，做过山东潍县的知县。他性情耿直，便辞官还乡，在扬州卖字画为生。他擅画竹兰，以画入书，十分奇特。郑板桥的书法，既非篆，又非隶，也非行，非楷，非草，他自称为"六分半书"倒也贴切。"名士派"的书法家们尽情"解构"正统书法，在当时属荒诞不羁，但是他们个个鲜明独特，大胆创新，书法中蕴含着强烈的艺术震撼力。

继往开来

中国书法艺术自诞生以来，以汉字书写为载体，已经跨越了三千多年的历史，具有广泛的基础。它以绝美的身姿、迷人的意蕴和强大的生命力成为中华民族最为独特、最为宝贵的伟大遗产之一，是中国传统文化的标志和符号，在漫长的发展过程中它不断地推陈出新，以开放包容的姿态在中国传统社会大放光彩。继承和发扬中国书法艺术是我们天经地义的责任，特别是在中国社会的工业化和信息化过程中，书法艺术的生存和发展正面临着严峻的挑战，中国书法的传承和保护更显得重要。

从大的外部环境上来看，钢笔、圆珠笔等代替了作为书法工具的毛笔，而现在个人电脑的普及使鼠标大有代替钢笔的趋势，从而使作为书法载体的汉字书写受到了一定程度的威胁，写一手好字的人越来越少，提笔忘字的情况越来越多。而且，与书法密切联系的节庆民俗活动的生存环境也有很大变化，比如对联是在民间流传

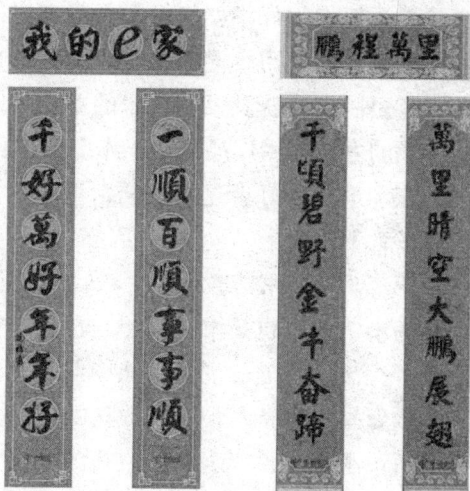

对联印刷品

最为广泛的书法作品，但随着"年味"的淡化和对联印刷品的普及，亲手书写的对联近乎绝迹。总的来说，书法从传统社会中的文化核心地位退至文化的边缘，其功能和生存空间被严重挤压，成为小部分人"阳春白雪"和大部分人的"望尘莫及"。

从书法圈子的内部环境来看，虽然当代书法艺术取得了很大的的成绩和进步，但是当代书法又存在着很严重的问题，比如：只追求创新而抛弃书法的传统；受西方艺术理念的影响而迷失中国书法艺术的本质；有些艺术家抛开汉字，追求无字的"书法"；有的书法家普遍存在修养的欠缺，这些都制约了他们书法艺术的发展；在市场化的冲击下，一些书法艺术作品倾向于浅薄、媚俗和粗鄙等等。从另一个角度来说，书法艺术的发展不仅取决于书家，还受欣赏者的影响。书法欣赏者的素质对书法艺术非常重要，但现在面临的情况是书法艺术家们"孤芳自赏"、"知音难觅"——能够欣赏、读懂书法艺术的人越来越少。当代书法的一个典型特征就是"书法文化两极化——书法热与书法文化边缘化明显"。

书法艺术对于中华民族乃至世界的意义、价值、重要性不必赘述，它被列入世界级非物质文化遗产给我们提供了绝佳的契机进行书法的保护和继承，中国书法的申遗成功并非终点，而是新的起点。

第一，保护书法资源。对于包括古代书法遗迹、书法景观、书法作品的

书法资源要加强保护、管理和合理利用，在这一过程中博物馆和档案馆发挥着至关重要的作用。同时，各级博物馆和档案馆不只是收藏与保护的重要角色，还是展出、普及书法艺术的重要阵地，应经常举行相关书法展览，不能让伟大的书法艺术作品只藏于库房中，要让它们重新在大众面前发挥其魅力。书法家和书法爱好者是书法艺术重要的"人"的资源，对"人"的资源的保护以教育手段为主。

第二，推广书法教育。书法曾经是中国传统知识分子的基础课和必修课，现代的书法教育也是书法保护与传承的重要通道，在日本，书法教育甚至被写进了宪法。我国的现代书法专业教育体系已经初步完善，从大学本科到博士的教育基本完备，但是需改进的还很多，如何充分利用高校资源培养新一代了解中国文化、代表中国文化的书法家是值得探讨的问题。此外，书法的普及教育也非常重要。为了应对鼠标、电脑对书法产生的威胁，很多专家建议在中小学设立书法课和写字课，但是相关的师资、课程设置、教材等配套设施急需改进。对青少年进行书法教育，不仅有利于书法艺术的传承，而且书法艺术中蕴含的刻苦、钻研、坚持、创新等精神将对青少年的成长有着积极的影响。硬笔书法是当代最为常见的书法形式，在青少年中普及硬笔书法教育有利于书法在当代的传承，而对于大众的书法知识的普及、书法欣赏的培养都有利于书法环境在当代的重建。

第三，培养书法大师。在书法的历史上，每个时代都涌现出成就卓越的书法大师，他们代表了一个时代书法艺术的高峰，对书法艺术的承前启后有重要意义，我们的时代同样需要优秀的书法家和书法大师。历代书法大师的成功并不单纯是字写得好，其文化底蕴、心胸气质、思想情感都深深影响着他的书法境界，所以热爱和从事书法艺术的人，不仅需要刻苦历练书写，还必须扩大知识面、拓展视野、修身养性，加深对民族文化的认识，这样才能提升书法艺术的综合素质。书法理论对于书法的发展也很重要，书法家应该从无数次的实践中，加深对书法艺术的理解，推动书法理论的创新和发展。书法家不同于"写字匠"，书法家在结体、章法的组织表现上，不仅是熟练，而且要根据书写内容的意境采用适当的艺术形式，一个优秀的书法家对字的结构、内涵应该有充分的艺术表达。当代书法界有些浮躁之风，书家一旦略有名气就频频举办个人书法展、出版书法集，将名誉看得重于书道。一名优秀的书法家还要耐得住寂寞，不受"功利"、"功名"

之风的影响，淡然地在书法之路上探索，唯其如此，才能够真正领略书法艺术的真谛。

第四，探索多元书法艺术形式。在中国古代社会，书法具有多方面的价值和功能：书法曾经是取仕的考察重点之一，书法跟诗、画、篆紧密结合，书法跟音乐和舞蹈有千丝万缕的联系……正所谓"笔墨随当代"，书法的存续取决于当代对书法环境的重建，取决于书法艺术在当代找到生存的土壤。我们要探索更多书法表现形式，使当代书法成为一种富有生命力和创造力的艺术。2008年北京奥运会的会徽——"中国印·舞动的北京"，使中国书法和篆刻艺术在世界上大放光彩，也是书法艺术和现代设计艺术的完美结合。书法中的视觉元素、抽象艺术完全可以与现代设计相融合，为当代的艺术创造提供灵感的源泉。再比如重要建筑的题字、商铺的匾额、园林景观的题词、影视剧片名的设计等都可以用书法完美演绎，融入书法元素既增添艺术韵味，又增加文化内涵。

第五，开发书法文化产业。随着我国经济的发展和民众生活水平的提高，人们对精神生活的追求日渐增多，在这样的氛围下书法艺术市场逐渐升温，这一方面可以促进书法的发展和繁荣，另一方面也是对书法家艺术追求和个人修养的考验。同时，书法艺术与文化产业相结合是书法在当代存续的重要方式，比如可以将书法教育、书法景观旅游、书法休闲和书法养生等作为文化产业项目进行开发，以开发促进书法的保护和传承，这既是对书法艺术中经济属性的开发，也是书法陶冶情操、修身养性功能的重要体现。在喧嚣吵闹、压力重重的环境下生存的现代人，普遍地对放松与安宁生活充满向往，而"宁静以致远"的书法艺术能够为我们提供一片"世外桃源"。

第六，加强书法宣传。传媒对于书法的影响就像一把双刃剑，它在对书法艺术形成强烈的冲击，使其远离文化中心而不断边缘化的同时，也为书法艺术的存续提供了巨大的机遇。传媒是宣传和弘扬书法艺术的最佳平台，而传媒的缺位是书法保护与继承的巨大损失，报刊、电视、网络等媒介能够快速、广泛、有效地将书法艺术传播到任何地方。尤其是网络技术，它可以成为书法传播与互动的平台，比如在网易、新浪等大型门户网站都有专门的书法板块，供书家和爱好者学习与交流；它可以成为书法展览的重要形式，使大家足不出户、轻点鼠标就可以欣赏到各种书法艺术；它可以为书法教育提供巨大的资源，各种书法报刊、杂志的网络版、书法史、书法理论、书法鉴赏和评论等可以在网络中共享和交流。而且，在书法艺术走向世界的道路中，传媒是至关重要的角色之一。

第七，让书法走向世界。中国书法作为最能够代表传统文化的符号之一，应加强对外交流、走向世界。但是中国书法在全球的影响力远远不够，其交流也限于亚洲文化圈之内，零星的国际展览并未引起多少反响。针对书法艺术，我们要树立文化自信，不能孤芳自赏，要向世界展示中国书法艺术的独特魅力，要充分利用各种传播媒介、旅游活动、文化交流与展览、重要赛事和展会的契机，积极推动中国书法走出去，从而为书法开拓更为广阔的发展空间。中国书法是中华民族的文化瑰宝，是世界级的非物质文化遗产，应该以自信、自豪的姿态走向世界，成为世界多元文化花园中的一朵绚丽之花。

（编撰：陈少峰）

参考文献

[1] 姚扣根、赵骥主编：《中国艺术十六讲》，上海百家出版社，2009 年版

[2] 腾西奇编著：《中国书法史简编》，山东教育出版社，1990 年版

[3] 沃兴华：《中国书法史》，湖南美术出版社，2009 年版

[4] 王玉池：《书法艺术》，山西教育出版社，2008 年版

[5] 胡传海、郑晓华：《中国书法史话》，上海书画出版社，2002 年版

[6] 岳师伦：《翰墨风神 中国书法的意蕴》，北京大学出版社，2008 年版

[7] 关显锋主编：《中国书法收藏与鉴赏全书（上）》，天津古籍出版社，2005 年版

[8] 刘守安主编：《全彩中国书法艺术史》，宁夏人民出版社，2003 年版

[9] 张捷：《书法文化链与"大书法文化"发展战略研究 关于中国书法文化产业发展的战略规划的评述和展望》，《云南师范大学学报》，2006 年第 3 期

中国篆刻艺术

2009 年 9 月 30 日，由西泠印社、中国篆刻艺术院联合申报的"中国篆刻艺术"在联合国教科文组织保护非物质文化遗产政府间委员会第四次会议上经审议通过，成功入选《人类非物质文化遗产代表作名录》。从此，这一中华民族颇具代表性的传统文化艺术，正式作为一种全球文化

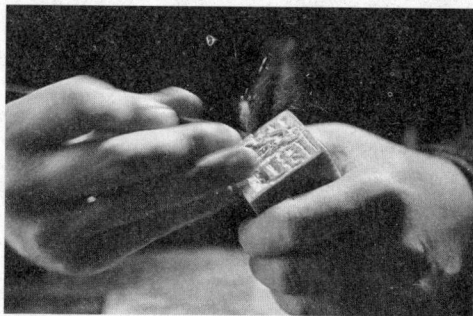
以石为纸、运刀如笔的篆刻艺术

形态进入了人类文明传承、保护和发展的视野。

篆刻是融书法、雕刻于一体的艺术形式，由中国古代印章艺术发展而来，从古至今已有近千年的悠久历史。作为中国传统文化的重要组成部分，它主要以石为纸、运刀如笔，于方寸之中分朱布白创造各种美的形式，在方不过寸、高仅盈握的小小空间内，灌注了中国人特有的哲理与才思，表现着书法的用笔、绘画的布局、诗词的精华，它凝聚中华民族的审美经验，蕴含文人墨客的风流潇洒，成为中国文化独具魅力的艺术表达。

千年流转 姹紫嫣红

从宋元文人设计印稿雇人刊印，到明清儒士身体力行亲自捉刀，篆刻艺术由工匠的技术升华成为文人的艺术，跨越了千年的时光，而如果溯源而上

从其源头的实用印章时代算起则已有超过三千多年的悠久历史。

篆刻是由中国古代印章艺术发展而来，先秦以来的实用印章艺术被公认为篆刻艺术的滥觞。"前代精神的、物质的文化积累，始终是后世新创造的起点。"今天我们要了解篆刻的起源与发展，就必须先从印章的历史说起。只有了解古代印章艺术，才能更好地认识篆刻艺术的完整内涵。

目前，关于印章的具体起源，学界还有争议，部分学者主张原始先民用来制造陶器的"陶拍"已具有图形印章的功能，应视为印章的雏形，由于年代久远资料匮乏，这一观点还没有被广泛接受。目前学界较为公认的我国现存年代最早的"印章"是收录在黄濬《邺中片羽》中的三方殷商时代铜玺。它们由铜铸成，形状正方，由印面、印台与印钮组成，大小一寸见方，钮有穿孔；印面铸有文字或徽识，具有确定的意义，这些特征与后世印章基本相似。考古工作者1980年代又先后在陕西与湖北境内出土了多方西周时期铜、陶玺印，进一步丰富了早期玺印的内容。商周时期初定了印章发展的模式，为后世印章发展奠定了基础。

春秋战国时期，奴隶制走向衰落，封建社会日益发展，国家政权之间政

商隹钵图

商畢钵　　　　　　商奇文钵

《邺中片羽》中收录的三方殷商时代铜玺

事渐多，战争频繁，经济贸易也日益增多，因此，"诈伪渐兴，始有印玺以检奸萌"，印章作为一种象征权力和凭信的证物遂被广泛地使用。诸侯林立、群雄乱战导致社会文化具有地域性，也使这一时期印章呈现丰富多彩的风格：形制多样，大小不一，文用大篆，结构严谨，自然质朴，章法多变，韵味醇厚，虽多为实用品，但不少仍具有较高的艺术价值。

收藏在陕西历史博物馆的西汉"皇后之玺"玉印

秦汉时期，国家统一，经济昌盛，印章艺术也随之空前发展。汉印种类增多，内容广泛，形式更为多样，字多用摹印篆和缪篆，方正平直，浑厚古朴，气势雄浑，充分发挥了古代印人的才智和创造精神，是我国印史上极为光辉的一页，对后世篆刻艺术产生了深远的影响，明清印人多从汉印中学习经验汲取灵感，至有"印宗秦汉"的说法，汉印影响之深可见一斑。

魏晋至隋时期历来被印人称为印章式微的一个时期，但也正是在这由动乱走向统一的四百年中，印章的若干变化深刻影响着中国未来篆刻艺术的发展。一方面私印中小篆取代摹印、缪篆，抛开了印化书体，从而为书法与印章结合开辟了道路；另一方面纸张的普遍应用，不仅改变了印章的使用方式，也为印章与书画艺术结合创造了条件，是印章由实用向艺术过渡的一个先决条件；此外隋朝官印开普遍凿款之先，后世文人篆刻的边款艺术即缘此而来，这进一步丰富了篆刻艺术的文化内涵。

唐宋时代，印章艺术的发展，呈现出明显的分流态势，一方面，主要的官印体系，字体采用九叠文，曲折往复，晦涩生硬，缺乏艺术的美感，逐步走向没落；另一方面，以书画印、斋馆印、闲章为代表的艺术印章逐渐兴起，以欣赏而不是实用做为主要创作目标，为中国印章开辟了新的天地，吹响了篆刻艺术兴起的号角。宋代还出现了篆刻史上最早的一批印谱，这种崭新的形式，把传统的实践成果以范本形式汇积、保存下来，对未来更多的人产生影响，正是篆刻将在群力合作下，成为艺术所必需的，宋代印谱的出现，促

九叠文印

使当时的印学走向了深入、系统。唐宋时期是印章艺术向篆刻艺术转变的过渡时期，在篆刻史上有着承前启后的作用。

元代，篆刻艺术又自觉地前进了一步。这一步可具体分而为三，分别由赵孟頫、吾丘衍、王冕迈出，具体来讲就是创作上的"元朱文"、理论上的《学古编》和实践中的尝试花乳石刻印。赵孟頫篆写过许多朱文印，优美典雅，不同于以前一般细巧纤弱的朱文印，他篆的这种印，后来叫做"圆朱文印"，或叫"元朱文印"，成为一种新的典范，对后来的篆刻艺术产生了很大影响。吾丘衍创作的《学古编》是我国篆刻史上第一部印学理论专著，书中提出了

赵

赵氏书印

水晶宫道人

圆朱文印

很多精辟的见解，包含着一些篆刻艺术的实质性内容，主要部分《三十五举》前十七举，重点阐述篆书演变及写法，十八举后专论篆刻。全文以"古"为总纲，明确提出了"复古"、"学古"，主张把篆刻从唐以来的繁缛回复到汉印的平正、浑厚中去，这就对篆刻艺术的发展方向，有了理性的把握。古代的印章材料多是铜、玉、象牙等，质地坚韧、经久耐用，或铸或凿，所以文人不会刻，即使是前举的赵孟頫、吾丘衍，也只能自篆后请匠人刻，到王冕时发现可用浙江的花乳石刻印，确立了篆刻以石质来表现刀笔之趣，为明代篆刻艺术的兴起开拓了便利之路。可惜当时王冕僻住深山，此法没有广泛传播。以上可以看出元朝时，在少数文人的努力下，篆刻艺术得到了一些实质性的发展，尽管这些进步还是那样的步履蹒跚，但毕竟为后来明清时期篆刻艺术的大幅向前迈开了最初的脚步。

明清篆刻艺术在吸收传统的基础上，又有出新，流派纷呈、风格各异，形成我国篆刻艺术史上一个直追秦汉的巅峰时期。

　　明代初期，受元末战争影响，刚刚萌芽的篆刻艺术又陷入举步维艰的境地，直到明中期，随着书画艺术的发展，篆刻才再度兴起，自此至明末，约一百三十多年间，篆刻艺术迎来了崭新的春天，篆刻家们继往开来，谱写了篆刻艺术史上光辉的一章。这一时期，文人以石治印，使篆刻艺术进入了一个新的历史阶段。由此开始，明代文彭、何震，精研六书，从文字学研究入手，找到了篆刻文字规范化的钥匙与准则，进而在刀法、章法上力追古意，用涩刀刻石仿汉，一扫唐宋颓萎之风，开启篆刻艺术新路，为后世"印宗秦汉"开了风气之先，走出了法古开新、继往开来的重要一步。文人及业余爱好者中参与此活动者渐多，提倡个性，创造出篆刻艺术的多种样式、多种风格，开创了篆刻流派的历史。文彭"三桥派"、何震"雪渔派"、苏宣"泗水派"、汪关"娄东派"、朱简"修能派"等各抒所见，繁荣了创作，为篆刻艺术的普及、提高与传承作出了巨大贡献。此外，由于创作的繁荣，篆刻界产生了许多具有卓见的印论，涉及印材、刀法、篆法、章法及创作心态等各方面，为以后篆刻艺术的发展，起了极深远的指导作用。

　　清代的篆刻更是万紫千红的时代，此间三百多年，名家如云，不断深入探索，使篆刻艺术在明代的基础上大有发展和创造，开拓了更新的艺术境界。

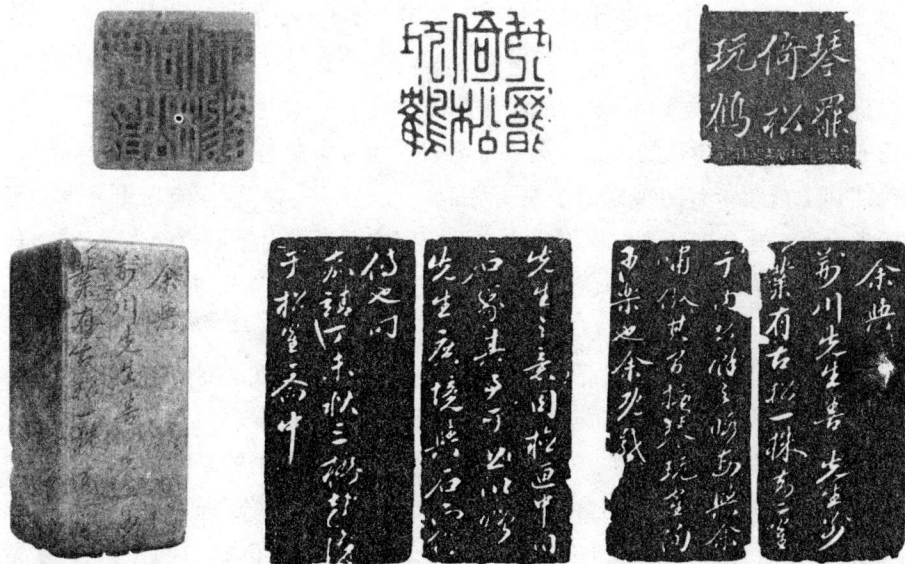

文彭所刻"琴罢倚松玩鹤"闲印　附边款

西泠印社收藏的明清印谱

一方面篆刻流派继续峰峦迭起，使篆刻艺术这条源远流长的江河奔流不息。如早期丁敬等取法汉印，以切刀力追古意，一变文、何矫揉造作之风，笔墨雄健，有生辣感，继之有黄易、蒋仁、奚冈、陈豫钟、陈鸿寿、钱松、赵之琛等，世称为"浙派"（"西泠派"）。安徽邓石如，以书入印，将刀法与笔法融为一体，一变秦汉印风貌，自成一派，人称为"邓派"（"皖派"）。继之者有包世臣、吴让之、徐三庚等。清末赵之谦吸取当时出土的秦汉泉洗铭文入印，别开生面，风靡一时；吴昌硕在汉印的基础上，融诗、书、画、印为一体，浑朴灵动，气势磅礴，黄牧甫直追秦汉，取法权量诏版，刀法锐利，有直率稳健、刚劲秀雅之风。另一方面，对篆刻艺术的创作实践有了更为深入的探索：在形式上更为多样化，除继承汉印传统以外，很多篆刻作品还继承了古玺式样；在章法上追求错综、参差、紧凑的局面；在印文的用字上，不拘一格，鼎彝、权量、镜铭、泉布、砖瓦等文字，不论方体、圆体，均可入印，还创造性的将新出土的甲骨文大量入印；在刀法上，由"光洁"的一路，发展到"残破"的一路，形成为"工"和"放"两种创作方法；边款艺术由行书发展到各种书体，由书发展到画，由阴刻发展到阳刻，由简约的内容发展到丰富的内容。第三方面表现为探索篆刻理论形态的印学著作，也达到了前所未有的兴盛地步。周亮工《印人传》、桂馥《续三十五举》等印学论著，并众多印谱，也都出现在这一历史时期，对篆刻史产生深远影响。理论研究的发展，从某种意义上预示着艺术的成熟，对于创作，又是一种巩固和升华。印论兴起，标志着篆刻作为一门艺术，在体系上终于逐步完备了。

步入近当代以来，在百年的时光中，篆刻艺术的发展尽管历尽曲折，但最终还是取得较为辉煌的成就。首先，篆刻流派依旧异彩纷呈、各领风骚。部分清代流派继续延续，更有新的流派诞生，比较突出的是齐白石的齐派与赵石的虞山派等。此外在当代印坛，一批中青年篆刻家正通过自身努力而形成自己的风格，在"百花齐放"创作思想的指引下，印人的视野之宽、涉猎之广、形式之新、风格之多，都远远超过历史上任何一个时期。其次，近当代篆刻史上还出现了一大批印社组织。继西泠印社、乐石社、龙渊印社之后，现在全国各地普遍成立印社，印社是印人的组织，它们通过发展社员、办刊、办报、办展、评比、培训、交流等活动，促进篆刻艺术在当代的发展，成为现当代篆刻艺术发展的一个显著标志。一大批印谱、篆刻字典的编写和印章及篆刻历史研究工作的深入开展，也为这一时期篆刻艺术的繁荣奠定了基础，具有里程碑的意义。此外，这一时期里，我国的篆刻艺术还不断地由内地向香港、澳门、台湾地区发展，并与日本、韩国、新加坡、马来西亚等增进了联系，产生了深远影响。

方寸之间 气象万千

篆刻作为一门表现艺术，在它一千多年的发展过程中，形成了一整套独特的艺术表现方法，具有自己的审美语言，即篆法、章法和刀法。篆刻家尺水兴波，游刃恢恢，以中国人特有的哲理与才思，在方寸之间，把铁钩银划苦心经营的篆法美、疏如晨星密若瀑雨的章法美、冲切结合游刃有余的刀法美等，表现得淋漓尽致。面对大仅方寸，小不盈握的印章，我们恍如面对一个内涵博大、琳琅缤纷的大千世界，"方寸之间，气象万千"，正是我国篆刻艺术的独特魅力所在。

印章的篆法，即篆刻家治印时如何正确而完美地应用以篆体为主的汉字进行印章造型。随着入印文字来源的增多，伴随着大量古玺、瓦当甚至是甲骨文的引入，篆刻艺术的"篆法"已不光是指取用篆字入印的法则、技巧，同时也包括应用各种字体入印的法则和技巧。一方印章篆法的好坏，主要从两个方面看：一是看它用字是否正确，是不是符合汉字的结构原则和书写规律。二是看它用篆配篆符不符合审美法则，印文摆在印面上是否美，有没有艺术感染力。

其中后者也就是印章的用篆配篆是篆法的主要内容，它主要涉及印章中篆字在印面应用配合的方法和技巧。篆刻印章中的字，不是把篆书字典中现成的字搬来就可以的，那些现成的字只不过是篆刻文字的素材。篆刻要依据印章的形状、字数的多少来决定篆书的写法，要浑成一体，写得美观、耐人寻味。一般来讲，同一方印用篆需保持字体统一，这是最基本的要求；此外还要改造异殊字体，把从不同地方采集来的字改造成统一的印章文字，呈现出篆刻的韵味，使它们的结构风格一致，协调入印。

篆法是以单字作为对象探讨的，而一方印章，大多数是由两个以上的文字组成，这些形态各异的字汇集在一方印章里，需要加以调整变化，配合一致，才能成为一个整体。这就牵涉到章法的问题，包括印面布局和构图艺术，也就是印文在印面的组合方法。章法是印章创作至关重要的因素，篆刻作品的刀法美、书法美以及深邃的艺术意境，主要是通过合理的章法布局全面地展现出来的。

篆刻的章法问题是很复杂的，它涉及的内容很多，最核心的就是所谓"分朱布白"的问题。"分朱布白"是我国印章艺术表现技法内容最丰富、最复杂的一个方面，其基本的原则是在对立中求统一，所谓"疏可走马，密不通风"的说法就是强调分布中的对立统一。优秀的篆刻艺术作品，追求每一个字，每一个笔画间的主次映衬、虚实相生、刚柔互济、顾盼呼应，作者通过多种途径和手段极力避免呆板单调，以期获得生动、和谐的效果。具体来讲"分朱布白"的技法大致涉及以下几个问题的处理：

（一）平与险，平正、平稳是文字在章法上立足的基础，一般情况下在章法的处理上，要先求平正，使每个字能站得住，然后再求险求异，求得突破。

（二）方与圆，文字的结构，方的表现静止，圆的表现动态，在线条上方笔易表现坚挺，圆笔易表现圆浑，方圆结合，才能使一方印顾盼流转，魅力尽生。

（三）疏与密（虚与实），疏密是相对文字线条来说的，笔画稀少的是疏，笔画繁多的是密，虚与实是对全印面有无文字笔画来说的，文字笔画占着的地方是实，空着的地方是虚。疏密与虚实又是相辅相成的，疏则虚，密则实。虚实的对比在章法上起着鲜明的作用。一般人往往重视实的方面，忽略了虚的方面。其实，虚的方面也非常重要，在印章中往往凭借虚处来显示意境。空灵借助于虚，浑厚借助于实，虚虚实实，点点块块，形成为错综复杂的氛围。

（四）挪与让，挪，是移动，为了章法的需要，有时要把这个字的部分挪移到那个字的空间地位上去，那个字就要"以礼相让"，让出一定地位来给它安置。挪让可以使章法避免平板，利用穿插增加了生动，又使之和谐，巧妙地挪位与让位，是艺术创造的体现。但要注意字的完整性与合理性，经过挪让以后，不能产生另外的字。

（五）呼与应，印中的呼应，主要是用文字的线条或结构，利用某种相似特征的形体来呼应的。呼应的形式很多，常见的有间隔呼应、线条呼应、笔画虚实呼应等，呼应不仅使印中的文字相互产生"感情"，而且使整个章法组织更趋于严密。

（六）边与文，边，是指印章的边栏，文，是指印章的文字。除了有些白文印，因为白文印的红底可以起到边栏的作用，不一定再用边栏，朱文印一般都有边栏。在篆刻艺术中，印边的设置和处理，不但起着聚拢画面的作用，同时还能起调节平衡、渲染气氛、深化内涵等作用。完整的印边往往给人以严谨、庄严、明确、清新的感觉；残破的印边，根据残破的方式和程度不同，给人以一种或自然生动，或含蓄隽永，或斑驳浑厚，或高古雅致的特殊效果。

篆刻的刀法在艺术表现中同样占有非常重要的地位。篆刻艺术的篆法、章法以及作品的风格等最终都是依靠在印石上实施刀法来实现的。篆刻家通过钢刀镌刻的方式，以轻重徐残、冲削切顿的不同变化在印石上留下富于变幻的线条印痕，或光洁圆润，或挺拔苍劲，游刃有余的表现着汉字线条的刚柔虚实、粗细强弱，以特有的金石气息为汉字作艺术的造型，藉此刀法美便成为篆刻艺术美最基本的艺术特征之一。刀法还是篆刻艺术中形成不同流派艺术风格的至关重要的因素，在篆刻史上，皖派以冲刀为基本刀法，而浙派则以切刀为基本刀法，此外还有一些篆刻家以冲、切并用的综合运刀法，确立了自己的艺术风格。

不懂篆刻的人往往感到如何运刀很"神秘"，又因为各个篆刻家都会把刀法演说一番，却又各不相同，使初学者莫衷一是。其实，概括地讲，刀法是由执刀法、运刀法和用刀法三个方面组成的。

篆刻有两种执刀方法，即指捏式执刀法和掌握式执刀法。前者镌刻印文比较灵活，施刀方式丰富，有利于应用多种技巧，表现力较强，特别对于表现一些细微末节的变化，最能显示它的优越性。但这种执刀法需要较强的腕力和指力，较难掌握。而掌握式执刀法容易发力，有些腕力较弱的篆刻家常用此法。这种执刀法主要依靠腕和臂控制，灵活的五指难以发挥作用，不利于表现细节，但在镌刻一些幅面较大的印时可以较好表现大刀阔斧的风格。

而所谓运刀法，就是在刻制印文时操纵刻刀在印面上运动的方法。一般归纳为：冲刀、切刀两种。冲刀是持刀用正锋或侧锋向前推进，刻出来的笔画爽利劲健。切刀是持刀向下压切，稍微前推，进刀的长度较短，长的笔画需用数刀连接刻成，刻出来的笔画由于线条呈现不规则的弯曲，长的显得苍

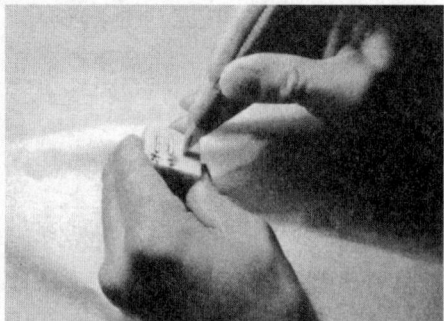

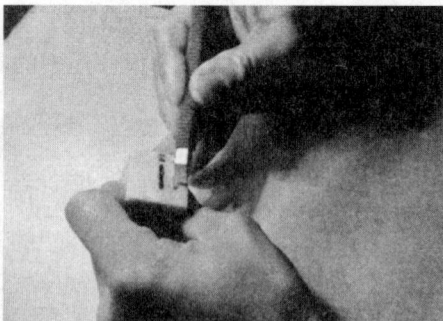

篆刻刀法

老，短的显得平实。冲刀和切刀两种进刀法所刻出来的印文效果有着很大差别。通常用冲刀刻出的线条流畅明快、光洁秀挺，而用切刀刻出的线条苍莽峻峭、凝重厚拙。

了解了冲刀和切刀等运刀法，还不等于了解了印文的镌刻方法和技巧，还得考虑"用刀法"的内容。镌刻印文最基本的用刀法有两种，即"单刀法"和"双刀法"，双刀法又称"复刀法"。"单刀"和"双刀"的概念是指镌刻一根线条在笔画的单侧运刀，还是在印文的双侧运刀的两种表现技法。在笔画一侧运刀即可刻成一个笔画的用刀法称为"单刀"，在笔画双侧运刀才能刻成一个笔画的用刀法称为"双刀"。"单刀"只能刻白文，而"双刀"朱、白文均可以刻，刻朱文非双刀不可。

篆法、章法、刀法等被称为篆刻艺术最基本的表现形式，其所体现的美学内涵构筑了篆刻艺术审美的基石，除此之外，印章边款作为一门相对独立的艺术，在几百年的发展中，也日益成为篆刻艺术的一个重要组成部分。篆刻的边款极大地丰富了篆刻艺术美的内涵，在现代篆刻艺术的发展中，更显示出它无穷的艺术魅力。

边款的产生和发展，有一个相当长的历史过程，并非为一人所创。早在隋唐时期，官印的背部，就凿有印文的释文，刻有制作和颁发的年代、编号及有关的文字，为明清边款艺术开创先河。明清时期文人治印，好在印边上作题，将印面未尽表达的感情在边款中加以倾吐，对于艺术边款的形成起了决定的作用。

边款具有极高的艺术价值，不仅体现了丰富多彩的书法美，而且在具体的内容上也呈现出异彩纷呈、流光熠熠的万千气象来。一般边款所刻内容包括作者、治印的时间、地点、为谁而作、为何而作以及技法借鉴对象等，字数可多可少，少的仅一两个字，多的如长跋边款可以洋洋洒洒至数百字，犹如一块袖珍碑石。明清有不少篆刻艺术家都以擅长刻制边款而著称，他们利用

边款艺术

边款这块天地或署名、记事，或行文，或赋诗，或造像，无所不刻，内涵丰富、回味无穷；所用字体，不拘定格，随其所好、所长，任意施用，真、草、隶、篆等各种书体，在边款中都得到了尽善尽美的表现。

群星璀璨 佳话永传

宋元以降，大量墨客骚人倾心于原属凡工俗匠的治印之道，在怡情养性、自娱自乐的过程中，将篆刻发展成内涵丰富的人文艺术。在这不断向前的求索之路中，涌现出了大批技艺高超、才华横溢的篆刻名家，他们凭借自己的努力，在丰富和发展篆刻艺术的同时，也为自己在篆刻史上留下熠熠生辉的一页，而围绕他们发生的一些故事更成为印坛佳话，世代流传。

作为明清流派篆刻的开创者，文彭以其对石章推广的重大贡献和逾越宋元直追秦汉的印艺，誉满天下。周亮工在《印人传》中有"印之一道，自国博（文彭曾任两京国子监博士，故人称文国博）开之，后人奉为金科玉律"之说。关于文彭开石刻印章之风气还有一个故事，据说早年文彭也像前人那样设计印稿，然后请牙刻名匠李文甫代刻。直到隆庆年间文彭在任南京国子监博士时，一天他见到一赶驴老者正与一商人争执不休，他便上前询问。老人告知：商人订购几筐石料却又故意压价，因此争吵。文彭仔细一看，原来是些做

文彭画像

妇女装饰品的石料，敏感的艺术直觉告诉他这些石头可以加工成章料刻印，于是加倍将石料买下。返家后令人将石料解开，竟是上佳的"灯光冻石"。当时文彭的好友司马汪道昆过访文家，见佳石累累，爱不释手，索去百余，一半留请文彭治印，一半拿去请何震奏刀，石印遂在文人中广为流布。故事到此未完，据说后来，汪道昆到北京，一次谒见冢宰，冢宰问道："文国博为你刻了那么多印章，为什么我求刻一印却久而未得呢？"汪道昆笑答："石章太重，不便寄送，您既喜欢国博之印，何不把他调到北京呢？"不久文彭果真被调到北京国子监任博士，于是文彭就有了"两京博士"的美名。

明代中后期印坛高手如云，除了文彭之外，成就较高者还有何震、苏宣、朱简、汪关等几家。何震久居南京，与文彭是亦师亦友的关系，早期篆刻受到文彭的影响，后汲取汉铸印、凿印、玉印的不同形式与表现手法，并以职业印人对印石特性的透彻了解，参以凶狠的冲刀之法，终于达到了"各体无所不备，而各有所本，复能标韵于刀笔之外"的佳境。何震生前名扬天下，大将军以下皆以得其一印为荣，身后声名更高，只字片石价与金同。苏宣师事文彭，与何震交往亦深，后漫游大收藏家松江顾从德、嘉兴项元汴处，得览大量秦汉古玺原物，近取文彭、何震之长，远宗秦汉雄风，形成了自己雄健浑朴的艺术风格，大有与文彭、何震鼎足天下之势。朱、汪二人，在篆刻艺术上也造诣较高，且自成一派，影响深远。

清代伴随着考据学、金石学的大兴，流派印坛更是如火如荼，印人辈出。

浙派开山鼻祖丁敬早年曾以卖酒为业，嗜好金石文字，善书工诗，精于鉴别，他对功名十分淡漠，地方上曾举荐他应"博学鸿词"科，被他拒绝。但他却对篆刻十分热爱，时常不辞劳苦往来于扬州、杭州之间，与同有金石之好的金农、汪启淑谈艺切磋，乐此不疲。他继承发扬明代朱简的碎刀法，浸淫传统，戮力创新，在冲刀之外，创立切刀手法，其风格之新，影响之巨，声誉之隆，远逾前贤。他的从者如云，其中尤

西泠印社内丁敬坐像

以蒋仁、黄易、奚冈、陈豫钟、陈鸿寿、赵之琛、钱叔盖为个中翘楚，他们与丁敬合称"西泠八家"，统领印坛风骚近200年。此二百年间可与浙派抗衡的当推邓石如。邓石如真草隶篆四体皆精，时人称誉"四体书皆为国朝第一"，邓氏篆刻早年曾学何震。后主张"印从书出"，把自己淳古绵厚而又婉畅磅礴的篆书引入篆刻。"印从书出"是对主宰印坛的浙派着力于刀法创新与应用的一个重要超越，这是邓石如对印坛的巨大贡献。印从书出、印外求印，为篆刻艺术的发展注入了可贵的必不可少的新鲜血液。

西泠印社内邓石如立像

晚清诸家中吴让之、赵之谦、黄士陵、吴昌硕，更是素养全面，富于创建，至今仍如秦汉玺印一样深深惠泽着当代印坛。

在大千世界中，篆刻不仅是文人的艺术，也是文人理想寄托的所在。"一滴水中有大千世界的影子。"透过印章，我们分明看到了文人的铮铮风骨。明清印人大多是布衣白丁，身虽不名一文但往往以铁笔钝刀傲然世俗，常为社会所不容。他们追求艺术上的至善至美，认为艺术价值高于金钱价值，所以这个群体中人往往多傲骨而少钱财，精神上富有而物质上匮乏，穷困潦倒一生的不在少数。印灯续焰有功、艺振江浙印坛的丁敬，不获官、不爱财、高风卓然、傲笑世俗，结果"愈老而家愈贫，抑郁无聊，往往使酒骂座"。诗文印俱佳的印人徐夔，不趋炎附势，视权贵如粪土，目空一切，世人称之为"狂生"，由于不合流，"群起毁之，独居旅邸，至炊烟不续"，穷得连吃饭都成了问题。也偶有一些身处官场的印人，他们大多出淤泥而不染，保有自己独立的人格情操。郑板桥出身进士，却因不会逢迎上司在县令任上十二年而未有升迁，其有一方闲章刻作"七品官耳"借以自嘲，此外，他还刻有"富贵非我愿"、"恨不能填满了普天饥饿"等闲章，借此方寸之地充分表达了他不谋富贵、同情人民、厌恨不平的思想。

印人是"吝啬"的，他们视篆刻艺术为雅人艺术，奉行艺术至上的原则，对印章分外珍重，反对为附庸风雅的"俗人"刻印。印人沈世，篆刻苍秀淳朴，曾为人刻印两方，那人送他四两黄金，请求将印文改得纤媚一些，他认为这是个不识货的人，当即在厅阶前石头上把印文磨去，说办不到。印人又是最慷慨的，遇到知音知已，特别是书画篆刻的行家里手，往往不惜数十枚相赠。例如山东长山印人聂际茂，"不轻为人奏刀，遇书画家则欣然镌赠"。明末清初的篆刻鉴赏家周亮工，在与同时代印人的交往中，收到馈赠的篆刻印章竟有一千多方。这真是"士为知己者死，女为悦己者容"。

印灯续焰 薪火再传

　　篆刻艺术是中国传统文化的重要组成部分，它与社会的多种层面紧密结合，几千年来中华民族精神上以此为信，物质上以此为凭，这小小的弄物早已深深的扎根于国人的生活。然而20世纪社会的剧烈变革，使中国传统艺术赖以生存的经济、社会基础严重动摇，田园牧歌式的生活被轰鸣的机器声打断，文人琴棋书画诗歌印茶的悠然自得，在救亡图存全盘西化的呐喊声中烟消云散。篆刻艺术作为中国传统艺术的一个门类，受到大文化环境的影响也备受冷落，现代西方文化强烈地冲击着中国传统文化，金石篆刻艺术失去了在民间赖以传承的物质基础和文化基础。受到金石篆刻艺术传承特点的限制以及文化空间的不断挤压，往昔曾经灿若朝霞的篆刻流派多数已后继乏人，甚至已经出现断代。作为金石篆刻艺术家的组织——印社，也因发展所需经费、场地难以保障而陷入举步维艰的境地，即使历史悠久、规模宏大如西泠印社者，也在90年代进入了人心涣散、难以为继的困境。虽有西泠印社出版社等少数几家出版社仍在出版诸如印谱、篆刻技艺类出版物，但对比其他门类的出版物，无论从市场销量和经济效益上都难以匹敌，这些都进一步恶化了金石篆刻艺术的传承与普及。

西泠印社石刻

新世纪以来，随着中国经济的发展和传统国学的复兴，篆刻艺术在一定程度上得到了恢复和发展，特别是举世瞩目的 2008 年奥运会会徽——"舞动的北京"把篆刻这一艺术形式推广到了全世界，篆刻艺术为世界所接受、欣赏，有了更广阔的空间。然而，抛开这表面的浮华，认真审视中国篆刻艺术的近十几年来的现状，我们发现，传统篆刻艺术仍潜伏着许多不容忽视的危机，解决与现代社会的融合、专业人才的培养、印社组织的生存发展等问题都需要我们不断努力，真正把篆刻这一艺术遗产传承发扬下去，还有很多工作要做。

2008 年北京奥运会徽"中国印－舞动的北京"

　　传统艺术寻求在现代条件下的生存和发展时，既要固守自身特有的传统，同时又要不断与时代同步创新发展，才能够找到新的生命活力。

　　篆刻艺术要利用成为世界非物质文化遗产的契机，将自身真正纳入非物质文化遗产保护体系，并从政策和法律法规的角度制定切实可行的保护政策，从中央到地方两个层面加大保护投入，以西泠印社和中国篆刻艺术院为核心，广泛联系各地区篆刻社团实施保护计划。要从文物、文献、出版物等方面强化金石篆刻艺术的基础建设。对全国范围内的金石研究学者、篆刻艺术家及代表作品、印谱、印学社团、印泥制作等相关手工技艺传承人进行全面深入的普查，梳理出篆刻艺术的现有资源、历史及其发展脉络。充分重视信息技术的运用与建设，努力创造条件，建立中国篆刻艺术数据库，将金石篆刻文物、文献、出版物通过信息化手段实现资源共享。以印社为单位，加强与文物部门的合作，积极吸取新出土金石文物的精华，不断创新发展篆刻艺术。部分历史悠久藏品丰富的印社如西泠印社等要充分发挥收藏资源的优势，创造条件，面向社会开放，积极承担起弘扬印学和金石篆刻艺术的使命，为社会大众了解印学文化提供服务。此外还要充分发挥现有西泠印社出版社的优势，科学规划出版选题，编纂、出版一系列金石学研究、篆刻艺术书籍，展示印学研究和篆刻创作的最新成果，打造高质量的学术出版工程。

非物质文化遗产的保护和传承，关键在人。要充分珍视现有人才，对具有传承人地位的篆刻艺术家，由国家和地方两级财政提供艺术家生活津贴。同时要以全国各地印社社团为核心，以社聚人，通过举办研修班、讲座等方式，以老带新，进一步培养高素质的专业人才，为篆刻艺术、印学研究造就一支知识结构、年龄结构、地域结构合理的高素质专业队伍。此外，更要面向广大篆刻爱好者，结合不同地域的实际状况，联合各地教育系统和社区，开办业余金石篆刻学习班，为他们提供形式多样的培训教育服务，大力普及金石篆刻艺术，扩大其社会基础。

特别是普通高校大学生群体，更需作为篆刻艺术普及推广工作的重点。篆刻艺术本身的内蕴深厚，知识涵盖面极广。不仅需要掌握字法、书法、刀法、章法等多种技巧，还得有历史、文学、绘画等方面相当的学问知识。如果没有一定的艺术修养，那么这样的"篆刻"就称不上是艺术。对于大学生来说，他们的文化知识丰富，素质修养相对较高，对深奥的中国传统文化掌握和理解相对到位。因此普通高校是最适合普及篆刻艺术的阵营，大学生是

陈兆育在福建农林大学开设篆刻选修课场景

最适合接受篆刻艺术的群体。但是在现代的大学教育中，除了一些美术院校开设有书法篆刻专业外，普通的综合性大学中却很少有书法篆刻专业，即便是有，课程的安排也是蜻蜓点水式的，没有能够形成一套相对完整而系统的教学模式。因此，在普通高校美育教育中，我们应给予篆刻艺术极大的关注，让其成为一门普及的学科。事实证明，在高校开设篆刻课程，对篆刻艺术的普及和大学生自身的成长，有着巨大的作用。笔者当年本科期间曾选修了由山东印社社长范正红先生讲授的《篆刻艺术》，课上范先生深入浅出的讲授，手把手的教授篆刻刀法，令人受益匪浅，极大地促进了大家对篆刻和中国传统文化的了解。

如何把高深、精妙、博大的中国篆刻艺术发扬光大，以至走出国门、走向世界，除现有的保护措施外，还可以继续探索开拓之路。例如印章中的闲章，多以"名言"、"警示语"、"处事原则"等为篆刻内容，印面也可方可圆、可长可短，进一步发挥这一特点，广泛收集此类"名言"，包括古今中外的警句，用中文或可用外文刻出，对扩大其影响力、弘扬篆刻艺术都是大有益处的。

（编撰：张伟）

参考书目

[1] 韩天衡主编：《中国篆刻大辞典》，上海辞书出版社，2003 年版

[2] 邓散木：《篆刻学》，人民文学出版社，1979 年版

[3] 沙孟海：《印学史》，西泠印社出版社，1987 年版

[4] 叶一苇：《中国篆刻史》，西泠印社出版社，2000 年版

[5] 吴颐人编著：《篆刻法》，吉林美术出版社，2009 年版

[6] 西泠印社主编：《西泠印社百年图史》，西泠印社出版社，2003 年版

[7] 萧高红：《篆刻史话》，百花文艺出版社，2004 年版

[8] 张牧石：《篆刻经纬》，百花文艺出版社，2009 年版

[9] 刘江：《中国印章艺术史》，西泠印社出版社，2005 年版

[10] 吴颐人：《篆刻五十讲》，上海人民出版社，2006 年版

[11] 魏皓奔主编：《金石篆刻》，浙江摄影出版社，2008 年版

[12] 李梢：《篆刻通论》，学苑出版社，1993 年版

[13] 陈振濂：《篆知识性艺术纵横谈：篆刻艺术的历史观与美学观》，上海书画

出版社，1992 年版

[14] 汤兆基编著：《篆刻欣赏常识》，上海书画出版社，1993 年版

[15] 杨邦俊、赖伯年：《源远流长的篆刻艺术》，陕西旅游出版社，1997 年版

[16] 叶一苇：《中国篆刻的艺术与技巧》，中国青年出版社，2004 年版

[17] 阮宗华：《印章篆刻艺术欣赏》，山西教育出版社，1996 年版

[18] 陈根远、阳冰：《方寸之间见世界　　中国古代玺印篆刻漫笔》，四川教育
出版社，1998 年版

中国剪纸

2008 年 10 月，中国剪纸项目由山西省牵头，联合陕西、上海、河北、辽宁、吉林、江苏、浙江、福建、山东、湖北、广东、云南、重庆 14 个省区市向联合国教科文组织申报世界非物质文化遗产。2009 年 9 月 30 日，联合国教科文组织保护非物质文化遗产政府间委员会第四次会议在阿联酋阿布扎比审议并批准的《人类非物质文化遗产代表作名录》，中国剪纸位列其中，至此，这朵历史悠久、广为流传、影响深远的中国传统文化奇葩成为了国际社会所关注的文化遗产。

在中国，剪纸是用剪刀或刻刀在纸上剪刻各种题材的花纹或形象，以镂空技艺呈现出来的一种民间艺术。剪纸，作为用人们身边最普遍的材料——纸为创作对象的艺术，具有最广泛的创作者队伍，在民间广为流传。剪纸经常用于装饰、造型、祭祀、节庆等活动中，与民俗活动和民间生活有着密切的联系，并以其朴素的艺术表现形式抒发着创作者的感情和理念。剪纸的历史悠久，流行地域大，创作题材广，并与社会生活息息相关，因而剪纸这种艺术形式和艺术作品上携带着丰富的人文历史因素，对于从另外一个角度认识和研究传统民族文化具有重要的价值。

千年剪纸 历史寻踪

剪纸所用的材料是极为普通的纸，纸质作品容易损毁，极难保存，而且剪纸一般用后即弃，因而历史遗物十分稀有；另一方面，剪纸是生于民间长于民间的一种艺术形式，在历史上为历代统治阶级所不屑，极少踏进正统的

新时期时代凤形透雕玉佩

艺术殿堂，所以在浩如烟海的历史典籍中，关于剪纸艺术的记载和资料凤毛麟角。这些都使得要探究历史上剪纸发展的全貌就尤其困难，我们只能从少量的考古发现、古文诗词和史料记载中去窥探这朵艺术之花的魅力。

真正意义上的剪纸是在纸被发明并普及之后才出现的，但是剪纸的主要艺术形式——镂空雕刻却非常古老。在纸的剪刻技艺出现以前，我们可以称之为剪纸的"同功异料"时期，即剪刀和刻刀作业的对象不是纸，而是其他的薄皮材料，如树叶、皮革、丝帛、金银铜片等。

早在远古时代，先民们就造就了最早的一批雕镂作品。一些原始社会的陶器和夏商周青铜器的纹样就是用雕镂技艺制作的。透雕制品在大汶口、龙山、良渚等文化遗址中均有出土，这说明原始镂空雕刻的艺术在新石器时代就已经出现。例如，1991年12月在湖南省沣县孙家岗14号墓出土了一件透雕凤形玉佩，采用镂空透雕技法琢成，刻线有力，轮廓清晰。据考古发现，商代即已出现了用黄金白银薄片剪刻做成的装饰物。1955年，河南省郑州市附近的商代墓葬中就出土了一枚凤纹金箔片，可视为早期镂空工艺之佳作。而且在《吕氏春秋·重言》中记载了"剪桐封弟"的生动故事，这是剪刻技艺第一次在历史典籍中出现。

春秋战国时期雕镂技艺逐渐成熟，剪刀已经发明，这为剪纸艺术的产生奠定了基础。玉、石质的刻刀出现很早，在新石器时代就广泛应用于玉石雕刻。现在考古发现的剪刀，最早出现在战国时代，呈两股相连的形状。"尽管当时没有出现纸，但在皮革、燃帛、银箔上刻剪的图案也可称之为剪纸的前身。"所以有的学者称这一时期的雕刻镂空艺术为"非纸剪纸"或"类剪纸"。贴花是这一时期广泛流

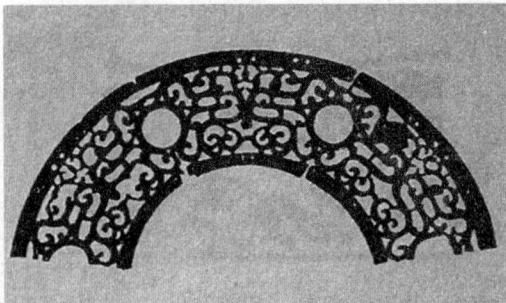

战国镂花弧形银饰片

行的装饰艺术，有贴绣花、贴面花等。贴绣花是将薄片剪刻成各种形状和花纹，再将其缝贴到其他物品上的一种装饰形式。而贴面花又叫贴花子，现今出土的战国时期的木俑中就有一些面部饰有漂亮的花纹。河南曾出土一件战国镂花弧形银饰片，做工异常精致，由复杂但流畅美妙的涡线纹组成，据推测可能是器物上的装饰品。这件镂花弧形银饰片充分体现了雕镂艺术的成熟。

"汉妃抱娃窗前耍，巧剪桐叶照窗纱。文帝治国安天下，制乐传到百姓家。"这首汉代歌谣是两汉时期"非纸剪纸"的写照。汉代金银箔片的镂雕艺术更加成熟和普遍，在陕西、湖南、江苏、内蒙古等地出土了众多金银箔饰片，纹样繁多、造型各异。据《搜神记》记载，汉武帝宠幸的李夫人去世后，他对李夫人思念不已，有位叫李少翁的人做法召唤李夫人，使汉武帝"见美女居帐中，如李夫人之状"。据推测，这应该是李少翁用剪影的方式呈现出李夫人的影子。宋代的高承根据这则记载认为这就是皮影戏的起源。实际上皮影中影人的制造与剪纸在艺术形式上十分接近，区别是所用的材料不同。

至此，我们可以看出，在真正的剪纸出现以前，"非纸剪纸"普遍存在并取得了很高的艺术成就，这些与剪纸"异料同工"的多种艺术形式为剪纸的最终出现奠定了基础。"万事俱备，只欠东风"——这里的"东风"就是纸的发明、大量制造和普及。最初的纸以丝帛为原料，造价昂贵。公元前105年，蔡伦改进了造纸术，用廉价的树皮、麻头、破布、鱼网为原料，从而推动了纸的广泛应用。造纸术的发明与纸的大量制造为剪纸艺术准备好了载体，是吹开剪纸这朵奇葩的得意春风。

魏晋南北朝时期，造纸术进一步发展，纸也在民间普及起来，而且种类和规格也逐渐丰富，特别是色纸也已出现。由于纸具有普通易得且价格低廉的特点，人们很快把以玉石金箔和动物皮毛为载体的镂空剪刻艺术平移到纸上，至此，剪纸艺术真正地登上了艺术历史的舞台，作为一项独立的民间艺术大放光彩。据考古发现和史料记载，魏晋南北朝时期

对马团花剪纸（右为复原图）

剪纸已经逐渐与习俗相结合，在节庆习俗、装饰习俗和葬礼习俗中都融入了剪纸艺术。1967年，在新疆吐鲁番的高昌遗址附近的阿斯塔那古墓出土的5件弥足珍贵的团花剪纸：对马团花、对猴团花、菊花纹团花、忍冬纹团花、八角形团花，这是目前发现最早的剪纸艺术作品。据宗懔的《荆楚岁时记》记载，正月初七"人日"这天，人们剪彩或镂金箔为人，剪纸贴屏风以为庆祝，"这对于后世民间盛行的窗花、挂笺、炕围子花、顶棚花等装饰性剪纸影响深远"。

隋唐五代时期是剪纸的普及时期。隋唐时期，剪纸已经广泛融入了人们的日常生活，节日习俗、装饰习俗、礼仪习俗中普遍使用剪纸，而且剪纸的工艺也得到长足的发展，作品已经十分精美，有些还流传海外。日本奈良正仓院收藏的两件唐至德二年的华胜剪纸残片，应该是当时的遣唐使带回日本去的。一件粘贴在浅碧罗上，是用金箔剪成的16个字"令节佳辰，福庆帷新，燮和万载，寿保千春"；另一件边缘用金箔剪刻而成，图案复杂而精妙，内部用素绢剪成，并加以彩绘，金箔和彩绘的图案至今都色彩如新。隋唐时期，人们在立春这天剪刻各种春幡、春燕、春蝶等相互祝福，甚至皇帝也曾把春幡作为礼物赏赐给各位大臣。隋唐五代时期佛教空前发展，具有佛教习俗功能的剪纸也较前代有所发展。敦煌莫高窟出土的《双鹿与塔》、《群塔与鹿》、《佛塔》、《菩萨立像》、《持幡菩萨立像》等，还有现存于英国博物馆的第十七窟六件纸花，都是这一时期剪纸作品的代表。剪纸的普及在唐诗中有所反映，流传至今的诗句中反映剪纸题材的不在少数。比如唐代著名诗人杜

藏于日本正仓院的唐代华胜剪纸

甫有"暖水濯我足，剪纸招我魂"的诗句，温庭筠《菩萨蛮》中有"藕丝秋色浅，人胜参差剪"的句子，徐廷寿《人日》诗说，"闺妇持刀坐，自怜裁新叶"，皇甫冉在《春闺》中曰："欲剪宜春字，春寒入剪刀。"

宋代商品经济和手工业空前发展，出现了名目繁多的小手工业者，包括专门从事剪纸的行业和手艺人，这也成为宋代剪纸发展的一个最重要的特点。"在宋代，民俗剪纸的内容、形式及社

会功能更为丰富，每逢岁时节日，人们常用民俗剪纸进行祭祀、祈福、纳祥、驱鬼、辟邪、娱乐、美化活动。"《武林旧事》中记载了当时临安的170多种手艺行当，比如剪字、剪花样、剪影戏都与剪纸相关。而周密的《志雅堂诗杂抄》中记载了一些剪纸艺人，有"剪诸花样者"，有位擅长剪各家书法字体叫做"俞敬之"的人，还有

宋代吉州古窑剪纸贴花凤纹盏

能够"袖中剪字及花朵"的少年。这可能是关于剪纸手艺人的最早记载了。保存至今的宋代吉州窑瓷器上有些图案用剪纸贴花制作，这让我们能够了解宋代剪纸的发展和成就。宋代的蓝印花布也与剪纸有着密切的联系，印染时首先要剪镂好纸花版，将之放在棉布上采用刮浆的方法来印染。另外，刺绣、纸伞等制作过程中也用到剪纸花样。

元朝关于剪纸的资料十分稀有，我们只能零星地探知元朝剪纸的一些情况。元朝可能存在对剪纸作品进行收藏的行为，比如余兆岑安卿有一首《题张彦明所藏剪纸惜花春早图》云："谁将妙意寄工巧，溪藤雪莹金刀小。丹青退金松梅枯，剪出天真数分秒。"这首诗不仅反映出对剪纸的珍藏行为，也反映出元代剪纸作品十分精美，具有很高的审美价值。另外，元代的走马灯中，剪纸图案已经形成故事体系，比如元代诗人谢宗可就有一首诗，写的是走马灯中用剪纸的方式表现赤壁之战和楚汉之争的情景。元代有剪扫晴娘以祈天晴的习俗，这一习俗一直流传至今，现在陕西、东北等地区还有扫晴娘的剪纸作品。

明清时期，剪纸的种类增多，应用范围更加广泛，剪纸工艺也发展到前所未有的高峰，剪纸真正成为一项名副其实的综合性民间艺术。据明朝《苏州府志》的记载，在嘉靖时期有位叫赵萼的能工巧匠，制作的夹纱灯非常出名，"刻纸刻成花竹禽鸟之状。随轻浓罩色，溶蜡徐染，用轻绡夹之，映日则光明莹彻，芳菲翔舞，恍在轻烟之中，与真者莫辨"。明代还生产一种夹有剪纸图案的折扇，工艺原理与夹纱灯如出一辙。1965年，江苏就出土了一把明代正德年间的折扇，竹为扇骨，双层丝绵纸裱成的扇面，用柿汁涂色并有洒金，并且在两层丝绵纸之间有一副"喜鹊报春图"的剪纸作品。

　　清代剪纸从民间进入皇宫，可谓是一大变化。坤宁宫是皇帝大婚的地方，其顶棚、墙壁上都贴着黑色的剪纸图案，这些剪纸以白纸为衬，图案是"喜"字和龙凤呈祥，与民间的婚俗剪纸区别不大。清代比之前朝，有更多关于剪纸的记载，而且很多剪纸的习俗、图案至今流传，还有一些剪纸作品和剪纸样子流传下来，如湖南省秦石蛟从望城县莲花乡一位民间老艺人收藏着两本清代的《剪纸谱》，山东省莱州市也发现了两本清代剪纸的墨线样稿，保留了众多的纹样和图案。而且，清末有一些剪纸作品流传保存下来，比如《大观园》、《金玉满堂》、《娃坐莲台》、《送子赐福》等，这些作品都十分精美，反映了清代剪纸艺术的发展水平。

　　近代以来，我国经历了连年的战乱，手工业受到重创，剪纸也受到很大影响，渐趋衰落。五四运动之后，一批先进的知识分子开始重视中国的民间文化，并收集民间剪纸作品。在革命根据地和解放区，剪纸重新焕发了生机，许多的民间剪纸艺术家创作了革命题材新剪纸。建国后，"百花齐放，百家争鸣"，剪纸这朵民间艺术之花重新盛开，剪纸艺术家们承前启后，开创了中国剪纸的新纪元。现在，各地都成立了剪纸艺术协会，并涌现出众多的剪纸艺术大师和剪纸精品。他们多次代表国家参加世界级的展览，以简单的纸张和剪刀为媒介向世界展示中华文明之美，展示剪纸"任他二月春风好，剪出杨柳恐不如"的精妙。

一剪之趣　巧夺神功

　　工具和材料的普遍易得是剪纸的一大特点，也是剪纸得以在民间广泛流传的原因之一。

　　剪纸在创作时主要工具就是剪刀和刻刀或者两者并用。剪纸对剪刀的要求不高，普通剪刀即可胜任，在选择时注意挑选刀头细长、刀口咬合整齐并且刀尖锐利的剪刀。大幅图案一般用大剪刀，精细图案可用小剪刀完成。用剪刀剪出的线条比较活泼、灵活和随意。用刻刀制作的剪纸又叫刻纸，特点是风格严谨、细腻，装饰性强，但是目前没有为刻纸专门生产制作的刻刀，所以需要自己制作。制作刻纸用刻刀，要选用优质钢材料，比如钢丝、自行车辐条、手术刀、钢锯条等。然后用这些钢材料根据需要制成斜口刀、圆口刀、正尖形刀等，分别用于刻直线和大曲线、圆形和小弧线、小圆形和小三角形等。剪纸时可能还会用到作为辅助工具的蜡盘，刻纸时垫在下面，用 15×20 厘米的木板做成方盘，将一定比例的蜡和草灰加热融化后倒入盘内，压平冷却后即可。

在纸产生之前，树叶、皮革、丝帛、金银箔片等都曾作为剪刻艺术的创作对象，随着纸的出现和普及，剪纸艺术繁荣发展。现代剪纸一般采用红纸和白纸，红色剪纸代表喜庆吉祥，比如窗花、礼花、喜花、挂笺，白色剪纸一般用于葬礼或宗教祭祀仪式中。随着造纸业的发展，纸的种类不断增加，像蜡光纸、闪光纸、皱纹纸，都被剪纸艺术吸收进来，并根据纸质地的不同用以表现不同的剪纸风格和情调。剪纸艺术家们也在不断创新，他们并没有固守传统，而是努力尝试着各种新材料，吹塑纸、尼龙绸、人造革、植绒纸、提示贴、丝绸、花布、有机玻璃等都吸引着他们进行创新和创作。有些艺术家为了达到剪纸效果，也会自己制作染色纸。

剪纸的刀法成就了剪纸所具有的特殊美感，称之为"刀趣纸感"，采用不同的剪刻刀法，就会呈现不同的艺术效果。剪纸的刀法大致分为以下几种：

直刀法：运剪爽快干脆，形态刚直有力。这种刀法多用于表现质地较硬直的物体。运用得当，能加强作品的力度，有很强的刀趣感。

圆刀法：运剪稍慢，转剪时力道要轻，剪出的线条要流畅。此法适用于表现柔软、流线形的造型。此种刀法能增强作品的流动感和优美感，但不可过分追求圆滑，否则会减弱剪纸所特有的剪趣刀味。

直圆刀综合法：一副剪纸作品往往需要直圆刀并用。综合法一般分以下三种。一为外方内圆法，外轮廓用直刀法，内部镂空处用圆刀法，能给人以简练概括，又不失流畅感；一为外圆内方法，外轮廓用圆刀法，内部镂空用直刀法，使作品外形流畅优美，内部刚直有力；一为灵活表现的刀法，即依据画面形象的质感、形态的特征，在创作的过程中运用不同的刀法灵活表现。

根据表现形式，剪纸分为单色剪纸和彩色剪纸。单色剪纸简练大方、纯净典雅，在民间剪纸中数量最多，最能够反映剪纸艺术的特色。

阴刻阳刻结合的剪纸

彩色剪纸

单色剪纸又分为阳纹剪纸、阴纹剪纸、阴阳纹综合剪纸以及折叠剪纸。阳纹剪纸在剪刻时保留图案线条，去掉空白部分，阴纹剪纸则恰恰相反，保留大的空白块面而去掉图案线条。阳纹剪纸玲珑清雅，阴纹剪纸大气厚重，但在实际操作中多采用阴阳纹综合剪刻的方法，展现更加丰富的构图和表现效果。折叠剪纸是最为普遍和简易的剪纸方式，剪刻时将纸张数次折叠，剪刻后呈现对称闭合的几何图案，新疆吐鲁番盆地的高昌遗址附近的阿斯塔那古墓出土的团花剪纸就是折叠剪纸。

　　彩色剪纸制作较为复杂，主要有套色剪纸、点色剪纸、填色剪纸、分色剪纸、衬色剪纸等几种方式。套色剪纸主要用黑色或金色纸，先用阳刻方法剪刻出大体轮廓，再用其他色纸剪刻出所需图案，贴在需要套色部位的背面，套色要少而精，突出画龙点睛的修饰作用。点色剪纸一般采用渗透性好的宣纸，剪刻采用阴纹剪法，去掉图案线条，保留大量空白进行点色创作，点色时染料中适当加入酒精以增强渗透性。点色剪纸的特点是色彩鲜艳，对比强烈。填色剪纸需要将阳刻好的图案粘贴在白纸上，然后在图案的不同部位填上相应的颜色，衬纸最好选白色宣纸，以达到浓淡变化和晕染的艺术效果。分色剪纸又叫拼色剪纸，制作时用不同颜色的单色纸剪刻出单个图案，再拼贴成一整幅剪纸，分色时要注意整体与部分的协调统一，力求色彩搭配的合理。这种剪纸的特点是颜色明快，具有很强的装饰性。衬色剪纸主要通过剪刻的图案同衬纸产生的强烈对比来体现装饰、美化效果，比如常见的衬色剪纸一般是白色图案衬红色绒纸，图案颜色鲜明，衬纸纸质厚重朴实，从而产生强烈对比。

　　剪纸艺人以刀剪为工具，以纸张为材料，以简单的点、线、面、块为表达方式，用变形和夸张的艺术手法，将一幅幅形神生动的图案呈现给我们。剪纸的图案和纹样极为丰富，可以说生活中有什么，剪纸就能够呈现什么，一般而言，剪纸的纹样图案大致有人物、动物、植物、文字、山水等类别。中国剪纸的纹样，讲究"图必有意，意必吉祥"，"利用寓意、象征、比拟、谐音、符号、文字等手法来反映人们对幸福和美好意愿的企求"。比如一些剪纸作品用松鹤的纹样寓意健康长寿,用并蒂莲花寓意百年好合,用金鱼和池塘的图案表示"金玉满堂",用"喜"和喜鹊的图案表达"喜上眉梢",用"福"、"人才两旺"等字样表达节日的美好愿望。

各门各派 异彩纷呈

中国幅员辽阔,人口众多,几乎各个民族都有自己的剪纸,地域文化、民族文化、宗教信仰、地理环境、社会状况等多方面的原因综合造就了中国剪纸的多样性,风格迥异,流派纷呈。总体上来说,中国剪纸分为北方和南方两派,北方派的剪纸朴实、粗犷、内蕴深邃,南方派剪纸精细、隽秀、玲珑剔透,各地剪纸交流融和,又各具特色。

北方剪纸

陕西剪纸是中国剪纸北方派的典型代表,风格古朴、粗犷、稚拙。历史上,陕西地区是历朝古都所在地,为当时的政治、经济、文化中心,由于该地区交通不便,长期以来与外界交流甚少,所以比较完整地保存了当时的文化与传统,剪纸的风格也最接近古代风貌,有专家把陕西剪纸称为中国民俗的"活化石"。陕西剪纸最具代表性的作品是"抓髻娃娃",古拙的造型充满了图腾崇拜的韵味,与周代文化有相似之处。剪纸在陕西十分普及,以前几乎每位家庭妇女都会剪纸,女子以手巧为最大优点,她们以剪代笔,书写装点着朴实的生活,以日常事物为原版,进行大胆想象和夸张,用独特的手法表达自己对美的审视和感受。陕西剪纸作品丰富、种类繁多,以窗花最为普遍,其次还有窑顶花、炕围花、喜花等等。

河北剪纸以蔚县剪纸为典型代表,其制作、风格、趣味独具特色。蔚县剪纸是现存的唯一以阴刻为主、阳刻为辅的点彩剪纸,它是当地民众在雕刻花样子的基础上,吸收了天津杨柳青年画和河北武强木板窗花的艺术因素创作出来的独具一格的剪纸艺术。蔚县剪纸以宣纸为材料,不用剪刀,而是用刻

抓髻娃娃

刀在 50 至 100 张宣纸上刻好花样，再用染料进行点染，染料中加入酒以增加渗透性。蔚县剪纸的刻纸技法非常纯熟，甚至一根根头发、胡须都刻得均匀流畅。蔚县剪纸题材广泛，尤其以戏曲人物和脸谱最为出名，构图饱满而形象优美，深受国内外欢迎。而且蔚县剪纸已经形成较大规模的产业，剪纸产品远销重洋。

山东剪纸用途广泛、种类繁多，人生礼仪、时令佳节、居家装饰都离不开五彩缤纷的剪纸。山东剪纸以胶东一带的剪纸为主要代表，其剪纸的风格与内陆地区剪纸的豪放古拙不同，胶东剪纸讲究线面结合，构图上用细线和大块形成对比，加上密集的花纹做装饰，剪纸的外形单纯爽快，内容饱满丰富。还有一点与内陆剪纸不同，即不少题材涉及到水族动物和渔民生活，带有明显的海洋文化特征。最为普遍的剪纸为窗花，又称为"窗越"，因为剪刻时将整体图案分片剪出再贴到窗户上，需要越过几根窗棂。还有一种窗花一套几十张甚至上百张，因为这种小型窗花是贴在窗格之中，每格贴一张，整个窗户构成完整图案，极具情趣。

东北剪纸在冰天雪地、山野森林的自然环境影响下形成了古朴粗犷、爽

山东胶州"窗越"

朗豪放的风格，一般使用大剪刀，在没有事先画稿的前提下刀随心动，任意表达。东北剪纸中的满族剪纸自成体系，别具特色。"满族剪纸中关于萨满教的祭祀崇拜的韵味浓厚，由萨满精神物化的剪纸，遍及生活中的各个领域，成为东北民间美术中的主体旋律"。萨满剪纸中许多作品剪得都是满族人物，男性留长辫子，女性戴"大头翅儿"，穿着满族人的旗袍马褂，具有明显的民族特征。满族剪纸中有一种"嬷嬷人"，非常独特，此种剪纸不是贴到窗户或墙壁上，而是可以站立的立体剪纸，人物的身子和腿部使用双层纸，剪好后分开一定的角度，因此可以站立。嬷嬷神在萨满教中是主管结婚生子、日常生活、驱鬼治病的神灵，"嬷嬷人"从古代传承至今，携带了丰厚的历史信息和传统因素。

南方剪纸

江苏地区的剪纸以扬州、南京、徐州、金坛、南通等地的剪纸最为出名，其中又以扬州剪纸最具代表性。扬州城自古以来剪纸非常流行，民间有众多靠剪纸为生的手艺人，被称为"剪花样子的"，因为扬州刺绣需要的图案底样都是剪出来的。清代的剪纸艺人包钧号称"神剪"，人们称赞他的剪纸工艺"任他二月春风好，剪出杨柳恐不如"。剪纸艺术大师张永寿被评为"国家级工艺美术大师"，这在中国剪纸界是独一无二的。张永寿的剪纸注重变化，追求韵味，贴近自然，尤擅花卉虫鱼，他积累了几十年的剪纸经验，把扬州剪纸的技法总结为"圆如明月，尖如麦芒，方如青砖，缺如锯齿，线如胡须"，他的剪纸作品《百菊图》线条流畅、格调清雅、玲珑剔透，是扬州剪纸的经典代表，也一直被奉为剪纸中的精品之作。郭沫若也曾作诗赞美他的剪纸："一

张永寿剪纸作品

乐清刻纸

剪之巧夺神功，美在人间永不朽。"

浙江剪纸由来已久，据《武林梵志》记载，五代时期"吴越践王于行吉之日，……城外百户，不张悬锦缎，皆用彩纸剪人马以代"。浙江剪纸最为著名的是乐清细纹刻纸。细纹刻纸的重要功能之一是装饰当地的"龙船灯"，所以乐清刻纸又被称为"龙船花"。"龙船灯"上的亭台楼阁、门窗屏风等都由细纹刻纸进行装饰，别致而典雅。乐清刻纸的最大特点就是细，由精妙入微的刀法刻出细如发丝的图案，工而不腻，纤而不繁，千变万化，玲珑剔透。刻纸艺人能在一寸见方的纸上刻出 52 条线，能在四寸见方的纸上刻出几十种图案，令人叹为观止。乐清刻纸与北方剪纸的风格形成强烈的对比，成为中国剪纸南宗的典型代表。除了乐清细纹刻纸，普江、缙云的戏曲剪纸和临海、桐庐的民间剪纸也很出名。

上海剪纸又称海派剪纸，在中国剪纸中具有重要的地位。上海剪纸出了两位艺术大师，王子淦和林曦明。王子淦先生已经去世，他一生剪刻不止，作品数以万计，他的剪纸融合了北方剪纸的古拙粗犷和南方剪纸的流畅细腻，形成了豪放质朴、简洁流畅的风格。林曦明先生是上海剪纸唯一健在的代表人，他的剪纸作品融合传统剪纸细腻质朴与现代美学中粗犷、联想等元素，运用山水画写意的手法，把书画艺术和剪纸艺术结合起来，形成了质朴清新、雅俗共赏的独特风格。2010 年，上海成立了"林曦明现代剪纸艺术馆"并免费开放，展示"上海剪纸"大师林曦明的剪纸艺术成就，以求更好地传承这一传统技艺。

云南剪纸种类多样，绚丽多姿，不同的民族形成了不同的剪纸风格。以滇池为中心的剪纸受内地汉族传统文化和剪纸风格的影响较大，滇西和滇南的彝族剪纸主要用于衣物装饰，领口花、袖口花、胸花、鞋花、腰花等都根据装饰部位的不同而剪刻不同的图案，滇北的纳西族剪纸最具特色的是福寿花。傣族剪纸主要分布在德宏、西双版纳、临沧、普洱等地，题材广泛、风格灵活、构图饱满、技法多变。傣族剪纸或秀美精致，或粗犷质朴，具有浓郁的地域特色和民族特色，并且保留部分对生存和繁衍的生命崇拜因素。傣族信奉佛教，并不同程度地保留了原始的自然崇拜，所以傣族剪纸主要用于丧葬和佛教祭祀活动，功能性剪纸较多，比如佛幡、佛伞、佛塔、佛像、孔雀、大象、门笺、披风，此外还涉及佛经故事、神话传说、山河圣灵等题材。

佛山剪纸

广东剪纸以佛山剪纸为代表。佛山剪纸兴于宋代，盛于明清，成为一种专门的谋生行业，产品流传到国内多个省区，并且远销南洋各国。佛山剪纸与内地剪纸截然不同，色彩强烈、金碧辉煌、剔透雅致，富有地方特色。按制作方法，佛山剪纸分为衬料剪纸、写料剪纸和纯色剪纸三类，其中尤以铜衬料、铜写料、铜凿料最具特色和代表性。铜衬料是用刻刀在铜箔上镂刻出画面线条、骨架，然后根据需要在背面衬上不用的色纸；铜写料是先用刻刀在铜箔上镂刻好画面的轮廓，然后在镂空部分填彩绘画；铜凿料的特点是画面或人物轮廓是用特制的凿子凿成凸出的珠子般的线条，空间不需刻通，再以粉彩绘成画面。今日的佛山剪纸继往开来，在现代社会充分挖掘剪纸的功能与潜力，在室内装饰、环境美化、展览陈设、纪念礼品等领域开创了新的天地。

剪纸之美 人间不朽

剪纸发源于原始艺术，历经千年在民间广泛流行，承载着早期社会的大量信息、内容、寓意和象征并流传至今，对于我们认识人类的童年时代、研究古代社会具有重要的意义。但是，任何艺术都是时代的产物。我们现在处于从传统农业社会向工业社会、信息社会转型的时期，而以农业社会为生存土壤的中国剪纸因为环境的变化而逐渐式微。

传统的民俗既促进了剪纸的产生与发展，又是剪纸的功能所指，而现代社会中传统习俗的变异与消亡使剪纸失去了表达的空间，功能性变得模糊，由此导致剪纸在现代社会存在意义的空虚。现代传播媒介的强势和西方外域文化的渗透改变了人们的思维方式、审美情趣，传统节日文化气氛稀薄，民俗文化自信缺失，逐渐使剪纸淡出了人们的视线。农村妇女一直以来是从事剪纸的主力，时代的进步带来的生产生活方式的改变，尤其是农村的现代化与城市化，导致剪纸创作队伍的缩小，现在的农村妇女们已经不再人人都是"巧姐儿"，她们和男人一样成为农业的主要劳动力。工业式批量化的生产方式下制作的剪纸，在模具的束缚下变得千篇一律、死气沉沉，失去了刀剪之趣，丧失了灵动个性之美。剪刻技巧和传统审美观念是剪纸生存的基础，在剪纸中生硬地套用外来的审美理念，忽视剪纸本身的基本语言和表达，使得有些剪纸不伦不类，更加失去了归属，这既是一个存在的事实，也是一个阶段性的现象，但是经过一段时间的阵痛之后，剪纸终要重新焕发其生命力。

民间文化是中国文化的土壤和源头，是民族个性和精神的象征，剪纸更是在民间文化的沃土上漫山遍野开放的奇葩，它遍布全国，流传于诸多民族。《抢救和保护中国民间剪纸蔚县宣言》指出，民间剪纸是中华民族国粹和国魂的一个象征，是我国优秀民间艺术中流传最广的一种民间手艺、技艺、工艺，是中华民族多元一体格局最生动、最典型的文化符号，是表征民族凝聚力和向心力的一面猎猎作响的文化旗帜。所以我们决不能让千年剪纸消亡，不能让剪纸之花凋谢。

剪纸的保护和传承，扭转观念是非常重要的一步。"下里巴人"的剪纸艺术与"阳春白雪"的诗词歌赋都是中华民族的文化精华，都是人类多元文化的重要组成部分。长期以来，剪纸艺术被视为"雕虫小技"，从未获得重视。这种观念长期以来得不到改变，甚至还残存在不少现代人的脑海中。中国剪纸被纳入世界非物质文化遗产名录，地方剪纸也在国内成为各种级别的非物质文化遗产，以此为契机，国人对剪纸艺术的认识上升了一个大的台阶。

剪纸的保护是传承和发扬的基础，普查、记录、整理是对剪纸的记忆过程，我们不能在某些剪纸艺术消亡之后再发出遗憾的叹息。图书馆、档案馆、博物馆作为储存人类记忆与信息的专门场所，应该在剪纸的保护工作中有所作为，或建立专题性质的馆区，或开辟相应的展域，或开展相关的业务，从而充分发挥三馆在非物质文化遗产的保护中组织、协调、保护和引导的中流砥柱作用。剪纸的记录、整理要充分采用现代化的科学手段和传媒技术，广泛采用文字、声音、图像的方式，三维立体地记录剪纸艺术，使后人能够根据资料对剪纸进行较为完美的再现。对剪纸艺术的保护说到底是对传承人的保护，对"人"的保护是集记录、保护、传承的综合性的活态保护。对各地剪纸的代表人采取各种优待措施，重建他们对剪纸的自豪感和自信心，激发他们从事剪纸的积极性和创造性。以师父带徒弟或者专业培训学校等方式，培养年轻的传承人，从而将剪纸艺术的技法、花样、画稿等精华传播继承下去，是保护中国剪纸的关键，更是传承和发扬剪纸艺术的必经之路。各地相继成立的剪纸协会也在很大程度上推动了剪纸的保护和研究，我们还应该进一步挖掘剪纸协会的潜力，使其在向社会展出和宣传剪纸艺术、剪纸继承人的培养、剪纸的研发与创新等方面发挥更大的作用。

在现代社会剪纸并未完全落伍。一方面，剪纸的功能没有完全失效，其节庆功能、装饰功能依旧符合生活的需求，比如窗花、墙花在国内外仍有一定的市场。另一方面，我们应该开发剪纸新的功能，探寻剪纸在工业社会、信息社会中的存在意义，创作出继承文化传统、结合现实生活和富有时代精神的剪纸作品，使古老的艺术之花焕发新的生机和活力。比如，充分发挥剪纸在现代旅游纪念品领域的作用，使剪纸成为纪念品、珍藏品重新进入人们的视野；开发剪纸在现代建筑装饰中的潜力，结合灯具、门窗、墙纸的现代装饰需求，开发新的纹样图案，增加现代化、时尚化的材料。

剪纸被列入世界非物质文化遗产名录，对剪纸的传承与发展是一个很好的历史机遇，世界非物质文化遗产的"光环"在很大程度上提升了它在全世界的知名度。我们要加强中国剪纸同世界的交流，通过展览、比赛等形式，使中华文明最具代表性的民间艺术形式向世界展示它的剪刻之美。世界上越来越多的人对中华文明产生浓厚的兴趣，"中国热"不断升温，很多外国人开始按照中国的习俗庆祝中国的传统节日，灯笼、中国结等成为他们喜爱的物品。剪纸与很多节庆习俗关系密切，具有浓厚的中国味道，我们应该加强剪纸文化和习俗的宣传与包装，让更多的剪纸产品走出国门，走向世界。

剪纸自产生之初就不是孤立的艺术形式，它与雕刻、刺绣、绘画、印染等多种艺术和生产相辅相成、融会贯通，所以才普

福娃题材剪纸

遍流传并具有强大的生命力。现代环境中，剪纸也需要寻找与其他艺术形式相融合、相互扶持的路径，如此才能重新找到立足和生存的土壤。比如剪纸动画，就是在借鉴皮影戏和民间剪纸等传统艺术的基础上发展起来的一种美术电影样式。1958年万古蟾导演了中国第一部剪纸动画片《猪八戒吃西瓜》，其具有民间剪纸风格的造型，使观众耳目一新，为中国美术影片增添了一个新片种。这是伟大的创造，也是对剪纸与其他艺术形式结合的一次大胆尝试。

节奏快、压力大的现代社会中普遍存在着一种渴望回归自然的朴实心态，这是现代剪纸重新回归和顺利过渡的机遇。"但是，有一点我们必须注意，决不能失去民间剪纸艺术本身的艺术语言和表达方式，这些独特性才是剪纸艺术的隐形图式中更为重要的原本魅力所在。"否则剪纸将不再是剪纸。在有些现代剪纸中盲目模仿其他艺术形式以至于以线条和块面为特征的语言被忽略甚至被淡化。坚持剪纸的语言，尊重民间剪纸的特色和原貌，是保护和传承中国剪纸的不可更改的原则。

（编撰：陈少峰）

参考文献

[1] 陈竞：《中国民俗剪纸史》，北京大学出版社，2007年版

[2] 吕胜中：《中国民间剪纸》，湖南美术出版社，1994年版

[3] 田茂军，杨千里：《民间剪纸面临的现代转型》，《民族论坛》，2010年第2期

[4] 王光敏编著：《剪纸文化》，内蒙古人民出版社，2006年版

[5] 王树村：《中国民间剪纸艺术史话》，百花文艺出版社，2007年版

[6] 王海霞：《透视：中国民俗文化中的民间艺术》，太白文艺出版社，2006年版

[7] 向云驹：《人类口头和非物质文化遗产》，宁夏人民出版社，2004年版

[8] 云中天：《永远的风景　中国民俗文化》，百花洲文艺出版社，2006年版

传统木结构营造技艺

　　2009 年 9 月 28 日至 10 月 2 日，在阿联酋首都阿布扎比举行的联合国教科文组织保护非物质文化遗产政府间委员会第四次会议上，由北京四合院传统营造技艺、香山帮传统建筑营造技艺、徽州传统建筑营造技艺、闽南民居营造技艺联合捆绑申报的中国传统木结构营造技艺经审议被批准列入《人类非物质文化遗产代表作名录》。

　　中国传统木结构营造技艺，是中国古代匠师在几千年的营造过程中积累形成的精湛技术和丰富经验，在材料的合理选用、结构方式的确定、模数尺寸的权衡与计算、构件的加工与制作、节点及细部处理和施工安装等方面都有独特与系统的方法或技艺，并有相关的禁忌和操作仪式。这种营造技艺以师徒之间"言传身教"的方式为主要传承手段，在中后期还出现了官方颁布的"技术标准"——建筑规范和营造法则等，世代相传，延承至今。

　　中国传统木结构营造技艺根植于中国特殊的历史、人文与地理环境，是中国传统生产与生活方式的真实写照。它所构建的建筑及空间体现了中国人对自然和宇宙的认识，反映了中国传统社

中国传统木结构营造技术的巅峰之作——北京故宫太和殿

会等级制度和人际关系，影响着中国人的行为准则和审美意向。这种营造技艺延承千年，遍及中国，并传播到日本、韩国等东亚各国，是古代东方建筑技术的代表，也是世界建筑艺术宝库中的一颗璀璨明珠，它创造的许多经典遗存如故宫、避暑山庄及周围寺庙、武当山古建筑群、苏州园林等，现已被列为世界文化遗产，成为全人类的宝贵财富。

木结构的发展历史

每一种事物的发展都有一个漫长的历程，木结构建筑的发展也不例外。在上古原始时期，世界各地的先民们都是用泥土和木材建造房屋的，被称为木骨泥墙建筑。但后来世界其他地区的建筑大都逐渐以石材及砖料代替了木材，唯独中国五千余年以来的建筑主流，始终沿着木结构为主的方向发展，以各种形式的梁架作为整个建筑物的承重主体，形成一种有机组合的木构架系统，并创造了与这种构架相适应的各种平面和外观的古典建筑，直到近代才被钢筋水泥所代替。纵观中国传统木结构营造技艺的发展史，按照实际情况可以划分为以下不同的时期和阶段。

先秦时期是木结构营造的萌芽阶段，历经原始社会、夏、商、西周、春秋、战国等多个历史时期和社会形态，时间跨度较大。由于人们使用的工具原始简陋、社会生产力低下，认知能力有限等原因，此阶段的建筑技术发展是极其缓慢的。即便如此，我们的祖先还是通过不懈地努力，逐步地掌握了营建地面房屋的技术，创造了原始的以夯土墙和木构架为主体的建筑形态，为后世木结构的发展与演变奠定了坚实的基础。现代考古发现距今七千多年的原始社会浙江余姚河姆渡遗址就已经出现了最早的榫

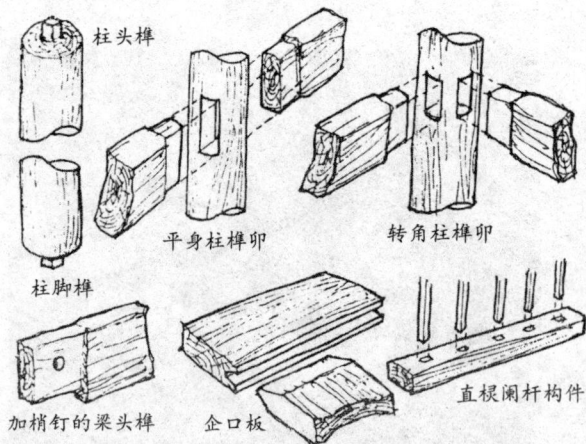

柱头榫

平身柱榫卯　　　转角柱榫卯

柱脚榫

加梢钉的梁头榫　　企口板　　直棂阑杆构件

河姆渡遗址出土的原始榫卯构件

卯结构建筑，被称作干栏式建筑。这种房屋首先是向地下规则的打入木桩，使木桩顶面水平，在木桩顶纵横铺板，成为房屋地面，然后用木（或竹）构筑墙和屋顶，这种房屋用材以木为主，构件的连接大多采用扎结技术，垂直相交的构件则用榫卯连接。榫卯是中国传统木结构建筑特有的技术，原始榫卯遗物的发现，昭示了中国木结构技术悠久的历史。进入奴隶社会时期，青铜工具的普及和生产力的提高，使得社会分工更加细致，产生了专门从事建筑行业的建筑工奴，建筑技术也随之发展。此时建筑多为构造简单的土木结构，多数建筑的柱列整齐、前后左右对应、开间一致。夏商时期还出现了高台建筑，即先用夯土筑起土台，在其上挖出基槽，再栽埋木桩，建造出大体量土木结构的建筑形式，这种建筑气势恢宏，多为宫殿、庙宇，而且多座宫殿形成庞大的建筑群。有些主体建筑，还在墙体前面栽埋一排等距离的木桩，叫做挑檐柱，以延宽房屋斜坡顶面，形成大屋顶、带回廊的建筑形式，由此高台式、大屋顶、带回廊的中国传统建筑风格已经形成，这在相当于夏代的二里头文化、商代的二里岗文化和殷墟文化的城址中就已出现，代表了当时建筑的最高水平。

　　秦、汉至南北朝时期中国的木结构营造技术又进入新的阶段。封建社会生产力的蓬勃发展带动了建筑技术的发展。中国传统建筑的主要构件以及木结构的两种主要体系抬梁式、穿斗式体系本期内均已形成，这一时期仍是多途径地探寻适应木构架结构与复杂构造的合理形式的探索期。当时的穿斗式木结构往往在柱枋之间使用斜撑，构成三角形构架，以防止变形。抬梁式木结构进一步发展，分化为厅堂式构架（后

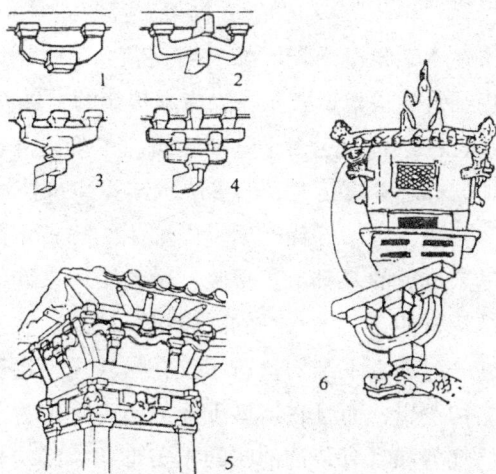

1 一斗二升（四川渠县冯阙）　2 一斗二升交耍头（四川渠县沈府君阙）　3 一斗三升（河南三门峡明器）　4 重拱（河北望都明器）　5 一斗二升交耍头曲拱（四川渠县）无铭阙　6 一斗三升抹角斗拱（河南灵宝陶楼）

汉代斗拱

329

数字技术复原的大明宫遗址

世称"小式")和殿堂式构架(后世称"大式")两种。同一建筑采用多种结构在本期也已出现，如干阑式和井干式相结合的构架形式、抬梁式和穿斗式相结合的构架形式。斗拱与木构架的发展同步，在本期也进入初始形成阶段，并且已经普遍应用于重要建筑。本阶段高台建筑日趋减少，楼阁建筑逐步增加，标志着真正意义的多层木结构建筑技术已经形成。

隋、唐、五代时期是中国木结构技术的成熟阶段，这一时期在继承两汉以来成就的基础上，吸收、融化了外来建筑的影响，形成独树一帜具有高度结构机能与艺术水平的"唐风"建筑，并对北宋初期建筑产生了深远影响。这一时期，木结构营造不仅在做法上、组合上显现合理的力学关系和清晰的结构逻辑，而且在造型上形成了合理的、规范化的形式，展示出强劲、雄迈的气势和富有装饰韵味的丰美形象。结构机能和审美形象在这里取得了高度的和谐、统一，是理性精神在木结构体系中的重要体现。殿堂式木结构得到进一步发展，在结构上以列柱和柱上的阑额构成内外两圈柱网，柱上用斗拱、梁、枋等构件将这两圈柱架紧密连系起来，支持内外槽的天花，形成了大小不同的内外两个空间。斗拱的承托、悬挑功能已经完善，型制也已经完备，形成了规范化的斗拱系列，并且从孤立的节点托架联结成整体的水平框架，再也不是孤立的檐下构件，而是已经成为纵横联结的铺作层，上承屋架层，下接柱网层，对保持木结构的整体性起到了关键作用。

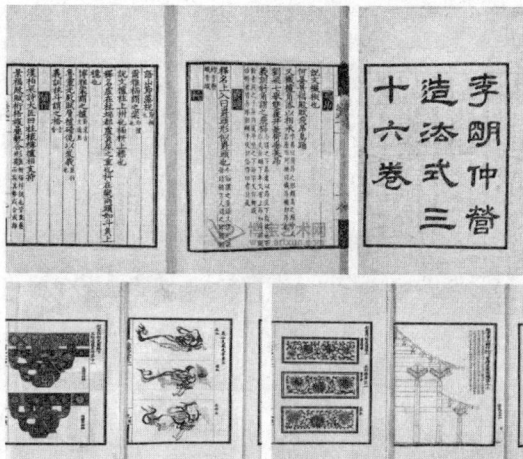

营造法式书影

宋、辽、金时期是木结构的精致化阶段。两宋时期的木结构为适应建筑功能的要求以及技术和艺术上的发展，开始尝试新的变化，在历史上占有重要地位。首先进一步完善木结构的结构体系，通过对以前的木结构进行调整、增、改（如增加普拍枋、采用对卯、强调侧脚与生起、精细加工等），使构件间的连接更为牢固，增强了构架整体的稳定性。同时宋代的木结构开始进行简化，典型代表就是斗拱在木结构中所占比例逐渐减小，结构功能逐渐减弱，装饰性逐渐增强。辽、金木结构的突出成就在于进一步深化了结构简化之风，开创了减柱或移柱的做法。本期在木结构营造史上更重要的成就在于确立了木结构的模数制度——材份制，即使用材、份来量度进深、间广、柱高，以及所有构件的长短和断面。材和份不仅仅是把尺子，也是一组非常灵活的模数系统，同时还包涵着设计方法、房屋标准化、建筑力学和建筑艺术等多方面的内容。本期还出现了中国木结构营造史上一本集大成的专著《营造法式》，它总结了以前的建筑成就，并对后世建筑实践产生深刻的影响。

元、明、清时期是木结构的高度程式化阶段，这一时期建筑沿着传统道路继续前行，获得了不少成就，形成了一套高度程式化体系，成为中国古代建筑史上最后一个高峰，但也是木结构乃至传统建筑演变的最后阶段，在结构机能蜕变的情况下，仍固执地拘于旧制，表现出极其顽固的传统惰性力。元朝时期少数民族及域外文化以空前的规模进入中国，为建筑技术的新发展提供了推动力。在中国木结构建筑长期缓慢发展变化的历史长河中，处于动荡期的元代建筑，在梁架体系、斗拱用材、翼角做法等方面出现较大突破。明清建筑的设计更加规范化、程式化，把木结构建筑技术发挥至炉火纯青的

太和殿的斗栱

地步，但这种规范又过于束缚，使得整个建筑的各部分用料及尺度都没有伸缩和变通的余地。明清木结构进一步奉行建筑简化之风，体系简化、明确，节点简单、牢固，整体性亦得到加强。但不足之处在于，简化却没有换来空间的灵活性，反而使构架更加死板僵化。斗栱的结构机能进一步削弱，日益趋于装饰化。清式斗栱只余柱头科及角科尚可勉强称为结构部分，平身科只是纯粹的装饰品。本期木构件的加工和制作手法也更为简单，中国木结构体系至此经过数千年的发展，完成了由简陋到成熟、复杂，再进而趋向简练的过程。明清时期各地民间建筑普遍发展，营造水平相应提高。以明代《鲁班营造正式》和清代工部《工程作法》的出现为标志，后者以十一等级"斗口"为模数，形成对今天仍影响深远的有别于宋元时期以前的木结构营造技艺。

20世纪初，随着近代西方建筑体系的传入，中国传统的木结构营造技术体系慢慢退出主舞台，但在一些古老城镇和部分乡村的民间住宅仍然不同程度地保持着传统的建筑形式，而在园林景观中传统建筑固有的面貌和艺术特性不仅从未失去，而且还在继续发扬光大。

木结构的基本类型

按结构体系工作原理的不同，我国传统木构架建筑又可分为抬梁式、穿斗式、井干式和干阑式等几种。其中以抬梁式最为普遍，使用范围较广，穿斗式次之，井干式和干阑式则为非主流结构。

抬梁式，又称叠梁式，广泛用于华北、东北等北方地区的民居以及国内大部分地区的宫殿、庙宇等规模较大的建筑中。其做法主要是沿着房屋的进深方向在石础上立柱，柱上架梁（当柱上采用斗栱时，则梁头插接于斗栱上）；再在梁上重叠数层瓜柱和梁，梁逐层缩短，最上层梁上立脊瓜柱，构成一组三角形木构架；在平行的两组木构架之间，用横向的枋联络柱的上端，并在各层梁头和脊瓜柱上安置若干与构架成直角的檩，这些檩上除排列椽子承载屋面重量以外，檩本身还具有联系构架的作用。这样由两组木构架形成的空间称为"间"，一座房屋通常由二三间乃至若干间，沿着面阔方向排列为长方形

山西五台山佛光寺大殿

平面，从而构成坡顶房屋的空间骨架。除此以外，这种木构架结构还可以建造三角、正方、五角、六角、八角、圆形、扇面、万字、田字及其他特殊平面的建筑和多层的楼阁与塔等。抬梁式构架的优点是室内少柱或无柱，可获得较大的空间；缺点则是柱梁等用材较大，消耗木材较多。抬梁式木构架至迟在春秋时代已初步完备，后来经过不断提高，产生了一套完整的做法，并在唐代发展成熟，形成以山西五台山佛光寺大殿和平顺天台庵正殿为代表的殿堂型和厅堂型两种类型。目前所见最早的抬梁式建筑图像是在出土于四川的东汉画像砖上。抬梁式营造方法所形成的结构体系，对我国古代木结构建筑的发展起着决定性作用。

穿斗式，又称立帖式，广泛应用于安徽、江浙、湖北、湖南、江西、四川等地区的民居类建筑中。其做法也是沿着房屋进深方向立柱，但柱的间距较密，柱直接承受檩的重量，不用架空的抬梁，而以数层穿枋贯通各柱，并以挑枋承托出檐，组成一组组的构架；檩条直接搁置在柱子上，在沿檩条方向，再用斗枋把柱子串联起来，由此形成了一个整体框架。穿斗式房屋的屋顶，一般为平坡，不似抬梁式建筑做反字凹面。穿斗式构架优点是可以使用细木料，较省木料，也较牢固，山面抗风性能好；缺点是室内柱密导致空间不够开阔。为解决这一问题，后来出现了在房屋两端的山面用穿斗式，而中央诸间用抬梁式的混合结构做法。穿斗式木构架出现于春秋，至迟在汉朝已经相当成熟，流传到现在，为中国南方诸省建筑所普遍采用，成为木构建筑构架主要形式之一。

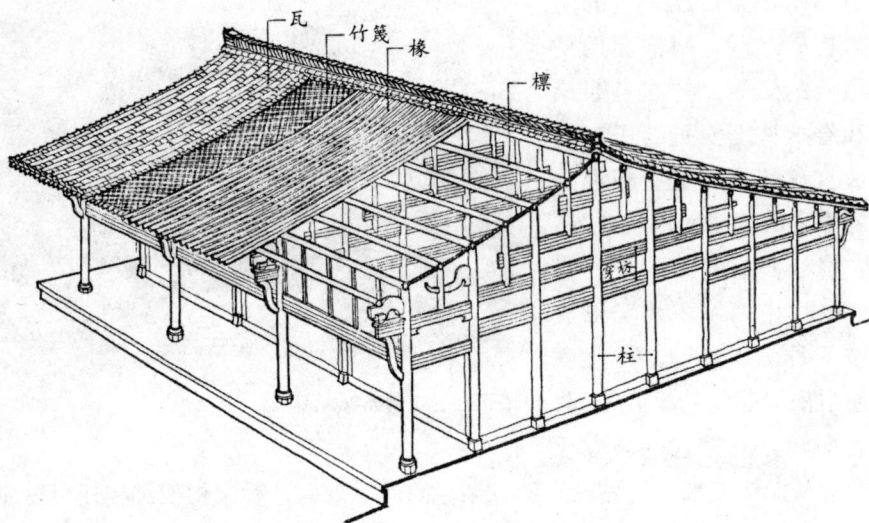

穿斗式木结构建筑

　　井干式，因形如古代井上的木围栏得名，又称木楞房，是一种不用立柱和大梁的房屋结构形式。以圆木或矩形、六角形木料平行向上层层叠置，在转角处木料端部交叉咬合，形成房屋四壁，实际上是木承重结构墙，再在左右两侧壁上立矮柱承脊檩构成房屋。井干式结构的房屋，既可直接建于地上，也可像穿斗式构架一样，建于干阑式木架之上。商朝后期陵墓内已使用井干式木椁，据此可知这种结构法应产生于这时期以前，此后，周朝到汉朝的陵墓曾长期间使用这种木椁，目前所见井干式房屋的形象和文献都属汉代，汉初宫苑中还有井干楼。井干式建筑耗材量大，建筑的面阔和进深均受木材长度的限制，外观较厚重感。因此，应用不广，一般仅见于产木的西南和东北部分森林地区。

干阑式房屋

干阑式，又作杆栏式建筑，是一种下部用木柱架空的建筑构造形式。多以竹或木架做成的桩柱在底层组成一台子，其上架设居住面的房屋。这种建筑今主要见于气候炎热、湿度大的南方地区，其底层空透敞开，用于通风防水灾及猛兽等，也有的用来圈养家畜、做储藏室等。"干阑"一词出自《旧唐书·南蛮传》："山有毒草及虮蝮蛇，人并楼居，登梯而上，号曰'干阑'。"大约是从远古的巢居演变来的，其建筑实例最早可回溯到距今六七千多年前的浙江河姆渡遗址中的建筑。

木结构的主要构件及联接方式

柱　柱子是房屋中直立的主要承压构件，古时称楹，最早出现于原始社会的半穴居建筑中，有圆形、方形、八角形几种断面形状，而以圆形居多。柱子一方面是决定单体建筑物规模、尺度的重要因素，同时其断面尺度又受制于整个建筑尺度，从现有资料看，柱子经历了由粗大到细小的演变过程。不同位置的柱子习惯上有不同的称呼：凡是檐下最外一列的柱子，不论前后或两侧，名为檐柱；在檐柱以内的柱子，除在建筑物纵中线上的都名金柱；在建筑物纵中线上，顶着屋脊，而不在山墙里的名为中柱；在山墙的正中一直顶到屋脊的名为山柱。

此外，在屋架中两层梁间或檩梁之间还有一种起支托填充作用的短木，一般也称为柱，这种支木如高度超过木身宽度时叫做瓜柱，反之叫柁墩。瓜柱按地位的不同可分为脊瓜柱、金瓜柱等。由于举架关系，脊瓜柱较高，柱脚常有角背支撑，以免倾斜。

梁　梁是进深方向的构架横木，为承弯曲构件，瓦屋顶的重量通过檩梁传递到直立的柱身。一般梁断面是矩形，但在南方很多使用圆形断面，以节约用材。每根梁的具体称呼，根据它在构架中的部位和长短不同，各有称谓。宋式梁的名称，是按它所承的椽数来决定，清代则按其上所承托的檩数来命名，如一层水平梁托檩条三根，叫做三架梁，而一层水平梁托檩条五根称五架梁。此外，假如是有廊的建筑物时，在檐柱与金柱之间另有短梁。在没有斗拱的建筑中，梁头方直叫抱头梁。在有斗拱的建筑中，梁头特地做成较复杂的挑尖形式，好像一顶道冠，就叫挑尖梁，这根短梁并不承重，只起勾搭联络作用。在廊深较大时，抱头梁上还可以再加一根瓜柱、一条梁和一根檩子，这时，下层的叫双步梁，上层的叫单步梁，双步梁除了勾搭联络之外也有承重的机能。

枋 起联系或承重作用的水平构件，断面和梁相同也是矩形，但较梁小，并与梁架垂直。按其位置与作用不同，名称各异。用于檐下的横枋，大式建筑称檐枋，殿式建筑称额枋。檐下依进深方向，起连贯两柱头，与额枋作用相同的称为随梁枋。挑尖梁下的枋称挑尖随枋。角金柱与角柱间的枋称斜插金枋。承托椽子的称承椽枋，承托天花的称天花枋，脊檩之下的称脊枋，金檩之下的称为金枋。

檩 位于梁头间或柱头科与柱头科间之上，断面多为圆形的承椽之木，是一种承重构件。俗称瓦梁，大式建筑称桁，小式建筑称檩。在檐柱柱头上的叫檐檩，在脊瓜柱上的叫脊檩，在两者之间的檩条叫金檩，如果是七檩以上的屋顶，檩数加多，可用上金檩、中金檩、下金檩的名称，加以区别。

椽 在檩檩之间，垂直置于檩上的木板条，椽的直径为檩的三分之一左右，椽子依约一椽径排列。最上一排与扶脊木接触的叫脑椽，在各金檩上的椽子都叫花架椽，也因地位而有上、中、下的区别。最下一步椽子叫檐椽，里端放在金檩上，外端伸出檐檩之外。在大式建筑中，每根圆断面的檐椽之上，还要加钉方形断面的飞椽，以增加挑出的深度。

斗栱 在方形坐斗上用若干方形小斗与若干弓形的多层叠装配而成，由斗、栱、昂、枋四大类构件组成。它是中国木结构营造体系最具特色的构件，不仅具有杰出的结构力学作用，还是封建社会中森严等级制度的象征和建筑重要的尺度衡量标准。统治阶级以斗栱层数的多少来表示建筑物的重要性，作为制定建筑等级的标准之一，只有宫殿、寺庙及其他高级建筑才允许在柱上和内外檐的枋上安装斗栱。斗栱最初用以承托梁头、枋头，还用于外檐支承出檐的重量，后来才用于构架的节点上，而出檐的深度越大，斗栱的层数也越多。至迟在周朝初期已有在柱上安置坐斗、承载横枋的方法。到汉朝，成组斗栱已大量用于重要建筑中，斗与栱的形式也不止一种。经过两晋，南北朝到唐朝，斗栱式样渐趋于统一，并用栱的高度作为梁枋比例的基本尺度。后来匠师们将这种基本尺度逐步发展为周密的模数制，就是宋《营造法式》所称的"材"。宋朝木构架的开间加大，柱身加高，房屋空间随之扩大，木构架节点上所用的斗栱逐步减少，这种趋向到明清两代更为显著，此时斗栱较唐宋小，而且排列较丛密，几乎丧失原来的结构机能而发展成为装饰化构件了。

榫卯构造联接 我国木构建筑的构造，是以榫卯结合为原则的，最早的实例见于史前的河姆渡文化居住遗址中。后世除屋面椽子、连檐、望板、角梁等几处用铁钉外，其它大木构造都靠榫卯来结合。所谓榫，即小于构件断面的凸出部分。卯，即构件上的开口或穿眼。

榫卯的类型、大小和形状都是相匹配出现的。主要有六种结合方式：①柱头、柱脚出榫，下入础卯，上入栌斗底卯。②横向构件与竖构件结合，均在竖向构件上开卯口，横向构件出榫，或加箫眼穿串（木

斗栱结构图

销钉）。③构件对接，均一头出榫、一头开卯口，用螳螂头口（银锭榫），勾头搭掌（巴掌榫）等。④纵、横向构件直角平接，用十字咬合。⑤两构件上下叠合，上下两构件于相对位置开箫眼，受暗箫眼。⑥斗 上用斗，斗底、拱头上开箫眼，受暗箫。

以榫卯构造来进行连接，其优点是使构件间节点都是柔性连接，利于抗震。缺点是使某些受力构件的断面被削弱，不能充分发挥材料的有效作用。

传统木结构体系的优缺点

中国古代木构架建筑，在当时的社会条件下，具有如下一些优点：

1. 木结构体系的结构适用性

木结构建筑体系中承重结构与围护结构相互分离，作用在房屋上的结构荷载由梁柱体系承担，墙体只承受自身重量，仅起到遮蔽和隔断空间的作用，可有可无、可厚可薄，墙壁门窗的安排布置也几乎不受墙体的任何限制。这种结构赋予建筑物以极大的灵活性，单体殿屋可严密围隔，也可充分敞开，能够满足不同使用功能、不同地域对建筑平面布置的要求。无论抬梁式或穿斗式木构件的房屋，只要在房屋高度、墙壁与屋面的材料和厚薄、窗的位置和大小等方面加以变化，就能广泛地适应各地区寒暖不同的气候。在房屋内

部也可设置隔扇、屏风、板壁等轻便的隔断物，起到极好的美化装饰作用。因此木结构体系灵活性大，适应性强。

2. 木结构体系的施工方便性

在古代中国大部分地区，森林面积很广，木料取材方便，比砖石更容易获取，可迅速而经济地解决材料的供应问题，而且木材属于柔韧性材料，加工比较容易，其材质特性决定着木材加工制作难度低于石材。原始社会时期，利用普通的石器就可以对木材进行非常精致的加工。考古证实，早在六七千年前，浙江余姚河姆渡人就已经加工出非常精准的木结构构件。此外中国木结构节点以榫卯相连，榫卯具有可逆拆卸的优点，建筑的拆卸维修、构件替换甚至整体搬迁都比较容易做到。而且中国木结构营造采取模数化方式设计施工，风格统一化，构件规格化，进一步保证了施工的便捷、精准。

3. 木结构体系的经济省时性

从建筑施工技术的角度看，木结构的施工优点正是砖石结构的缺点。总的来说，木结构形式的建筑在节省材料、劳动力和施工时间方面都要比石头建筑优越得多。特别是在施工时间上，中国传统木结构建筑要比同时代、同规模的西方砖石结构建筑不知快了多少倍。明成祖兴建北京宫殿和十王府等大规模建筑群，从备料到竣工只有十几年；明清两朝，作为皇家统治中心的紫禁城多次遭受火灾，嘉靖三十六年 (1557) 火灾，三大殿、文武二楼（即清之体仁、洪义二阁）、午门等全部烧毁，后重修只花了三年时间。而意大利的比萨斜塔建造时间前后长达约 200 年，法国巴黎圣母院大教堂在 1345 年全部建成，历时则有 180 多年。

4. 有较好的抗震性能

木结构特殊的构造形式使建筑物在体量、刚度和强度各方面均匀协调稳定，具有较强的抗震能力。中国秦汉之后木构架建筑的柱子并不埋入地下，而是像一张八仙桌一样搁在高平坚实的台基上，以房顶的重量压稳，梁柱的框架结构有较好的整体性，构架的节点所采用的斗拱和榫卯结构结合严实又不死固，具有若干伸缩余地，加上木材本身也具有一定的弹性，故遇到强大震动时，整个结构体系处于一种弹性状态，因而具有良好的抗震性能。"墙倒屋不塌"形象地表达了这种结构的特点。现存中国古代著名的古建筑，有很多历史上都经受过多次地震，至今仍安然无恙。现代世界各国研究抗震建筑，追求的最高目标是按 9 度设防，我国古代传统木构架建筑，一般基本都可达到这个目标。

凡事有利皆有弊，木结构建筑也不例外。在具有以上优点的同时，木结构建筑也存在一个很严重的缺点，就是防火性能差。中国古代很多辉煌的建筑大都毁于火灾，所以古代大型建筑前面，大都设有大水缸（称为"门海"），院里设有水井，平时水缸可作他用，

墙倒屋不塌

一旦出现火灾，则用于灭火。过去很多地方把失火叫做"走水"，就是这个缘故。

代表人物代表著作

传统木结构营造技术是由古代工匠在漫长的生产实践过程中逐步积累总结出来的，无数能工巧匠添砖加瓦，共同缔造了木结构营造技术的"大厦"，然而由于我国古代特有的匠役制度，工匠的地位低下，这些杰出的探索者大都默默无闻，消逝在历史的烟尘中，只留下辉煌的建筑，令后人惊叹不已。当然，也有一些特别杰出者，"工"而优则仕，青史留名，才在历史的长河中留下些许浪花。我们下边介绍几位，谨作为千千万万古代能工巧匠的代表，呈现给大家。

李诫（1060—1110），字明仲，郑州管城县人，宋代博学多艺的建筑师。历任将作监主簿、将作丞、少监，最后升到将作监。他曾负责主持过大量新建或重修的工程，其中因工程完成而得到晋级奖励的重要工程计有：五王邸、辟雍、尚书省、龙德宫，朱雀门、开封府廨等 11 项。绍圣四年（1097）末，奉旨编修《营造法式》，至元符三年（1100）成书，此书是他一生中最有代表的著作，也是我们现在研究中国古代建筑的一部重要的专著。

李诫

蒯祥（1377—1461），明代著名建筑匠师，江苏吴县香山人，木工出身，官至工部左侍郎，食正一品俸。毕生经营宫廷建筑，并以此而闻名中外。他于永乐十五年（1417），应征赴京承担规划营建北京三大殿及端门、承天门（即天安门），正统至成化年间，先后受命营建乾清宫、坤宁宫、隆福寺、裕陵等。由于他技艺高超，人称"蒯鲁班"。吴县香山匠人一直将蒯祥奉为"香山帮"祖师。

样房雷，又称样式雷，清代民间对雷姓建筑师世家的习称。样房，是清代专门从事建筑设计与施工的部门，约当于现在的建筑设计部门。雷氏家族之祖雷发达，是清初南方匠人，应征赴京师营建宫室，因技艺出众而被提升为"样师"，其后七代均为清宫廷总建筑师，主管样房。清代二百余年间的重要建筑，如圆明园、清漪园、玉泉山、香山离宫、热河行宫、北京三海等规划设计，无不出自雷氏的样房。

除了杰出的工匠之外，中国木结构营造史上还有几本比较出名的书籍，它们大多是传统营造技艺的总结，对木结构技艺的传承发挥了巨大的作用。

《营造法式》作为我国第一部建筑学法规，成书于北宋崇宁三年（1100），具有建筑规范和工料定额手册的性质。由将作监李诫奉命编纂而成，是一部总结前人技术经验，闪耀着古代工匠智慧和才能的重要著作。全书共34卷，其中13卷记叙各工种的技术规程，称为"诸木制度"；3卷记叙材料消耗指标，称"料例"；10卷记叙各种工种的劳动定额，称"功限"；6卷绘制有关图样。该书采取以各工种制度为线索的编写方法，对当时建筑技术作了高度概括，文字精辟，内容丰富，对于研究我国古代建筑的发展及宋代建筑，有十分重要的意义。

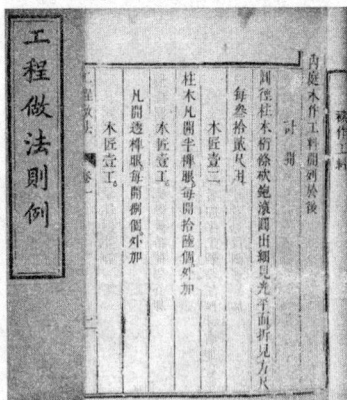

《工程做法则例》即《钦定工部工程作法》，是清政府颁布的关于建筑技术工程方面的法典。刊行于雍正十二年（1734），共74卷，分四大部分，全书内容可以归为三点：建筑的工程做法、用料和用工。此书不附图例，全为文字叙述，因此不能确切地表明建筑构造及变化。编此书主要出于经济考虑，是为了各类建筑有统一规格，以便于工料的估算。但从技术上讲，它集中了当时南北匠

师的丰富经验，是明清以来官式建筑的作法、工料估算方面的总结。书中以"斗口"为模数的设计方法，以及工料的估算等，对统一建筑的格式，降低或控制造价，加快建筑速度，保证工程质量等，都起着极大的作用。

《营造法源》是唯一记述江南地区传统建筑做法的专著。作者姚承祖（1866—1939），苏州吴县人，字汉亭，出身于木匠家，晚年根据家藏秘籍图册编成书稿。全书按各部做法系统阐述江南传统建筑的型制、构造、配料、工限等内容，对设计研究传统建筑有较大参考价值。

保护传承

以木结构为主的中国传统建筑历经漫长的发展，形成独特完整的体系，是我国宝贵的文化遗产，蕴涵着精湛的技艺和丰富的思想。过去对中国古代建筑的保护主要通过各级文物保护单位的形式，侧重物质和静态的层面，而对营造技艺和传承人的保护重视不足。近年来，随着非物质文化遗产概念的引入和非物质文化遗产保护工作的展开，传统建筑营造技艺得到了越来越多的关注，这一传统技艺也已被列入非遗保护范围，先后有官式古建筑营造技艺（北京故宫）、香山帮传统建筑营造技艺、婺州传统民居营造技艺（诸葛村古村落营造技艺、俞源村古建筑群营造技艺、东阳卢宅营造技艺、浦江郑义门营造技艺）、徽派传统民居营造技艺、闽南传统民居营造技艺、客家土楼营造技艺、侗族木构建筑营造技艺、苗寨吊脚楼营造技艺、东阳木雕、徽州三雕（婺源三雕）、潮州木雕等 11 项技艺列入国家级非物质文化遗产名录，此外还有 47 项被列为省级非物质文化遗产。

但在快速发展的中国，随着城市化进程的加快，现代化的建设内容以及相应生活方式的改变，仍在严重地挤压着传统木结构建筑以及相应营造技艺的生存空间。突出表现在：1. 从业人数锐减，人才青黄不接，特别是缺乏专业化和系统化传承队伍。由于年轻人不乐意从事木工工作，很多地方出现了木工荒，同时，高水平人才较少，经验丰富、系统化的传承人队伍缺少，导致建筑精品建设和营造创新能力都受到了限制。2. 传统木结构营造技术精髓丢失，特别是古典建筑与现代建筑的共同发展、互相补充方面，只表现出了略师其意、难得精髓的尴尬局面。在大量的现代建筑规划中，吸收古典元素的方式和方法不全面，传统技艺在发挥抗震、防灾方面的作用没有得到进一步发展和创新。3．虽然传统木结构营造技艺被列入口头和非物质文化遗产项目中，但是民间仍旧有一些关于"大木作"、"大木歌"等工艺传承方面的技术口诀在不断失传。

我们不能忽视城市化进程加快所导致的技艺性文化遗产的大量消失给社会所带来的负面效应。特别是中国传统木构架建筑相比西方古典的石结构、混凝土结构的建筑来讲，整体耐久性较差，保存较难。这就使得木结构建筑的维修、翻建、重建的频率很高。若相应的传统营造技艺消失，那么遗存至今的传统建筑，包括大量的文物建筑也终将消亡。同时与广大乡民和工匠最相关的生存方式也必然会逐渐消失，从而最终导致这一独特性的社会文化彻底消亡。有鉴于此，我们必须采取更为有效的措施，把传统木结构营造技术切实可行的传承下去。

首先要全面收集和整理传统木结构营造技术的相关资料，特别是民间口传亲授的古建筑木工口诀等口述资料。其实在民间应用的木工口诀相当多，各地区在同一口诀的传承中也不尽相同，这些大量的口诀对木结构营造技术发展有极为重要的指导意义。长期以来，我国传统木结构营造偏重于官式建筑，一些民间营造技术得不到足够重视，尤其是一些世代相传的技艺，往往人亡技失。未来在全面搜集整理大木歌内容的基础上，还要进行相应学术领域的研究，要把老师傅们口传的歌谣、口诀对应现在的某些数据或相关领域，进行科学研究，力争有新的发现。

其次要注意发现和保护传承人，科学总结一些传承作品，绝不能让中国古代建筑艺术失传。要加大相关学科建设力度，探索多种形式的联合培养体系，造就涵盖各种层次的人才队伍，尤其是注重培养高学历人员，防止技艺失传或人才不接等情况发生。对于特殊传承人才，应给予必要的保障。目前香山帮建筑技艺的人才培养探索出了一条较好的路子，"香山工坊"通过与苏州大学城市建筑学院合作培养大学生，让大学生能够学习并实践"香山帮"技艺，培养了一批高学历的营造人员。中国传统木结构营造技术几千年一直是以"师傅带徒弟"这一传统方式进行传承的，如今合作培养大学生将是一次突破，具有一定的借鉴作用。

第三，要借助国家的力量，通过建设一批新建筑、维护大量老建筑，以项目带动的形式，促进传统木结构营造技术的保护和传承，这样一方面保护了既有文物建筑，另一方面使传统技术有了用武之地。最近几年进行的故宫大修工程，就非常有效地带动了传统木结构营造技术的传承和发展。在选择项目的时候一方面要根据既存建筑的濒危程度，同时要注意考虑文化特色和地域特点，使各种流派的木结构营造技艺都能得到均衡的继承和发展。

刘托研究员与其主持研发的中国传统建筑模型

第四，传统木结构营造技术要向文化产业方向延伸，要在做好基本建筑工作的同时，将设计、咨询、施工等各个环节连接起来，实现一条龙服务，为更好地走向市场奠定基础；要开发图书、图册、模型、木雕工艺品、石雕工艺品等相关的文化产品，迎合社会需要；还可以根据社会上新中式装修风格的兴起，发挥传统木结构营造技术中"小木作"技术优势，提供相应的服务，开拓家居市场。

最后，要加强宣传工作，进一步推广传统建筑营造技艺，在全社会范围内形成良好的保护氛围。为形成这种良好氛围，就要使中国传统木结构建筑营造技艺的基本知识得以普及，这就需要我们加强宣传教育，特别是对青少年的教育。中国艺术研究院为此举行了中国传统建筑营造技艺等非遗项目进校园活动，院所属建筑艺术研究所的专家还主持研发了"托宝"系列古建筑拼插模型，富有知识性、艺术性和体验性的特点，作为教具供学生在课堂和课外活动中使用，取得了很好的效果，值得推广。

（编撰：张伟）

参考文献

[1] 刘敦桢主编：《中国古代建筑史》，中国建筑工业出版社，1980 年版

[2] 李允鉌：《华夏意匠》，中国建筑工业出版社，1985 年版

[3] 侯幼彬：《中国建筑美学》，黑龙江科学技术出版社，1997 年版

[4] 中国建筑艺术史编写组：《中国建筑艺术史》（上、下），文物出版社，1999 年版

[5] 罗哲文主编：《中国古代建筑》（修订本），上海古籍出版社，2001 年版

[6] 张家骥：《中国建筑论》，山西人民出版社，2003 年版

[7] 潘谷西：《中国建筑史》，中国建筑工业出版社，2004 年版

[8] 潘谷西、何建中：《营造法式》解读，东南大学出版社，2005 年版

[9] 吴庆洲：《建筑哲理、意匠与文化》，中国建筑工业出版社，2005 年版

[10] 万幼楠：《中国古代建筑基础知识》，江西文物，1991 年增刊

[11] 李勤：《中国传统木结构建筑简析》，北京建筑工程学院学报，2010 年第 1 期

[12] 贾洪波：《中国古代木结构建筑体系的特征及成因说辨析》，南开学报（哲学社会科学版）2009 年第 2 期

[13] 田大方、张丹、毕迎春：《传统木构架建筑的演变历程及其文化渊源》，哈尔滨工业大学学报（社会科学版），2010 年第 5 期

[14] 汤小平、马庆华：《探析中国传统木结构单体建筑的美学特征》，水利与建筑工程学报，2010 年第 6 期

端午节

2009 年 9 月 30 日联合国教科文组织保护非物质文化遗产政府间委员会第四次会议在阿布扎比审议并批准了将中国的端午节列入《人类非物质文化遗产代表名录》，在韩国江陵端午祭已经入选世界《人类非物质文化遗产代表名录》的背景下，中国的端午节仍被认可并成功入选，可见中国端午节的影响力之大，在中国政府和民众中的地位也绝非一般。

端午节本是中国的传统节日，又名重午、端五、蒲节，时在农历五月初五。端有"初"的意思，故称初五为端五。夏历（农历）的正月建寅，按地支顺序，五月恰好是午月，加上古人常把五日称作午日，因而端五又称重午。端午节习俗传遍全国各地，主要分布于广大汉族地区，壮、布依、侗、土家、仡佬等少数民族也过此节。

端午节的由来

关于端午节的由来有很多种解释，端午节究竟起源于什么样的背景，又是如何演变成现在的节日形态，这是我们关于端午节最想弄清楚的问题。民间普通百姓多以传说来解释端午节的由来，而历代的文人也做过很多尝试来解释端午节。但由于在民间存在的多种猜想和解释加上文人学士关于端午节的诗作，使得端午节的真正起源变得更为神秘，而传说却逐渐占据了上风，例如端午节是源于纪念屈原、勾践、伍子胥、介子推和孝女曹娥等传说，成为端午节起源的主流解释。

近代学者对端午节的起因进行了比较详细的考证，在大量研究端午起源的论著中，比较有代表性的是闻一多先生的《端午考》和《端午节的历史教育》、江绍原的《端午竞渡本源考》以及陈久金、卢莲蓉二位先生合著的《中国节庆及其起源》。主要出现了以下几种观点，闻一多先生认为端午节源于古越民族的龙图腾；江绍原先生认为端午节的竞渡等习俗，主要是源于上古对于五月防病驱邪的相关禁忌和活动；而陈久金和卢莲蓉主要是从天文历法角度推出端午节源于上古五月的夏至节和新年俗的观点。上述观点基本上构成了当下端午节起源研究的理论基础，它们都有让人信服的合理性。

1. 端午节源于季候变化引起的原始信仰与巫术习俗

季候变化所引起的驱瘟辟邪的原始信仰和仪式是孕育端午节最早的一个起源。在端午节期间，由于季候变化引起的自然界的生物反应，有很多瘟疫、灾难现象是人们无法解释的，他们将这些无法解释的东西归为有神秘力量在制造瘟疫和灾难，于是想借助巫术来沟通神界，以祈神求吉的各种仪式来消解给人们生活带来不便的东西。同时巫术的一个重要条件是禁忌的规约，从而五月形成了大量的禁忌。

人们通常采用巫术的手段来逃避和驱除病祟、邪恶，以祈神、娱神、和咒神的通神仪式来禳解灾异，这在世界各国的民众生活的习俗实践中，已形成了一种普遍的民俗信仰与文化选择。一般说来，五月驱除邪祟和病魔的巫术包含两个方面：一方面是想借巫术的力量来战胜疾病和瘟疫；另一方面是想借助巫术的手段来治疗和预防疾病。江绍原在《端午竞渡本源考》中对端午节的巫术进行了深入的分析，他认为武陵民俗中的竞渡是为了禳灾祈福，而且在竞渡过程中体现出显著的巫术性，如聘巫亮船、举船发火、船人顶佩厌胜之物以及专程供给饭酒和最后的烧纸船等，这些都是为了用巫术来处理疾病和灾异。

另一种巫术是在通过巫医的手段对疾病加以预防和治疗。端午节的许多节物和事象和这个内容联系在一起。在民间信仰中艾蒿、菖蒲、兰草都是具有辟邪除祟功能的，而端午节中，人们都要采艾蒿、菖蒲悬于门外，同时用新鲜的艾蒿或兰草洗浴、洁身。

五月在古代民间是"恶月"、"毒月"，各种不好的事物开始滋生，民间有"五毒"说，所以这天人们喝雄黄酒、洒石灰、贴符等来驱除邪气。正是五月季候引起的禁忌和信仰才反衬出端午节浓郁的驱瘟除疫的节日来源。

2. 端午节起源于夏至

岁时节令夏至节俗是端午节最直接的一个来源。端午节除了体现自然界的生物性现象外，还体现在岁时天象等自然界的非生物现象上。夏至是我国二十四节气中一个重要的节气，在上古时期，由于缺乏精确的历法，人们是靠天象来大致推断时间，夏至大约在五月的中旬，夏至意味着炎热的夏天的到来，意味着阴阳交替、阳气达到了极盛时期阴气开始上升的转折。

端午节又叫端阳节，端阳即是阳气的端点，阳气盛极而衰，这个时间点就是指的夏至，《荆楚岁时记》载"夏至节日食粽"，这也是端午节起源于夏至的一个证据。《武陵竞渡略》中记载，"五月一日新船下水，五月十日至十五日划船赌赛"。夏至日一般都出现在五月中旬前后，因此也可以说明夏至日竞渡的可能性是存在的。

直到近世，端午节的节俗活动在江南的许多地区仍是在夏至日举行。这也足以说明古代的端午节源于夏至了，也就决定了夏至乃至整个夏至日所在的五月的性质了。

3. 端午节起源于龙图腾

百越民众崇拜龙图腾的信仰与新年仪式是端午节一个非常重要的来源。据闻一多先生的《端午考》考证，端午节是从南方吴越地区传播开来的祭祀龙图腾的民俗节日，其中的龙舟、五色丝都是与龙有关的习俗。要想弄清楚端午节与龙的关系，必须先弄明白端午与五行、五行与龙的内在关系。五行中最基本的观念是五方，而五方是一种社会政治组织形态的符号，兼宗教信仰象征。依图腾制度，古代信奉龙图腾的氏族一般有四个支族，每个支族各有一条龙为图腾，这样就有五条龙，并以不同的颜色区分开来，于是，对龙的信仰就由图腾崇拜演化为祖宗崇拜，五色龙则成为五色帝。当宗教信仰发展到祖宗崇拜的阶段时，社会组织也相应地由图腾发展为国家标志，五帝就是天神，同时也是人间的帝王。由此看来，"五"在图腾社会下变成了神圣数，而发展成支配后来中国数千年文化的五行思想，当今仍然流行的五月初五端午节也体现了"五"的神圣性。

古代越族将夏历的五月作为自己的新年，古越民族新年习俗与龙有内在关系，而这些习俗，如划龙舟、五色饭、五色囊以及插柳庆贺新年等是端午节习俗的一个重要来源。

至于端午节的追源和内涵的研究，尚有待继续，但它是中国传统文化中的一个闪光点是毫无疑问的，而且其影响已超出国界也是不争的事实。

端午节的名人传说

端午节是中华民族最为古老的传统节日之一，据学者研究证明，端午节迄今为止，至少有两千年的历史了。从一些古典文献和地方志的记载来看，端午节一直受到人们的关注与热情参与，节日里的插艾蒿、菖蒲、系五彩丝等都成为了固定的节日习俗。后来，人们又把这些节日习俗和节日来源与一些历史名人联系起来，与一些著名的历史事件结合起来，这不仅给节日增添了丰富的故事和传说，同时也促进了端午节的传播与发扬，让人们多方位地体验节日的文化内涵。

1．关于屈原的传说

战国时代，楚秦争夺霸权，诗人屈原很受楚王器重。然而屈原的主张遭到以上官大夫靳尚为首的守旧派的反对，并不断在楚怀王的面前诋毁屈原，楚怀王渐渐疏远了屈原，有着远大抱负的屈原倍感痛心，他怀着难以抑制的忧郁悲愤，写出了《离骚》、《天问》等不朽诗篇。

公元前229年，秦国攻占了楚国八座城池，接着又派使臣请楚怀王去秦国议和。屈原看破了秦王的阴谋，冒死进宫陈述利害，楚怀王不但不听，反而将屈原逐出郢都。楚怀王如期赴会，一到秦国就被囚禁起来，楚怀王悔恨交加，忧郁成疾，三年后客死于秦国。楚顷襄王即位不久，秦王又派兵攻打楚国，顷襄王仓惶撤离京城，秦兵攻占郢城。屈原在流放途中，接连听到楚怀王客死和郢城攻破的噩耗后，万念俱灰，仰天长叹一声，投入了滚滚激流的汨罗江。江上的渔夫和岸上的百姓，听说屈原大夫投江自尽，都纷纷来到江上，奋力打捞屈原的尸体，纷纷拿来了粽子、鸡蛋投入江中，有些郎中还把雄黄酒倒入江中，以便药昏蛟龙水兽，使屈原大夫尸体免遭伤害。从此，每年五月初五为屈原投江殉难日，楚国人民都到江上划龙舟，投粽子，以此来纪念伟大的爱国诗人，端午节的风俗就这样流传下来。

2．关于伍子胥的传说

有关端午节的另一个传说，在江浙一带流传很广，是纪念春秋时期（前770—前476）的伍子胥。伍子胥名员，楚国人，父兄均为楚王所杀，后来子胥弃暗投明，奔向吴国，助吴伐楚，五战而入楚都郢城。当时楚平王已死，子胥掘墓鞭尸三百，以报杀父兄之仇。吴王阖庐死后，其子夫差继位，吴军士气高昂，百战百胜，越国大败，越王勾践请和，夫差许之。子胥建议，应彻底消灭越国，夫差不听，吴国大宰，受越国贿赂，谗言陷害子胥，夫差信之，赐子胥宝剑，子胥以此死。子胥本为忠良，视死如归，在死前对邻舍人说，"我死后，将我眼睛挖出悬挂在吴京之东门上，以看越国军队入城灭吴"，遂自刎而死，夫差闻言大怒，令取子胥之尸体装在皮革里于五月五日投入大江，因此相传端午节亦为纪念伍子胥之日。

3．关于曹娥的传说

东汉（23—220）孝女曹娥救父投江。曹娥是东汉上虞人，父亲溺于江中，数日不见尸体，当时孝女曹娥年仅 14 岁，昼夜沿江号哭。过了 17 天，在五月五日也投入江中，五日后抱出父尸。就此传为神话，继而相传至县府知事，令度尚为之立碑，让他的弟子邯郸淳作诔辞颂扬。孝女曹娥之墓，在今浙江绍兴，后传曹娥碑为晋王义所书。后人为纪念曹娥的孝节，在曹娥投江之处兴建曹娥庙，她所居住的村镇改名为曹娥镇，曹娥殉父之处定名为曹娥江。端午节纪念孝女曹娥的传说也流传至今。

4．关于介子推的传说

春秋时期，晋太子重耳被迫流亡途中，在一处渺无人烟的地方，又累又饿。大家万分着急，介子推走到僻静处，从自己的大腿上割下了一块肉，煮了一碗肉汤给太子，重耳渐渐恢复了精神，当他发现肉是介子推从自己腿上割下的时候，感激地流下了眼泪。19 年后，重耳做了国君，也就是历史上的晋文公。即位后文公重赏了随他流亡的功臣，唯独忘了介子推。很多人为介子推鸣不平，劝他去讨赏，可是介子推最鄙视那些争功讨赏的人。他打好行装，同母亲悄悄地到绵山隐居去了。晋文公听说后，羞愧莫及，亲自带人去请介子推，然而绵山山高路险，树木茂密，寻找两个人谈何容易，于是有人献计，从三面火烧绵山，逼出介子推。 大火烧遍绵山，却没见介子推的身影，火熄后，人们才发现背着老母亲的介子推已坐在一棵老柳树下死了。晋文公见了，悲痛不已。之后，从树洞里发现一封血书，上写道："割肉奉君尽丹心，但愿主公常清明。" 介子推忠君、孝母、淡于功利的品质成为人们效仿的楷模。

为了纪念介子推，晋文公下令把绵山改为"介山"，这一天全国不准生火。最早关于介子推与五月五日习俗出现在是东汉末年蔡邕写的《琴操》中，文中记载："晋文公与介子推绥俱亡，子绥割股以啖文公。文公复国，子绥独无所得。子绥做龙蛇之歌儿隐。文公求之，不肯出，乃幡左右木，子绥抱木而死。文公哀之，令人五月五日不得举火。"

此外，全国各地还有很多关于著名历史人物的传说，如在广西，人们认为端午竞渡是为了纪念苍梧太守陈临；有的地方传说端午节是为了纪念道教的创始人张天师；也有说是为了纪念钟馗，还有的传说是为了纪念唐代的农民起义领袖黄巢。总之关于端午节的传说是数不胜举的，也正是这些传说使我们的端午节成为中国众多节日中最有特色的传统节日之一。

丰富多彩的节日习俗

端午节是在我国南北文化融合的过程中逐步形成的民族节日，流传的地区和民族非常广泛，这就导致了端午节的一种习俗特点：端午节的主要习俗在不同的地区不同的民族是大致相同的，但一些比较具体的习俗和观念又呈现出丰富的地域性和民族的差异性。端午节的主要习俗有龙舟竞渡、佩带端午索、香包和五毒兜、挂菖蒲、艾草、饮雄黄酒、吃粽子、张贴符图等。

1. 端午节挂艾叶、菖蒲、榕枝习俗

在端午节，家家都以菖蒲、艾叶、榴花、蒜头、龙船花、榕枝，制成人形称为"艾人"。将艾叶悬于堂中，剪为虎形或剪彩为小虎，贴以艾叶，妇人争相佩戴，以僻邪驱瘴。用菖蒲作剑，插于门楣，有驱魔祛鬼之神效。艾草代表招百福，是一种可以治病的植物，插在门口，可使身体健康，针灸里面的灸法，就是用艾草作为主要成分，放在穴道上进行灼烧来治病。有关艾草可以驱邪的传说已经流传很久，主要是从它具备医药的功能而来，像宗懔的《荆楚岁时记》中记载曰："鸡未鸣时，采艾似人形者，揽而取之，收以灸病，甚验。是日采艾为人形，悬于户上，可禳毒气。"一般人也有在房屋前后栽种艾草，求吉祥的习俗。台湾民间也有在端午时贴"午时联"习俗，它的作用和灵符一样，如有的"午时联"为"手执艾旗招百福，门悬蒲剑斩千邪"。榕枝在民间的意义可使身体矫健，"插榕较勇龙，插艾较勇健"。也有地方习俗是挂石榴、胡蒜或山丹，胡蒜除邪治虫毒，山丹方剂治癫狂。关于榴花悬门避黄巢，还有一段故事。黄巢之乱的时候，有一次黄巢经过一个村落，正好看到一个妇女背上背着一个较大的孩子，手上牵着一个年纪较小的，黄巢非常好奇，就询问原因。那位妇人不认识黄巢，所以就直接说因

为黄巢来了，杀了叔叔全家，只剩下这个唯一的命脉，所以万一无法兼顾的时候，只好牺牲自己的骨肉，保全叔叔的骨肉。黄巢听了大受感动，并且告诉妇人只要门上悬挂石榴花，就可以避黄巢之祸。石榴花正是这个季节的花卉，也有治病的功能。石榴皮为一常见的中药。

2. 端午节的佩饰习俗

端午节有小孩佩香囊、艾虎的习俗，传说有避邪驱瘟之意，实际是用于襟头点缀装饰。香囊内有朱砂、雄黄、香药，外包以丝布，清香四溢，再以五色丝线弦扣成索，做各种不同形状，结成一串，形形色色，玲珑可爱。艾虎，以艾编剪而成，或剪彩为虎，粘以艾叶，佩戴于发际身畔。端午节饰戴艾虎的风习已经有千年以上的历史。

另外，端午节还有佩带像符、花肚兜和五毒肚兜的习俗，很多民族地区端午节还要为小孩制作五毒衣，在衣服上绣上老虎、蝎子、蜘蛛、蜈蚣、蜥蜴等，也有把壁虎、蟾蜍、蛇列在五毒当中。据说这些饰品，可以做到以毒攻毒、保护孩童。

3. 端午节的龙舟习俗

赛龙舟，是端午节的主要习俗。相传起源于古时楚国人因舍不得贤臣屈原投江死去，许多人划船追赶拯救。他们争先恐后，追至洞庭湖时不见踪迹。之后每年五月五日划龙舟以为纪念。借划龙舟驱散江中之鱼，以免鱼吃掉屈原的身体。竞渡之习，盛行于吴、越、楚。

其实，"龙舟竞渡"早在战国时代就有了。在急鼓声中划刻成龙形的独木舟，做竞渡游戏，以娱神与乐人，是祭仪中半宗教性、半娱乐性的节目。后来，赛龙舟除纪念屈原之外，在各地被人们还赋予了不同的寓意，比如江浙地区划龙舟，兼有纪念当地出生的近代女民主革命家秋瑾的意义。夜龙船上，张灯结彩，来往穿梭，水上水下，情景动人，别具情趣。贵州苗族人民在农历五月二十五至二十八日举行"龙船节"，以庆祝插秧结束和预祝五谷丰登。云南傣族同胞则在泼水节赛龙舟，纪念古代英雄岩红窝。不同民族、不同地区，划龙舟的传说有所不同。直到今天在南方的不少临江河湖海的地区，每年端午节都要举行富有特色的龙舟竞赛活动。

清乾隆二十九年（1736），台湾开始举行龙舟竞渡。当时台湾知府蒋元君曾在台南市法华寺半月池主持友谊赛。现在台湾每年五月五日都举行龙舟竞赛。在香港，也举行竞渡。此外，划龙舟也先后传入邻国日本、越南及英国等国家。1980年，赛龙舟被列入中国国家体育比赛项目，并每年举行"屈原杯"龙舟赛。1991年6月16日（农历五月初五），在屈原的第二故乡中国湖南岳阳市，举行首届国际龙舟节。尔后，湖南省决定要定期举办国际龙舟节。

4．端午节特殊食俗

端午节最典型的节日食品就是粽子。公元前340年，爱国诗人、楚国大夫屈原，面临亡国之痛，于五月五日，悲愤地怀抱大石投汨罗江，为了不使鱼虾损伤他的躯体，人们纷纷用竹筒装米投入江中。以后，为了表示对屈原的崇敬和怀念，每到这一天，人们便用竹筒装米，投江祭奠，这就是我国最早的粽子——"筒粽"的由来。

为什么后来又用艾叶或苇叶、荷叶包粽子呢？《初学记》中有这样的记载：汉代建武年间，长沙人晚间梦见一人，自称是三闾大夫（屈原的官名），对他说："你们祭祀的东西，都被江中的蛟龙偷去了，以后可用艾叶包住，将五色丝

嘉兴端午赛龙舟

线捆好，蛟龙最怕这两样东西。"于是，人们便以"菰叶裹黍"，做成"角黍"，世代相传，并逐渐发展成为我国的端午节食品。

在江浙地区，端午节还有食五黄的习俗。五黄指黄瓜、黄鳝、黄鱼、咸鸭蛋黄、雄黄酒。此外浙北端午节还吃豆腐。

其中，端午饮雄黄酒的习俗，在长江流域地区极为盛行。古语曾说："饮了雄黄酒，病魔都远走。"雄黄是一种矿物质，俗称"鸡冠石"，一般饮用的雄黄酒，只是在白酒或自酿的黄酒里加入微量雄黄而成，无纯饮的。雄黄酒有杀菌驱虫解五毒的功效，中医还用来治皮肤病。在没有碘酒之类消毒剂的古代，用雄黄泡酒，可以祛毒解痒。未到喝酒年龄的小孩子，大人则给他们在额头、耳鼻、手足心等处涂抹上雄黄酒，意在消毒防病，虫豸不叮。

此外，端午节还有"斗百草"习俗，分为"文斗"和"武斗"两种，"文斗"主要是大人之间的游戏，如《红楼梦》中对"斗百草"的描写；武斗主要是孩童间的一些游戏，用各种花草的茎叶来斗，断者为输方，这是一种上至宫廷下到民间流传广泛的习俗。

端午节的精神文化

端午节民俗在中国有着浓郁的文化意味，在中国十多个传统节日中，它的地位仅次于春节和中秋节。这不仅是因为端午节有着悠久的传承历史，更是因为它独特的民俗蕴含，正是基于这点才使得端午节具备了穿越千年的文化空间而仍然拥有强有力的生命力。端午民俗延续传承至今，其基本形态如食粽习俗和竞渡习俗变化较小，仍旧保持着强劲的传统影响力，同时，端午节所蕴含着特有的文化精神不仅没有消失，反而在当代得到了发展。

端午节的民俗存在着明显的演化轨迹，这种演化的实质过程是："由对人体疾病的预防转向对人性弱点的批评，由对自然界恶劣环境的改造转为对社会邪恶势力的抗争。而这些崇高的民族气节即是端午的文化精神，先后被附在介子推、伍子胥、屈原、曹娥等人身上，最后被固定在了屈原的身上"。在端午节众多代表人物中，民众为什么选择了屈原呢？因为屈原身上体现的嫉恶如仇、立志改革、热爱祖国并终生为华夏的统一而努力的这种精神正是民众所喜欢所期盼的。这才是民众真正需要的文化精神，这是在端午节不断演化中，民众对节日所蕴含的文化精神的特殊选择。从端午节两千年漫长的

嘉兴端午巡游

历史中来看，其蕴含的文化精神大体有如下三个方面：顺从自然规律与应对灾异的生活智慧；忧国忧民、舍身救国、无私奉献的爱国主义精神；正直峻洁、刚正不阿的人格风范。

端午节的五月是一个季候节令非常明显的阶段，人们正是在这一系列的气候节令中总结出一套适合自身生存的方式，由于当时人们对这些现象无法解释，形成了一系列的禁忌习俗和节日风尚。采药、悬挂菖蒲和艾草，这两者都是具有药用价值的，而在五月那个"恶月"，这些无疑起到了卫生防疫的作用，这正是节日中所体现出的顺从自然规律的精神。此外，人们在顺应自然的过程中，形成一些源于历史经验与社会实践的生活智慧，以应对自然界带来的疾病、灾异。虽然，在当代社会中，季候因素对工商业和信息产业的现代化生产影响较小，但是对民众生活所依赖的自然环境影响在不断地增大，近年来自然灾害频发，而且经常是特大性自然灾难，如果我们不尊重自然规律，盲目地开发，最终受到伤害的还会是人类。因此，端午节所蕴含的这种顺应自然的精神是值得我们发扬与传承的。

端午节经过了两千年的发展，忧国忧民、舍身赴难的爱国主义精神已经成为了端午节最核心的文化精神价值，这也是屈原最终成为端午节代表人物的原因所在。爱国精神是人民最为崇敬的精神，每个钟情于自己国家和民族的人，都会在爱国主义精神的指导下实现自己的个人理想。中华民族是一个由56个民族组成的大家庭，从历史上无数个分散的小国，一步步不断走向融合，最后所有的人都凝聚在一起，这些都是根源于自己民族和国家的爱国主义精神。从某种意义上来说，正是屈原的伟大才造就了端午节在中国众多传统节日中的地位。迄今为止，东亚十几个国家与地区都把端午节作为自己国家的传统节日，足以看出屈原爱国精神的巨大影响。

为什么说从某种意义上是屈原造就了端午节在今天中国传统节日中的地

位，因为端午节的大部分文化精神内涵都是和屈原相关的。端午节所体现的另一个文化精神特点就是正直峻洁、刚正不阿的人格风范，这也正是屈原身上真实的人格显照。屈原的人格魅力符合中华儒家君子的基本理想，在数千年的中华文化哺育中更见出其可贵，所以，闻一多先生深情满怀地对屈原人格作出了高度颂扬："唯其端午节是一个古老的节日，和中国人一样的古老，足见它和中国人民的生活如何不可分离。"中国人把这样一个重要的节日"交给"了屈原，足见他的人格是何等的伟大，在人民生活中起到的作用是何等的重要。在中国众多的节日里，能够将一个人作为节日的主要内容还是非常少见的，可见屈原在民众心目中的地位。可以肯定一点，端午节文化精神中所蕴含的正直峻洁、刚正不阿的人格风范会像屈原的爱国精神一样，作为端午节的重要组成部分为后世不断地传承下去。

我国台湾的著名诗人余光中，曾经在 2005 年 6 月 11 日端午节的中国岳阳汨罗江国际龙舟节开幕式上，带领成千上万的民族吟诵他的新诗《汨罗江神》：

烈士的终站就是诗人的起点？
昔日你问天，今日我问河
而河不答，只悲风吹来水面
悠悠西去依然是汨罗
所有的河水，滔滔，都向东
你的清波却反向而行
举世皆合流，唯你患了洁癖
众人皆酣睡，唯你独醒
逆风而飞是高昂的令旗
逆流而泳是矫健的龙舟
急鼓齐催，千桨竞发
两千年后，你仍然待救吗？
不，你已成江神，不再是水鬼
待救的是岸上沦落的我们
百船争渡，追踪你的英烈
要找回失传已久的清芬

旗号纷纷，追你的不仅是

三湘的子弟，九州的选手

不仅是李白与苏轼的后人

更有惠特曼与雪莱的子孙

投江的烈士，抱恨的诗人

长发飘风的渺渺背影

回一回头吧，挥一挥手

在浪间等一等我们

没有什么能够比这首诗更能表达诗人的感情了，余光中替中华民族千千万万的儿女道出了心中的呼声，表达了内心的情感。

关于端午节的文化保护

中国的端午节申报《人类非物质文化遗产代表名录》可谓是一波三折，终于在 2009 年 9 月 30 日尘埃落定，实至名归地加入了该名录。早在 2004 年由《人民日报》发表了一篇报道是关于《亚洲某国家准备向联合国教科文组织申报"端午节"为该国的文化遗产》的报导后，在中国文化界揭起了巨浪，发起了"端午节保卫战"。实际上是韩国准备就其"江陵端午祭"申报"世界口头遗产和非物质文化遗产代表作"，虽然韩国的端午源于中国，但发展到今天已经完全不同于我国的端午节了，他们主要是由舞蹈、萨满祭祀、民间艺术展示等内容构成，这与中国人吃粽子、划龙舟、纪念屈原是完全不同的，可在当时对中国的文化界影响还是比较大的。

韩国这项"申遗"的成功也为我们的非物质文化遗产保护带来了很好的启示，他们在传统的文化活动中注入了现代元素，成功地实现了转型，这是我们在保护过程中值得借鉴的。湖南省岳阳市已经连续成功举办了十多届国际龙舟大赛，虽然龙舟竞渡是端午节的主要内容之一，但是经过当地政府的包装宣传，使得端午节的影响力进一步扩大，龙舟竞渡已经成为了一项有巨大影响力的体育运动，这正是符合现代人健康要求的。同时国际龙舟节也拉动了当地经济，每年都有大量的外国队伍来参加比赛，这不仅宣传了岳阳，也为岳阳吸引了不少的外资，对于保护文化和拉动地方经济具有双重的效果。

　　传统文化保护是一个长期的过程，与文化形成的规律是相一致的，因此我们必须要坚持持久的观念，我们在保护文化传承的同时，还要进行文化创新，建立一套长期有效的保护机制来适应我们现代化发展的要求。虽然，我们的端午节已经列入《人类非物质文化遗产代表名录》，但我们的保护工作才是刚刚起步，我们不能仅仅只想着挖掘端午节中有经济利益的文化价值，还应该更多地去关注它所蕴含的"屈原精神"，加强对爱国精神和高尚人格的宣讲，特别是要注意对青少年的影响，因为这才是端午节真正的文化精神所在。

（编撰：张志磊　王巨山）

参考文献

[1] 闻一多：《神话与诗》，华东师范大学出版社，1997 年版

[2] 陈久金、卢莲蓉：《中国节庆及其起源》，上海科技出版社，1989 年版

[3] 孙正国：《端午节》，中国社会出版社，2006 年版

[4] 谭绍兵：《端午节》，中国青年出版社，2007 年版

[5] 中国非物质文化遗产网：http://www.ihchina.cn/inc/guojiaminglunry.jsp?gjml_id=451

妈祖信俗

2009 年 9 月 30 日联合国教科文组织保护非物质文化遗产政府间委员会第四次会议在阿布扎比审议并批准了将中国福建的"妈祖信俗"列入《人类非物质文化遗产代表名录》。这是中国首个信俗类的世界级遗产,是信俗类非物质文化遗产的杰出代表。

妈祖信俗也称为娘妈信俗、娘娘信俗、天妃信俗、天后信俗、天上圣母信俗、湄洲妈祖信俗,是以崇奉和颂扬妈祖的立德、行善、大爱精神为核心,以妈祖宫庙为主要活动场所,以庙会、习俗和传说等为表现形式的民俗文化。妈祖信俗由祭祀仪式、民间习俗和故事传说三大系列组成。湄洲是妈祖祖庙所在地, 湄洲岛位于福建沿海的湄洲湾口,属福建省莆田市,这里是四海共仰的海神妈祖的故乡,是妈祖文化的发源地。目前世界上 20 多个国家和地区、国内 30 个省市 500 多个县、市,建有 5000 多座颇具规模的妈祖分灵庙宇,供祭妈祖的民众近 2 亿人,每年前往湄洲妈祖庙朝拜的海内外游人超过 100 万人次。

妈祖信俗的由来

妈祖信俗是中国著名的民间信仰,妈祖文化起源于北宋初期,至今已有一千多年的历史了。妈祖在福建话中是娘妈的意思,妈祖本名林默,也就是后来朝廷赐封的天后娘娘,当地人是不称呼其名的,而尊称之为妈祖,是家乡的父老乡亲对林默的一种敬畏而又亲切的称呼。历史上确实有妈祖这个人,而且在多家古籍中均有记载。

湄洲妈祖庙

　　北宋高宗宣和五年（1123），徐兢在《宣和奉使高丽图经》中首次提到了妈祖，但书中并没有提到妈祖的姓名和身世。到了南宋，宋高宗绍兴末年（1161）之后，洪迈在《夷坚志》中又提到了妈祖，这次道出了妈祖姓林。等到宋宁宗亮定七年（1214），莆田人李俊甫的《莆阳比事》卷七说到了妈祖："泪洲神女林氏，生而神灵，能言人休咎。死，庙食焉。今调洲圣屯、江口、白湖皆有词庙。宣和五年路允迪使高丽，中流露风，八舟溺七，独路所乘，神降于樯，安流以济，使还奏闻，特赐庙号顺济，累封夫人、今封灵惠、助顺、显卫纪。台词云："君白湖而镇鲸海之滨，服朱衣而获鸡林之使。"这次李俊甫对妈祖叙述中，不仅提到了妈祖姓林，而且还写到了在高丽途中显灵，并受到皇家的册封，点出了妈祖生前巫女身份。

　　关于妈祖的身世和传说，南宋廖鹏飞于绍兴廿年（1150）所写的《圣墩祖庙重建顺济庙记》、南宋度宗咸淳四年（1268）的《咸淳临艾志》、南宋宝祐（1257）黄岩孙的《仙溪志》、元代至正九年（1349）程端学的《天妃庙记》等也都有相关记述。综合文献所记载，妈祖于北宋建隆元年（960）农历三月二十三日出生在福建莆田湄洲。在她即要降生之傍晚，邻里乡亲见流星化为一道红光从西北天空射来，晶莹夺目，映得岛屿上之岩石红光四射，父母察觉此婴必非等闲之女，遂关怀备至，疼爱有加。因其出生至弥月间均不啼哭，故取名林默。林默幼时聪明颖悟，胜于姐妹，八岁入塾师读书，勤学强记且过目成诵。她年小志弘，不满封建婚姻，立志不嫁。妈祖生前经常为渔民预测出海时的天气情况、义务采药治病、拯救遇险渔船，还曾点燃自家的房子，用火光当做航标引导迷航的商船脱离险境。雍熙四年即公元987年农历九月初九日，在她28岁时因在海上救人而献出年轻的生命。岛上渔民为了纪念这位美丽、善良和乐于助人的好姑娘，特地在岛上建庙并奉为海神，希望世世代代学习妈祖精神多做好事，也希冀妈祖继续保佑百姓航海平安。并由此衍生出妈祖的许多传说故事，使她成为人们心目中的美好神灵。

古代福建是一个巫觋尚鬼文化盛行的地方，老百姓有事最先想到的就是求助神灵，当时妈祖只是福建众多神灵之一。闽人敬神，但又有畏神的因素在内，他们向神灵献上祭品，是为了讨好神灵，否则神灵降罪人类就要遭灾了。而妈祖却与其它的神灵不一样，她无私地把自己的爱献给每个水手、商人、贫苦的人民大众，只有付出从不索取。每个人都喜欢和妈祖"交往"，也从来不会担心因为祭品太少而受到妈祖的惩罚。就这样，妈祖在水手、商人、贫苦的人民大众中传播开来，使之成为众多神灵中的"佼佼者"。

另一个促使妈祖信俗盛行的原因是妈祖得到了官方的多次册封，并披上了官方的外衣。妈祖信俗形成于宋代，这与宋代崇尚道教是分不开的，宋代的皇帝将君权与神权紧密地结合在一起，崇道之风甚烈。而妈祖生前就是一个女巫，这与道教是有很大关联的，而且关于她的不少传说都充满浓厚道教色彩。从丁伯桂《庙记》所知，元佑丙寅（1086）妈祖民间信仰开始形成，至宣和五年(1123)宋徽宗给妈祖"赐庙额曰顺济"，从信仰的形成到册封仅仅几十年的时间。这是皇家首次承认妈祖作为神女的地位，开了官方妈祖信俗之先河，其意义十分深远，以至影响南宋政权及元、明、清几个朝代将近八百年的中国历史。官方的肯定，无疑也对民间信仰起到了巨大的推动作用。

直到民国十六年时，妈祖还被官方册封为"林孝女"，20世纪80年代中华人民共和国将妈祖褒奖为"海峡和平女神"，希望以此来争取和平，推动两岸早日统一。

妈祖的传说

历史上关于妈祖的传说很多，在《天后志》、《天妃显圣录》都有记载，内容大同小异。主要是有关降伏妖魔、拯救海难、治病救人、除水患、祈雨造福人民等方面。有些故事虽近于神奇怪诞，但反映了人们颂扬妈祖以慈悲仁爱为怀、除恶扬善、乐于助人、团结友爱、济世救人、维护国家统一、促进社会和谐的高尚品德和崇高精神。

1. 妈祖生前传说

莱屿长青：湄洲岛旁边有一个小屿，传说有一天，妈祖到小岛上游玩时将菜子撒在地上，不久菜子奇迹般成长，花开满地。随后，每年无需耕种，自然生长。当地人视仙花采之。以后，人们就把这个地方称为"菜子屿"。

窥井得符：相传妈祖16岁的时候，有一次，与一群女伴出去游玩，当她对着井水照妆时，一位后面跟着一班神仙的神人捧着一双铜符，拥井而上，把铜符授给她，一起玩的女伴们都吓跑了，而妈祖则接受了铜符。妈祖接受铜符后，灵通变化，符咒避邪，法力日见神通，以至她常能神游，腾云渡海，救急救难，人们称她是"神姑"、"龙女"。

化草救商：相传妈祖在世时，湄洲屿西边有个出入湄洲的要冲叫门夹（就

妈祖像

是今天的文甲），有一次，一艘商船在附近海上遭到巨风袭击触礁，海水涌进船舱，即将沉没，村民见狂风巨浪，不敢前去营救。在这紧急时刻，妈祖信手在脚下找了几根小草，扔进大海，小草变成一排大杉划到并附在即将沉没的商船上，商舟免遭沉没，船中人免难。

降伏二神：相传在妈祖23岁时，湄洲西北方向有二神，一为顺风耳，一为千里眼。二神经常出没贻害百姓。百姓祈求妈祖惩治二神。为了降服二神，妈祖与村女们一起上山劳动，一直过了十多天，二神终于出现了，当二神将近时，妈祖大声呵斥，二神见妈祖神威，化作一道火光而去，妈祖拂动手中丝帕，顿时狂风大作，二神弄不清所以，持斧疾视，妈祖用激将法激二神丢下铁斧，于是二神认输谢罪而去。两年后，二神海上再次作祟，十分厉害，妈祖用神咒呼风飞石使二神无处躲避，二神服输，愿为妈祖效力，于是妈祖收二神为将。

解除水患：相传妈祖26岁时，那年上半年，阴雨连绵，福建与浙江两省倍受水灾之害。当时当地官员上奏朝廷，皇帝下旨就地祈雨，但祈求毫无改观。当地请求妈祖解害，妈祖道：灾害是人积恶所致，既然皇上有意为民解害，我更是应当祈天赦佑。于是妈祖焚香祷告，只一会儿天空就刮起了大风，并见云端有虬龙飞逝而去，天空晴朗了。那一年百姓还获得了好收成，人们感激妈祖，省官于是向朝廷为妈祖请功并准得到褒奖。

恳请治病：相传妈祖在世时，有一年，莆田瘟疫盛行，县尹全家也染上了疾病，有人告知县尹妈祖有解难之法力。于是，县尹亲自拜请妈祖，妈祖念他平时为官不坏，加上他是外来官，告诉他用菖莆九节煎水饮服，并将咒符贴在门口。县尹回去后遵嘱施行，不日疾病痊愈。

铁马渡江：相传有一天，妈祖要渡海，可是没有船只，这时候，妈祖见旁边屋檐前悬有铁马，于是灵机一动，取之挥鞭，铁马奔海对面风驰而去，待妈祖上了对岸，忽然之间，铁马无影无踪，旁边的人无不惊叹"龙女"的神通广大。

湄屿飞升：宋太宗雍熙四年，妈祖时年28岁，重阳节的前一天，她对家人说："我心好清净，不愿居于凡尘世界。明天是重阳佳节，想去爬山登高。预先和你们告别。"家人都以为她要登高远眺，不知将要成仙。第二天早上，妈祖焚香诵经之后，告别诸姐，一人直上湄峰最高处，这时，湄峰顶上浓云重重，妈祖化作一道白光冲入天空，乘风而去。此后妈祖经常显灵显圣，护国佑民，救人于危难，当地百姓感激她，在湄峰建起祠庙，虔诚供奉。据传祖庙后的摩崖"升天古迹"处就是妈祖飞天的地方。

2. 妈祖显灵传说

神女救船：传说北宋宣和五年，宋朝派使者率船队出使高丽（今朝鲜），在东海上遇到大风浪，其中八条船沉了七条，只剩下使者所乘的船还在风浪中挣扎，忽然船桅顶上闪现一道红光，一朱衣女神端坐在上面，随即风平浪静，使者所乘的船转危为安。使者惊奇，船上一位莆田人告说是湄洲神女搭救。

圣泉救疫：传说宋绍兴二十五年（1155），兴化一带发生瘟疫，无药可治，妈祖托梦给白湖一村民，说离海边不远的地下有甘泉，喝了可以疗愈疫病。第二天群众前去挖掘并取水饮用，果然灵验。消息传开后，远近的人们都来取水，络绎不绝，染疫的人全都得救了，于是这口井被人们誉为"圣泉"。

旱情解难：据记载：1192年夏，闽地干旱严重，瘟疫蔓延，群众向妈祖祈求保佑，祷天即下雨；嘉定十年（1217），兴化大旱，百姓祈求于妈祖，神示梦下雨之时，果然灵验；宝祐元年（1253），莆、泉大旱，两地共祷于神，旱情即除。

民众拜祭妈祖

神助修堤：据记载，1239 年，钱塘江决堤，江水漫到艮山天妃宫时，水势倒流不前，百姓借势筑堤，大家都说是神力捍御；宝祐四年（1256），又得妈祖神助建筑浙江钱塘江堤。

保护使节：传说郑和在七次下西洋中，船队多次遇到海寇掠夺和受到锡兰山国王亚烈苦奈儿陷害：一次是船队为苏门答剌国生擒；一次是船队在海上遇到飓风和险情。每次都说因得到妈祖神灵庇护而脱险。

佑助收艇：传说康熙二十一年十二月二十六日夜，施琅第一次率兵渡海攻打台澎，因缺风船行很慢，施琅下令回航平海。不久，忽起大风，战舰上小艇被风刮下海，不知去向。第二天风停息后，施琅命令士兵出海寻找小艇，小艇均安然停在湄洲湾中，艇上人报告说：昨夜波浪中见船头有灯光，似人揽艇，是天妃默佑之功。施琅大为感动，下令整修平海天后宫，重塑妈祖神像，捐重金建梳妆楼、朝天阁，并请回妈祖神像一尊奉祀在船上。

澎湖助战：传说康熙二十二年六月，施琅第二次率兵东渡攻打澎湖，军中士兵感到神妃就在军中助战，因此个个英勇向前，千总刘春梦中天妃告之二十一日必克澎湖，七月必克台湾。后来清兵强攻澎湖七昼夜，统一台湾。当时清兵出战攻澎之日，妈祖派千里眼、顺风耳二神将助战，即妈祖"澎湖助战"的神话故事。

妈祖信俗与中国的海洋文化

妈祖是中国的海神，而西方世界的海神则是希腊神话中的波塞冬。他们同样都是海洋的保护者，而妈祖作为一个极富东方文化特色的航海之神，与西方世界的海洋之神——手持三叉戟的波塞冬形成鲜明的对照。在西方波塞冬的身上，人们看到的是西方海洋文化中所蕴含的冒险、霸权、征服、掠夺，而在妈祖身上，我们看到了中国的海洋文化精神内涵，即和平、自由、平等、共存的文化精神，这一文化精神源于我国几千年来的优秀传统文化，也是人类共同的财富。

西方海神波塞冬在希腊众神中属于恶神，他是一个雄威、任性的男性海神。在希腊神话中一般并不是以善恶来评判一个神的，而是将神的力量大小作为衡量的标准。因为波塞冬的力量远远比人类大得多，所以人类只好服从波塞冬，尽管他荒淫无耻，而且经常为非作歹，但人们仍然要拜伏他，给他献上各种供品，祈求他的保护。而且他与众神之间也经常发生冲突，他们最后解决问题的方式就是靠武力，谁的力量大谁就是胜者。在这种文化的影响下，西方的海洋文化就是一种力量比拼的文化，掠夺、武力征服的文化，这也是导致以后欧美人对美洲、非洲、亚洲等国的殖民掠夺原因。

同样是主宰海洋的海神，妈祖与波塞冬在象征的海洋文化上有着本质的区别。妈祖在性别上不同于波塞冬，她是一个女神，在中国的民间传说里，她是一个高大的形象，她就像灯塔一样引导着人们远航，哪里有海难她就会出现在哪里，她帮助那些落难者，给他们带来安全、好运、吉祥。妈祖在人们的心中就像佛教中观世音菩萨一样，救苦救难，在她的身上人们看到的是一种伟大的"母爱"，慈祥、亲切、无私、利人，只是付出，不求回报。希腊神话里除了天后赫拉赫、智慧女神雅典娜，其他女性神的地位都不是太高，但是她们俩又都是热衷于武力的，雅典娜是典型的被武装的女神，生下来就是一身铠甲，她们的女神是缺少那种广博的爱，那种对人类无条件的崇高而伟大的爱。

妈祖是海上的正义女神，哪里存在"恶势力"她就去哪里，用她的神力来驱除邪恶、拯救好人。从妈祖身上体现出来的正是我们中国的海洋文化精神，一种与西方海洋文化相对立的博大精深的文化。

首先，和平交往是我们海洋文化的主流。从历史大趋势来看，自妈祖文化盛行以来，这一主流趋势就没有改变过。中国自唐宋以来海洋事业得到了长足的发展，特别是南宋以后，我国的航海业一直是处于世界领先的地位，我们的贸易不仅涉及到日本、朝鲜、菲律宾等亚洲国家，在明朝时我国的海上贸易甚至已经到达了非洲的东海岸，这在当时的航海业中绝对是一个壮举，但是中国并没有像15、16世纪的欧洲那样进行"损人利己"的掠夺式的殖民贸易。中国之所以一直可以和南海的众多国家和平相处，这与我们一直倡导和平是分不开的，不管我们的船队走到哪里从来都不会让那些小国家感觉到与中国交往有威胁，这也正是中国很受海外国家欢迎的原因。

其次，重视人权，平等待人。具有五千年文明历史的中华民族虽然是最优秀的民族之一，但是他们在对待海外关系上，一律都是平等相处，海外的中国人经常与外国的人通婚，在菲律宾，由华人与当地马来人混血后的后裔，至今仍然是当地社会中比较活跃的成分。在妈祖文化中是没有种族歧视的，因为妈祖的爱是普爱，一种大爱，无条件、无差别的爱，她的爱普照着所有的需要她帮助的人。

再次，兼容性发展，共存共荣。中国的海洋文化是一种包容性的文化，它容许不同于自己的异文化共同发展，而不是把自己的文化强行地加在别人的身上。在中国信奉妈祖的人同时还可以信奉别的宗教，如佛教、伊斯兰教、基督教等，这也正体现我国海洋文化的博大精深、兼容并蓄的特点。

中国的海洋文化就是妈祖文化的一个缩影，她就像母亲一样，慈祥、无私、亲切、利人、不求索取，"大音稀声，大象无形"，这才是妈祖文化的真实显照，这才更加准确地反映了中国的海洋文化，真的是像大海一样，博大精深、兼容并蓄、和平发展、共同繁荣。

最后是民众的精神寄托。中国是一个多神信仰的国家，但能像妈祖这样影响巨大的地方神在中国的历史上也不多见，中国有"北有关帝，南有妈祖"的说法，可见这两个地方神的影响力是非常大的，他们影响着千千万万的民众，是民众的精神寄托。

妈祖是福建莆田湄州人氏，她最初只是"生而神灵，能言人体咎"的一个女巫，由于她的善良、无私、乐于助人，死后当地民众就为她建庙，将她供奉为神灵。渔民、商人和当地的民众每年都在三月二十三日和九月初九日祭拜她，希望能够得到她的保护。

福建自古以来就山多田少，湄州面朝大海，当地居民只能依靠大海为生，由于当时的航海技术不够发达，民众的船只经常被海水大量掀翻，吞噬生命的事屡见不鲜，人们把这些灾难归结为海怪作祟。妈祖生前经常帮助别人，而且多次帮助人们化险为夷，在妈祖去世后人们希望能够继续得到她的庇护。每一个关于妈祖的传说对于出海的人来说都是一种精神上的慰藉。他们每次出海都是一种冒险，他们对大海无能为力，只能求助于妈祖的帮助，关于妈祖显灵应验的传说越多，他们就越开心，心里就更踏实，感觉生命中多了一份保证。每当他们出海时，不仅他们要祈求妈祖的保护，而且他们的家人也在为他们默默地祈祷妈祖的保护，他们一个人的命运牵动着整个家庭，一家人的幸福就寄托在他们的身上，这时的妈祖就愈加显得重要了。每当他们出海安全归来，全家人就开始拜谢妈祖，久而久之，妈祖就成了他们这个地方影响力最大的民间女神了。

随着时间的推移，到后来妈祖成为了一个佛、道、儒三位一体的地方保护神，她可以护婴、救灾、御敌、占卜吉凶、保护航海等，是一位无所不能的女神。妈祖的出现是当时时代的要求，民众在当时的经济、政治、文化和自然条件的影响下需要有这样一位无私的女神来帮助他们，成为他们的一种精神寄托。

妈祖信俗的传播及其海外影响

妈祖的诞生地福建是中国大陆妈祖信俗最盛的地方，福建各地的妈祖庙数量十分庞大，香火旺盛，妈祖文化甚至遍及到内陆的闽西客家山区。仅妈祖信俗的发源地莆田地区就有妈祖庙数以百计，福建、广东、浙江、海南以及东北部的上海、北京、河北、山东、河南、湖南、贵州、辽宁、吉林等凡临海、近海等地也建有妈祖庙。台湾有三分之二的人口信仰妈祖，岛上妈祖庙宇有 500 多座。港澳地区有妈祖庙 50 多座。国外妈祖庙宇较密集的有日本、新加坡、马来西亚，美国、印尼、菲律宾、泰国、越南、缅甸、朝鲜、挪威、丹麦、加拿大、墨西哥、巴西、新西兰及非洲等也建有妈祖庙。

妈祖信俗诞生之初，其影响仅仅限于莆田的沿海地区，然后随着时间的推移，妈祖信俗的影响也在逐渐的扩大，至今已成为国际性的、典型的华人民间信仰。妈祖信俗的传播离不开的就是中国航海事业的发展。唐宋以来，中国的航海业得到了空前的发展，海外贸易不断地扩大，而福建地区又是中国"海上丝绸之路"的起点，对外交往非常的频繁，这为妈祖信俗的传播打下了坚实的基础。

妈祖信俗的传播，闽人是功不可没的。在中国的海洋史上，我们不难发现，闽人扮演的角色至关重要。福建沿海的民众，经常以船为家，常年在海上航行，积累了不少的经验，在当时，闽人被誉为中国最好的水手。从唐宋开始一直到明清，闽人一直是海上最活跃的一分子，凡是中国船只到达的地方，就少不了他们的足迹，妈祖作为闽人的保护神，他们走到了哪里就将妈祖带到哪里，闽人对中国海洋文化的影响是巨大的，这也是妈祖文化之所以能够普及全国和影响东亚和东南亚众多国家的重要原因之一。同时闽人又善于经商，常常游走于内地各省，他们到处建立会馆，将妈祖作为他们供奉的主神，由于会馆中事务多，和外界的交往比较频繁，这也为妈祖在内地的传播创造了条件。

妈祖信俗的传播与自身的"升级"和官方的崇祀有关。在妈祖出现以前，中国各地都有各自的河神，最为有名的黄河之神——河伯。在中国人的观念里，万事万物都是会有个极限的，随着妈祖作为海神形象的出现，民众心理深知"海纳百川"的道理，他们知道只有妈祖才是水界的最大的神灵，所以即使内陆的山区，只要有能通航的河流，就会有妈祖的庙宇。官方对妈祖的崇祀也是妈祖信俗能得到广泛传播的一个重要原因，历代统治者给妈祖的无数封号虽然一步步提高了统治者的地位，但是同时也扩大了妈祖的影响，妈祖成了天后，成为了政府祭祀的正神，这也是为什么很多地方的人不清楚妈祖是什么神灵，但他们仍会按照国家的礼制建立起妈祖庙。

妈祖是受到中国渔民崇拜的海神，而在木船时代移居世界各国的大都是中国沿海的渔民，在他们走向世界各国之时，也将妈祖信俗带到了全世界，因此在全球华侨中，妈祖成了他们共同信仰崇拜的神灵。全世界的妈祖宫达 5000多家，妈祖信徒达 2.5 亿人之多，几乎凡是有华人的地方都有妈祖宫，都信奉妈祖，妈祖成了 90% 海外华人的共同信仰。所有侨居海外的华人社区都有一个共同点，就是他们都以妈祖宫作为同乡会馆或商会，是各国华人的政治文化及社区中心，也是各国华人的精神支柱。妈祖信俗因此成了全球华人的共同信仰，妈祖信徒因此遍布全球，可以说，海外华人的信仰就是妈祖信俗，妈祖信俗是属于华人的信仰。妈祖信俗成了一个能横跨世界大多数国度同时又作为华侨社区中心的网络体系，也是中国人在海外最庞大的精神体系。

妈祖信俗已成为中华民族文化认同的标志，其在维护家庭和睦、社会和谐、世界和平和弘扬大爱精神方面发挥了独特的作用，这也是妈祖信俗在这个科学高度发达的社会仍然常盛不衰、生命永存的原因所在。

（编撰：张志磊　王巨山）

参考文献

[1] 罗春荣：《妈祖文化研究》，天津古籍出版社，2006 年版

[2] 徐晓望：《妈祖的子民——闽台海洋文化研究》，学林出版社，1999 年版

[3] 徐晓望：《妈祖的信仰史研究》，海风出版社，2007 年版

[4] 汪毅夫：《闽台历史社会与民俗文化》，鹭江出版社，2000 年版

[5] 李建国：《妈祖信俗与妈祖精神》，《八桂侨刊》，2004 年第 3 期

[6] 中国非物质文化遗产网：http://www.ihchina.cn/inc/guojiaminglunry.jsp?gjml_id=484

[7] 百度百科：http://baike.baidu.com/view/111651.htm

中国雕版印刷技艺

2009 年 9 月 28 日至 10 月 2 日，在阿联酋首都阿布扎比举行的联合国教科文组织保护非物质文化遗产政府间委员会第四次会议上，以扬州广陵古籍刻印社为申报主体，南京金陵刻经处、四川德格印经院为支持单位的"中国雕版印刷技艺"经审议被批准列入《人类非物质文化遗产代表作名录》。

雕版印刷是运用刀具在木板上反向雕刻文字或图案，再于印版上刷墨、铺纸、施压，使印版上的图文转印于纸、绢等材料的一种传统技艺。雕版印刷术是我国古代劳动人民的伟大创造，它汇聚了我国造纸术、制墨术、雕刻术、摹拓术等多种优秀的传统工艺，是一项民族特征鲜明、传统技艺高度集中的人类非物质文化遗产。

中国雕版印刷术开创了人类复印技术的先河，是我国古代活字印刷、版画艺术和世界现代印刷术的技术源头，具有特殊的历史文化价值、杰出的文学艺术价值和极高的文物价值。作为人类文明史上划时代的创造，它的诞生打破了书籍单纯用手抄写和长久制作耗费时日的局限性，承载着难以计量的历史文化信息，为文化传播和文明交流提供了最

开创人类复印技术先河的中国雕版印刷术

便捷的条件，在世界文化传播史上起到了无与伦比的重要作用。

千年流转

关于雕版印刷技术出现的年代，在历史上众说纷纭，其中有东汉、魏晋、南北朝、隋唐、五代、北宋等多种说法。对于隋朝以前就有雕版印刷的几种说法，因其大多仅为推测，或依据只言片语，或对一些文献作的错误理解，多被学界所否定；而关于唐代以后才始有雕版印刷的几种说法，则随着20世纪以来早期雕版印刷实物的发现，不攻自破。因此虽然由于历史的久远，资料的缺乏，雕版印刷发明的精确时间至今还没有定论，但大多数学者已基本上认可了"在隋代至唐代初期这几十年的时期内，出现了雕版印刷"的观点。

雕版印刷技术在公元六七世纪之交的隋唐之际出现，决不是偶然的巧合，它是社会政治、经济、科技和文化等发展到一定水平的产物。一般而言，一项发明的出现会受到基本技术条件和社会文化条件的双重制约。从历史上看，造纸和制墨的发展，为雕版印刷的出现奠定了必要的物质基础；文字雕刻、模印、捶拓和印花等技术的发展，为雕版印刷的产生，提供了重要的技术条件。这些条件早在隋唐以前甚至东汉时期就已基本具备，然而印刷术直到隋唐时期才出现，主要原因在于它产生的社会文化背景直到彼时才具备。社会经济的繁荣、佛教的广泛传播以及科举制度的兴起所造就的广泛阅读需求，构成了雕版印刷起源的直接动力。当相关的技术达到一定的水平再加上社会的强烈需求，一种批量、快速复制文字、图象的技术——雕版印刷技术也就应运而生了。

雕版印刷出现于隋唐之际还可以从历史文献和出土实物得到佐证，这些记载和实物虽然数量不是很多，但足以反映当时雕版印刷所达到的水平。关于唐代印刷最早的文字记录来自《弘简录》"唐贞观十年（636）唐太宗下令

韩国庆州佛塔出土的《无垢净光大陀罗尼经》，702年洛阳刊印

梓行《女则》一书"和《云仙散录》"玄奘于贞观十九年（645）刻印《普贤像》"的记载，此外《全唐文》、《孙可之文集》、《白氏长庆集》、《唐语林》等文献中也不同程度的记录了印刷术在隋唐时期的蛛丝马迹。这些记载虽不能反映隋唐时代印刷的全貌，但足以证明，这时的印刷业确已具备了一定的规模。令人遗憾的是由于年代的久远，隋唐印刷品传世留存的一直未见，直到 20 世纪初随着敦煌藏经洞的发现，才陆续有一批包括《金刚般若波罗经》、《上都东市大刁家印历日》、《梵文陀罗尼经咒》、《无垢净光大陀罗尼经》（韩国出土）等唐代中晚期印刷品出土文物呈现于世人面前。

透过历史文献的记载和考察出土实物，有学者认为，隋唐时期作为雕版印刷的起步时期，具有早期独有的特点。根据印刷规模、应用范围和技术状况，本期大致可分为两段。从隋末唐初至唐代中期是印刷术发明后的最初阶段，其印刷特点是技术还不太成熟，印刷规模很小，印刷的内容主要是佛教印刷品。这一时期较有代表性的印刷品是 7 世纪初印制的出土于西安柴油机械厂唐墓的《梵文陀罗尼经咒》和 8 世纪初印刷的出土于韩国的《无垢净光大陀罗尼经》（武周时期洛阳印制传入新罗）。从唐代中期至唐代末期是雕版印刷术的快速发展时期，这一时期的特点是刻版和印刷的技术有了进一步的提高，印刷的内容也从佛经、佛像扩大到一般书籍（如通俗启蒙读物、迷信读物、历史及少量道家和儒家的著作），印刷地域从京城长安、东都洛阳，发展到四川及长江中下游一带。这一时期的另一特点，是在一些城市出现了一批民间的印刷作坊，他们印刷的各种书籍，在书市上大量销售。这一时期有代表性的印刷品是咸通九年（868）的《金刚般若波罗经》，这件印刷品，无论是卷首的佛画还是内容文字，

金刚般若波罗密经

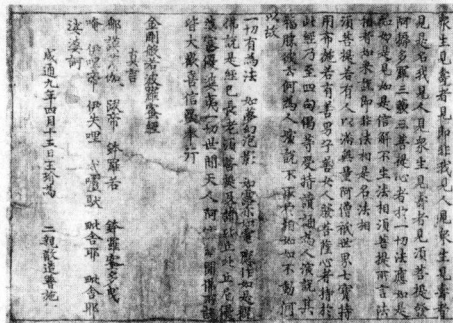

刻、印刷质量都十分成熟，代表了当时印刷的最高水平。唐代中后期，在印刷史上居于重要的地位，它起着承上启下的作用，为五代以及宋代印刷的发展，都打下了一定的基础。

五代，在中国历史上只有短短的 50 年，在中国印刷史上却占有重要的地位。首先，得力于统治阶级上层官员冯道、田敏等人的提倡和组织，费时22 年，刻印了整套儒家经典《九经》，这是中国印刷史上首次由政府出面组织用雕版印刷整套儒家经典著作，并由此产生了政府刻书事业，最高学府国子监成为刻书的主体机构，具有划时代的意义，对宋代及以后印刷业的发展影响很大。除儒家、佛教两大类印刷品外，这一时期几乎各种门类的书籍都进行了印刷，史、子、集类书也都有刻印。其次，唐代中后期发展起来的益州印刷力量，不但没受到破坏，而且在唐代印刷技术发展的基础上，还有一定的发展，此外其他一些地区的印刷业也有所发展，特别是在东南部一带，逐渐形成了杭州、金陵等几个新的印刷基地。杭州与益州一起成为当时两大印刷基地，造就了一批高超的刻印名匠，为宋代印刷业的繁荣和印刷技术水平的提高，打下了良好的基础。最后，五代的和凝还开创了私人刻书的先河，虽然将自己的著作亲自写版、请人刻版印刷的作法在当时受到非议，但在印刷史上却具有开创性的意义，到了宋代这种作法就很普遍了。

两宋时期是中国雕版印刷高度发展的阶段，在刻印技艺、刻书规模、刻书地域分布诸方面，都达到了相当的高度，堪称中国古代雕版印刷的鼎盛时期，成为后世仰止的高峰。两宋雕版印刷技术达到很高水平，为印刷高质量书籍创造了条件，宋版书刻工、用墨、选纸讲究，校对精良，讹字绝少，为后世所重。还值得一提的是，宋版书虽主要采用历代名家书体，但也出现了横平竖直、横轻竖重的印刷字体，此

《清明上河图》中的北宋汴京书坊

即专用印刷字体——宋体字的前身，这主要得益于宋代出现了专职写版者，他们在长期与刻版工匠的合作中，创出了适合印刷专用的字体。两宋时期从中央国子监到地方各级政府，大都从事过印书，官方印刷规模宏大，刻印了卷册繁多、工程浩大的释藏、道藏和《太平御览》、

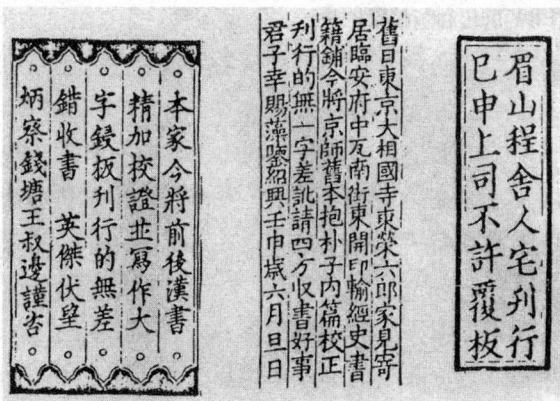

类似现代版权页的刊记

《太平广记》、《文苑英华》、《册府元龟》和《资治通鉴》等大部类书。民间印刷也空前活跃，除了私家印刷、寺院印刷外，民间印书作坊也遍及南北各地，形成了杭州、建阳、汴京、眉山、江西等印书基地。由于民间作坊印书的兴起，书籍以及各类印品作为商品在社会流通，由此引发版权保护也提上了日程，很多书里出现了一些类似现代版权页的刊记。印刷的品种也远远超过前代，除佛经佛像外，经、史、子、集等成为印书的主流。这一时期有价证券的印制也走向成熟，北宋初年就在四川流行有"交子"，即用朱墨两色套印的纸币，其印刷工艺比普通印刷品复杂精细得多。两宋时还发明了活字印刷术，但这时雕版印刷并没有被活字印刷所替代，仍一直在古代中国印刷业中占据主流地位。

与两宋同时期的辽、西夏、金等少数民族地区，也有比较发达的印刷业。黄河、长江中下游地区发达的印刷技术，通过各种渠道传播到北方少数民族地区，使燕京、兴庆、平阳等地，成为当时著名的印刷基地。辽、西夏、金的印刷，总的来说虽不如两宋的技术精湛和印刷数量的巨大，但在印刷史上却占有重要地位。首先表现在中原印刷技术向边远地区的发展，使印刷技术更为普及；其次女真、契丹、西夏等少数民族文字的印本出现，扩大了印刷术的应用领域。辽、西夏、金的印刷品，留传下来的也不少，其中有不少版本是十分珍贵的，如金平水刻印的《四美图》，是目前发现的最早的木版印刷年画。山西平阳，具有当时北方最大的印刷基地，所印著名的《赵城藏》可以和杭州的印品相媲美。

元代由于国家的统一，雕版印刷术在更大的地区得以推广，西部的偏远地区，印刷业也发展起来，各种少数民族文字的印刷，达到一个新水平。官方印书、民间书坊印书、私家印书和学校印书，都很活跃，特别是元代各类学校的刻书量很大，在印刷史上，占有重要的地位，几所儒学联合分工印书，使《十七史》、《玉海》等大部头书得以快速出版。在杭州、建阳等地书坊，还首次刻印了各种戏曲本，有的还配有精美插图。在印刷技术方面，也有新的发展，雕版的多色套印技术，在北宋的基础上有了新的发展。在书籍版式上，出现了上图下文的插图新形式，并且出现了带图画的封面。装帧上兴起一种叫做"包背装"的形式，为后来的线装提供了经验。元代雕版印刷所用字体仍多用颜（真卿）、欧（阳询）、柳（公权）等古代名家书体，此外还大量流行赵（孟頫）体字。元版书刻印质量与宋版不相上下，有的精品还超过宋版。中国的印刷术在元代传向欧洲，极大地改变了世界历史的进程。

明代是我国古代印刷业和印刷技术发展的高峰，不仅在印书的数量和品种、印刷的体系和分布等方面都大大超过了宋元时代，而且在印刷技术和工艺方面，也有发展和创新。从印刷规模和印书数量来说，宋、元时期印刷的大部分书籍，特别是儒家经典，在明代都有翻版或重新雕版印刷，再加上新出版的当代各种著作，其印刷的品种和数量已远远超过宋、元时代。明代的政府从中央到地方建有一定规模的印刷机构，政府的司礼监经厂，有刻、印、

明司礼监经厂图

装订等工匠近千人。民间的印刷几乎遍及全国各地，宋元以来形成的南京、杭州、福建等印刷业较为集中的地方，到了明代其规模都有所扩大，而且又出现一批新的印刷业较集中的地区，如北京、徽州、苏州的印刷业，都是在明代繁荣起来的。明代还有相当数量的书院、家塾也进行书籍的印刷。从印刷工艺和印刷技术来说，明代确为我国古代印刷发展的又一高峰。明代双色、多色套印书十分广泛，出现了多色迭印的雕版水印和拱花印刷方法，胡正言首创饾版印刷，可复制彩色绘画作品，把传统印刷技术推进到一个新的高峰。明代的印刷文字也逐渐向适于印刷镌刻的方向发展，出现了横平竖直、方方正正的印刷字体——细明体。几百年来，在细明体字的基础上又衍生出长宋、扁宋、仿宋等多种变体。由于资本主义的萌芽，虽然较小的印刷作坊，还保留着封建的家族色彩，但在一些规模较大的印刷作坊中，已出现作坊主和工匠之间的雇佣关系。在一些印刷较集中的地方，已出现了较为明确的分工，刻版、印刷、装帧各司其职；过去的自印自销的生产方式，已被专业的书商所代替。

及至清代，官刻、家刻和坊刻仍是刻书事业的三个各具特点而又相互补充的组成部分。官刻除皇家印书机构武英殿（所印之书称为殿版）之外，康熙年间皇帝命两淮盐政曹寅于扬州天宁寺内设扬州诗局，召集全国各地雕版印刷的能工巧匠前来效力，刊刻过三千余卷内府书籍，其中包括《全唐诗》，这些殿版图书世称"扬州诗局本"。家刻本多是著名文人所刻自己著作和前贤诗文，或是藏书家和校勘学家辑刻的丛书等。清代雕版印刷的传统技术没有新的突破，但应用领域更为广泛，技艺也更为熟练，印刷品的普及率也达到了历史最高水平。清代套版技术有相当发展，一些彩印版画如苏州桃花坞、天津杨柳青和山东杨家埠等，较为出色。《芥子园画谱》继承明代胡正言《十竹斋画谱》技术，成为清代饾版印书的代表佳作。

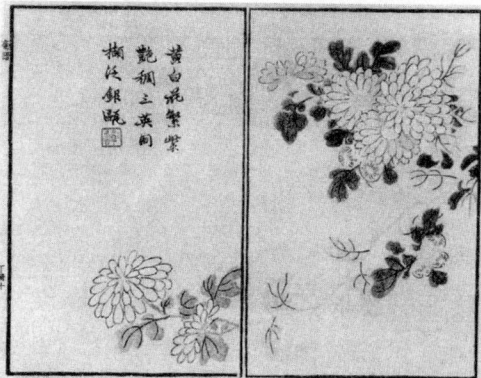

刊印于康熙四十年的《芥子园画谱·菊谱》

　　清末及民国年间，由于西方新式印刷技术的传入，传统雕版印刷整体趋于衰微，但余风犹存，仍刻印了不少书籍，如吴兴三位著名的藏书家张钧衡、蒋汝藻和刘承干，都刻了一些丛书，荣宝斋、文美斋等也以短版套色水印了一些《诗谱》。

神乎其技

　　将文字、图像反刻于木板上，再在印版上刷墨，铺上纸张，然后在纸张上给以适当的压力，使印版上的图文转印到纸张上，揭起纸张后，就完成了一次印刷，这就是雕版印刷的基本原理。但在实际操作中雕版印刷的工艺流程极为复杂，大致可分备料、雕版、刷印等环节，每个环节又有若干程序，整套工艺至少需要 6 到 7 人分工合作，默契配合。雕版印刷工艺对文字书写和版式设计有较高美学要求，其中雕版是决定印刷物质量及艺术性的核心技术环节，需要精妙控制运刀速度和走刀方向，特别讲究粘、编、折等操作技巧。国内扬州广陵古籍刻印社尚保留着全套古籍雕版印刷工艺流程，共有二十多道工序，整个流程散发着古朴典雅的文化气息。

　　一、版材的选用、加工及印墨的备制

　　雕版所用的材料，必须选用纹理细密、质地均匀、加工容易、资源较多的木材。在文献记载中，雕版所用的木材，有梨木、枣木、梓木、柏木、黄杨木、银杏木、皂荚木以及其他的果树木等。为了就地取材，北方刻版多选用梨、枣等木；南方刻版则多选用黄杨、梓木等。枣、黄杨等较硬的木材，多用来雕刻较精细的书籍及图版，而梨、梓等硬度较低的木材，则是刻版最常选用的材料。

　　制板时要选取有充分雕刻面积的树干，锯成约 2 厘米厚的木板。为使刻成的印版不变形，早期雕版要选用经长期存放干透的木材，这样

木雕版

刻成的印版，即使存放多
年也不会翘曲变形。后来
才采用水浸及蒸煮的方法
来处理刻版用木材。其具
体方法是将现成的板材，
在水中浸泡一个月左右，
再晾干备用。浸泡的目的
是使木材内部的树脂溶解，
干燥后不易翘裂；如遇急

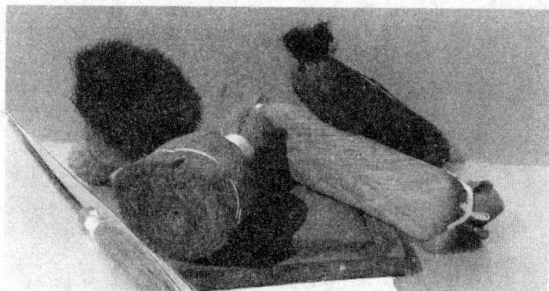

雕版印刷工具

用可将木板在石灰水中煮三四小时，再在阴晾处使其干燥。木板干燥后，两面刨光、刨平，用植物油拭抹板面，再用芨芨草细细打磨，使之光滑平整。此外，雕版印刷所用的墨也较有特色，大多采用松烟等为原料，秘方配制，故而清香四溢，永不褪色。

二、雕版及印刷的工具

雕版所使用的工具主要是刻刀和铲刀，其形状、大小有各种规格。雕刻不同大小的文字和文字的不同部位，都要选用不同的刻刀。处理雕刻版内的空白部分，则用不同规格的铲刀、凿子等工具。另外还需要锯、刨子等普通木工工具和一些附属工具，如尺、规矩、拉线、木槌等。印刷所用的工具，除台案外，还有印版固定夹具、固定纸张的夹子，以及各种规格的刷子。

三、印版的雕刻工艺

雕刻的工艺过程分为写版、上样、刻版、校对、补修等步骤。当最后校正无误后才能交付印刷。

写版

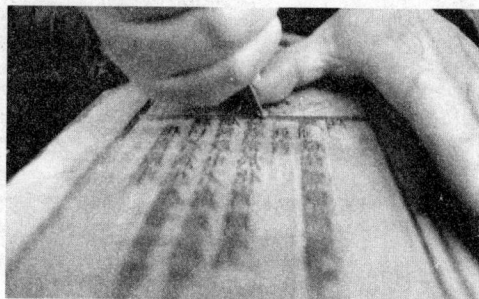

刻版

写版又称为写样，一般是请善书之人书写，使用较薄的白纸，按照一定的格式书写。为了保证刻成的版没有错误，对写出的版样，应先行校对，对于校出的错字用修补的方法改正。等版样无误后才能进行上样。早期雕版印刷的规格，多沿用写本的款式，规格比较自由。宋代以后，随着册页装订的使用，版式才逐渐定型。

上样也称上版，就是将写好并校正无误的版样，反贴于加工好的木板上，并通过一定的方法，将版样上的文字转印到木板上。上样有两种方法，一种是在木板表面先涂一层很薄的浆糊，然后将版样纸反贴在板面上用刷子轻拭纸背，使字迹转粘在板面上，待干燥后，轻轻擦去纸背，用刷子拭去纸屑，再以芨芨草打磨，使板面上的字迹或图画线条显出清晰的反文，刻字工匠即可按照墨迹刻版。另一种方法是写版者用浓墨书写，板面用水浸湿，将写好的稿样反贴于板面上，用力压平，使文字墨迹转移到板面上，将纸揭去后，板面上就留有清晰的反体文字，但其文字的清晰度不如前一方法。所以，雕刻精细版面还是多用第一种方法。

上样后即可刻版，这是关键的工序，它决定着印版的质量。它的任务是刻去版面的空白部分并刻到一定的深度，保留其文字及其他需要印刷的部分，最后形成文字凸出而成反体的印版，这就是我们现在所称的凸印版。雕刻的具体步骤是：先在每字的周围附近刻划一刀，以放松木面，称为"发刀"，用刀时以右手握刀，左手拇指抵助，引刀向内或向外推刀，然后在贴近笔画的边缘再加正刻或实刻，形成笔画一旁的内外两线。雕刻时先刻竖笔画，再将木板横转刻完横笔画，然后再顺序雕刻撇、捺、钩、点。最后将发刀周围的刻线与实刻刀痕二线之间的空白，用大、小不同规格的剔空刀剔清。文字刻完后再刻边框及行格线，为保证外框及行线的平直，可借助直尺或专用规矩。最后用铲刀铲去较大的空白处，并仔细检查整个版面后，即完成了一块印版的雕刻。

四、印刷方法

印刷除了印版外，还需纸、

装帧

墨等材料和刷子、台案等用具和设备。纸、墨的质量决定着印刷品的质量。在一定的印版、纸、墨条件下，印刷工匠的技术水平则决定着印刷品的质量。印刷的过程是先将印版用粘版膏固定在台案的一定位置上，再将一定数量的上好宣纸或白棉纸夹固在另一台案上。由于纸和印版都固定在一定的位置上，这可以保证每一印张的印迹规格都是统一的。印刷时先用墨刷蘸松烟墨均匀地涂刷于版面，再从固定好的纸中顺序揭起一张，平铺于版面上，再用人工做成的棕皮刷帚来回搓擦纸背，然后揭起印版上的纸张，使其从两案间自然垂下，这时的纸张已称为印页或印张。如此逐张印刷到一定的数量。

所有页都印刷完后还要进入装帧阶段，经过拣页、齐栏、包扣、穿线、贴签条、撞书、打书根等二十多道工序后，才能完成单卷的线装书，大型的丛书还要分成若干函，再配以精美的宋锦、续绢做成函套，这样方成书架上古色古香的线装古籍。

以上简单所述的只是雕版单色印刷的工序，中国古代还有刷版套印、分版套印、饾版拱花等彩色雕版印刷技术，这一工艺最早用于南宋的纸币印刷，并在漫长的发展过程中逐渐成熟完善，其基本工艺原理和单色印刷大致相同，只是所用印版数量更多，对雕版和印刷技术要求也更高，这里限于篇幅，就不一一介绍了。

硕果仅存

中国传统印刷技术传入西方并经过改善之后，逐渐发展成为近代印刷技术。到18世纪中叶，在西欧的工业发达国家印刷技术已进入近代水平，从排版、印刷到装订的大部分工序，都实现了机械化。随着时间的推移，到19世纪中期，西欧又出现了平版印刷和凹版印刷技术，印刷机的自动化程度也有了很大的提高。随着清末这些西方先进印刷技术的传入，我国传统的雕版印刷技术日渐衰落，逐渐被淘汰出实用印刷的舞台。目前我国仅剩有扬州广陵古籍刻印社、南京金陵刻经处、四川德格印经院等少量的单位还能延续雕版印刷传统工艺，为我们在现代的尘嚣中留存着古老民族的光辉记忆。

扬州广陵古籍刻印社于20世纪50年代在周恩来总理的关心下组建，成立之初汇集雕版印刷艺人60余人，从事古版修版及印刷工作，并受国务院委托收集全国范围内的古籍雕版版片。通过在江苏省内和浙江征集、调拨藏版，整理、修补、重印，几年内，征集到古版近 30 万片（现大部分转藏扬州中国雕版印刷博物馆），印行图书 10 余万册。"文革"期间，雕版印刷保护工作曾一度遭到破坏，刻印社也被迫撤销。1978 年，广陵古籍刻印社在各级党委和政府的关心下，得以恢复，于扬州凤凰街重建社址，不仅召回部分专业人员，还培养了一批新人，使雕版印刷工艺流程全面恢复。2002 年，经市政府申报国家新闻出版总署批准，在刻印社基础上又建立了广陵书社，使其能利用古代雕版工艺，出版雕版、影印古籍及仿真复制书画作品。时至今日，扬州广陵古籍刻印社还保存着传统的、原生态的雕版印刷技艺，聚集了一批雕版印刷技艺的艺人，运用传统工具手工操作，整理、新刻、出版了一大批珍贵古籍，使中国的雕版印刷传统工艺及其文化形态一灯不灭，薪火相传，造福人类，被誉为"印刷术的活化石"、"江苏一宝"。目前，扬州广陵古籍刻印社作为雕版印刷技艺的保护单位致力于印刷技艺的传承、保护，逐步建立起师徒传承、精品传承、著述传承、教学传承、社会传承等多种机制，形成了全面、完整的保护体系。刻印社积极收集散失古版，保护现存版片，进行整理、修复，研究传统制作技艺，恢复了部分失传工艺。2006 年，经过长达四年的复原和研究，广陵古籍刻印社五十多名工艺美术师、技师倾力合作，以"木刻水印"工艺印制的六卷本《北平笺谱》在广陵古籍刻印社重生。

金陵刻经处成立于 1866 年，位于江苏省南京市白下区热闹的淮海路上，是我国近代编校刻印佛经的著名佛教文化机构，为清末著名佛教学者杨仁山所创办。1957 年刻经处成为中国佛教协会的事业单位后，逐渐发展成为全国汉文佛经刻印收藏中心，全国各处木刻的重要经版、佛典图像刻版基本上集中于该处，所藏经版也从 4 万余片增加到 15 万片，年刻印经籍 4 万余册，为当代中国佛教的恢复与发展做出了重要贡献。金陵刻经处既是世界上规模最大的收藏汉文木刻经像版的宝库，又是蜚声海内外的我国木版雕刻、水墨印刷汉文佛教经典的唯一

金陵刻经处

机构。一百四十年来，金陵刻经处"沿用木刻雕版印刷术刻印佛经，以佛教典籍为载体传承着木刻雕版印刷术这一古老的文化遗产"。金陵刻经处刻本选本严格、校勘精审、刻印考究，古色古香，具有浓郁的传统特色，受到了热爱传统文化的读者及佛教信众的喜爱，佛教界称之为"金陵本"，为佛经流通中的善本。

德格印经院，清雍正七年（1729）由德格第十二代土司（即六世法王）却吉·登巴泽仁创建，位居藏区三大印经院之首，是藏区规模最大的印刷中心。经国家多次维修保护，如今德格印经院已是占地面积5886平方米，建筑面积9000余平方米，院藏典籍830余部，木刻雕版32万余块的印经院。该院雕版印刷技术从制版、雕刻、书写、制墨、造纸、印制工艺等，都基本保持了13世纪以来的传统方法，为已消失的世界印刷文明提供了不可多得的原始例证，具有"雕版印刷活化石"的价值。德格印经院所印书籍流传很广，印刷内容触角所及，宗教、天文、地理、历史、诗歌、绘画、音乐、医药、工艺、科技……凡是用藏文记录下来的文字著作，几乎来者不拒。所印最重要的文献经版当属宗教文献，其中清刻本藏文大藏经，以校字精细、刻工优美见称于世，德格版藏文大藏经，与那塘版、北京版、拉萨版齐名。1975年5月以

德格印经院

后，经有关部门批准，德格印经院有限的开展印售文献业务，产品主要销给藏区寺庙、僧侣、农牧民，以及各地大专院校、科研院所。

此外，国内还有福建四堡、北京荣宝斋等一些地方和单位尚存少量雕版印刷技术和业务，这些地方和单位与扬州广陵古籍刻印社、南京金陵刻经处、四川德格印经院等一起共同维续着千古流传的中国传统印刷技艺，成为这一不朽技艺在当代活态传承仅存的硕果。

发扬光大

近代以来，面对西方现代印刷术的传入，传统雕版印刷术因手工技术繁杂、成书速度慢、成本高、色彩单一而逐步退出历史舞台，仅存的几家传统印刷单位也不同程度的陷入困境：经费不足，处境困难，人才断层，后继乏人等现象十分普遍。如前几年扬州广陵古籍刻印社受经费的限制，雕版保护工作受到很大影响；宣传营销乏力，影响了新产品的开发；由于职工收入偏低，古籍刻印社先后有十多名掌握雕印整套技术的人员，改行从事其他工作。

自 2006 年成功申请国家级非物质文化遗产和 2009 年成功成为世界非物质文化遗产代表作以后，得益于传统国学的复兴和整个社会对非物质文化遗产的关注，使得雕版印刷的保护有了很大的好转，特别是扬州，雕版印刷技艺保护工作相对出色，成果突出，集传承、保护、展示、传播为一体，建立起师徒传承、精品传承、著述传承、教学传承、社会传承等多种机制，设立了传习所、专门博物馆，形成了全面、完整的保护体系，还整理、出版了一批雕版印刷技艺的理论专著，将历来通过口传心授的雕版印刷技法用文字、图片等多种方式记录下来，促进了雕版印刷技艺的广泛传播，堪称"非遗"保护的楷模。但目前雕版印刷保护传承的任务仍十分艰巨，还很多问题需要解决，抢救和保护这一绝技仍处于刻不容缓的境地。

要进一步扩大雕版印刷的影响力。通过各种手段，利用多种平台，抓住申遗成功机遇，积极宣传雕版印刷工艺。利用中国雕版印刷博物馆平台，用实物、文字和图片的形式，展示中华五千年文明史与雕版印刷的关系、雕版印刷技艺一千三百多年发展的历史，并设置演示、互动环节，提供全面展示雕版印刷技艺的平台。利用报纸、电台、电视台等现代传媒，利用节庆活动，利用国际交流、国内交流等渠道，发挥多种宣传手段作用，进一步扩大雕版印刷的影响力。在普通高校中开设印刷选修课，营造浓厚的知识氛围，使年青一代了解并热爱古代优秀的技艺。

要妥善处理好印版问题。长期以来，历史上遗留下来的大量印版不仅没能为保有单位带来效益，反而成为一种巨大的负担。如过去扬州广陵古籍刻印社每年都拿出十数万元经费对所存印版进行薰蒸治虫保管，整理、修复。目前这一问题已通过建立雕版印刷博物馆得到较好解决。未来围绕印版问题，主要是要做好两项具体工作，一是要在做好现有印版保护工作的基础上，

扬州雕版印刷博物馆馆藏印版

进一步征集散落在全国各地的珍贵版片，使之得到有效地保护；二要做好既有古版的研究、利用工作，一方面通过研究实物，力求从中恢复传统制作技艺，另一方面要对一些仍有利用价值的印版妥善发挥作用，利用旧版做好重印工作。

要妥善处理好人才问题。非物质文化遗产的延续主要靠人来完成，雕版印刷工艺作为一项工艺性和技巧性极高的手工劳动，凝聚了劳动者的辛勤劳作和高度智慧，传承人的因素至关重要。目前，雕版印刷类的国家级传承人只有四位，年龄大多在五六十岁，分属三个"非遗"项目木版水印技艺、雕版印刷技艺、德格印经

一名女孩在雕版印刷技艺传习所学习雕版印刷

院藏族雕版印刷技艺。培养一名合格的雕版技师，是一个艰难长期的过程，高超娴熟的刀法技艺，没有几十年潜移默化的刻苦奋斗是绝难得来的。因此，一定要注重对雕版印刷技艺老艺人的保护，改善工作环境，提高其社会地位，同时通过多种渠道，多种方式，积极培养新一代雕版印刷技艺传人。目前扬州雕版印刷技艺传习所通过"口传心授＋定向培养＋爱好者自行上门学艺"三种方式实现这项技艺的开放式传承，为雕版印刷队伍补充新鲜血液，是一种很好的尝试。"口传心授"就是传统的"师带徒"，"定向培养"主要通过与印刷类高校联合定向培养专业人才，"上门学艺"针对雕版印刷爱好者，主要是培养其兴趣爱好。这种开放式传承一方面确实培养了不少人才，另一方面还充分发挥老专家们的积极性和作用。

要利用专题项目带动技术提高，通过产业化引导多元发展。雕版印刷虽然是手工制作，但具有部分机械复制的特征，完全可以向产业化发展方向靠拢。除利用已有的老版之外，还可用传统工艺，创作新的雕版印刷内容，可以根据社会需要精选题材，印制社会需求量较大的书籍，如著名书法家的代表作等，用传统雕版工艺制作精品，既保持传统印刷工艺的延续，也是对书法艺术的弘扬；此外还可以专题项目的形式生产生肖、笺谱、《论语》、唐诗、佛像、家谱、单张、合册、集萃，藏品、旅游纪念品、特制品……只要投入地去发掘、创新，产业化生产题材取之不尽，品种变化万千。

我们期待中国雕版印刷术这朵奇葩在地方政府和全人类的共同努力下，能在历史的长河中永放光芒。

（编撰：张伟）

参考文献

[1] 魏隐儒：《中国古籍印刷史》，印刷工业出版社，1988 年版

[2] 上海新四军历史研究会印刷印钞分会编：《雕版印刷源流》，印刷工业出版社，1990 年版

[3] 罗树宝：《中国古代印刷史》，印刷工业出版社，1993 年版

[4] 宿白：《唐宋时期的雕版印刷》，文物出版社，1999 年版

[5] 钱存训：《中国纸和印刷文化史》，广西师范大学出版社，2004 年版

[6] 徐忆农：《中国古代印刷图志》，广陵书社，2006 年版

[7] 张秀民：《中国印刷史》，浙江古籍出版社，2006 年版

[8] 杨永德：《中国古代书籍装帧》，人民美术出版社，2006 年版

[9] 罗树宝：《中国古代图书印刷史》，岳麓书社，2008 年版

[10] 任新建：《独一无二的德格印经院》，《南方周末》，2004 年 7 月 15 日第 T00 版

[11] 陈跃：《扬州雕版千年传承光耀古今》，《扬州日报》，2009 年 2 月 26 日第 D01 版

[12] 管世俊：《雕版印刷与扬州》，《扬州日报》，2010 年 9 月 30 日第 T01 版

蒙古族呼麦

2009年9月28日至10月2日，在阿拉伯联合酋长国首都阿布扎比召开的联合国教科文组织保护非物质文化遗产政府间委员会第四次会议上，我国重点保护的非物质文化遗产"呼麦"成功入选《人类非物质文化遗产代表名录》，这是继蒙古族长调民歌之后，内蒙古自治区又一成功入选《人类非物质文化遗产代表作名录》的项目，属民间音乐类别。

呼麦是蒙古族古老的民族歌唱形式，纯粹利用人的发声器官，同时唱出两个声部，形成罕见的多声部形态，是世界上颇为少见的"喉音艺术"，被誉为"蒙古族民间音乐的活化石"。这种古老的喉音艺术在蒙古民族形成之时就已产生，并流传至今。呼麦作为神奇美妙的大地自然之音，是那样的美妙，难怪蒙古族人形象地称之为"人声马头琴"。呼麦与蒙古族长调民歌、马头琴并列为蒙古族最典型、最精美、最有代表性的传统文化表现形式。

呼麦的前世今生

蒙古族民间音乐不仅有丰富多彩的单音音乐，还有流传至今、古老而神奇的、具有极高艺术价值和学术价值的复音音乐——呼麦。

呼麦又称"浩林·潮尔"，它的蒙古语原意是"喉"，所以呼麦也被称作是一种喉音艺术。蒙古族歌曲是广大蒙古族人民经过漫长的历史发展，用口头形式创作和传承下来的，是蒙古族人民群众勤劳和智慧的产物。蒙古族歌曲最早产生于狩猎音乐时期（隋唐时期），发展于游牧音乐时期（9世纪中叶之后），呼麦就是孕育产生且发展于这两个时期。蒙古族古老的呼麦唱法，能唱四个八度音阶的特色，是在长期的游牧生活中模仿大自然的声音开始的，因此呼麦也被称作是"蒙古族音乐的活化石"。

关于呼麦的起源有以下几种说法：

第一种说法是：古代先民在深山中活动时，见到瀑布飞泻山谷回音达数十里，于是大家加以模仿，这样便慢慢形成了呼麦。国际呼麦协会内蒙古分会主席格日勒图博士说，蒙古高原的先民在狩猎和游牧中虔诚模仿大自然的声音，他们认为，这是与自然、宇宙有效沟通、和谐相处的重要途径，由此人体发声器官的某些潜质得到开发，一人在模仿瀑布、高山、森林、动物的声音时可以发出"和声"，即呼麦的雏形。

第二种说法是：呼麦唱法起源于宗教，已有近2000年的历史。尤其在成吉思汗时期，宗教信仰为萨满教，低音呼麦的这种演唱形式正好适应了当时的历史需要，在祭天或祷告诵经时，喇嘛首领用低沉的低音呼麦领唱、领诵经文。所以这种独特古老的演唱方式曾盛行于蒙古大汗宫廷，后来才逐渐传入民间。

第三种说法是：呼麦唱法最早源于西伯利亚南部的现图瓦共和国。后来蒙古民族把这种唱法和自己在狩猎过程中的一些实用性声音结合起来就形成了呼麦这种音乐形式，并在蒙古草原广为流传，距离今天已经有着800多年的历史了。

据蒙古国呼麦艺术家阿木耳先生介绍，在图瓦共和国普通的村庄里有许多人都会用呼麦演唱，一个歌唱者利用分气法导致同时发出两个声音，这是一种卓越的唱歌技术。通过模仿自然的声响，形成人造混和声音。一些当代西部音乐家称它言外之意唱歌、泛音唱歌或泛音歌颂。在谈到呼麦的产生是否来源于宗教时，阿木耳先生讲到蒙古族的萨满教是有多声部音乐的。萨满教崇拜自然，所以会通过模仿大自然的声音来体现对自然的崇拜，所发出上面是清亮的泛音，下面是厚重的低音的声音，表示同时出现天与地。可见呼麦和宗教也是有着密切联系的。

通过多方资料的查询，关于呼麦产生的具体时代，众说纷纭，无法考证。还有人认为在蒙古史诗说唱盛行的13世纪就可能产生了。从以上三种观点来看，呼麦唱法的形成并不是一蹴而就的，而是随着蒙古族音乐的发展而形成和发展的。但是无疑，呼麦的产生与人们所处的自然环境有直接关系，从现今呼麦的曲目来看，大多是反映大自然风光和描述动物等。诸如《四座山》、

《四岁的海骆马》、《孤独的白驼羔》等之类。从历史记载中看，原蒙古人居住的河湖星罗棋布，深山密林禽兽众多，他们以氏族部落形式过着集体狩猎的生活，在狩猎活动中，狩猎者发出各种模仿动物的声音，例如在呼麦高声部的发声中我们可以听出和鸟鸣声是基本相同的，这对获取猎物也是一种引诱。从其音乐风格来说，呼麦以短调音乐为主，但也能演唱些简短的长调歌曲，此类曲目并不多，因此保留着山林狩猎文化时期的音乐特征。到了草原游牧音乐文化时期，在保留流传下来的原有的模拟大自然音和鸟兽鸣叫音乐的同时，又创造出新的音乐声响，就是在原来旋律性的高声部基础上又在其下方加入了低声部，模仿牛、羊等家畜的声音。

呼麦的流传区域在我国主要集中于新疆阿尔泰山南麓的蒙古族地区。近些年由于内蒙古地区对呼麦采取了挖掘、引进等方式，内蒙古地区也逐渐出现了可演唱呼麦的歌手。除了我国，在蒙古国、俄罗斯图瓦共和国等蒙古族居住区呼麦以不同的传承模式、表现形态分布且流传，从古至今绵延不绝。然而，长期以来出于种种原因，呼麦一直没有被挖掘和重视。

随着生产、生活方式的改变，呼麦这种古老的演唱形式也随之有其产生、发展和兴衰的历史过程。氏族部落的生成、发展逐渐有了阶级与阶层之分，进而呼麦也被分为两种演唱方式，即哈日黑拉呼麦（低音呼麦）与伊斯格勒呼麦（高音呼麦）。因为低音呼麦发音浑厚、低沉，营造出神秘、庄严的气氛，所以低音呼麦多用于蒙古族的宗教信仰萨满教的诵经和作为战场上鼓舞士气的战歌。高音呼麦因为它高声部尖亮的音色在当时并不为上层阶层所接受，认为是难登大雅之堂的唱法，所以只有在民间还有流传。20 世纪 80 年代，高音呼麦在蒙古国非常流行的呼麦，高音呼麦传入我国，人们才开始注意长期以来"养在深闺人未识"的蒙古民族这一极富特色的艺术样式。由此人们关于呼麦的最初印象和认识，大多来自于高音呼麦；构成呼麦和声的主要元素——泛音性高音，类似于哨音的声音，给人们留下的印象非常深刻，以至于把这一呼麦和声的组成元素之一，作为呼麦的最本质性特征和衡量是否是呼麦的主要标准。

随后，呼麦中的高音呼麦即带有"哨音"的呼麦，从蒙古国传入内蒙古地区，并逐渐流行。至此，被蒙古国称之为呼麦的具有浓郁蒙古民族特色的神奇艺术，才逐渐引起了人们的广泛关注。各国专家学者们对于呼麦也随之展开了研究与讨论。在有关于呼麦的概念、分布、流传、表现形态等等基本或重要问题上，至今仍没有形成一个可被广泛接受的成果。

如上所述，尽管呼麦历史悠久、发育较为成熟，然而，受到人们的普遍关注却不像它本身的历史那样悠久。音乐的发展脱离不开整个民族的发展，呼麦也是如此。随着元朝的兴盛，中国境内的蒙古族音乐体裁也趋于多样化，而随着元朝的灭亡，呼麦这种并不常用的演唱艺术也随之衰落，后来又由于种种历史政治原因，废除了萨满教，呼麦在内蒙古地区几乎消失殆尽。在蒙古国，经过政权纷争，在 1924 年革命

演唱呼麦

成功之后，将长期以来处于自生自灭状态的呼麦，从纯民间形态提升至社会和专业层面。但是这一过程并非平坦，其后出现的政治"左倾"，致使发生了拆毁寺院、驱赶或杀害喇嘛等事情。由于低音和中音呼麦曾被喇嘛广泛运用于念诵经文，所以低音和中音呼麦便被视为封建迷信而在蒙古国受到严厉禁止。以致呼麦在蒙古国的演化历史出现了一度的失衡——低音和中音呼麦遭受强力打压遇到危机，高音呼麦因为民间化了，反而可在一定区域一定程度上承传流行。

呼麦这种古老的艺术表现形式走上表演舞台大约在 20 世纪三四十年代，以后又出现了专业的呼麦歌手。在 1957 年世界青年联欢会中，蒙古国专业歌手的演唱获得了金质奖章，充分展示了呼麦演唱的无穷魅力，受到了世界各国艺术家的赞誉和广泛认同，甚至感叹其不可思议，视为一种神秘、神圣的声音。蒙古国在呼麦的演唱形式及演唱方法的研究方面比较广泛、深入，培养了一批演唱和教学人才，也积累了丰富的教学经验，敖德苏荣先生是这方面的权威人士之一。在这些方面我国的研究显然落后了，幸而一些我国内蒙古地区的民族理论研究和专业演唱人士已经认识到了这一点，用走出去、请进来诸多方法逐步缩小这种差距。并为内蒙古地区的呼麦演唱艺术努力探索、深入研究，并取得了一定成果，内蒙古大学艺术学院的格日乐图先生和内蒙古广播电视艺术团的胡格吉乐图先生就是呼麦研究及演唱艺术领域里优秀代表，两位也是敖德苏荣先生的得意门生。

现在世界上大约有十几个国家和地区开展了对呼麦演唱的研究，开办了各种研讨会。但由于呼麦演唱方式及发声方法的特殊性，目前为止，普及程度远不及马头琴、长调等蒙古族艺术。人们对于呼麦这种古老的表演形式缺乏深入的了解和艺术认同感，也使其虽然有丰富的艺术表现形式，但还未被广大民众尤其是艺术工作者广泛接受。因此，需要更多的有志于民族音乐表演和研究的专家学者在这方面下更大的功夫，以利于呼麦在民族音乐的舞台上有更广阔的发展前景。

呼麦种种

呼麦按照音乐表现形态可以分为两类："啸"性呼麦和唱性呼麦。所谓"啸"性呼麦就是指用人的发声器官靠气息的憋、挤、顶等运动来发声的特殊声音艺术。"啸"性呼麦是指喉咙里发出沙哑浑厚声音作为基音而持续存在，并在其上面同时发出高于四个八度（基音与最高哨音之间）的哨音旋律的呼麦。通常不很了解呼麦艺术的人们所说的呼麦实际上就是指"啸"性呼麦。呼麦发声方法主要也就是指"啸"性呼麦的各种发声方法。呼麦的音乐表现形态还有一种是唱性呼麦。这种呼麦是指用发出呼麦基音的挤压的沙哑声音唱出有词的唱段或歌曲。这种呼麦不强调上方的哨音，能否出来哨音无关紧要，主要是把词唱好，但必须用呼麦基音的发声方法演唱，不是用声乐正常歌唱的发声方法演唱。其中有些呼麦是"啸"一段后再唱一段，轮流交替进行。这种形式如果是群体性的，那就可以唱与"啸"同时进行。

除了分成这两大类型以外，民间还有更细更具体的分类。例如按照表演形式分成单人型、群体型等。单人呼麦是指单独一个人进行的独"啸"或独唱的呼麦。这是呼麦最早产生的基本形式。牧民呼麦手在野外放牧为了满足自己的爱好或驱赶寂寞独自一人进行。也有娱他性的表演形式，呼麦艺术在成为舞台艺术之前就有这种为他人表演的形式，在各种庆典活动或各种集会中进行表演。呼麦艺术发展到近现代成为舞台艺术后发展了这种形式，为广大观众所喜爱。这种单人表演也有无伴奏和有伴奏的两种形式。牧人呼麦手在野外或在无伴奏条件的情况下独自一人自由地啸或唱呼麦。在成为舞台艺术以后也经常有无伴奏表演的情况。当然有伴奏条件的比无伴奏的效果更好。在过去大型庆典宴席或集会上通常都有乐器或乐队伴奏，成为舞台艺术之后一般都是有伴奏的表演。伴奏乐器在过去有叶克尔、马头琴、陶布修尔、冒顿潮尔（胡茄）、笛子等乐器。到了近现代后又加上了扬琴、三弦、胡琴等多种乐器。单人呼

呼麦表演

麦实际上是呼麦的基本形式，从这个单人形式发展出各种群体性的表演形式。群体呼麦是指除了单人呼麦表演形式以外的没有具体人数限制的呼麦表演形式。在过去的庆典集会上能有几个人就参加几个人，成了舞台艺术以后根据导演或编曲者的要求确定人数。这种形式有纯"啸"性呼麦和"啸"唱结合的两种。群体形式的呼麦是蒙古族原生态音乐中的多声部形式。

发声原理

呼麦艺术的真正发声方法概括起来讲是以人的发声器官为乐器，利用"憋"、"挤"、"顶"三种气息力量发出的特殊声音艺术。呼麦艺术最重要的就是气息的运用。呼麦艺术同声乐和吹奏乐一样首先是靠气息的力发出声音。但是气息的运用比起前两种艺术的气息运用具有自己独特的运动规律和方法。它是靠对气息的"憋"、"挤"、"顶"等强气压的力量使从声带发出非正常的挤压的基音，通过胸腔、喉腔、口腔、硬腭、软腭、舌、齿、齿龈、唇、鼻等器官的运动或共鸣来发出各种有变化的特有的持续基音和哨音旋律。其中气息的运用是至关重要的。

呼麦的发声首先要学会憋气。所谓憋气是指将吸进肺部的气息从上至下用强力闭塞、堵压，使气息在喉部、胸部和腹部（丹田）形成强有力的支持点。再结合挤气和顶气的力量使这个压力变成反弹的推动力，使声带产生特殊的颤动发出呼麦艺术所需要的特殊基音，从而靠唇、齿、齿龈、舌、硬腭等各个有关部位的共鸣及技巧发出哨音。这种憋气方法是很特殊的。在声乐艺术

中不能憋气，讲究气息的通畅，而呼麦艺术必须把气息憋住才能发出所需要的声音。

其次，挤气在呼麦发声方法中极其重要。把憋住的气息挤出去时才能使声带发出呼麦艺术特色的声音。挤气的力量走向是从外向内的横向运动。呼麦手把憋住的气息向外呼出时靠腹部、胸部、喉部的力量进行相对强有力的挤压才能发出特殊的基音和高频率的哨音。这种挤气的目的主要是为了给声带以额外的特殊压力使其产生一种非正常的拉力而发出非正常的基音。声乐艺术的发声绝对不允许挤气，但呼麦艺术必须挤气。有趣的是从外向内挤压的时候还要产生一种反方向的向外扩张感，虽说在向内挤压方面同声乐艺术相反，但在向外扩张感上却很近似。挤气时挤压的力量支点集中在两个锁骨的中间喉咙的底部。

呼麦的发声还需要顶气运动，在向下憋气的时候自然产生一种向上顶气的力量。憋气和挤气都是为顶气服务的，力量的集中点在丹田，这一点上同声乐艺术的气息支点一样，只是在气息力量的强度上有所区别。通过横膈膜、肋间肌、腹肌等各个有关部位的力量憋挤气息时产生反作用力，将气息向上顶出。从上往下、从外向内、从下往上的三种方向的气息运动力产生对抗，然而这种对抗力还要形成对立统一的协调动力，才能发出呼麦艺术非正常的特殊声音。

呼麦艺术发声方法特别强调气息力的强度、力度技巧和各有关肌肉的紧张度。但是，再强有力的运动也都有一个相对放松的必要性。这就同激烈的体育运动一样，在强有力的高度紧张的肌肉运动的同时要有相对的松弛，能张能弛才能更有效地进行运动。有些呼麦手不懂得这个道理总是把脸憋得通红。优秀呼麦手发声时从面部表情上根本看不出他的用力，因为他懂得放松和控制，这种放松也需要较长时间的琢磨和磨练才能掌握。这里存在着对立统一的辩证关系，懂得了这个哲学道理的人就不会走太多的弯路，成功率就高。

唱响"呼麦"的达拉嘎

达拉嘎出生于 1970 年，是一位普通的蒙古族牧民，但是却有着与歌唱家腾格尔相似的外貌和嗓音。达拉嘎自幼就跟随母亲学习蒙古族民歌，他曾参加过福建东南卫视的《开心明星脸》模仿秀节目；2008 年 5 月，他又被乌苏市文体局发现并推荐为地区级非物质文化遗产——"呼麦"演唱传承人。为了母亲的心愿，达拉嘎一直在为呼麦的传承而努力着。

幼时的达拉嘎跟着父母一起放牧，他的童年和少年是在母亲的牧歌和呼麦声中度过的。达拉嘎小学毕业后便开始放牧，跟着母亲学唱民歌和呼麦，每当母亲发出这种"神奇的声音"，他都抑制不住激动。呼麦的唱法独特，发音技巧特殊，即一个人能同时唱出两个声部，比如，演唱者运用闭气技巧，可使气息猛烈冲击声带，发出粗壮的气泡音，形成低音声部。达拉嘎经常在牧场上放羊，目极之处是蓝天、白云、草原、羊群、骏马，美丽的自然环境给他提供了一个每天都能放开嗓门尽情歌唱的舞台。他说，自己每天回到家，边喝奶茶边琢磨呼麦的唱法。只要有空，妈妈就会给达拉嘎仔细讲解呼麦的演唱技巧，因为母亲的指点，他的水平提高了许多，得到的赞誉声越来越多。1999 年 8 月，达拉嘎在乌苏巴音沟牧场与朋友吃饭，听说腾格尔要到奎屯举行演唱活动，他很兴奋，因为腾格尔是他崇拜的人，朋友劝他和腾格尔见个面。此前，达拉嘎一直模仿腾格尔的动作、声音，他想让腾格尔评价一下自己究竟像不像对方。达拉嘎见到腾格尔的那一刻，腾格尔对他说了一句"你太像我了"。激动之下，达拉嘎将把准备好的哈达献给了腾格尔。正是这句话给了达拉嘎"无比的信心"，回到牧场的当晚达拉嘎举行了篝火舞会，向大家表演了腾格尔在奎屯演唱时的招牌动作。2002 年，福建东南电视台请一些民间艺人模仿名人演唱，乌苏市文体局的康生元帮达拉嘎联系了表演事宜，并指导他排练。此后，达拉嘎经常出现在乌苏各地的舞台上进行模仿腾格尔的表演，成了乌苏小有名气的"腾格尔"。2002 年 1 月 19 日，达拉嘎在哥哥的陪同下到福建东南电视台模仿表演腾格尔的演唱。在那里，导演给他指导了一周，他唱的是《蒙古人》，现场当时有三百多名观众，起初他有些紧张，后来随着伴奏音乐的响起他放松了许多，正是因为这次演出，达拉嘎在乌苏的名气更大了。

回到乌苏后，达拉嘎在天山牧场的双头山上搭建了几座蒙古包，这里环境好，草场碧绿，青松苍翠，许多人慕名来到这里，就是想一睹乌苏这位歌者的风采。达拉嘎经常给游客演唱蒙古族民歌，表演呼麦，他的歌声经常飘荡在牧场上，他希望通过这种方式介绍本民族的文化，让更多的人了解呼麦艺术。达拉嘎说，呼麦是蒙古族古老的演唱技术，很难学会，虽然他儿时跟母亲学过一些，但掌握的并不多，加之母亲年龄大了，唱不动了，他只好跟着录音机慢慢琢磨。让达拉嘎高兴的是，国家目前对保护少数民族古老的艺术形式很重视，乌苏市文体局的康生元曾多次找达拉嘎了解呼麦的情况，而且给他提供表演的机会。相信在新一代呼麦传承人的努力下，蒙古族特有的歌唱形式"呼麦"一定会更好的传承和发展下去。

继往开来

"呼麦"在内蒙古草原已绝迹了一百多年，在新疆阿尔泰地区蒙古民族中，也濒临失传。所以，挽救和发掘并发展这一原本是中华民族的古老文化遗产是当务之急，具有不可估量的现实意义和深远历史影响。内蒙古自治区是蒙古族人口最多的聚居地区，传承和弘扬这一古老神奇而技艺高超蒙古民族声乐艺术，应是责无旁贷之事。

所幸，20世纪90年代以来，内蒙古艺术界有志之士，已通过"请进来"、"走出去"等各种途径学习"呼麦"艺术，并提高较快。其中，斯琴比力格、张昭翔、吉日木图、宝力道、宝力达是佼佼者。他们从90年代开始，活跃于国内外音乐舞台上（先后出访日本、澳大利亚），其中斯琴比力格曾被聘请到中央音乐学院讲学并做示范表演，他们的录音录像，多次在国内外各种形式的学术研讨会上播放。而早在20世纪80年代，莫尔吉胡、达·布贺朝鲁就开始了关于"呼麦"的考察研究和介绍；内蒙古歌舞团、内蒙古广播电视艺术团、蒙古族青年合唱团先后以不同声乐形式引向舞台；2000年东方电影电视学院的建立又把"呼麦"艺术引入了民族艺术教学之中。

随着呼麦艺术受到越来越多人的关注和宣传，国家和地方政府也把保护和传承这一艺术提到了重要议事日程。2006年5月20日，蒙古族呼麦经国务院批准列入第一批国家级非物质文化遗产名录，并组织实施五年保护计划。2009年10月1日，中国

呼麦表演

蒙古族呼麦成功入选世界非物质文化遗产名录。虽然呼麦艺术已正式作为世界非物质文化遗产受到国家和地方政府的日益重视与保护，但我们也要看到由于现代化、城市化的加速发展与推进，内蒙古草原文化正日益受到巨大冲击，内蒙古呼麦艺术正面临困境，濒临失传。面对这一不争的事实，分析造成这一状况的原因主要有两个方面：

第一，草原生态基础逐渐削弱，呼麦生存与发展的"硬"环境受到很大冲击，发展空间缩减。马克思指出："物质生活的生产方式制约着整个社会生活、政治生活和精神生活的过程。"（马克思《政治经济学批判》）因此，文化离不开生产生活，它是在生产生活中不断积累沉淀的产物，脱离生产生活的文化要么被扭曲，要么就逐渐凋零消逝。草原游牧文化的产生、发展及传承与游牧生产、蒙古民族以及他们生活的大草原环境休戚相关。萌生于草原文化的呼麦艺术面临的困境就是源于草原生态环境的破坏和蒙古民族生活环境的改变。由于从清朝中后期开始大规模发展内蒙古农业生产，开垦的农业用地越来越多，草原面积开始逐渐缩小，到20世纪60年代大量外省移民迁入，人口越来越多，又加上80年代内蒙古牧区开始实施"草畜双承包"政策（效仿农业区的"家庭联产承包责任制"而制定），这些无疑都加剧了草地承载程度，草原面积开始大量减少，很多地方出现了沙化现象，生态环境遭到严重破坏。为了切实保护草原生态环境，治理不断增多的沙化现象，内蒙古开始大力推进退耕还草工程，农牧民的生活环境也发生了巨大变化，很多受困环境之苦的家庭搬进了移民新村（这些新村主要是建在各城镇附近，由政府实行统一规划，住房由国家补助和个人补贴，一般按户分配砖瓦房，各户分配的具体间数视各地实际情况而定）。正是基于草原生态环境的严重破坏和蒙古人民的生活环境的巨大改变，呼麦艺术发展空间锐减，受到很大冲击。

第二，呼麦传承人口数量剧减，呼麦生存和发展的"软"环境受到巨大冲击。造成这一局面的主要原因是流行文化对包括呼麦在内的传统文化产生了巨大的冲击。流行文化又称普及文化、大众文化，关于它的准确定义，众说纷纭。一般来说，流行文化是指被普遍喜欢和热烈追随的时尚文化，其主要功能是娱乐。吉登斯认为"流行文化指的是被成千上万人观看、阅读、参与的娱乐"，海蒂兹则进一步指出"流行文化就是那类普遍可得的人工制品，电影，录音录像带，CD，VCD，时装，电视节目，沟通和交流的模式等"。当今的流行文化除在发挥文化所具有的一般功能以外，还以其独特的方式渗透到经济社会生活的各个领域，并以各种方式不断改变人们既有的生活方式。随着现代化、城市化的加速发展和人民生活水平的日益提高，内蒙古的大众传播媒介，诸如报刊、电视、网络等也在内蒙古草原地区得到迅速发展。借助于现代媒介传播的流行文化也迅速在草原地区流行，而这正迎合了热烈追逐流行文化的年轻一代，导致了他们对包括呼麦在内的传统文化的热情和关注逐渐减少，因此潜心学习呼麦的人也就越来越少。

从 20 世纪 80 年代开始至今，内蒙古自治区挚爱艺术的人们通过不断努力让呼麦这一古老而神奇的唱法又一次植根发芽。如今呼麦已成功入选世界非物质文化遗产名录，正受到国家和内蒙古自治区政府的日益重视与保护，并正在国内外产生越来越大的影响，呼麦这朵蒙古族艺术奇葩正走在复兴的路上。然而，由于现代化、城市化与外来流行文化的影响与冲击，维持呼麦这一艺术生存与发展的"软硬"条件正在严重流失，同时呼麦艺术本身缺乏突破与创新，特别是在商业利益的驱动下，呼麦的表演形式和质量发生了较大偏差，导致内蒙古呼麦艺术正面临困境，濒临失传。因此，积极研究对策措施，着力完善呼麦的生存与发展环境，大力推动内蒙古呼麦艺术的可持续发展，就成为紧迫之事。对于呼麦的传承和发展应该从以下三个方面着手：

第一，加强法律法规建设，把对呼麦艺术的保护纳入法制化轨道，完善呼麦的生存与发展环境，切实保护与发展呼麦艺术。法律法规的规范和有序，使呼麦艺术的保护与可持续发展既体现科学性，又具有权威性。法制是解决这一问题的治本之策。内蒙古自治区政府要站在战略的高度，以长远的眼光，积极为呼麦艺术立法建章，使保护与发展呼麦艺术有章可循、有法可依，从而有利地推动呼麦艺术的可持续发展。

第二，加大呼麦传承人保护力度，大力发掘、整合新人，夯实扩大呼麦艺术人口规模。由于诸多因素的影响，呼麦艺术这一民族民间文化遗产的传承机制正日益遭到破坏，传统技艺濒临灭绝，且后继乏人，因此采取各项有效措施夯实并扩大呼麦艺术人口规模就显得尤为必要。一方面，加大呼麦传承人保护力度。鉴于呼麦艺术是一门需要代代相传、口传心授的歌唱艺术，因此呼麦传承人在这项艺术的保护工作中就占有优先地位。要建立呼麦传承人专门档案，将其纳入特殊人才库，并积极提高他们的生活福利待遇；支持和鼓励他们带徒授艺，参与乡土文化教育。同时，通过运用文字、录音、摄像等手段抢救、保存呼麦艺术，采取为呼麦大师们立传、出影像资料等方式将这一文化形式传承下去。另一方面，通过多种途径大力发掘、整合新人。尽管有些城市如呼和浩特市的部分大专院校开设了呼麦艺术课程，但是呼麦的普及面还太小，可以建立专门的艺术学校进行呼麦艺术的传授，让学生进行理论与实践的系统学习，避免"野马式"拜师学艺的弊端。例如可将呼麦、长调、马头琴等民族艺术放在一起教授，非专业学校可以在学院中开设相关专业来教授呼麦艺术。另外，各个地方可以定期举办呼麦艺术节或呼麦艺术大赛，对参加选手特别是脱颖而出的优秀选手要给予高额奖励，通过这种民间发掘、挖掘新人的形式来推动呼麦艺术的普及工作。当然，这是一项长期而艰巨的工作，需要各地政府和相关部门采取有效措施予以有力推进。

第三，加强对呼麦艺术的研究力度，努力使之科学化、系统化，并注意借鉴、吸收现代各种元素。首先，加强对呼麦艺术本身的科学研究力度。现在是唱呼麦的人不研究，研究的人不唱，因此必须要组织专门的科研队伍对呼麦进行系统科学的研究。例如呼麦有13种唱法，现在内蒙古的呼麦选手在演唱中只掌握了其中的4种。目前所用的这四种为："哈日嘎"，是一种超低音演唱方法；"伊斯古日格"，是固定低音加哨音旋律声部的两声部演唱方法，"哈日嘎"和"伊斯古日格"的结合，唱出三个声部；"树伦·伊斯古日格"，是两个声部的"直音"呼麦；"乌叶勒呼"，是一种颤音演唱技法。如果不研究其他9种唱法而只使用目前的这4种唱法，就会过早地将理论框架化、格式化，会影响呼麦今后的发展。因此，花大力气研究呼麦的其他9种唱法就摆到了研究人员的面前。其次，努力使呼麦艺术科学化、系统化。当前，呼麦的传授多是由老师言传身教，学习者只能通过老师的一言一行来消化吸收知识，这就让学生产生许多困惑和误解。因此，针对呼麦教学中缺乏科学化、系统化这一状况，组织专门人员编写权威的教材就显得特别重要。再次，注意借鉴、吸收现代各种元素。呼麦可以在文本、音乐、表演、导演、舞台等方面大胆进行艺术嫁接、艺术改造，吸收现代的表演理念，锐意革新改造，使古老的艺术在新的时代发生"蜕变"，得到新生，使呼麦艺术雅俗共赏。

第四，加强各个地区和国家之间的合作与交流。呼麦主要分布在内蒙古自治区的锡林郭勒、呼伦贝尔草原及呼和浩特市等地区，新疆自治区阿尔泰山一带的蒙古族居住地以及蒙古、俄罗斯图瓦地区也能听到这种歌唱方式。在继承和发展"呼麦"这一蒙古族精美绝伦的文化遗产方面，内蒙古草原远远落后于阿尔泰山麓等其他蒙族地区，如蒙古国已早把"呼麦"艺术列为"国宝"；俄罗斯图瓦共和国则视"呼麦"为"民族魂"；两国均已把"呼麦"艺术发掘、研究列入国家艺术重点学科，并引入蒙古族声乐教学体系之中。两国保护和传承呼麦艺术的经验非常值得我们国家借鉴，因此在呼麦的继承和发展方面，除了加强我国各个地区之间的交流之外，还应该加强与其他国家之间的合作与交流，特别是境外蒙古族地区，这对于呼麦艺术的传承和发展将具有非常大的作用和意义。

（编撰：谭必勇）

参考文献

[1] 道尔吉：《呼麦》，江苏文艺出版社，2009年版

[2] 姚明：《唱响"呼麦"的达拉嘎》，《塔城报》，2008年12月7日

[3] 格日勒图：《试论呼麦的种类及其发声技巧》，《中国音乐》，2007年第3期

[4]《蒙古族呼麦》：http://www.chinaculture.org/focus/2009-11/05/content_361494.htm

[5] 李惠子：《非物质文化遗产呼麦演唱艺术面临失传》，《西部时报》，2006年3月28日

[6]《内蒙古"呼麦"的坎坷申遗路》，http://news.xinhuanet.com/focus/2009-12/02/content_12532218.htm

[7] 贺勇：《内蒙古呼麦：申遗背后的故事》，《人民日报海外版》，2009年11月24日

[8] 南飞雁：《喉音演唱与呼麦》，《天津音乐学院学报》，2005年第2期

[9]《呼麦》，http://baike.baidu.com/view/10914.htm

[10]《呼麦：震惊世人的草原文化瑰宝》，http://nm.people.com.cn/GB/196687/12342445.html

[11] 郭云鹏：《试论呼麦及其演唱方法》，硕士论文，2007 年 3 月

[12]《申报世界非物质文化遗产，蒙古族呼麦向前冲》，http://www.qthdaily.com/news/content/2009-03/18/content_69607.htm

[13]《蒙古族民歌呼麦入选人类非物质文化遗产代表作名录》，http://www.china.com.cn/txt/2009-10/16/content_18717952.htm

[14] 孙茂玲：《内蒙古呼麦艺术的生存与发展初探》，《枣庄学院学报》，2010 年 6 月第 3 期

羌　年

2009 年 9 月 28 日至 10 月 2 日，在阿拉伯联合酋长国首都阿布扎比召开的联合国教科文组织保护非物质文化遗产政府间委员会第四次会议上，羌年被正式批准列入首批《急需保护的非物质文化遗产名录》，属民俗类别。

"羌年"是集宗教信仰、历史传说、歌舞、饮食于一体的综合性民间节庆活动，它充分体现了羌族自然崇拜、先祖崇拜的宗教情怀，并把人们的劳动成果自觉地归因于天地的恩赐和先祖的恩德，体现了朴素的唯物主义思想。之所以在农历十月举办，这和羌族所居住的环境息息相关，和他们的生产、生活、文化等有着紧密联系，羌历年反映了羌族已经由游牧民族步入了农耕社会。羌历年活动，无论从形式和内容上看，无疑都是研究羌族历史、文化、艺术和习俗等的活材料。

羌年史话

羌年也称"羌历年"，羌语称"日美吉"。根据地方的不同，又有"过小年"、"丰收节"、"还愿节"等多种叫法。羌年以庆祝丰收和感恩还愿为主要内容，在每年的农历十月初一举行，持续三五天，具有浓郁的地方色彩。

"羌年"习俗主要分布于四川省绵阳市北川羌族自治县和阿坝藏族羌族自治州的茂县、松潘、汶川、理县以及其他羌族聚居地区。北川是全国唯一的羌族自治县，位于四川盆地西北部，隶属四川省绵阳市，东接江油，南临安县，西靠茂县，北抵松潘、平武县，幅员面积 2869 平方公里，总人口 16 万，其中羌族 9.1 万，占全县总人口 56.9%，占全国羌族人口的三分之一。在漫长的历史发展进程中，北川羌族生活在相对封闭独立的环境中，因而形成了自己独特的传统文化。在节日庆典方面，便鲜明地反映了羌民族传统文化的特色，其中最为盛大隆重的就是"羌年"。

据史书记载：我国古代有皇帝、颛顼、夏、殷、周、鲁等六种历法。而夏、周两代羌王朝制订的历法一直沿用至今。夏王朝的正历《夏小正》被羌人以祖历继承发展为现今的羌历。周王朝的周历被继承发展为今天全国通用的农历。

据吴天墀《西夏史稿》记载，夏羌王朝的历法，在今陕西、甘肃、宁夏、青海和内蒙南部广大西北地区羌人建立的"大夏国"一直沿。1971年在甘肃省的武威出土了夏历的残本剩有七至十二月份。据润十一月和每个月朔日的干支，算出是夏仁宗（仁孝）天庆二年，大夏羌人以十二生肖称一年，天庆元年属甲寅故称"天庆虎年"。

早在公元前31世纪，羌王夏禹在中华大地上疏通九河，治平了"洪水滔天"的险局，拯救了中华人类的繁衍生息。夏禹传位其子，夏启接任部落联盟总首领，开国建立夏王朝，把全国分为九州。夏朝乃是中华人类奴隶社会之初期，随之进入较为普遍的农耕时代。据任乃强《四川上古史新探》云："羌族是亚洲最早创造牧业文化和进入农业生产的民族"。夏代古羌人根据日照变化、星座和月相变化周期编订历法，在从事农耕种植中逐渐认识了四时代谢，认识了农作物春生、夏长、秋收、冬藏的自然规律，悟出了农时周期。以农时周期与星座、月相、日照长短订出了四季变化，时、日、月、年的数记。在夏、商（殷）代是三分月，一个月分上、中、下三旬。到了周代是四分月了。根据人们的逐步认识自然时季的特定规律不断完善了历法。

以公历为准三种历法列表比较说明：

公历（太阳历）	1	2	3	4	5	6	7	8	9	10	11	12
农历（周历）	12	1	2	3	4	5	6	7	8	9	10	11
羌历（夏历）	11	12	1	2	3	4	5	6	7	8	9	10
月建（周历）		子	丑	寅	卯	辰	巳	午	未	申	酉	戌	亥

从上表以月份比较可看出，公历与农历相差一个月，羌历与公历相差两个月。我们国家以农历按传统划分立春是在公历的二月四日或五日；立夏是在公历的五月五日或六日；立秋是在公历的八月七日或八日；立冬是

在公历的十一月七日或八日。以此划分四个时季，与实际气候时季变化不符。而以羌历的时季则与实际气候和时季相吻。因为我们国家大部分地区按农历进入"立春"时，各地气候还处于隆冬，立秋还处于炎夏。为此，实际仍在按羌历（夏历）的时季与实际气候相结合作为统计四季气候变化的月份。即以公历的三、四、五月为春，六、七、八月为夏，九、十、十一月为秋，十二、一、二月为冬。而公历的三月正是羌历的一月。所以羌历的一、二、三月为春季是符合实际气节变化的。为此，我们国家正是按羌历的月份统计四季变化和各地实际气候的。1984 年重庆市发行了月建以寅为首的羌历彩色单张日历。

那么羌历（夏历）是根据什么制订的历法呢？是根据羌人所居的高纬度实际地理位置和实际气候制订的。过去广大羌人居住在中国广大西北的黄土高原、青藏高原和西南的云贵高原地区，地势高，气候寒。在南方水乡已是春暖花开时季，而在羌人居住的高原地区仍是"千里冰封，万里雪飘"之时。比如现代羌人居住的四川省汶川、理县、茂县、南坪、黑水和北川、平武等县，川西平原因海拔低，四月收割麦子，而汶、理、茂一带却要在五月份方能开镰收割。时差达二十多天。所以羌历法与羌族地区的实际气候变化和农时是相合的、适用的，故羌族人民自夏代起沿袭了五千多年。

到公元 1227 年，在祖国广大西北地区，立国 342 年的大夏羌国被蒙古成吉思汗军队征灭后，羌文夏字记载的历法也只传到 1881 年清末年间。以后随同羌文一起失传了。计算年、月、日、时的羌历被羌人在实际生活中一直承袭下来。虽然近代羌人都通用了农历（周历）和公历的历法，但羌人释比仍按羌历法计算年、月、日、时，计算之准，其它历法难与之相比，故被羌人称为"铁板算"。"铁板算"就是现代羌人的历法书。

十月是羌人农牧区的金秋时节，粮食丰收，牛、羊肥壮，为了庆祝丰收，俗定"十月过羌年"。有的羌区为了答谢天神的恩赐，当年丰调雨顺、六畜兴旺、粮食满仓，举行"过羌年还天愿"，故又叫"还愿节"。为了感谢耕牛的辛勤劳作，让耕牛也过节，用麦饼挂在牛角上，喂养最好的食品，又叫"牛王会"，人畜都过年，这就是羌历年的来历。

"羌年"有悠久的历史渊源。羌族原始宗教的上坛经典《木姐珠》上说，天神木比塔的幺女儿木姐珠，执意下凡与羌族青年斗安珠结婚，临行时，父母给了她树种、粮食和牲畜作陪嫁。木姐珠来到凡间以后，很快繁衍了人类，所种的树木骤然成林，粮食丰收，牲畜成群。木姐珠不忘父母的恩泽，便在秋收以后把丰收的粮食和肥壮的牲畜摆在原野上，向上天祝寿，这天正是羌历十月初一，从此年年如此，形成定俗。随着时代变迁，古羌历除巫师作卜算之用外，羌族在羌历十月初一过大年的习俗也逐步演变为农历十月初一了。羌历年中正值高寒山区进入初冬，正是牲畜膘肥体壮，粮食归仓，瓜果满园的时候，也是一年劳动后的享受时日，从此以后，"羌年"就成为羌民喜庆丰收、感谢上天的日子。

羌年习俗

羌年节于每年农历十月初一举行庆典，一般为 3 - 5 天，有的村寨要过到十月初十。届时，全寨人都要到"神树林"还愿，焚柏香孝敬祖先和天神，要用荞麦粉做成一种以肉丁豆腐为馅的荞面饺，有的还用面粉做成牛、羊、马、鸡等形状不同的动物作为祭品。次日，设家宴，请出嫁的女儿回娘家，进行各项节日活动。祈祷丰收的祭山会是全村寨的一种祭祀活动，　除已婚

庆羌年活动

羌舞

的妇女不准参加外，全寨的人都要带上酒、肉和馍去赴会。会首由全寨各户轮流担任。届时会首要备好 1 只黑公羊、1 只红公鸡、1 坛咂酒、3 斤猪肉、1 斗青稞、13 斤面做的大馍和香蜡、爆竹、纸钱等，按规定摆好，众人由端公带领，在法器声中从村寨走向会场。祭祀时，先在石塔前点燃柏香，羌寨附近的山上有一个用青石板砌成的塔，高约两米，塔顶有代表天神、地神、树神等神灵的白石，塔周围为"神林"，有历代祖先栽种的松树、柏树、青冈等，仪式就在塔前的场坝里举行。端公行"领牲"礼，祝词并唱史诗，大意为：所有的野猪、老熊、山鹿、乌鸦、麻雀，请山神收治，不要放出来吃庄稼，请天神不要落"冷子"（冰雹），以免人畜受害、庄稼遭灾，保佑本寨百姓吉祥平安、免生疾病。随后把凉水和几颗青稞注入祭牲耳朵内，并往祭牲身上泼水，当祭牲全身发抖时，就表示神已领受，即可杀牲祭神了。要把祭牲的血淋在石塔上及其周围，端公将祭牲的角放在塔顶上，肉则当场煮熟分给各户。端公再将青稞撒在羊皮鼓的鼓面上，占卜吉凶，决定禁忌事项，并请神上身，宣布神命，接着诵经，给众人发放代表吉祥的羊毛线。端公先在塔前饮咂酒，众人再饮，跳"盔甲舞"，尽欢而归。

羌族人的传统宗教观念有"万物有灵"、"图腾崇拜"、"祖先崇拜"等，这些属于原始宗教范畴的信仰习俗对羌族人的生产生活有一定的影响。羌族人信奉巫师，重视祭祀活动。在众多祭祀活动中，对山神的祭祀活动最为隆重，称"祭山大典"或"祭山会"、"山神会"、"塔子会"、"山王会"。这是一种古老的习俗，流传至今，表达羌族人对和平安泰、人畜兴旺、五谷丰登的幸福生活的渴望，含有祈丰年、庆丰年、许愿、还愿的性质。成年后初次参加祭山会的男子会非常受重视，会获得许多祝贺性的馈赠食品。羌族人一年中各节日期间都要举行祭祖活动，酒是必备的祭品，以酒祭祖，以求福佑，这是一种由来已久的风俗。

　　羌族是一个能歌善舞的民族。男女老少大都会唱本民族的民歌，不论是在劳动生产、婚丧嫁娶，都要唱歌跳舞。而节日则是唱歌跳舞的最好时机。因此，逢年过节，羌民都要尽情歌舞。酒歌是年节时"咂酒"对唱的一种传统的歌唱形式。唱时主客并排而坐，轮流对唱，节奏缓慢而旋律优美，声音高吭，拖腔婉转，具有典雅朴素的优美风格。歌词长，多表达吉祥、祝贺与酬谢或叙述家史与追忆祖先业绩。节日的歌唱常常伴以舞蹈。形式有"跳锅庄"、"跳盔甲"、"皮鼓舞"等，而以"跳锅庄"最为流行。舞蹈时，一唱一落，男女互相变换位置，造成节日热烈欢乐的气氛。约半分钟后，一阕才终，二阕又起。参加的男女多至数十人，并伴以唱咂酒，往往歌舞达旦。歌舞时伴奏的乐器主要是羌笛，这是一种古老的六声阶的双管竖笛。此外是小锣、手铃、唢呐、羊皮鼓、胡琴、口弦等乐器，这些乐器能吹、奏、弹出具有独特风格的民族乐调，使节日的人们异常欢乐。

艰难传承

　　"十月过羌年"是羌族人民的传统佳节，但是由于人们的迁徙活动日益频繁，加之年轻人对羌族传统文化的兴趣不断淡化，庆祝羌历年的人越来越少，"羌年"传统文化的传承面临着严重的危机。

　　1986 年羌历十月初一日，首都北京的部分羌族同胞三百多人在雍继荣、黄成龙等人的组织下，开办第一次过羌年庆典活动。1987 年十月初一日，四川成都的部分羌族同胞近千人在何雨农（兵团职羌族老红军）、陈宝生、杨学文等人的指导下，在西南民族学院羌族学生们的积极参与下，过了个隆重热烈的羌历新年。首都北京和直辖市成都羌族同胞过羌年的喜讯很快传到四川茂县、汶川、理县、北川四县羌族聚居区，羌族人民一致要求恢复传承几千年"十月过羌年"的习俗。民意反映到各县县政府，茂县羌族县长王福耀、汶川王正富、理县左昌其、北川蹇洪秀（女）不负众望，决定四县联合轮流举办庆羌年活动。1988 年茂县举办首届；1989 年汶川为第二届；1990 年理县为第三届；1991 年北川为第四届。

　　茂县山区地理环境优越，县城在小盆地之中，全县羌族人口占百分之九十。1958 年茂县、汶川、理县三县合建为茂汶羌族自治县（1963 年又改治三县），这里是四川蚕丛先王的故里，是中华人文初祖夏禹王的神禹之邦，

现代羌年民俗歌舞表演

有宋代羌族女将樊梨花的点将台；有建造近两千年的黑虎羌碉群；有世界罕见的羌族民俗"万年孝"；有六千年前的营盘山古羌文化遗址；有冉駹王陵的金龟包。

1988年十月初一日，茂县全羌城张灯结彩，全城容集了五万多人，各县歌庄队、皮鼓队、唢呐队、锣鼓队、狮子龙灯队、各式羌装齐放异彩，亮丽全城，轰动全县。茂县武警大队部还赠送了"卫国兴羌"的锦旗。

1992年阿坝藏族羌族自治州州府马尔康，在杨光成、叶星光等的动议下过羌年。但是由于州政府秘书长不同意在文化宫广场过羌年，所以当年未过成。1993年人们把过羌年地址选在了河对岸的体育场，得到孟柯尔甲主任的全力支持，州政府送了两坛咂酒，五百多羌族同胞过了个愉快的羌年节。

1995年都江堰市羌族同胞在周礼富、杨步正、余光海等人的倡导下开始过羌年，自1998年都江堰市羌学学会成立后，过羌年已成固定节日。

2003年10月25日（羌历十月初一），四川省北川羌族自治县成立大会在羌年之日举行，三百多人的皮鼓队，上千人的歌庄队，亮丽的羌服，浓郁的羌情，三万人流如潮，广场上大型羌族民俗歌舞《西羌神韵》向人们展示了大禹故里的新生。

2008年，陕西省凤县举办首届庆羌年活动，开创了西北羌人故地复兴羌文化的高潮。

"羌年"的未来

"羌年"使羌族的传统、历史积淀和文化信息得以继承和传播，族人的社会习性得以巩固，羌族人民也借以表达了对所有生灵、对祖国和对祖先的尊重与崇拜。然而，近年来，由于人们的迁徙活动日益频繁、年轻人对羌族传统文化的兴趣不断减弱，加之外来文化的冲击，庆祝羌历新年的人越来越少；2008 年汶川大地震摧毁了许多羌族村庄，羌族人民聚集区遭到严重破坏，羌历农历新年也因此陷入岌岌可危的状态。

1987 年农历十月初一，省民委在成都举行了庆祝羌年大会。自此以后，羌族地区就统一以每年的农历十月初一日为"羌年"。1988 年茂县、汶川、理县、北川 4

羌年民俗活动

县政府联合举办了为期 4 年的"日麦节"（羌历年）活动，同年，该活动被阿坝藏族羌族自治州人民政府确定为羌族同胞的法定节日。自此，羌族传统节日"日麦节"（羌历年）方得到了有效保护。二十多年来北川的羌历年庆祝活动从未间断，和过去不同的是，庆祝活动不仅以村寨为单位，还以乡镇为组织，在县城举行的全县庆"羌年"活动尤为隆重。

2006 年，经阿坝州与绵阳市共同申报，羌历年被列为四川省首批非物质文化遗产。2008 年，四川省茂县、汶川县、理县、北川县申报的羌年，入选第二批国家级非物质文化遗产名录。2009 年"羌年"被列入《急需保护的非物质文化遗产名录》。但是我们知道申报"非遗"成功只是走出了第一步，"羌年"及其代表的羌族文化的保护与开发，未来还有很长的路要走。

在羌族聚居区，每年农历十月初一为"羌年"，羌族同胞在这一天开展庆丰收和各种娱乐活动，全方位、多层次地展示羌族歌舞、饮食、服饰等羌族文化，构建起防止羌区文明水土流失的"精神植被"。但随着禹羌文化专家谢兴鹏等 50 多名传承人和研究人员在地震中遇难，独特的"羌年"文化已处于濒危状态。

2009 年 9 月底，联合国教科文组织保护非物质文化遗产政府间委员会第四次会议宣布，将"羌年"列入《急需保护的非物质文化遗产名录》。随着名录的公布，地震灾区濒临消失的"羌年"文化再次受到世人关注。

"羌年"与羌族文化的未来何在？怎样充分利用申请非遗成功的机会和外界对地震灾区的空前关注，保护和开发"羌年"文化？

第一，"羌年"的保护传承必须与羌区旅游结合。北川县曲山镇石椅村大部分村民都是羌族人，村里碉楼、寨房挺立，羌族风情浓郁。如果能够对羌族的传统文化、风俗习惯进行系统的挖掘，并与地区旅游相结合，将对"羌年"传统文化的传承与保护起到非常重要的作用。1988年后，"北茂汶理"搞过多次"联欢羌年"的活动，轮流坐庄，各县互派代表参加，相互学习羌笛、羌绣等民间技艺。灾后重建中，北川擂鼓镇的羌绣逐渐走向产业化并成为旅游亮点，兄弟县纷纷前来参观学习。

利用"羌年"文化联合搞活羌区旅游还大有潜力可挖，比如举办赛歌节、美食节，进行羌族金花选拔等。还可学习云南丽江《丽水金沙》经验，打造一台精品文艺节目作为北川旅游名片，并进行市场化运作。欢乐莎朗跳出羌山粗犷神韵，祝福酒歌唱响尔玛奔放豪情。"羌年"的传统文化与羌区旅游结合的道路将会为羌年的保护和传承打造一片广阔的新天地。

第二，羌年保护要与百姓增收致富相结合。"羌年"传统文化的继承和发展必须要坚持"文化搭台，经贸唱戏"，搞好羌族特色商品的经贸活动。"羌年"文化涵盖的羌族特色商品众多，山核桃、板栗、蕨菜等食品，羌族服饰和工艺品等均具有广阔的市场前景。有关部门可选择条件较好的地区和项目，加快建设一批羌族特色商品产业基地，将其转化为经济效益，增强"羌年"文化传承的内在活力。

目前，擂鼓镇胜利村已把传统羌绣做成产业。地震后，当地政府请来羌绣老师对妇女进行培训，再将订单分发给个人，绣好后交回村里的羌绣厂集中销售。胜利村还注册了禹羌文化拓展有限公司，开设羌族服装厂和山核桃、羌族工艺品加工厂，工人全是村里的失地农民。胜利村发展羌绣产业为群众增收，这属于非遗的"生产性保护"，即将非遗资源转化为生产力和产品，使非遗在生产实践中得到传承。据悉，新北川——山东工业园将规划一个羌绣园，对传统羌绣产品进行创新。除鞋垫、围腰、香包和男女服饰等传统产品外，还将生产靠背、护腕、购物袋、杯垫、手机套、帽子等新产品。

第三，要善待"羌年"传承人。北川羌族民间艺术团团长杨华武是"羌年"的代表性传承人之一。地震后，因青片乡表演基地震损严重，杨华武将队伍带出羌山，暂时客居游仙区老龙山。尽管艺术团的羌笛、口弦、皮鼓舞、莎朗等原生态节目得到广泛赞誉，但时间一长，离开了羌山环境、落户绵阳城区的羌族民间艺术团不仅经营艰难，演员在生活习惯、心理调试、认同感等方面均遭遇尴尬。"羌年"文化的保护不仅需要原生态的地理空间，更需要重视和善待"羌年"传承人，文化部门应该给予传承人一定的经费并提供一定的物质在生活上对他们进行慰问和帮扶，为"羌年"传统文化的继承和发展创造良好的条件。

灾后重建中，北川 23 个乡镇都修建了文化站，修复和重建了一批羌族文化设施和场所，保护鼓励传承人收徒授艺。在建立的 9 个非遗文化传习所中，就有"羌年"传习所，北川还建设了非遗保护中心，保护中心中央陈列馆已于 2010 年正式对外开放展出。这些都将为"羌年"和羌族传统文化的发展提供更广阔的传承空间。

（编撰：谭必勇）

参考文献：

[1] 羌炎文化编辑部：《西羌文化》，四川省阿坝州羌学学会出版社，2000 年版

[2]《羌年》，http://baike.baidu.com/view/1212147.htm

[3]《"羌年"的未来》，http://news.163.com/09/1026/06/5MHGUVCU000120GR.html

[4]《羌年颂》，http://www.qiangzu.com/show.php?contentid=707

[5]《羌年》，http://www.chinaculture.org/focus/2009-12/10/content_362382.htm

[6]《中国"羌年"列入急需保护非物质文化遗产名录》，http://news.sohu.com/20091017/n267438082.shtml

[7]《走进羌家过羌年　萝卜寨羌族羌年庆》，http://minzu.folkw.com/Content.Asp?ID=2756&Page=7

[8]《羌年、羌语、羌人》，http://epaper.rmzxb.com.cn/2009/20091126/t20091126_288649.htm

[9] 马宁：《羌族咂酒的制作、使用及其功能解析》，《西北民族大学学报》，2003 年第 5 期

[10] 陈捷：《羌族的"咂酒"文化》，《酿酒科技》，2007 年第 10 期

[11]《〈羌魂〉感动蓉城，羌年等羌族文化遗产鲜活呈现》，http://scopera.newssc.org/system/2010/03/24/012641470.shtml

[12] 郝勇：《羌族同胞咂酒庆羌年》，《四川日报》，2005 年 11 月 7 日

[13] 陈捷：《羌族的"咂酒"文化》，《酿酒科技》，2007 年第 10 期

[14] 齐运东：《我国羌族的咂酒习俗》，《酿酒》，2006 年 11 月，第 33 卷第 6 期

[15]《羌年史话》，http://www.qiangzu.com/show.php?contentid=178

黎族传统放染织绣技艺

2009 年，在联合国教科文组织保护非物质文化遗产政府间委员会第四次会议上，由海南省申报的"黎族传统纺染织绣技艺"入选《急需保护的非物质文化遗产名录》。

黎族历史悠久，在漫长的历史发展过程中，黎族人民以自己的聪明才智，创造了独特而优秀的传统文化。其中，古朴、典雅、精美的黎族织锦工艺（传统纺染织绣技艺）这门十分古老的技艺，具有很强的艺术魅力，是几千年历史形成的一笔巨大财富。

据史书记载，黎族传统棉纺织工艺已有2000 多年的历史。自汉代以来，黎锦已成为历代封建统治者的贡品。我国传统的纺织业为丝纺和麻纺。植棉纺织最早应推海南岛。

黎族传统纺染织绣——黎锦

黎族棉纺织工艺在宋元以前曾领先中原地区一千多年，对促进我国棉纺织业的发展做出了特殊贡献。黎族传统纺染织绣技艺是黎族文化的"活化石"，是中华民族服饰文化中的一枝绚丽奇葩。

历史溯源

海南岛天气炎热，土壤肥沃，并略带碱性，很适宜于木棉的生长，旧时

411

的崖州（今三亚市），棉花生产颇盛，是中国棉花原产地之一。崖州黎族妇女将新棉花摘下后，轧出棉籽，"以手握茸就纺"。宋代诗人艾可叔的《木棉诗》中，曾描绘了黎族妇女纺织的生动情景："车转轻雷秋纺雪，弓变半月夜弹云；夜衾卒岁吟翁暖，机杼终年织妇勤。"南宋周去非《岭外代答》记载描述了每当棉桃成熟季节，黎族妇女采棉、去籽、纺线，生产的黎帛在宋代已销往内地。

《尚书·禹贡》就有"岛夷卉服，厥篚织贝"之说，学术界多认为"岛夷"指海南岛黎族先民，"织贝"是有文采的棉织品。可见，早在三千年前的春秋战国时期，黎族妇女就已学会种植"吉贝"（棉花），并用于纺织，比中原地区早千年以上，曾长期领先于华夏各民族。经过千百年的摸索创新，黎锦逐渐形成了纺、染、织、绣四大传统工艺流程。她们从"吉贝"中提取纤维，以足纫手引为线，织作五彩斑斓的"卉服"和"广幅布"。汉代的黎锦以其华美高贵的品质，在江南一带享有盛名，并赢得了宫廷的青睐，成为进贡之极品。宋元时期，黎族棉纺织技术及其工艺品已达到很高的水平。元代中国最杰出的女纺织家黄道婆学习黎族纺染织绣工艺，并加以改进和创新，在松江地区广为传播，促进了中国棉纺织业的快速发展。这也是黎族人民对中华民族最卓越的贡献之一。

黎族织锦具有典型的原生态文化特色。黎族妇女精于纺织，对于木棉和本地棉花的纺织尤其独具匠心。宋代以前，黎族妇女就会纺织布，织出彩色床单幕布。"崖州被"曾远销中原。旧时，在黎族地区，无论走到哪一个村寨，都可以看到一件件出自黎家妇女之手的筒裙、上衣、头巾、花帽、花带、胸挂、围腰、挂包及龙被、壁挂等精美的织绣艺术品，丰富多彩的图案，美不胜收的花纹，展示了南国乡土的独特风韵。

黎族传统棉纺织染绣（黎锦）技艺由黎族棉纺织工艺、麻纺织工艺及缬染工艺合并而成，是黎族人民创造的一项古老的技术。黎锦，是黎族妇女聪明和智慧的结晶，也展示了她们运用植物染料染色的高超技艺。黎族妇女很早就懂得利用海岛棉、木棉和各类野生麻类等纤维材料，并熟练地掌握和利用多种植物及矿物进行染色的技艺，凭借着简单的千年不变的纺轮纺纱、踞腰织机织布工具，织造出"艳若云"的黎锦，工艺水平十分精湛。最具特色的技艺体现在其"单面织"、"双面绣"和"绞缬染"等工艺特色上。润方言区黎族织绣的贯首衣起源很早，是人类服饰文化的活化石，其"双面绣"

技艺是黎族最有代表性的刺绣，其技艺精细到绣出来的图案分不出正反面的程度。哈方言区黎族的单面织，织物正面为蓝黑色的花纹，图案以人纹为主，背面素色，略呈凹凸，制作工艺精致巧妙。美孚方言区黎族有一种扎染技术，古称"绞缬染"，最具有地方民间传统风格，其织锦花纹图案色彩热烈欢快，主题鲜明，庄重典雅。黎族妇女凭借手工创造出十分精美的黎锦，包括贯首衣、筒裙、头巾、花带、黎单、龙被和壁挂等工艺品，其花纹图案有150种之多，内容蕴含黎族生活、民俗宗教等丰富多彩的文化内涵。黎族服饰是黎族传统纺染织绣工艺的结晶，具有典型的民族特征，各方言服饰在历史上曾是区分不同血缘集团和部落群体的重要标志。

四大技艺

清代文人程秉钊用"黎锦光辉艳若云"的诗句来赞美巧夺天工的黎锦。黎锦之所以受到人们的喜爱，主要是做工精细，美观实用，在纺、织、染、绣方面均有本民族特色。黎锦以织绣、织染、织花为主，刺绣较少。黎族传统纺染织绣技艺包括纺、染、织、绣四大工序。纺纱，即把棉花脱子、抽纱，把纱绕成锭。染色，黎族传统的染料有植物染料、动物染料和矿物染料三种。织布，用踞腰织机进行织布；腰机简单轻巧，容易操作。刺绣，黎族的传统刺绣有单面刺绣和双面刺绣两种。刺绣的技术可根据针法、绣法和面料分为三个层次，把绣法、色彩、图案三者结合为一体。刺绣工艺精湛，图案朴实自然，富有独特的民族艺术风格。

1. 纺

主要工具有手捻纺轮和脚踏纺车。人们一般在雨季将采集的野麻外皮扒下，经过浸泡、漂洗等工艺，渍为麻匹，然后用手搓成麻纱，或用纺轮捻线，

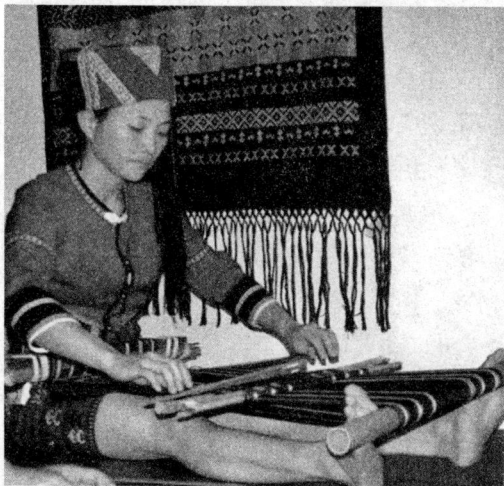

织锦女工

然后织成布。

2. 染

染料主要采用山区野生或家种植物作原料。这些自然染料色彩鲜艳，不易褪色。染色是黎族民间一项重要的经验知识。美孚方言区还有一种扎染的染色技术，古称绞缬染。先扎经后染线再织布，把扎、染、织的工艺巧妙地结合一起，在我国是独一无二的。

3. 织

织机主要分为脚踏织机和踞腰织机两种。踞腰织机是一种十分古老的织机，与六七千年前半坡氏族使用的织机十分相似，黎族妇女用踞腰织机可以织出精美华丽的复杂图案，其提花工艺令现代大型提花设备望尘莫及。不同图案、色彩和风格的黎锦曾是区分具有不同血缘关系的部落群体的重要标志，具有极其重要的人文价值。

4. 绣

黎族刺绣分为单面绣和双面绣。其中以白沙润方言区女子上衣的双面绣最为著名。我国著名的民族学家梁钊韬先生等编著的《中国民族学概论》这样描述双面绣："黎族中的本地黎（即润方言黎族）妇女则长于双面绣，而以构图、造型精巧为特点，她们刺出的双面绣，工艺奇美，不逊于苏州地区的汉族双面绣。"

黎族扎染

在黎锦四大工艺中，黎族精彩又独具魅力的染色工艺少为人知。目前，仍掌握染色工艺的黎族妇女已所剩无几。在我国民间，黎族也是唯一还在使用多种植物进行染色的民族。

黎族的印染以扎染为主，古代称为绞缬。织物经过结扎、入染、晒干、折线等步骤，最后形成色彩斑斓的花布。印染所用的染料以植物的叶、花卉、树皮、树根等为主，天然矿物颜料为辅。

1. 动人传说

黎族没有本民族的文字，汉文典籍中关于黎族染色的记载十分简略。黎族老人对染色起源的解释，与我国广泛流传的"梅葛二仙"的故事可谓异曲同工。相传在远古时期，人们学会了用麻布等纤维材料缝制衣服，麻衣等比兽皮羽毛舒适，但可惜都是灰白色的，不如兽皮羽毛漂亮。有一天，梅、葛二人把白布挂在树枝上晾晒，忽然，布被吹落到草地上，等他俩发觉后，白布成了"花"布，上边青一块，蓝一块，他们觉得奥妙准是在青草上。于是两人拔了一大堆青草，捣烂后投入水坑中，再放入白布，白布一下变成蓝色了。梅、葛二人由此得到了启发，发明了用植物染布的方法。梅、葛二人也就成了染布的先师，被尊称为"梅葛二仙"。

2. 主要染料

几千年来，心灵手巧的黎族妇女，不仅发明了先进的纺织技术，也成为最优秀的"调色师"。黎族使用的染料多为植物类染料，较少使用动物类、矿物类染料。植物染料除了靛蓝类为人工栽培外，其他几乎都是野生的。植物染料可利用的部分包括根、茎、心、皮、叶、花、果等。

黎族生活在热带雨林地区，植物染料资源十分丰富。黎族妇女使用的植物染料品种很多，不同的方言地区，喜好和习惯又不相同，因而对染料的运用也有所不同。目前，黎族还在经常使用的植物染料有十多种。

(1) 靛染

黎族爱穿深色衣服。传统服装多以深蓝为底，庄重大方。靛蓝是黎族最常使用的染料，靛染是利用从靛类植物中得到的植物染料对被染物进行染色的方法。靛蓝，海南民间多称之为蓝靛、蓝草等，是我国最早被利用的植物染料。靛蓝染出的织物，色泽以蓝为主，随着染色次数的增加，颜色逐渐加深，呈深蓝色，且色泽饱满、牢固、耐洗，不易脱色。

黎族进行靛染和栽培蓝草的习俗十分普遍。蓝草是多种能够制作蓝靛的植物的总称，黎族常用的蓝草大概有四五种。用蓝草染色，首先要造靛，造靛是从蓝草中提取靛蓝。先采摘蓝草的嫩茎和叶子，置于缸盆之中，放水浸没曝晒，几天后蓝草腐烂发酵，当蓝草浸泡液由黄绿色变为蓝黑色时要剔除杂质，兑入一定量的石灰水，沉淀以后，底层留下深蓝色的泥状沉淀物，造靛便完成。然后将水倒出，缸盆内形成沉淀物即蓝靛。接着加入草木灰水和米酒，视其发酵程度，放置2-6天。

将被染物浸入染液之中染色叫入染。靛染是在常温常压条件下进行的氧化还原反应。将被染物放入染液中浸泡，后取出经过拧、拍、揉、扯等再放入染液中，使其充分浸透，然后再次取出挤去水分晾晒氧化，一般都要经过几次甚至十几次反复浸染、晾晒，方能达到预期的效果。直至数日后达到需要的深蓝色。最后将被染物放入清水中漂洗，不理想的再复染，直到满意为止。

(2) **染媒染色**

黎族妇女不仅知道什么植物染什么颜色，而且还能熟练地使用染媒进行染色。染媒是使染料和被染物关系亲和的物质。在染色工艺之中使用染媒是染色技术的一大进步，它扩大了色彩的品种，提高了色彩的鲜艳程度，复合色大大增多，染料和织物的亲和关系极大增强，使被染物不易褪色。染媒染色技术比较复杂，只有在长时间实践的基础上才能逐步掌握。

乌墨树，黎语称为"波片"。把剥取的乌墨树皮，砍成一片片放进陶锅里，加入芒果核煮一小时左右，并不时用木棒翻动，芒果核起到固定颜色和使颜色鲜亮的染媒作用。边放麻线边用细木棍翻动，直到麻线均匀上色，达到所需颜色后取出，这时麻线呈深褐色。即刻埋入黑泥，边埋边用手揉、搓，使其充分上色，浸埋约一小时，取出清洗、晾晒。褐色麻线就会神奇般地变成纯黑色。

文昌锥树，黎语称为"坑派"，一种野生木本植物。将剥取的树皮晒干切成小段，放进锅里煮约一小时后，再根据麻线的多少放入适量的螺灰，搅拌后放入麻线，麻线变为红色，便可取出、晒干。螺灰是黎族地区植物染色中最常用的染媒，能够固色和提高纱线亮度的作用。

贝壳灰、草木灰含有多种金属元素，也能起到染媒的作用。在染料中加酒，对于改善色彩能起到一定的作用，酒还可以加强染料的渗透性，令棉纱有较好的染色效果和牢固程度。

3. **先扎染后织布**

古代称镂空版印花或防染印花类织物为缬，分为夹缬（一种镂空版印花）、蜡缬（蜡染）、绞缬（扎染）三大类型。扎染又称扎缬，是绞缬的俗称。

黎族扎染工艺，宋代以后文献多有记载。文献中所说的"结花黎"，指的就是掌握扎染工艺的黎族。当时黎族进贡朝廷和行销内地的"盘斑布"、"海南青盘皮（披）单"、"海南棋盘布"以及宋末元初出自儋州、万州的"缬花黎布"等，都是运用绞缬工艺制作的。

黎族扎染现主要流行于美孚方言和哈方言地区。美孚方言扎染较为普及，有专门的扎染架，图案花纹较为细致、精巧。哈方言没有专门的扎染架，一般是将经线一端缚于腰间，另一端挂于足端，图案线条较为粗犷。

扎染工序一般有描样、扎制、入染、解结、漂洗等过程。但黎族妇女的扎染不需描样，图案花纹已尽在她们心中。扎制也称扎花，在扎染中起着关键性的作用，这直接影响扎染的好坏。美孚妇女的扎制方法是，把理好的纱线作经，两端固定在一个长约 2 米的木架上，然后依经线用青色或褐色棉线扎成各种图案花纹。扎制的图形多为几何纹样。

扎花完成后，从木架上取下纱线入染。美孚方言多采用靛染。为使纱线着色均匀，要先将结好的经线用水打湿，然后放入染液之中翻动，上色均匀后取出晾干，使靛在空气中氧化凝固，又入染，如此反复，达到要求为止。入染完成后，将扎制的线结一一拆除，用清水漂洗，除去浮色，晾干。这时，在经线上就显示出色斑花纹，用踞腰织机在斑花经线织上彩色的纬线，于是就形成一幅精致的艺术品。

黎族的扎染，最大特色是先在经线上扎线，再染色，最后织上各种彩色纱线的纬，即先染后织。而我国其他民族则是在织成的白布上扎染，即先织后染。黎族的先扎染后织布与别的民族先织布后扎染相比，图案既不失严谨，又增加了色彩的变化，层次更加鲜明丰富。这种自然天成的无层次色晕，为黎锦平添了几分姿彩，具有很强的艺术感染力。

工艺特征

黎族传统棉纺织工艺具有许多显著特征，主要表现在以下几个方面：

（1）图案丰富

黎族姑娘 13 岁左右就开始在长辈的指导下学习纺织，精湛的纺织技术因此而能够世代传承下来。黎族妇女发挥自由的想象力，创造了丰富又颇具特色的黎锦织绣的艺术图案。黎族织锦上有水波纹、藤条纹、彩虹纹、云雾纹、方块几何纹、星月圆点纹、草树纹、竹林纹、牛鹿凤鸟纹、槟榔树纹、昆虫纹、古人

黎族传统棉纺织染绣技艺样图

舞纹、房屋纹、谷类纹、青蛙纹、生活工具纹，以及较为常见的日月、星辰、雷电、山川、流水、云雨、白藤、锅碗、藤箱和龙凤、黄猄、水牛、鸡狗、龟蛇等动植物和自然界的物象等 120 多种。这些图案是根据黎族的生活环境、地理条件等自然形象，通过艺术抽象化而形成的。黎锦图案可分为两大类：一类主要是妇女服饰上的各种花纹图案，以人形纹、动物纹、植物纹、生产工具纹以及三角形、菱形等多种几何图形的纹样居多。另一类是刺绣在龙被、织锦壁挂、织锦挂包和各种装饰物上的图案，以人形纹、龙纹、凤纹、鹿纹、青蛙纹、树木花草、雷电日月水火等吉祥物居多。

　　黎族分哈、杞、润、台、美孚五大方言，各方言区由于生活习惯、文化经济、生产环境等因素的不同，织锦图案也有所差异，这使得黎族织锦五彩缤纷、丰富多样。哈方言地区的图案以人形纹、动物纹为主，植物纹、生产工具纹、自然界的各种图形纹样为辅，造型生动、构图饱满、色彩浓烈、内容丰富。杞方言地区的图案多描绘人的神态，如舞蹈、生产、生活、婚恋等，以祈愿岁岁平安，人丁兴旺。润方言地区的图案追求形似，色调和谐，对比鲜明，线条清楚，以人形纹、龙纹、鸽纹为主，其他动物纹、植物纹、花卉纹为辅。台方言地区的图案以人形纹、青蛙纹居多，尤其是青蛙纹在筒裙上更为普遍，因为在黎族社会里，青蛙用于表示母爱和避邪。美孚方言地区的图案以人纹、鹿纹、蜜蜂纹、鸟纹、汉字花纹、波浪纹、水波纹、曲线纹居多。鹿是黎族人民心目中的吉祥物，是善良和美好的象征。

　　(2) 精品龙被

　　集黎族传统织锦四大工艺于一身的精品是黎族龙被。龙被亦称"广幅布"、"崖州被"、"大被"，是代表黎族传统织锦技术最高成就的艺术珍品。龙被以龙为主体花纹图案，构图饱满、匀称、和谐，颜色绚丽、华美，格调高贵、雍容。以日月、山水、蓝天、祥云、彩虹为主的自然界花纹图案为陪衬，常见有以祖宗图、八仙图、五子登科图、福禄寿三星图、嫦娥奔月图为主的神话人物图，还有以龙凤、麒麟、蛟龙、白虎、金狮、仙鹤、雄鸡、喜鹊、蝙蝠、鲤鱼为主的吉祥动物图案，以及灵芝、仙桃、桫椤、牡丹、莲花、仙草、腊梅、幽兰、金菊、翠竹为主的吉祥植物图案。此外，也有在龙被上刺绣汉字的，有楷体、隶书、行书、草书等字体。

　　龙被织绣因黎族方言和居住地区的不同而产生各异的艺术风格和特色，成为研究黎族文化演进的宝贵实物资料。1950 年以后，部分黎族妇女已很少织造龙被,如今掌握此项技艺的妇女大多年事已高,而且缺少传人,亟待拯救。

(3) 特点突出

1. 文化的活化石

一种工艺存续数千年,无疑是人类历史上的一个奇观。纺轮纺纱、踞腰织机织布、贯首衣这些古老的文化遗存以及与纺织工艺相关的树皮布制作,在信息时代、数字经济时代的今天,在黎区还能寻到它们的踪迹。

2. 卓越的历史贡献

黎族棉纺织工艺,曾长期领先于华夏各民族,直到宋元时期,仍位居全国的前列。伟大的女纺织家黄道婆,学习黎族纺染织绣工艺,并加以改进和提高,传播了黎族先进的纺织技术,促进了中国棉纺织业的快速发展,改变了中国人穿衣盖被的习惯。这是黎族人民对中华民族最卓越的贡献。

3. 鲜明的民族性

黎族织锦深深地打上了民族的烙印。千百年来,纺染织绣技艺,不仅为全体黎族女子所传习,是黎族女子必须具备的一项基本技能,它还是黎族人民表现自我、表现本方言、表现本民族的一种重要手段。黎族是一个只有语言没有文字的民族,从某种意义上来说,黎锦是她们独特的史书。黎锦浓缩了黎族的历史与文化,具有强烈的民族性。

4. 典型的原生态

主要表现在两个方面,一是制作工艺及原料的原生态,二是所表现文化现象的原生态。黎锦工艺延续数千年,除历史上沿海地区较为发达外,在多数山区至今仍保留着简单而又原始的纺织工具及纺织工艺,黎族妇女就是凭借这千年不变的工具,织造出"艳若云"的黎锦。传统黎锦,从纤维材料到染色材料,绝大多数取自周边山野沟壑,只有少量色丝从外界购入。

(4) 价值独特

黎族是一个只有语言没有文字的民族,从某种意义上来说,黎锦是她们独特的史书,浓缩了黎族的历史与文化。黎锦文化传递的不仅是历史价值、工艺价值,还有不能忽视的经济价值和社会价值。

1. 历史价值

黎族织锦工艺,源远流长。它起源于新石器时代,无论是纺轮还是踞腰织机,都与半坡文化遗址复原的纺轮和纺织工具基本相同。历史上,由于海南岛较为偏远的地理位置和崇山峻岭的阻隔,使黎族长久地保存了原始的纺织工具。透过对黎族纺织工具和纺织工艺的研究，人们可以更多地了解人类发展的历史，特别是纺织史。

2．工艺价值

黎族妇女凭借着简单的工具，织造出瑰丽华美的黎锦，其工艺水平十分高超。黎族妇女在长期从事黎锦制造的过程中，逐步积累了关于纤维的软、硬、粗、细、长、短和坚韧程度，以及纤维的种类特性等方面的知识和经验，她们还熟练地掌握了利用多种植物及矿物进行染色的技艺。黎族织锦，全凭手工，手工创造了精美黎锦图案，手工是黎锦的灵魂，也是其工艺价值的集中表现。

3．经济价值

黎族传统纺染织绣技艺是黎族非物质文化中最具活力和经济价值的项目。其经济价值主要表现在两个方面：一是用黎族传统纺染织绣技艺制作的黎锦，具有很强的服装功能。根据时代特点的变化，可以开发出既保留传统黎族织锦的花纹、图案等内容，又符合当代人审美情趣、便于穿戴的现代黎族服饰。二是黎族长期利用野生植物（纤维和染料等）作为制作黎锦的原料，积累了大量的经验知识，许多原料具有开发的前景。如树皮纤维、木棉棉絮、野生麻类、野生藤类经过开发和加工，有望成为高级服装的原料。黎族掌握十多种颜料染色的技术，这些染料天然无毒副作用，不仅将来可用于服装染色，还可以广泛用于食品饮料、家具等染色，具有良好的开发利用前景。

4．社会价值

黎族服饰文化曾是黎族区别于其他民族的重要标志，黎族传统纺染织绣技艺工艺是创造黎族服饰文化的重要手段。今天黎族传统服饰的功能已发生了重大转变，人们穿着民族服装不再是为了保护身体、御寒避暑、遮羞护体等目的，作为服装的许多功能已经淡化甚至消失。但是，每逢重大节日、重大事件时，黎族男女仍穿戴本民族服装，他们内心深处对本民族服装仍有着强烈的认同感。服装与语言等文化现象一样，对于维系民族内部的统一和团结具有十分重要的作用。

濒危状况

过去，黎族妇女染色时，长辈总是把年轻女子叫到身边，从采取染色原料、取汁到色度的掌握，一一进行示范讲解，通过这种口传形式，使下一代学到染色知识。受到现代文化生活和各种高科技的冲击，喜欢并愿意学习黎族传统纺织工艺的人越来越少，那些曾织出斑斓锦绣的织机，早成了堆在角落中的古董。随着掌握古老织锦工艺的民间艺人相继过世，传承了数千年的黎族织锦工艺濒临失传的危险，对传统棉纺织工艺尤其是黎锦工艺进行抢救、挖掘和保护，已迫在眉睫。由于社会变化和现代化的冲击，黎族传统纺染织绣技艺已处于濒危的状况，主要表现在：

（1）后继乏人。20世纪50年代以后，黎族地区社会发生了重大变革，经济建设和各项社会事业快速发展，山区交通落后、信息闭塞的情况发生了根本转变，男耕女织的自给自足的自然经济被破坏。衣饰等必需品不再像从前那样必须自给自足，青年人渴望重新安排自己的生活。如今黎族山区除极少数年轻人懂一些织锦工艺及刺绣外，纺、染技艺几乎没有年轻人承袭了。

（2）原料匮乏。原料匮乏是传统纺染织绣技艺无法完整传承的重要原因。由于黎族地区很久之前就不种植棉花了，目前多年生的棉花在黎族地区只是零星的分布，外来棉纱已代替土纱。黎锦制作需要的其他纤维材料如树皮纤维、麻纤维、藤纤维等，也因近几十年山区开发建设，资源越来越稀少。黎族妇女能用多种原料染纱染布，但染色植物也越来越少，为了寻找一株染料植物，往往是"踏破铁鞋"无觅处，加上现在多购买现成色线，人们对染料的认识也越来越淡薄。

保护、继承与发展

黎族传统纺染织绣技艺是黎族传统文化的"活化石"，是黎族人民智慧的结晶。黎族传统纺染织绣技艺2003年被国家文化部公布为我国第一批非物质文化遗产保护试点项目，2006年5月被国务院公布为国家级第一批非物质文化遗产名录。在海南省政府的领导下，经过3年的艰苦努力，取得了较好的成效，使历史悠久而濒危的黎族传统纺染织绣技艺重放异彩。海南省主要采取了以下措施：

1. 统一认识，加强领导。黎族传统纺染织绣技艺被列为国家保护试点项目之后，分管文化工作的省领导组织省文化、民族宗教和相关部门及市、县领导，认真学习中央有关文件和指示精神，通过学习，使大家充分地认识到黎族传统纺染织绣技艺是海南省文化遗产的重中之重。据史书记载，战国时期以来黎族人民就已经掌握了植棉和纺织染绣的原始技艺，至今已有3000多年的历史，比我国的纺织历史还早1000多年，汉代黎锦已经成为朝廷贡品。宋代黎锦以"百世千华"闻名于世。元代黄道婆流落崖州，向黎族妇女学习织锦技艺，回家乡上海后改进织锦工具，将技艺推广，有力地推动了我国棉纺技术的发展。黎族传统纺染织绣技艺具有很高的历史研究价值、艺术价值和实用价值，但近年来由于人们的生活条件的变化，黎族传统技艺面临人亡艺绝的困境，抢救和保护黎锦传统纺染织绣技艺成为十分紧迫的任务。

2. 多方筹措经费，保护试点工作的顺利开展。保护试点工作千头万绪，普查、记录、走村串户，人力物力花费很大，不落实经费寸步难行。几年来经过努力，海南省的市县两级政府投入190万元，同时通过社会筹措310万元，为试点工作奠定了经济基础。

3. 加大宣传力度，使社会引起共识。为了让全省人民认同对黎族传统纺染织绣技艺保护工作的重要性，海南省精心策划了一系列的宣传活动，除新闻媒体开辟专栏做专题介绍外，投入50万元出版专著《黎族传统织锦》5000册。投入20万元在第一个文化遗产日举办全省黎族织锦大赛。投入15万举办"海南省非物质文化遗产保护成果展"并全省巡回展出。投入400多万元创作排演了一部反映黎族传统纺染织绣技艺，歌颂黄道婆的大型民族舞剧《黄道婆》，该剧2006年9月参加第三届全国少数民族文艺汇演。

4. 点面结合，深入调查。试点工作从田野调查开始，采取"三结合"的方法进行田野调查：

(1) 全面普查与重点调查相结合。从省到市、县、乡镇上下联动，组织各部门密切配合，发动社会积极参与，形成合力。海南省前后两次举办全省普查培训班，培养了300多名普查骨干，市、县也办培训班，培训基层骨干，在全国进行田野普查摸清家底的基础上，对黎族5个方言区的传统纺、织、染、绣四大技艺流程进行重点调查。

(2) 专业队伍和群众参与相结合。海南省的普查工作由全省群众艺术馆、文化馆、文化站及文物工作者担任，每个试点都组织有专业知识的专家和业务骨干，做深入细致的调查工作，并发动基层干部和群众紧密配合。

(3) 征集实物和实地调查相结合。在黎族5个方言区，前后征集到实物100多件，其中有清代的龙被、麻纺织品的衣服和筒裙；有稀有的汉代式样的贯首服和双面绣；有独特的缬染工艺品。还有原始的植物染料和纺织工具，有5个方言区黎族妇女织锦花纹图案150多种。同时，还对织锦实物的分布、源流、作用、现状和传承人进行实地调查。

5．制定保护规划，申报国家名录。在普查的基础上，组织专家反复论证，制定出了《海南省黎族传统纺染织绣5年保护规划》。同时，精心制作文本，撰写材料，经海南省政府批准后申报第一批国家级非物质文化遗产代表作名录。

6．大力培训传承人。海南省中心对各市、县织锦能手进行普查登记，采取"以老带新"的方法培训传承人。如保亭、琼中黎族苗族自治县举办了6期织锦培训班，培训织锦传承人一百五十多名。海南锦绣织贝公司，分别在琼中县、保亭县、五指山市、乐东县、白沙县等市、县设点培训织锦新人，对传承和发展黎族传统织锦技艺起着重要的促进作用。

7．建立全面保护基地和制度。省中心分别在黎族5个方言区的番道村、什运村、水满村、红内村、元门乡建立5个全面保护基地，拟定保护制度、划定原料种植地，选下传承人并分期分批进行培训。

为了更好地对这一传统技艺进行保护、继承与发展还应采取以下措施：

（1）系统地搜集和整理黎族传统纺染织绣技艺的相关技术和资料，为保护和传承这一古老民族工艺提供理论基础。

（2）要从纵向（历史角度）和横向（文化社会影响力角度）大力宣传黎族传统纺染织绣技艺，提高社会对这项传统技艺的认知力和欣赏水平。尤其是面向年轻一代，强调继承传统文化的重要性，增强其传承非物质文化遗产的责任感，为保护和传承这一古老民族工艺提供舆论基础。

（3）尽可能地保持和维护为这一古老民族工艺提供理论基础的传统工艺，沿袭其原生态特色，因为这是其本质和魅力所在，原汁原味的传统手工艺才是现代社会发展中最奇缺和最宝贵的。

（4）在保留原生态特色的基础上，扩大生产能力，以满足市场竞争的需要。这就要求在生产原料上，要配合传统工艺，提供大量的树皮纤维、麻纤维、藤纤维以及天然染料等；在生产工具上，要在保留原有的纯手工工艺的基础上，扩大生产规模。所有这些，必定要提高生产成本，使产品价格提升，但现代人的消费理念已经有所变化，价格已经不是主要障碍，人们注重的是其历史感和手工工艺的精湛。所以，黎族传统纺染织绣制品仍会有很强的市场竞争力。

（5）把优秀的传统手工艺同当代审美相结合，使其更能符合消费者的购买需求。只有与时俱进才能更好地发展，所以要深度分析购买者的消费理念，既满足其对传统文化的追求，又要迎合其时尚审美的心理。

（6）提高产品的定位，以生产富装饰性的工艺品、做工精良的服饰品等高附加值的产品为主，在强调产品实用性的基础上，更强调其审美艺术性。

黎族人民以自己的聪明才智，创造了独特而优秀的黎族传统纺染织绣技艺。这一古老的传统技艺有很强的魅力，是几千年历史形成的一笔巨大财富。以这种工艺制成的作品以其色彩艳丽、图案新颖、做工精良、品种繁多而闻名于世，并曾拥有辉煌的历史。但逐渐地，由于新的纺织技术的出现，延续了几千年的黎族传统纺织工艺渐趋衰落，直至今日，在现代社会的冲击下，这一技艺甚至濒临湮没与失传。而通过对黎族传统纺染织绣技艺的价值、工艺、现状、保护继承与发展的措施的系统总结分析，充分证明这一历史悠久而精湛的民族技艺可以带着她的古朴、神秘、典雅与精美融入现代社会，从而使其焕发出更灿烂的光芒和更强劲的生命力。

民族性的文化与技艺在现代社会已经不再受地域的局限，相反地，只要保护与运用得当，这种具有厚重的历史积淀和浓厚的民族情结的文化更能吸引世人的目光，使古老而原生态的文明与现代文明相互碰撞，产生灿烂夺目的火花。

（编撰：谭必勇）

参考文献

[1] 高哲、孙静：《中国非物质文化遗产的传承与发展：黎族传统纺染织绣技艺》，山东纺织经济，2009 年第 1 期

[2] 张旭主编：《全国非物质文化遗产保护试点工作经验交流材料汇编》，文化艺术出版社，2007 出版

[3]《黎族传统纺染织绣技艺历史、特点、价值、现状及保护》，海南民族文化网，http://www.hnmzwh.org/read.php?ID=544

[4]《黎族传统纺染织绣技艺》，中国文化网，http://211.147.20.24/focus/2009-12/10/content_362384.htm

[5] 黄晓华：《加大对黎族传统纺染织绣技艺的保护》，海南日报，2009 年 3 月 6 日

中国木拱桥传统营造技艺

2009 年 9 月 30 日，在阿联酋首都阿布扎比召开了联合国教科文组织（UNESCO）保护非物质文化遗产政府间委员会第四次会议。会上，由我国申报的"中国木拱桥传统营造技艺"（Traditional design and practices for building Chinese wooden arch bridges）被正式列入《急需保护的非物质文化遗产名录》。

这次被列入《急需保护的非物质文化遗产名录》的"中国木拱桥传统营造技艺"，由福建省和浙江省联合申报，申报的具体地区包括福建宁德的屏南县、寿宁县、周宁县，以及浙江温州的泰顺县、浙江丽水的庆元县。

国家级重点文物保护单位——屏南万安桥

中国木拱桥传统营造技艺是以传承人对环境以及结构力学的认知体系为基础，采用原木材料，使用传统木建筑工具及手工技法，运用"编梁"等核心技术，以榫卯连接并构筑成极其稳固的拱架桥梁技艺体系。木拱桥的建造工作通常由一名木匠师傅指挥，其他木匠操作完成。建造木拱桥有严格的程序，通过口头传授和个人示范流传下来，抑或通过师傅对学徒的教授或是作为家族手艺，代代相传。作为传统工艺的载体，木拱桥既是传播对象，也是传播场所。它们还是当地居民重要的聚集场所，人们在木拱桥上交流信息、开展娱乐活动、举行祭拜仪式，从而加深了感情，凸显了文化特征。中国传统木拱桥营造的文化空间提供了一个促进人与人之间的交流、了解与互相尊重的环境。

如今，经历了漫长历史的"中国木拱桥传统营造技艺"终于跨入了"世界级遗产"的行列。从此，这些散落在闽浙山区的明珠将受到人们更大的关注，更加闪耀璀璨。

天地人和　孕育廊桥

《说文解字》中云："梁之字，用木跨水，则今之桥也。""凡独木者曰杠，骈木者曰桥。"桥梁在中国古代建筑中是一个重要的组成部分，有着自身特有的发展体系。几千年来，勤劳智慧的中国人修建了数以万计奇巧壮丽的桥梁。在漫长的社会发展过程中，先民们因地制宜地创造出各种类型的桥梁形式。

廊桥，是指有廊屋的桥梁，最早出现于唐宋年间。其形式主要从拱架的不同上加以区分，可分为木拱廊桥、石拱廊桥、木伸臂梁廊桥三种。其中木拱廊桥在世界桥梁史上占有重要地位，木拱廊桥以梁木穿插巧妙的结构形式被誉为古典建筑艺术中的一朵奇葩。目前，全世界遗存的木拱廊桥不多，据国内外有关专家调查统计，我国的古木拱桥数量在世界上位居第三，仅次于比利时和意大利。我国的木拱廊桥主要分布在浙南、闽东山区，最集中留存地是景泰寿庆景宁、泰顺、庆元和福建寿宁4县，据初步统计，在浙南闽东山区共有保存完整的虹桥结构的木拱廊桥86座左右，加上甘肃省渭源县的1座，再加上闽北武夷山地区的遗存数量，中国现存虹桥结构的木拱廊桥总数在100座左右。

　　浙南、闽东山区山水相依，区位相近，资源相似，两地人民长期以来在生产、生活等方面有着密切的交往，由于地处山区，层峦叠嶂，在深沟山涧建石构桥梁较困难。两地先民因地制宜，利用山区丰富的木材资源，大量建造木结构桥梁。通过不断摸索实践，造桥技术水平不断提高，从简单的木结构桥梁到木结构桥梁的巅峰木拱廊桥。木拱廊桥的构件规格统一，无特殊、异形的构件，伐下的树木只需经少量人工即可制成合格的构件，装卸方便，拆桥时可以不损构件，且构件可以重复利用，小构件便于运输，用小构件形成大跨构件，经济合理，故造价也相对较低，又符合力学原理，桥梁经久耐用，故普遍采用木拱结构建造桥梁。

　　浙、闽山区的村落分布较为稀疏，并且多建于狭窄的山谷凹地上，公共活动空间较为缺乏，廊桥位于荒野小径上，可供行人遮风挡雨，提供休憩之地；而位于村落中的廊桥除起交通联络的作用外，还可作为村落建筑，美化村落环境，甚至演变成人们社交娱乐、贸易等活动的公共场所。因此廊桥并不仅仅是一座过河的工具，它还兼有休息亭、驿站、拜神祈福、社交、交通运转、物资贸易等民俗、文化、经济、社会方面的功能。

　　童年的天真、少年的情愫、青年的浪漫、壮年的激情、老年的安详都留在了故乡长长的虹桥上廊屋里。木拱桥是乡土文化的具象表达，是山民思想情感的代言，是乡间文学艺术的载体，是乡民生命和灵魂的寄托。木拱桥传统营造技艺是根植于这方土壤的艺，是托起人间彩虹的技。因此有人说，廊桥代表着一种文化、一种乡土情感，它是明清时期闽东、浙南山区政治、经济、文化、民俗等诸多内容的重要载体。

　　闽浙百座廊桥各具特色，独领风骚。坐落于鸳鸯之乡的屏南千乘桥，将木拱桥之灵性与棠溪山水的秀丽及村落文化，糅合成特有的清幽、空灵和神圣，留下让人叹为观止的村落乡土建筑景观。而庆元如龙桥桥屋东西两端"补天阁"与"小蓬莱"遥相呼应，重檐飞翘、气势轩宏、如梦亦幻，桥下则碧水潺潺，一幅优美乡村画卷跃然而出。廊桥之乡泰顺的溪东、北涧姊妹桥分别坐落于环境清幽的泗溪河上下游，两桥廊屋均为二重檐歇山结构，斜脊高高翘起如大鹏展翅，桥体成彩虹状，轻盈而飘逸，正如《诗经·小雅》"如斯翼，如斯飞"之描述。

　　泰顺位于浙南和闽北交界，东临苍南，西靠景宁，南接福建寿宁，北依文成，境内多山、多溪，素有"九山半水半分田"之称。泰顺先民逢山开路，逢溪架桥，累积各式桥梁 900 多座，现存明清古廊桥 30 多座，其中木拱廊桥 6 座：泗溪姐妹桥（溪东桥、北涧桥）、三魁薛宅桥、仙稔仙居桥、筱村文兴桥、洲岭三条桥。此六桥中，溪东桥以造型优美冠"景泰寿庆"四县古廊桥之首。

泰顺被世界桥梁专家们誉为"世界廊桥之乡"，是因为泰顺古廊桥数量、保存质量以及建造历史、艺术价值都堪称世界之最。在著名桥梁学家茅以升主持编撰的《中国古桥技术史》(1986) 中共记载拱桥 11 座，其中泰顺 4 座。

景宁是全国唯一的畲族自治县，地处浙江省南端，毗邻福建省。景宁处在洞宫山脉中段，境内千米以上高峰 779 座，是属于"两山夹一水"的典型山区县。景宁的廊桥分石结构、木结构，以木结构为多，木结构又分为木拱、木平廊桥。根据清同治十二年版《景宁县志》记载，景宁当时有石构、木构廊桥 98 座，到了民国二十五年版《景宁县续志》记载石构、木构廊桥为 92 座，2002 年景宁通过第三次历史文化遗产普查，大体查明现存的木结构廊桥有 42 座，其中木拱廊桥 19 座，多为清代康熙至民国年间所建，这些廊桥大多位于古代交通要道上，分别通往庆元、泰顺、文成等地。相对建造年代较早的为东坑下桥（清康熙二十八年，1690)，拱跨最长的为梅崇村梅崇桥，长达 33.4 米。

庆元境内溪流纵横，山高水急，历朝民众都致力于修桥筑路。据光绪版《庆元县志》记载，当时全县有宋元以来修建的各式廊桥 230 多座。由于庆元"深僻幽阻，舟车不通"，历史上兵戈较少，加上当地民众的悉心保护，现在仍完好地保留着 90 多座风格各异的古廊桥，其中木拱廊桥共 22 处。大济甫田桥和双门桥是目前全国有文字记载时间最早的木拱廊桥，始建于北宋天圣二年，距今已有近千年历史，比北宋青州（史称木拱桥最早的发祥地）出现的虹桥要早 10 多年，比《清明上河图》中的虹桥早 100 多年。建于明天启五年 (1625) 的如龙桥，是全国木拱廊桥中唯一的全国重点文物保护单位，其结构复杂，工艺精湛，功能完备，建筑上颇具宋代遗风，是浙、闽两省唯一存在的一座明代木拱桥，距今 380 年，这在世界木拱桥史上也是绝无仅有的。

寿宁县位于福建省东北部，与浙江省庆元、景宁、泰顺县交界。据寿宁方面统计，寿宁现存木拱廊桥达 19 座，建桥时间分别从清乾隆、嘉庆、道光、同治、光绪，延续至中华民国。寿宁下党溪水尾的鸾峰桥被称为"中国最壮观的贯木拱廊桥"，桥四周山青水秀、峰险石奇，鸾峰桥凌空横跨溪上两岸。

此桥建于清嘉庆五年(1800)正月，全长47.6米，单拱跨37.6米，拱跨超过了曾被学术界认为是中国古建筑中净跨最大的石拱赵州桥0.7米。然而，木拱廊桥及其周边环境保护现状却令人担忧。

由于自然和人为的原因，建国以来仅泰顺一地就有3座价值极高的廊桥被毁，造成不可估量的损失：建于明景泰五年(1454)的叶树阳桥，是迄今历史最长的廊桥之一，1965年因修建公路被拆除；三滩桥跨度超过了曾被学术界认为是中国古建筑中净跨最大的赵州桥，却于1950年毁于洪水；南浦下桥，桥上建桥屋15间，三重檐，翼角高翘，雄伟壮观，可惜也于1990年8月20日被特大洪水冲毁。另据庆元县有关部门调查统计，在现存90多座古廊桥中，保存现状较为完好的仅占10%，一般的占40%，破烂不堪的占了50%。现存的其他廊桥一方面由于木制结构难以维护，缺乏资金年久失修，破烂不堪，留存数量逐年减少；另一方面由于缺乏统一保护规划，古廊桥周边环境日益恶化。如何科学保护和合理开发浙闽古廊桥的重任已历史而现实地摆到了我们的面前。

结构样式 巧夺天工

廊桥构思精巧，造型独特，融美和实用为一体，它远看似伫立水中的楼亭，近看为重瓴联阁的花桥，这种美完全由人工精心设计、制作而成，因此它闪耀着理性美的光芒。

廊桥是伫立在山间优美自然环境中的桥体，青山绿水映衬着它，当一座结构精巧、飞檐层出的桥体与大自然融为一体时，它就成为了大自然中的一部分，焕发着自然美的魅力。

木拱廊桥的种类有贯木拱廊桥、八字撑木拱廊桥、伸臂梁木平廊桥、木平梁廊桥、石拱木廊桥，其中贯木拱廊桥，是一种直木贯架组合，亦拱亦梁的弧形桥，技术含量最高，是廊桥中的精品，建筑学上称为迭梁拱桥。它采用梁木穿插的特殊而巧妙的结构形式，十分符合力学原理，施工技术先进，桥体造型优美，是我国木构建筑技术与艺术的集大成者，在中国桥梁史上极具研究价值。这种结构，使用较短的梁木构件，不用桥墩，不需钉榫，而以剪切叉穿插挤压的形式，横跨较宽的水面，十分稳固，整座桥梁构架全由大小匀称的巨大圆木纵横相置、交叉搭置、互相承托、逐节伸

429

联合国教科文组织官方网页上展示的屏南十锦桥建造图片

展，形成完整的木撑架式主拱骨架，拱架两端或固定在岩石上，或石墙上，能很好地承受向下的荷载，但其产生的向上反弹应力，则容易使结构失稳遭破坏，这好比两手十指交叉，压力向内不能分开，而向外拉则容易分开。为克服向上的反力，民间工匠巧妙地采用了桥面上加盖廊屋，应力平衡的方法，加强桥身的稳固性。廊桥无柱，单跨飞越，既避免了洪水冲袭桥柱带来的毁塌，又可防止过往船只的磕碰。

木拱廊桥在建筑构造上还特别注意防晒、防雨、防潮。廊屋覆盖整个桥面，屋檐出挑深远，拱骨外缘钉挡风板，桥下拱骨外露，通风良好保持干燥。桥台用块石、卵石干砌，排水通畅。桥地面上架石，则是庆元木拱桥的独创。

素有"长虹饮涧、新月出云"美称的木拱廊桥，被誉为"世界最美的廊桥"，形似垂虹，状如弯月。其建筑艺术风格古朴、厚重、历史沉积感很强。廊桥，上廊下桥。上廊似屋与当地民居造型相似，下桥如虹与周围参天绿树、深壑峭壁浑然一体。古朴却显自然的造型、粗犷但不失细腻的风格，实用而又完善的结构及其营造模式，折射出闽浙先民的建筑审美观念。

风景秀美的寿宁杨梅洲廊桥

　　泰顺泗溪的北涧桥，建桥屋数十间，正中三间突起成二重迭檐，四翼高翘呈大鹏展翅之状；桥头两侧各建厢房数间。整座廊桥青砖黛瓦、雕梁画栋、漆色丹朱。桥头一侧石阶处有千年古樟一棵，暮色苍茫下，树阴蔽天，香味弥远，衬托着北涧桥分外肃穆典雅。而纯净质朴的三条桥，没有大红大绿的色彩，只有土生土长的土着装，常年经风历雨，泥瓦逐年变黑，长方形的桥体透出浓重的冷色调，如同一个历经沧桑的世纪老人。

　　廊桥造型绝大部分是左右对称式，但也有不对称。泰顺筱村镇坑边村的文兴桥，廊桥一头飞檐翻翘、极富动感，一头平铺直述、简洁明快。

　　廊桥与周边民居相结合，是廊桥环境艺术的一个特色。如泰顺三魁镇的刘宅村仙洞虹桥，桥两旁都是民居；北涧桥桥街结合，浑然一体，溪东桥桥畔是乡民的聚会场所，古老的木偶戏常在此隆重上演。

　　廊桥的建筑艺术独具一格：桥下承重木梁全部敞露，显示出构件力量的美，桥上廊屋风雨披板掩蔽，为行人遮风挡雨，一露一掩，独具匠心；桥下承重梁架线条刚劲挺拔，桥上廊屋屋脊曲线柔美，一刚一柔，美妙无比；桥身静如处子巍然屹立，溪水动如脱兔奔流不息，一静一动，更具魅力；特别精彩的是飘逸的屋顶轮廓线与远山起伏的山际轮廓线相呼应，与溪潭水中卧虹倒影相辉映。那如诗如画的意境，显示了廊桥的通达美、凌空美、雄壮美、古朴美和古代造桥工匠不凡的建筑设计技艺。

桥庙合一 天上人间

浙南与闽东部分廊桥设在村落水口或水尾处，有的村落甚至在水口和水尾两处同时各建一座廊桥，称为姊妹桥，作为村落出入口的重要标识。村落水口桥的设置，按照风水的说法，"水口者，一方众水所总出处也"，有来水口与去水口（水尾）之分，但一般被笼统地称为水口。它的处理得当与否直接关系到能否守住一方之"元气"，一般多选择在山脉转折或两山对峙、溪流环绕之处建塔、亭、阁、坊、堤等加以屏蔽。浙南部分村落最常见的水口处理手法即是以廊桥为主，辅以树、亭、庙，构成村落重要的景观与地标，同时界定与连接了村内外的空间，具有鲜明的境界象征性。一方面，受风水学说影响，人们认为"气乘风则散，界水则止。……风水之法，得水为上，藏风次之"。水口廊桥的设置在村民心理上起到了藏风聚气、封锁或围聚财气与龙脉的作用；另一方面，也可以通过桥的引导将村外的祥瑞之气或财气引入村内，以便提高全村的生存质量。同时，水口廊桥还是村民防范与镇守的精神寄托。这既有一定的防御性质，更重要的是一种心灵的界定与象征。于是，廊桥也就关系到一姓、一族、一村、一邑乃至一域的文脉与运势，与村落的兴衰紧密相连，桥存村兴，桥毁村败。这说明廊桥在现代乡民的心目中依然有重要的精神象征意义，它实际上已经成为一种文化反映的媒介，有效地表达人们对自然环境或社会环境变化过程中的文化理解，人们希望通过廊桥的风水活动，维持良性的生存空间和提高生存质量。

廊桥或扼水口要冲，或居天堑之险，界于山川河流之间，这样的境界本身就是一个人神容易交流的场所，人们会将桥上的廊屋空间当作重要的与神灵相连之处，一般会在廊屋的中间或两端供奉所崇拜的偶像，以供过往行人烧香、祷告。同时，这部分廊屋的造型也自然有必要比其他部分更有强化造型和装饰的必要，这往往成为木拱桥廊屋造型中重要的象征部分。虔诚的村民们一般会在木拱桥廊屋中部的屋架上施油漆彩绘，甚至会做藻井的处理，并设有神龛供人祭拜。山区的善男信女们经常会来烧香叩拜、捐钱捐物，或求神灵保佑富贵平安、消灾避难，或面对神灵忏悔思过。村民所祭拜的神像并没有固定的，从神仙到他们的先祖，从儒、道、释到文臣、武将，均有所拜，他们无非是要借助神鬼之力以祈得一生的平安。祭祀活动一般也没有什么特殊的礼仪，只要心诚即可，每年的正月一般会有比较隆重的祭祀活动。而建在村口、城关的木拱桥，由于其特殊的地理位置，已成为村民谈天、娱乐和休息的地方，有的廊屋中还开设店铺。

楹联诗文 景上添花

闽浙廊桥内侧壁上常留有古代文人墨客的遗诗题墨，亭柱屋梁多书有楹联。中华民族独有的楹联艺术与桥梁建筑艺术融为一体，相映成趣，构成了无限广阔的意境，使游览者产生无限的遐思和精神享受。桥、联媲美，互相辉映。

庆元境内的如龙桥（明）桥上有对联：

玉宇琼楼天上下，长虹飞渡水中央。
上下影摇流底月，往来人渡境中梯。
桥头看月亮如画，桃畔听溪流有声。
桥廊风爽堪留客，波底星光可醒龙。
古事现今朝今朝过去皆古事，虚华当实境实境已往亦虚华。

有些廊桥墙上还书有爱桥护桥的乡规民约，告诫过往行人，爱护廊桥；有些廊桥以梁代碑，为造桥工匠留名留责，既提高了工匠的社会地位，又加强了他们的责任感，也为我们今天的研究留下了珍贵的史料。除此，还有单独建碑，不仅单列建桥时间、人事，而且还书史写景、歌颂善者、激励后人。建桥碑既有存史之功，又具欣赏价值，可惜年代久远，所存不多，至今存留最丰者，当属福建屏南。

桥约遗稿 珍贵文物

桥约，也称桥批，即造桥的合同。2003年初寿宁文化馆发现了33份古廊桥桥约，是至今为止我国发现的仅存桥约，已被有关部门鉴定为国家珍贵文物，其中多份是国家二级保护文物。木拱廊桥存在数量极为有限，造桥的桥约更是凤毛麟角，只有传统的廊桥主墨世家，才有可能收藏此类文物，而且桥约所用普通毛边纸或宣纸不易久存，经过岁月侵蚀，绝大多数早已损毁。

保护廊桥 刻不容缓

联合国教科文组织（UNESCO）在其官网的"中国木拱桥传统营造技艺"专页中评价道："木拱桥发现于中国东南沿海的福建省和浙江省。营造这些桥梁的传统设计与实践，融合了木材的应用、传统建筑工具、技艺、核心编梁技术和榫卯接合，以及一个有经验的工匠对不同环境和必要结构力学的了解。这种木工技艺需要通过绳墨的指导和其他工匠的配合执行才能完成。这种技艺通过口头、个人示范的方式来传承，或者通过师傅教授学徒、师傅教授家族内通过严格程序达成一致的宗亲等方式从一代传到下一代。这些家族在建造桥梁、维护桥梁和保护桥梁的过程里扮演着不可替代的角色。作为这项传统技艺的载体，木拱桥既是交通、交流工具，也是人们的聚会场所。它们是当地居民进行信息交流、娱乐、神俗信仰、深化人际关系、深化文化认同的重要聚会场所。这种由中国传统木拱桥创造的文化空间，提供了鼓励人与人之间交流、理解与尊重的环境。这种传统的衰落缘于最近几年的快速城市化、木材的减少和现有建筑空间的不足，这些原因结合起来，威胁到了这项技艺的传承与生存。"人们同样清醒地认识到，这次申报的成功，不是结束，反而仅仅是一个开始，《急需保护的非物质文化遗产名录》这个名录的名字本身就包含了深层的思考和别样的意味。

目前，由于种种原因，浙南木拱廊桥很多都无法得到持续的、定期的、全面的保护和维修，有些廊桥已被烧毁，部分木拱桥更是危在旦夕，亟待抢救，木拱廊桥保护工作迫在眉睫又任重道远。当前廊桥生存的主要问题有：

1. 营造中国木拱桥的传统设计与实践作为一项建桥技术，已经整整流传了千年，生活在这些遗产附近的人们，总是把这项技艺作为自己文化遗产不可分割的一部分。然而，现今精通核心技艺的师傅，他们的平均年龄已经超过了 75 岁，并且，参与者和继承人的人数少于 20 人。同时，由于城市化和现代通信的加速增长，这项技艺的应用空间变得越来越有限，继承人对于木拱桥的认同感也在大大削弱。

2. 古廊桥保护与社会经济发展的矛盾冲突。随着现代交通的发展，一些位于山野的廊桥因所处位置的特殊性，随着古村落的搬迁、古道的湮灭、使用价值退化而处于废弃、日晒雨淋、自然消亡的状态。由于保护意识的缺失，在城市发展、现代道路交通的建设、经济发展等过程中对古廊桥及周边环境造成的影响日益严重。

3. 廊桥保护资金严重匮乏。贫困是一把双刃剑，一方面庇护了古廊桥的生存，一方面却因为缺乏必要的资金保护，绝大多数廊桥在自然和人为的破坏面前显得无助和脆弱。浙闽山区是经济欠发达地区，木拱廊桥由于年久失修，大部分已进入修缮期。古廊桥要得到有效保护就需要源源不断地投入数量庞大的维修经费，每座廊桥的维护、修缮的费用都要数以十万计，由于地方财力有限，外部又没有稳定的资金来源，目前用于廊桥保护的维修经费严重不足，如果不能有效地解决保护资金来源，古廊桥这一弥足珍贵的文化遗产将不断消失。

4. 缺乏有效的保护机制和科学保护规划。浙闽廊桥所在地区是经济欠发达地区，社会经济发展的需求尤为迫切，在社会经济发展过程中尤其是道路建设、小水电开发、城镇发展对廊桥及其周边环境的破坏十分严重。廊桥保护是一个系统工程，需要形成有效的保护机制和制定科学保护规划，在保护意识宣传、廊桥基本信息的收集整理、保护区划定、资金来源、旅游开发等方面形成良性循环。

5. 缺乏有效的区域协作机制和市场开发方案，不能形成整体品牌优势。浙闽木拱廊桥特色各异、各有所长，但由于分布范围广，目前资源利用状况是各地各自为政、自我吆喝，各县市之间缺乏有效协作机制，难以形成合力，既浪费财力物力又影响宣传效果。亟需将各地的优势整合包装，形成整体品牌推向市场。

中国木拱桥传统营造技艺相关申报社区（群体）的代表性传承人有：屏南县的黄春财家族、寿宁县的郑多金家族、周宁县的张必珍家族和泰顺县的董直机师傅。

传统建筑营造技艺传承人步入银发时代，在中国非物质文化遗产网上，从中国非物质文化遗产传承人名单上看到，传统技艺的传承人年龄普遍在60岁以上。人死艺亡，老龄化成为非物质文化遗产传承的几大杀手之一。74岁的黄春财是掌握中国木拱桥营造核心技艺的4位传承人中最年轻的一位。由此可见，中国木拱桥传统营造技艺的传承已经危机四伏。"往往是人走了，一身绝技也就带走了。"

事实上，自 2004 年我国正式履行联合国教科文组织《保护非物质文化遗产公约》以来，文化部和国务院办公厅相继印发了一系列文件，初步建立起国家、省、市、县四级非物质文化遗产代表性名录体系和四级传承人名录体系。随着国际社会对非物质文化遗产保护的关注，国内要求加强相关立法的呼声也越来越高。令人遗憾的是，一些地方存在重申报轻保护的问题，甚至还拖欠保护资金，让传承人面临徒有虚名的尴尬局面。在全国首创代表性传承人命名制度的江苏省，不仅为第一批 31 名省级传承人颁发了证书和奖牌，还给每位带徒传承人发了 1 万元至 3 万元不等的项目资助奖金。这 31 名传承人近 2 年共带了 103 名徒弟，并通过集中教学等方式共培训社会学艺人员 895 人。

在中国传统建筑营造技艺传承人的保护问题上，我们要从文物保护体制、传承人的思想意识等方面来解决这一问题，给传统建筑营造技艺传承人更广阔的生存空间，从国家立法保护、给予传承人经济奖励等方面保障传统建筑营造技艺的良性传承。

此外，还应采取一系列配套措施保护和开发木拱廊桥：

1．正确处理廊桥保护与旅游开发的关系

遗产的不可再生性决定了对待遗产必须始终把保护放在第一位，遗产的真实性、完整性原则反对任意改动遗产本身及相关环境，反对添加新的不和谐建筑物，甚至反对不必要的修复，包括过度的开发利用。我们强调保护古廊桥文化遗产，并不是反对旅游开发，而是反对那些急功近利式的开发，反对那些牺牲环境、牺牲古廊桥整体形象的破坏性开发。通过适度、科学的开发，可以使更多的人认识到古廊桥文化遗产的价值，提高保护意识和觉悟，产生一定的经济效益，积累一定的保护资金，促进遗产的保护和遗产地社会经济的发展。

2．形成良好的古廊桥保护与开发机制

由于浙闽地区廊桥分布范围广，遗存数量大，目前廊桥开发保护更多停留在口头宣传及无序状态。廊桥的保护开发需要一个有效的保护开发机制使保护与开发工作进入良性循环。建议在廊桥主要分布地建立相应的廊桥保护与开发机构，行使廊桥保护与开发的相关职能。定期开展以下几个方面的工作：（1）对廊桥资源进行全面的调查、考证，建立浙闽古廊桥资源信息库；（2）将木拱廊桥全部列入保护名录并依法公布，使木拱廊桥受到法律保护；（3）编制木拱廊桥及周边环境保护规划；（4）成立古廊桥保护基金，多渠道筹措资金；（5）编制古廊桥文化资源总体开发规划及项目投资招商方案。

3．全方位、多渠道筹措古廊桥保护开发资金

廊桥的保护开发需要大量资金的注入，光靠地方政府的资金无疑是杯水车薪， 应动员全社会的力量，全方位开辟筹资渠道。（1）积极申报省级、国家文物保护单位，争取国家文物保护专项资金；（2）争取国际援助资金；（3）利用温州、浙江民间资本雄厚的有利条件，精心设计廊桥旅游开发项目，吸引民资投入；（4）成立古廊桥保护基金，加强宣传，吸引民间捐资；（5）就重点古廊桥的修缮积极申请专项资金。

4．先重点开发部分廊桥资源，形成示范效应

由于廊桥散布在深山溪涧，交通等发展旅游的条件较差，要开发成景区、旅游线路形成一定的旅游规模效益有相当难度。可以先选择与原有比较成熟旅游区点距离相近，知名度较高的廊桥进行旅游开发，以产生良好的社会经济效益起到示范作用，提高各地廊桥保护与开发的积极性。如重点规划泰顺泗溪廊桥景区，与周边开发相对成熟的氡泉景区，共同打造浙南一流的氡泉泗溪廊桥旅游休闲度假区。

廊桥的保护是一项长期工程，我们需要坚持不懈，让木拱桥传统营造技艺长久地传承下去。

（编撰：谭必勇）

参考文献

[1]唐留雄：《浙闽木拱廊桥"世界遗产"价值分析与保护开发对策研究》，《北京第二外国语学院学报》，2005年第3期

[2]徐哲民：《浙南木拱廊桥的现状及保护研究》，《建筑与文化》，2009年第5期

[3]陈云根：《浙南木拱廊桥结构与起源探析》，《东南文化》，2003年第9期

[4]赵志国：《拿什么拯救你　中国传统建筑营造技艺》，中华建筑报，2009年10月20日

[5]薛一泉、苏唯谦：《从藏在深山到跃居"世遗"　泰顺木拱桥传统营造技艺入选世界非遗始末》，今日浙江，2010年第4期

[6]陆则起、周芬芳：《木拱桥营造技艺：托起人间彩虹》，光明日报，2010年7月23日

后 记

自应诺撰写任务，经过一年的时间，经几易其稿，现在可以"交差"了。

这项写作任务，是由我们五人合作完成的。其他四人都是我指导的已毕业和仍在读的博士生。王巨山现在浙江师范大学工作，除有教学和科研任务外，还在他所在的学院担任副院长，工作十分繁忙，书中几篇由他及其同事合作完成；谭必勇从博士后流动站出站后，暂时夫妻还分居两地，他在山东大学不仅有较多的教学、科研工作，每天还要照顾尚在幼儿园的女儿，张伟和陈少峰还在攻读博士学位期间，学业任务也很繁重。他们都克服了各自的许多困难，分头承担了写作任务。这期间，张伟协助我做了一些协调和疏通信息的工作，花费了很多时间和精力。我主要是承担了制定计划、组织分工和修改定稿的事情。

无论由谁完成的作品，都希望出版后得到读者的认可，我们当然也不例外。但由于水平有限，加之写作对象内容广泛、专业性强，难免还有外行之见或存在不准确之处，敬请专家和读者批评指正。

山东大学历史文化学院　于海广

2011 年 3 月 25 日

敬 告

由于来源众多，本书部分图片无法事先联系到作者并征得其同意后使用，本书编者在此深表歉意。看到本书后，有关图片的作者可主动与出版社联系，提供足以证明自己拥有著作权的身份与作品证明，以便我们支付相应的稿酬。

联系方式为电邮 fuguangzhong@sina.com，傅先生。